KB213647

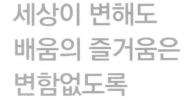

세상이 변해도
배움의 즐거움은
변함없도록

시대는 빠르게 변해도
배움의 즐거움은
변함없어야 하기에

어제의 비상은
남다른 교재부터
결이 다른 콘텐츠
전에 없던 교육 플랫폼까지

변함없는 혁신으로
교육 문화 환경의 새로운 전형을
실현해왔습니다.

비상은 오늘, 다시 한번
새로운 교육 문화 환경을 실현하기 위한
또 하나의 혁신을 시작합니다.

오늘의 내가 어제의 나를 초월하고
오늘의 교육이 어제의 교육을 초월하여
배움의 즐거움을 지속하는 혁신,

바로, 메타인지 기반 완전 학습을.

상상을 실현하는 교육 문화 기업 비상

메타인지 기반 완전 학습

초월을 뜻하는 meta와 생각을 뜻하는 인지가 결합한 메타인지는
자신이 알고 모르는 것을 스스로 구분하고 학습계획을 세우도록 하는
궁극의 학습 능력입니다. 비상의 메타인지 기반 완전 학습 시스템은
잠들어 있는 메타인지를 깨워 공부를 100% 내 것으로 만들도록 합니다.

한끝

고등 **통합사회2**

구성과 특징

진도 교재

개념 학습 & 자료 학습

문제 풀이

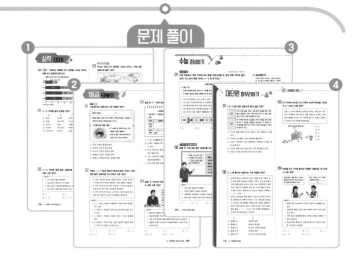

1 교과 내용 정리

새 교육과정에 따른 통합사회 교과서의 내용을 한눈에 살펴보고 이해할 수 있도록 명확하고 자세하게 정리하였습니다. 교과 내용에 사용된 어려운 개념이나 용어는 '한끝 더하기'에서 추가로 살펴보면서 정확하게 이해할 수 있습니다.

2 한끝 자료실

통합사회 교과서에서 다루고 있는 핵심 자료들을 철저하게 분석하여 이해하기 쉽게 설명하였습니다. '대표 자료' 코너에서는 새 교육과정의 성취 기준을 달성하는 데 꼭 필요한 자료를 깊이 있게 살펴보면서 자료와 관련한 출제 경향도 확인할 수 있습니다.

3 개념 확인하기

빈칸 채우기, OX 문제, <보기>에서 고르기 등 다양한 유형의 문제를 통해 핵심 교과 내용을 정확하게 학습 했는지 스스로 확인하고 점검할 수 있습니다.

1 실력 다지기

학교 시험에 출제될 가능성이 높은 유형의 문제를 엄선하여 구성하였습니다. '대표 자료 링크' 문제로 대표 자료의 학습을 완성하고, '서술형 대비하기'를 통해 새 교육과정에서 강조하는 서술형·논술형 평가에 체계적으로 대비할 수 있습니다.

2 1등급 도전하기

사고력과 응용력을 요구하는 고난도 문제로 학업 성취도를 향상할 수 있게 구성하였습니다. 등급의 차이를 결정하는 어려운 문제를 자신 있게 풀면서 1등급에 한발짝 더 다가서 보세요.

3 수능 준비하기

단원의 교과 내용을 다룬 수능 기출문제를 엄선하여 수록하고, 기출 응용 문제로 교과 내용과 기출문제의 연계성을 높였습니다. 다양한 기출문제로 학교 시험과 수능을 동시에 대비해 보세요.

4 대단원 마무리하기

대단원에서 학습한 내용을 종합적으로 확인하면서 단원 간 통합형 문제도 놓치지 않고 대비할 수 있게 구성하였습니다.

시험 대비 문제집

정답과 해설

1 핵심 한끝

시험 직전에 단원별로 학습 내용을 정리하고 자신의 실력을 점검할 수 있게 구성하였습니다. 시험 범위가 많아도 걱정하지 마세요. '핵심 한끝'과 '이 단원의 핵심 문장 완성하기'로 빈틈 없이 단원의 핵심 교과 내용을 확인할 수 있습니다.

2 미리 보는 학교 시험

시험 기출문제를 철저하게 분석하여 실제 학교 시험과 가장 유사한 유형의 문제들로 구성하였습니다. 한층 높아진 문제 적응력을 바탕으로 자신 있게 학교 시험에 임해 보세요.

3 중간·기말고사, 논술형 수행 평가

실제 학교 시험과 유사한 형태로 제시된 중간고사, 기말고사를 풀어 보면서 학교 시험에 실전처럼 대비해 보세요. 학교 시험과 유사한 형태의 논술형 문항을 함께 제시하여 학교 내신에서 비중이 커지고 있는 논술형 수행 평가에도 체계적으로 대비할 수 있습니다.

✦ 교재에 수록된 모든 문제의 정답과 상세한 풀이를 담았습니다. '선택지 바로잡기'에서는 오답에 대해서도 꼼꼼하게 설명하여 문제를 더 정확하게 이해할 수 있습니다.

한끝과 내 교과서
단원 비교하기

단원명		한끝	비상교육	동아출판	리베르스쿨	미래엔	아침나라	지학사	창비	천재교과서
I. 인권 보장과 헌법	01. 인권의 의미와 발전 과정	8~15	8~15	10~17	10~18	10~19	8~17	12~17	8~15	8~15
	02. 인권 보장을 위한 헌법의 역할과 시민 참여	16~23	16~23	18~25	19~26	20~27	18~25	18~25	16~23	16~23
	03. 인권 문제 해결을 위한 노력	24~29	24~31	26~33	27~35	28~35	26~33	26~31	24~31	24~29
II. 사회 정의와 불평등	01. 정의의 의미와 실질적 기준 ~ 02. 다양한 정의관의 비교 및 적용	36~45	36~47	40~51	40~52	40~53	38~51	40~53	38~53	36~49
	03. 불평등 해결과 정의의 실현	46~53	48~55	52~59	53~59	54~63	52~59	54~61	54~61	50~57
III. 시장경제와 지속가능 발전	01. 자본주의의 전개 과정과 경제 체제	60~67	60~67	66~73	64~70	68~73	66~71	70~77	68~75	64~71
	02. 합리적 선택과 경제 주체의 역할	68~75	68~75	74~81	71~79	74~83	72~81	78~85	76~83	72~79
	03. 자산 관리와 금융 생활	76~81	76~83	82~89	80~87	84~89	82~87	86~91	84~91	80~87
	04. 국제 무역과 지속가능발전	82~87	84~91	90~97	88~95	90~97	88~93	92~99	92~99	88~93
IV. 세계화와 평화	01. 세계화의 양상과 문제	94~101	96~103	104~111	100~107	102~109	98~105	108~113	106~113	100~107
	02. 평화를 위한 국제 사회의 노력	102 ~107	104 ~111	112 ~117	108 ~113	110 ~115	106 ~111	114 ~119	114 ~121	108 ~115
	03. 남북 분단 및 동아시아 역사 갈등과 세계 평화	108 ~113	112 ~119	118 ~123	114 ~125	116 ~123	112 ~121	120 ~125	122 ~127	116 ~121
V. 미래와 지속가능한 삶	01. 세계의 인구와 인구 문제	120 ~129	124 ~133	130 ~137	130 ~136	128 ~135	126 ~133	134 ~139	134 ~141	126 ~133
	02. 세계의 에너지 자원과 지속가능한 발전 ~ 03. 미래 사회와 세계시민으로서의 삶	130 ~139	134 ~147	138 ~152	137 ~151	136 ~153	134 ~149	140 ~151	142 ~155	134 ~147

이 책의 차례

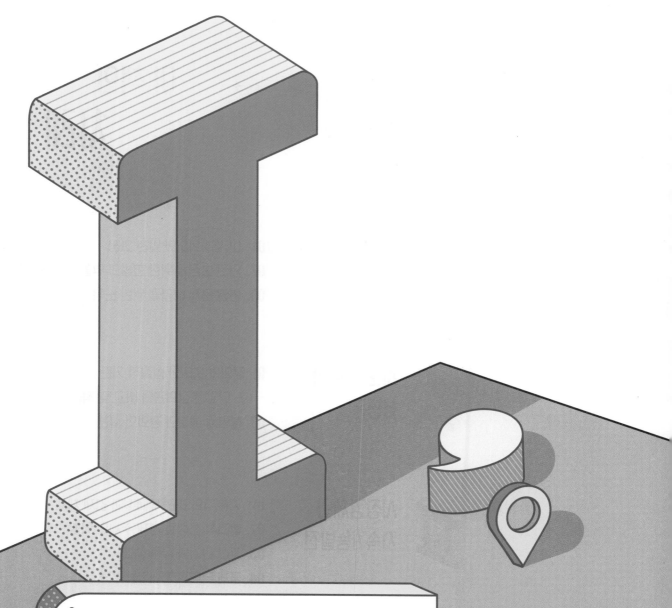

인권 보장과 헌법

✦ 무엇을 배울까?

중학교에서 배운 내용

☑ **사회**　인권과 기본권 / 헌법재판소

☑ **도덕**　인권 존중

☑ **역사**　시민 혁명 / 서양의 산업화

이 단원에서 배울 내용

☑ 인권 보장의 역사와 현대 사회에 새롭게 등장한 인권

☑ 인권 보장을 위한 헌법의 역할과 시민 참여의 중요성

☑ 국내외 인권 문제의 양상과 인권 문제 해결을 위한 노력

01 인권의 의미와 발전 과정

한끝 더하기

❶ 인권의 특성

천부성	태어나면서부터 당연히 가지게 됨
보편성	인종, 성별, 종교, 등과 관계없이 누구나 가짐
불가침성	국가나 다른 사람이 부당하게 침해할 수 없고, 다른 사람에게 양도할 수 없음
항구성	일정 기간에만 보장되는 것이 아니라 영구히 보장됨

❷ 권리 장전
영국 명예혁명의 결과로 이루어진 인권 선언으로, 의회의 입법권과 과세 승인권 등을 규정함으로써 왕권을 제약하고 의회 정치를 확립하는 기초가 되었다.

❸ 인민헌장
선거법 개정으로도 선거권을 얻지 못한 영국의 노동자들이 선거권 확대와 비밀투표 등 참정권 확대를 위한 요구 사항을 담아 발표한 문서

❹ 개인 정보 자기 결정권
정보 주체가 자신에 관한 정보의 공개와 이용을 스스로 결정하고 관리할 권리

❺ 잊힐 권리
개인이 인터넷상에서 자신과 관련된 각종 정보에 대한 수정이나 영구적인 삭제를 요청할 수 있는 권리

1 인권의 의미와 인권 보장의 역사

1. 인권❶: 인간이 인간답게 살기 위해 마땅히 누려야 할 기본적 권리

2. 인권 보장의 역사 대표 자료

(1) 근대 이전: 대다수의 사회 구성원이 왕과 소수의 귀족에게 부당한 억압과 차별을 받음

(2) 근대 시민 혁명

발생 배경	천부 인권 사상과 계몽사상이 확산되면서 시민의 자유와 권리 보장을 요구함
대표 사례	• 영국 명예혁명 → 권리 장전(1689)❷이 승인되어 의회 중심의 입헌 군주제가 등장함 • 미국 독립 혁명, 프랑스 혁명 → 미국 독립 선언(1776)과 인간과 시민의 권리 선언(1789)에 모든 인간은 태어날 때부터 자유롭고 평등하다는 내용이 명시됨
결과	봉건제, 신분제 등이 철폐되고 시민들이 자유권과 평등권, 참정권을 확립해 나감

(3) 참정권 확대 운동

발생 배경	근대 시민 혁명 이후에도 재산, 직업, 성별 등에 따라 선거권이 제한되어 노동자, 농민, 여성 등은 여전히 정치에 참여하지 못하자 참정권 보장을 요구함
대표 사례	• 차티스트 운동: 영국의 노동자들이 인민헌장❸을 통해 선거권 확대를 요구함 • 여성 참정권 운동: 여성들이 남성들과 동등한 참정권 보장을 요구함 • 흑인 민권 운동: 미국의 흑인들이 백인들과 동등한 참정권 등 시민권의 보장을 요구함
결과	20세기 이후 대부분의 국가에서 일정 연령 이상의 모든 사람이 참정권을 보장받게 됨 → 보통 선거 제도의 실시

(4) 사회권과 연대권의 등장 자료 ❶

사회권	• 의미: 모든 국민이 최소한의 인간다운 생활을 보장받을 권리 • 배경: 산업 혁명 이후 열악한 노동 환경과 빈부 격차 등으로 사회 불평등 심화 → 국가가 사회적 약자를 보호해야 한다는 인식 확산 • 관련 문서: 독일 바이마르 헌법(1919) → 사회권을 헌법에 최초로 명시함
연대권	• 의미: 전 세계적인 문제에 대응하기 위해 국제적으로 연대하고 협력할 수 있는 권리 • 배경: 두 차례의 세계 대전으로 나타난 인권 문제를 해결하기 위한 인류 공동의 노력이 필요하다는 공감대가 형성됨 • 관련 문서: 세계 인권 선언(1948) → 인류 전체의 인권 보장을 위한 국제 사회의 협력 강조

2 현대 사회의 인권

주거권	쾌적하고 안정적인 주거 환경에서 인간다운 주거 생활을 할 권리 → 우리나라는 「주거 기본법」 등을 제정하여 보장 자료 ❷
안전권	각종 위험으로부터 안전을 보호받을 권리 → 정부는 제도를 정비하여 시민의 안전을 보장하고, 시민들은 안전 의식을 확립하고자 노력해야 함
환경권	건강하고 쾌적한 환경에서 살 권리 → 우리나라는 「환경 정책 기본법」 등을 제정하여 보장
문화권	성별, 인종, 종교, 사회적 신분 등과 관계없이 문화 활동에 자유롭게 참여하고 문화를 누릴 권리 → 문화적 정체성을 유지할 권리, 각자의 고유 언어와 생활양식을 보장받을 권리를 포함함
기타	정보 접근권 및 정보 공개 청구권(알권리), 개인 정보 자기 결정권❹, 잊힐 권리❺ 등

• 대표 자료 • 인권 보장과 관련한 문서 ┄┄┄┄┄┄┄┄ ✦ 비판적 사고력

인간과 시민의 권리 선언(1789)	세계 인권 선언(1948)
• **제1조** 인간은 자유롭게, 그리고 평등한 권리를 누리게 태어나고 또 그렇게 생존한다. • **제2조** 모든 정치적 결사의 목적은 그 무엇도 침해할 수 없는 인간의 자연권을 보전하는 데 있다. 그 권리는 자유, 소유, 안전 및 압제에 대한 저항이다. • **제3조** 주권은 국민에게 있다. …… • **제6조** 법은 일반 의지의 표현이다. 모든 시민에게는 직접 또는 대표를 통해서 법 제정에 참여할 수 있는 권리가 있다.	• **제1조** 모든 인간은 태어날 때부터 자유로우며 그 존엄과 권리에 있어 동등하다. ……. • **제14조** ① 모든 사람은 박해를 피하여 타국에서 피난처를 구하고 비호를 향유할 권리가 있다. • **제22조** 모든 사람은 …… 국가적 노력과 국제적 협력을 통하여, 그리고 각 국가의 조직과 자원에 따라서 자신의 존엄과 인격의 자유로운 발전에 불가결한 경제·사회·문화적 권리들을 실현할 권리가 있다.

프랑스 혁명의 결과로 채택된 인간과 시민의 권리 선언은 저항권, 국민 주권의 원리, 사상과 언론의 자유, 재산권 등을 강조하였다. 또한, 세계 대전 이후 국제 연합(UN) 총회는 세계 인권 선언을 채택하고 인권을 인류의 보편적 가치라고 명시하였다.

• 시험에서는 이렇게 •

미국 독립 선언문
…… 모든 사람은 평등하게 태어났고, 조물주는 몇 개의 양도할 수 없는 권리를 부여했으며, …… ㉠ 정부의 정당한 권력은 시민의 동의로부터 유래하고 …….

자료는 미국 독립 선언의 일부이며, ㉠을 통해 국민 주권의 원리를 명시하고 있음을 파악할 수 있다. 이처럼 문서가 가지는 의의를 추론하는 문제가 자주 출제된다.

＼ 시험 준비 길잡이

미국 독립 선언, 인간과 시민의 권리 선언, 세계 인권 선언 등 인권 보장과 관련한 다양한 문서를 다루는 문제가 출제되고 있어요. 인권의 발전 과정에서 나타난 각 문서의 내용과 의의를 꼭 정리해 두세요.

자료 ❶ 인권의 확장 과정

1세대 인권(자유권)	2세대 인권(사회권)	3세대 인권(연대권)
• 신체의 자유 • 사상, 양심, 종교의 자유 • 집회 및 결사의 자유 • 표현의 자유 • 자유로운 선거를 통해 정부에 참여할 수 있는 권리	• 근로의 권리 • 교육에 대한 권리 • 사회 보장을 받을 권리 • 인간다운 생활을 할 권리 • 쾌적한 환경에서 생활할 권리	• 자결권 • 발전의 권리 • 평화의 권리 • 재난 구제를 받을 권리 • 지속가능한 환경에 대한 권리

인권의 의미와 범위는 사회가 변화함에 따라 점진적으로 확대되었고, 이를 1세대, 2세대, 3세대 인권으로 분류하기도 한다. 1세대 인권은 국가의 개입을 경계하는 자유권 중심이고, 2세대 인권은 사회적 약자의 인간다운 삶을 보장하기 위해 국가의 개입을 요구하는 사회권 중심이다. 이후 등장한 3세대 인권은 차별받는 개인과 집단의 인권을 보호하고자 연대와 단결을 강조하는 전 지구적 차원의 인권이다.

자료 ❷ 주거권을 보장하기 위한 노력

> 대학가처럼 청년들이 많이 거주하는 지역의 건물 임대료가 상승하자 청년들은 주거권의 보장을 위해 주거 비용의 부담을 줄여 달라는 시위를 하였다. 이에 정부에서는 청년과 저소득층을 위한 임대 주택을 제공하였다.

정부는 건물 임대료 상승으로 주거권을 침해받은 청년 및 저소득층에게 임대 주택을 제공하였다. 이처럼 국가는 주거 환경을 정비하고 주거비 부담을 줄여 국민의 주거권을 보장해야 한다. 이 밖에도 주거권이 보장되려면 사생활 보호, 적절한 조명과 통풍, 기본 시설 이용에 편리한 위치 등의 생활 조건이 갖추어져야 한다.

개념 확인하기

1 차티스트 운동, 여성 참정권 운동, 흑인 민권 운동 등을 통해 시민들이 보장받고자 한 인권은?

2 다음 설명이 맞으면 ○표, 틀리면 ×표를 하시오.
(1) 인권은 국가가 아닌 개인이나 집단이 함부로 빼앗거나 침해할 수 없는 불가침의 권리이다. ( )
(2) 사회권은 독일 바이마르 헌법에서 처음으로 명시되었다. ( )
(3) 안전권은 건강하고 쾌적한 환경에서 살 권리이다. ( )

3 현대 사회에서 새롭게 등장한 인권을 〈보기〉에서 골라 기호를 쓰시오.
┤ 보기 ├
ㄱ. 자유권   ㄴ. 문화권
ㄷ. 주거권   ㄹ. 평등권

중요해 ★
01 밑줄 친 '이것'에 대한 옳은 설명만을 〈보기〉에서 고른 것은?

이것은 인간이라면 누구나 당연히 누려야 할 기본적 권리이다. 인간은 인간이라는 이유만으로 존엄한 존재이며, 이러한 인간 존엄성을 실현하려면 이것이 반드시 보장되어야 한다. 인류는 오랜 세월 동안 이것을 보장하기 위해 노력해 왔고, 오늘날 대부분의 민주주의 국가에서는 국가의 최고법인 헌법에 국민의 기본적 이것을 규정하고 있다.

┤ 보기 ├
ㄱ. 인간이 태어나면서부터 가지는 당연한 권리이다.
ㄴ. 국가가 헌법에 규정한 경우에만 보장받을 수 있는 권리이다.
ㄷ. 사회 전체의 이익을 위해 필요한 경우에는 국가가 빼앗을 수 있는 권리이다.
ㄹ. 인종, 성별, 종교, 사회적 신분 등과 관계없이 모든 인간이 가지는 보편적 권리이다.

① ㄱ, ㄴ   ② ㄱ, ㄹ   ③ ㄴ, ㄷ
④ ㄴ, ㄹ   ⑤ ㄷ, ㄹ

02 이 문제에서 나올 수 있는 모든 선택지 ✓
㉠에 들어갈 인권으로 옳은 것은?

근대 시민 혁명으로 시민의 자유권과 평등권이 제도적으로 보장되기 시작하였지만, 그 이후에도 재산, 직업, 성별 등에 따라 선거권이 제한되어 노동자, 농민, 여성 등은 여전히 정치에 참여할 수 없었다. 이에 시민들은 정치에 참여할 권리를 보장받기 위해 노력하였고, 그 결과 20세기 이후 대부분의 국가에서는 보통 선거 제도가 실시되어 성별, 재산, 인종 등과 관계없이 일정 연령 이상의 시민이라면 누구나 (㉠)을/를 보장받게 되었다.

① 자유권   ② 평등권   ③ 참정권
④ 사회권   ⑤ 청구권   ⑥ 연대권

🔗 대표 자료 링크
03 (가), (나)는 인권 보장과 관련한 문서의 일부이다. 이에 대한 설명으로 옳은 것은?

(가) 인간과 시민의 권리 선언	(나) 세계 인권 선언
• 제1조 인간은 자유롭게, 그리고 평등한 권리를 누리게 태어나고 또 그렇게 생존한다. • 제2조 모든 정치적 결사의 목적은 그 무엇도 침해할 수 없는 인간의 자연권을 보전하는 데 있다. 그 권리는 자유, 소유, 안전 및 압제에 대한 저항이다.	• 제1조 모든 인간은 태어날 때부터 자유로우며 그 존엄과 권리에 있어 동등하다. 인간은 천부적으로 이성과 양심을 부여받았으며 서로 형제애의 정신으로 행동하여야 한다. • 제14조 ① 모든 사람은 박해를 피하여 타국에서 피난처를 구하고 비호를 향유할 권리가 있다.

① (가)에는 사회권이 최초로 명시되었다.
② (가)는 인권을 불가침의 권리로 규정하였다.
③ (나)에는 부당한 국가 권력에 대항할 수 있는 저항권이 명시되었다.
④ (가)는 (나)와 달리 사회문제 해결을 위한 국가의 적극적인 개입을 강조한다.
⑤ (나)에는 (가)와 달리 천부 인권 사상이 나타나 있다.

04 다음 글에서 설명하는 인권 관련 문서로 옳은 것은?

고전적인 자유 민주주의를 기초로 삼으면서도 자신의 소유권이라 할지라도 무제한 남용할 수 없다는 소유권의 사회적 의무성과 인간다운 삶을 보장하는 내용을 최초로 규정하였다. 이러한 내용은 현대 민주주의 국가의 헌법에 큰 영향을 주었다.

① 권리 장전   ② 바이마르 헌법
③ 미국 독립 선언   ④ 세계 인권 선언
⑤ 인간과 시민의 권리 선언

05 다음은 미국 독립 선언 중 일부이다. 이에 대한 옳은 설명만을 〈보기〉에서 있는 대로 고른 것은?

> 모든 사람은 평등하게 태어났고, 조물주는 몇 개의 양도할 수 없는 권리를 부여했으며, 그 권리 중에는 생명, 자유, 행복의 추구가 있다. 이 권리를 확보하기 위해 인류는 정부를 조직했으며, 이 정부의 권력은 인민의 동의로부터 유래한다. 이러한 목적으로 파괴할 때 인민은 새로운 정부를 조직할 수 있다.

┤ 보기 ├
ㄱ. 천부 인권 사상이 나타나 있다.
ㄴ. 인간의 존엄성을 바탕으로 한다.
ㄷ. 국가에 대한 저항권을 인정하였다.
ㄹ. 국민의 인간다운 생활을 보장해야 한다는 내용이 명시되었다.

① ㄱ, ㄴ   ② ㄱ, ㄹ   ③ ㄷ, ㄹ
④ ㄱ, ㄴ, ㄷ   ⑤ ㄴ, ㄷ, ㄹ

06 다음은 인권 보장의 역사적 흐름을 나타낸 것이다. (가)~(마) 시기에 대한 설명으로 옳은 것은?

(가)	(나)	(다)	(라)	(마)
시민 혁명 발생	차티스트 운동 전개	바이마르 헌법 제정	세계 인권 선언 채택	

① (가) – 시민의 자유권과 평등권이 보장되었다.
② (나) – 일정한 연령 이상의 모든 사람에게 참정권이 보장되었다.
③ (다) – 대부분의 국가에서 사회권이 헌법에 명시되었다.
④ (라) – 신분제 사회에 대한 반발로 계몽사상이 확대되었다.
⑤ (마) – 인류 전체의 인권 보장을 위한 국제 사회의 협력이 강조되었다.

07 ㉠에 들어갈 인권으로 적절하지 <u>않은</u> 것은?

> 인권의 의미와 범위는 사회가 변화함에 따라 점진적으로 확대되었고, 이를 1세대, 2세대, 3세대 인권으로 분류하기도 한다. 1세대 인권은 국가의 개입을 경계하는 자유권 중심이고, 2세대 인권은 사회적 약자의 인간다운 삶을 보장하기 위해 국가의 개입을 요구하는 사회권 중심이다. 이후 등장한 3세대 인권은 차별받는 개인과 집단의 인권을 보호하고자 연대와 단결을 강조하는 전 지구적 차원의 인권이다. 이러한 3세대 인권에 해당하는 권리에는 (㉠) 등이 있다.

① 자결권
② 발전의 권리
③ 평화의 권리
④ 사회 보장을 받을 권리
⑤ 재난 구제를 받을 권리
⑥ 지속가능한 환경에 대한 권리

중요해 ★
08 밑줄 친 '새로운 인권'의 사례로 적절하지 <u>않은</u> 것은?

> 인권은 시대와 사회가 변화함에 따라 새로운 문제가 제기되면서 그 내용이 추가되고 바뀌기도 한다. 오늘날 인구의 도시 집중, 과학기술의 발달, 지구촌 기후위기, 세계화와 다문화 사회의 진전 등으로 사회가 급속도로 변화하면서 <u>새로운 인권</u>이 등장하게 되었다.

① 건강하고 쾌적한 환경에서 살 권리
② 각종 위험으로부터 안전을 보호받을 권리
③ 국가 권력의 간섭에서 벗어나 자유롭게 생활할 수 있는 권리
④ 쾌적하고 안정적인 주거 환경에서 인간다운 주거 생활을 할 권리
⑤ 자유롭게 공동체의 문화생활에 참여하고 혜택을 나누어 가질 권리

09 ㉠에 해당하는 인권에 대한 설명으로 옳은 것은?

> 국토 연구원의 「2022 지역 간 삶의 질 격차 보고서」에 따르면, 문화 기반 시설은 인구수가 적은 지역을 제외하면 큰 차이가 없지만 공연이나 전시는 수도권 중심으로 운영되었다. 이에 비수도권 주민들의 (㉠)을/를 보장해야 한다는 목소리가 커지고 있다.

① 근대 국가에서부터 보장된 권리이다.
② 건강하고 쾌적한 환경에서 살 권리이다.
③ 각종 위험으로부터 안전을 보호받을 권리이다.
④ 우리나라에서는 「주거 기본법」을 통해 보장하고 있다.
⑤ 각자의 고유한 언어와 생활양식을 보장받을 권리를 포함한다.

10 밑줄 친 '잊힐 권리'에 대한 옳은 설명만을 〈보기〉에서 고른 것은?

> 고등학생 갑은 초등학교 시절 영상 공유 플랫폼에 자신과 가족들의 모습이 나오는 영상을 올렸다. 그런데 최근 한 친구가 해당 영상을 발견하고 이를 친구들 사이에 퍼뜨리면서 이 영상으로 심한 놀림을 받았다. 갑은 영상이 더 퍼지기 전에 과거 영상을 지우고 싶었지만 당시 만들었던 계정의 비밀번호를 찾을 수 없어서 영상을 지우지 못하였다. 오늘날에는 갑과 같이 과거에 올린 영상이나 사진 등이 자신도 모르는 사이에 인터넷 등에 퍼져 고통받는 사람들이 늘고 있다. 이에 개인 정보를 삭제할 수 있는 잊힐 권리가 주목받고 있다.

┤ 보기 ├
ㄱ. 정보 사회에서 새롭게 등장한 권리이다.
ㄴ. 문화적 정체성을 유지할 권리를 포함한다.
ㄷ. 자신과 관련된 정보의 삭제를 요청할 수 있는 권리이다.
ㄹ. 국민이 국가 의사 결정에 참여할 수 있음을 강조하는 권리이다.

① ㄱ, ㄴ   ② ㄱ, ㄷ   ③ ㄴ, ㄷ
④ ㄴ, ㄹ   ⑤ ㄷ, ㄹ

11 다음 글을 읽고 물음에 답하시오.

> 산업 혁명 이후 시민은 국가가 적극적으로 사회적 약자를 포함한 모든 사람의 기본적인 생존을 보장해 달라고 요구하였다. 이러한 요구에 따라 독일 바이마르 헌법에 모든 국민이 최소한의 인간다운 생활을 보장받아야 한다는 (㉠)이/가 처음으로 명시되었다.

(1) ㉠에 들어갈 인권을 쓰시오.

_____

(2) ㉠이 등장하게 된 배경을 서술하시오.

_____

3단계 로 완성하기

12 다음 사례에 나타난 인권을 보장하기 위한 국가의 역할을 서술하시오.

> 정부는 ㉠ 청년, 신혼부부에게 저렴한 가격으로 임대 주택을 공급하는 제도를 시행하고 있다. 이 제도는 열악한 주거 환경과 높은 임대료 부담으로 힘들어하는 청년들의 안정적인 주거 생활을 위해 추진되었다.

1단계 밑줄 친 ㉠의 시행 목적을 써 보세요.

_____

2단계 ㉠을 통해 정부가 보장하려는 인권과 그 의미를 써 보세요.

_____

3단계 1단계, 2단계에서 정리한 내용을 바탕으로 사례에 나타난 인권을 보장하기 위한 국가의 역할을 서술해 보세요.

_____

1등급 도전하기

[01~02] (가)~(라)는 인권 보장의 역사적 사건을 순서 없이 나열한 것이다. 이를 읽고 물음에 답하시오.

> (가) 계몽사상과 사회 계약설이 퍼지면서 시민들은 불평 등한 제도의 폐지와 자유를 요구하였다.
> (나) 국제 연합(UN)은 인권이 인류의 보편적 가치임을 명시하고, 인권 보호를 위해 국제 사회가 협력해야 함을 강조하는 선언을 발표하였다.
> (다) 영국의 노동자들이 선거권 확대, 비밀 투표 등을 요 구하는 인민헌장을 발표하였다.
> (라) 국가가 사회적 약자를 보호해야 한다는 인식이 확산 하면서 모든 국민이 인간다운 생활을 보장받아야 한 다는 내용의 인권이 헌법에 최초로 명시되었다.

01 (가)~(라)를 일어난 순서대로 옳게 나열한 것은?

① (가) – (나) – (다) – (라)
② (가) – (다) – (나) – (라)
③ (가) – (다) – (라) – (나)
④ (다) – (가) – (나) – (라)
⑤ (다) – (가) – (라) – (나)

02 (가)~(라)에 대한 설명으로 옳지 <u>않은</u> 것은?

① (가) 이후에도 재산이나 성별에 따라 선거권이 제한 되었다.
② (가)는 봉건제와 같은 사회 구조적 모순을 철폐하는 계기가 되었다.
③ (나)는 인류 전체의 인권 보장을 위한 국제 사회의 협 력을 강조하였다.
④ (다)의 결과로 보통 선거 제도가 바로 확립되었다.
⑤ (라)는 사회권을 최초로 명시한 헌법이다.

03 다음 사례에서 공통적으로 추론할 수 있는 내용으로 가장 적절한 것은?

> • 여성들은 오랜 기간에 걸쳐 청원, 시위 등의 방법으로 남성들과 동등한 참정권을 보장받기 위해 노력하였다.
> • 미국에서 흑인은 노예 제도가 폐지된 후에도 투표권 이 제한되는 등 각종 차별을 받았다. 이에 흑인들은 백인과 동등한 참정권 등의 보장을 요구하였다.

① 인권의 내용과 범위는 변화하지 않는다.
② 인권 보장 여부는 국가의 의지에 따라 결정된다.
③ 우리가 누리는 인권은 많은 사람이 인권을 보장받고 자 노력한 결과이다.
④ 여성, 흑인 외에 다른 사회 구성원은 처음부터 동등 한 참정권을 보장받았다.
⑤ 근대 시민 혁명의 결과로 참정권을 행사할 수 있는 대상이 오늘날과 같이 확정되었다.

04 창의 융합
다음은 수행 평가 문제에 대한 어느 학생의 답안이다. 이에 대한 설명으로 옳은 것은?

> **수행 평가**
>
> **문제:** 현대 사회에 새롭게 등장한 인권 A, B를 보장받지 못한 사례를 찾아 서술하시오.
> **답안**
> • A : 신축 아파트에 입주한 갑은 부실 공사로 위층 사람 들이 내는 소음이 그대로 들려 고통받고 있다.
> • B : 을은 자동차를 운전하고 가던 중 ○○시에서 관리하 는 가로수가 자동차 위로 쓰러져 큰 사고를 당하였다.
> └ 교사 평가: A, B 모두 적절한 사례를 찾아 서술하였습 니다.

① A는 안전권이고, B는 주거권이다.
② A는 쾌적한 주거 환경의 조성을 강조하는 권리이다.
③ A를 보장하기 위해 우리나라 헌법은 국가의 재해 예 방 의무를 명시하고 있다.
④ B는 모든 국민의 최소한의 인간다운 생활을 보장하 는 권리이다.
⑤ B를 보장하기 위해 우리나라 헌법은 문화 발전에 대 한 국가 의무를 명시하고 있다.

수능 준비하기

01 [교육청 기출]

다음 자료에서 게임 규칙에 따라 말을 이동시켰을 때, 말의 최종 위치로 옳은 것은? (단, 말의 최종 위치는 A~E 중 한 칸임.)

〈인권의 특징 알아보기〉

※ 게임 규칙
· 인권의 특징에 관한 진술 (가)~(마)를 순서대로 읽고, 옳고 그름을 판단한다.
· 각 진술이 옳으면 말을 오른쪽으로 한 칸만 이동시키고, 틀리면 말을 이동시키지 않는다.

(가) 인간이라면 누구나 누릴 수 있다.
(나) 일정 기간에 한시적으로 보장된다.
(다) 태어나면서부터 자연스럽게 가진다.
(라) 필요한 경우 타인에게 양도할 수 있다.
(마) 국가나 다른 사람이 침해해서는 안 된다.

출발점 ♟ → A → B → C → D → E

---

① A   ② B   ③ C   ④ D   ⑤ E

◆ 수능 만점 한끝

인권의 특성인 천부성, 보편성, 불가침성, 항구성의 의미를 떠올리고, 인권의 특성에 해당하는 진술을 찾는다.

◆ 문제의 핵심

```
천부성                          보편성
            인권의
            특성
불가                            항구성
침성
```

---

02 [교육청 기출] [역사 + 사회]

밑줄 친 ㉠에 대한 옳은 설명만을 〈보기〉에서 있는 대로 고른 것은?

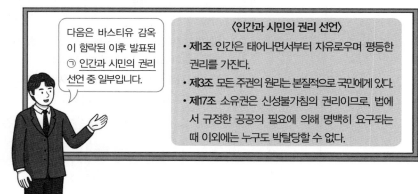

다음은 바스티유 감옥이 함락된 이후 발표된 ㉠ 인간과 시민의 권리 선언 중 일부입니다.

〈인간과 시민의 권리 선언〉
· 제1조 인간은 태어나면서부터 자유로우며 평등한 권리를 가진다.
· 제3조 모든 주권의 원리는 본질적으로 국민에게 있다.
· 제17조 소유권은 신성불가침의 권리이므로, 법에서 규정한 공공의 필요에 의해 명백히 요구되는 때 이외에는 누구도 박탈당할 수 없다.

┤ 보기 ├
ㄱ. 사유 재산 제도를 부정한다.
ㄴ. 자유와 평등의 이념을 강조한다.
ㄷ. 사회권을 자유권보다 우선하는 권리로 본다.
ㄹ. 천부 인권 사상과 국민 주권 사상을 반영하고 있다.

① ㄱ   ② ㄱ, ㄷ   ③ ㄴ, ㄷ   ④ ㄴ, ㄹ   ⑤ ㄱ, ㄷ, ㄹ

◆ 수능 만점 한끝

인간과 시민의 권리 선언이 발표된 배경을 기준으로 문서에 명시된 주요 내용을 파악한다.

◆ 이렇게도 출제될 수 있어요!

인간과 시민의 권리 선언, 권리 장전, 세계 인권 선언 등 인권 보장의 역사와 관련한 여러 문서를 함께 제시하여 비교하는 문제가 출제될 수 있어요.

20학년도 3월 고2 학평 생활과 윤리 6번

교육청 기출 **윤리 + 사회**

03 다음 수업 장면에서 교사의 질문에 적절한 대답을 한 학생만을 있는 대로 고른 것은?

* 환경권: 건강하고 쾌적한 생활을 위하여 필요한 조건을 갖춘 환경을 누릴 권리

오늘날 환경권이 강조되고 있는 이유는 무엇일까요?

을: 환경권은 안전하고 행복한 삶을 위해 필요하기 때문입니다.

병: 대기 및 수질 오염 등 다양한 환경 문제가 발생하고 있기 때문입니다.

갑: 지구 온난화로 인한 기후변화가 인류의 생존을 위협하고 있기 때문입니다.

정: 환경권은 다른 기본권과 무관한 독립적인 권리이기 때문입니다.

① 갑, 병　② 갑, 정　③ 을, 정　④ 갑, 을, 병　⑤ 을, 병, 정

➕ 수능 만점 한끝

환경권의 의미를 분석하여 현대 사회에서 환경권이 강조되는 배경과 다른 기본권과의 관계를 추론한다.

• 이렇게도 출제될 수 있어요!

인권 침해 사례를 제시하고 침해된 인권이 현대 사회에 새롭게 등장한 인권 중 어떤 인권에 해당하는지 추론하는 문제가 출제될 수 있어요.

22학년도 6월 고1 학평 18번

교육청 기출

04 밑줄 친 ㉠에 대한 옳은 설명만을 〈보기〉에서 고른 것은?

교사: 현대 사회에서 인권의 개념이 확장되면서 나타나게 된 ㉠ ○○권에 대해 설명해 볼까요?

갑: 경제적, 문화적 배경과 상관없이 누구나 문화생활을 향유할 수 있는 권리를 말합니다.

을: 표현의 자유 보장을 통해 차별화된 문화 양식을 만들 수 있는 권리를 말합니다.

교사: 모두 옳게 대답했습니다. 잘했습니다.

┤ 보기 ├
ㄱ. 사회의 다양성 확대에 기여하는 권리이다.
ㄴ. 문화적 정체성 확립에 도움을 주는 권리이다.
ㄷ. 쾌적한 주거 환경 조성을 강조하는 권리이다.
ㄹ. 전염병으로부터 자신의 안전을 보장해 주는 권리이다.

① ㄱ, ㄴ　② ㄱ, ㄷ　③ ㄴ, ㄷ　④ ㄴ, ㄹ　⑤ ㄷ, ㄹ

➕ 수능 만점 한끝

학생 갑과 을의 대답을 바탕으로 밑줄 친 ㉠이 어떤 인권에 해당하는지 추론하고 그 특징을 파악한다.

• 문제의 핵심

주거권 / 환경권 — 현대 사회의 인권 — 안전권 / 문화권

02 인권 보장을 위한 헌법의 역할과 시민 참여

한끝 더하기

❶ 입헌주의
국가의 모든 권력이 헌법에 따르도록 하여 국가 권력의 자의적 행사를 방지하고, 국민의 기본적 인권을 실질적으로 보장하려는 정치 원리

❷ 기본권에 해당하는 권리

자유권	신체의 자유, 양심의 자유 등
평등권	법 앞의 평등, 혼인과 가족 생활에서의 양성 평등 등
참정권	선거권, 공무 담임권, 국민 투표권 등
사회권	교육받을 권리, 근로의 권리, 쾌적한 환경에서 생활할 권리 등
청구권	청원권, 재판 청구권 등

❸ 우리나라의 권력 분립 제도

*화살표는 견제 방향을 의미함.
우리나라는 권력 분립 제도를 통해 각 국가 기관 간의 권력 남용을 억제함으로써 국민의 인권이 침해되는 것을 막고 있다.

❹ 최후 수단성
다른 모든 합법적인 수단을 동원하였지만 해결되지 않은 경우에 시민의 인권을 침해하는 법질서를 바로잡을 최후의 수단으로서 시민불복종을 사용할 수 있다.

1 인권 보장을 위한 헌법의 역할

1. 인권과 헌법의 관계: 헌법은 국민의 인권을 기본권의 형태로 규정함, 입헌주의❶ 원리에 따라 통치 및 공동체의 모든 생활은 헌법에 근거하여 이루어짐 → 국가 기관이 국민의 권리를 부당하게 침해할 수 없도록 함

2. 우리 헌법에 보장된 기본권❷ 대표 자료

자유권	국가 권력의 간섭을 받지 않고 자유롭게 생활할 수 있는 권리 → 소극적 성격의 권리
평등권	모든 국민이 성별, 종교, 사회적 신분 등에 의해 차별받지 않고 동등하게 대우받을 권리 → 다른 기본권을 보장하기 위한 전제 조건이 되는 권리
참정권	국민이 국가의 의사 결정에 참여할 수 있는 권리
사회권	국가에 인간다운 생활의 보장을 요구할 수 있는 권리 → 복지 국가를 추구하는 현대 사회에서 특히 강조하는 권리
청구권	다른 기본권이 침해되었을 때 이의 구제를 요구할 수 있는 권리 → 수단적 성격의 권리

3. 인권 보장을 위한 헌법상 제도적 장치

국민 주권의 원리	국가의 의사를 결정하는 최고 권력인 주권이 국민에게 있다는 원리 → 민주적 선거 제도, 국민 투표를 통한 헌법 개정 등으로 구현
법치주의	국민의 대표 기관인 의회에서 제정한 법률에 따라 국가를 운영해야 한다는 원리
권력 분립 제도❸	입법권은 국회가, 행정권은 정부가, 사법권은 법원이 각각 담당하게 하여 상호 독립성을 유지하면서 견제와 균형을 이루도록 하는 제도
복수 정당 제도	두 개 이상의 정당을 인정하고 정당 설립의 자유를 보장하는 제도
기본권 구제 제도	국가 권력이나 법률에 의해 국민의 기본적 인권이 침해받았을 때 헌법재판소의 헌법 소원 심판과 위헌 법률 심판 제도를 통해 구제받을 수 있음 자료❶

2 시민 참여

1. 시민 참여의 의미와 필요성

의미	시민이 참여 의식을 가지고 정치과정이나 사회문제 해결에 적극적으로 개입하는 것
필요성	• 공동체 이익을 증진: 모든 사회 구성원의 권익을 보호하고 인간의 존엄성이 보장되는 정의로운 사회를 만듦 • 대의 민주주의 보완: 국민의 의사가 정책 결정 과정에 제대로 반영되지 못하는 것을 보완함 • 국가 권력에 대한 견제·감시: 국가 권력을 견제하고 감시하여 권력의 남용을 막을 수 있음

2. 시민 참여의 방법

(1) **합법적 방법:** 선거, 시위, 서명 운동, 공청회 참여, 청원 및 민원 제기, 정당·이익 집단·시민 단체 활동, 캠페인 활동 등

(2) **시민불복종** 자료❷

① **의미:** 공익을 수호하려는 목적에서 부당한 법이나 정책을 바로잡기 위해 의도적으로 법에 대한 복종을 거부하는 행위

② **정당화 조건:** 행위 목적의 정당성, 최후 수단성❹, 비폭력성, 위법 행위에 대한 처벌 감수

• 대표 자료 • 기본권 보장 및 제한에 관한 헌법 조항 　　　　　　　　 ✦ 비판적 사고력

- **제10조** 모든 국민은 인간으로서의 존엄과 가치를 가지며, 행복을 추구할 권리를 가진다. 국가는 개인이 가지는 불가침의 기본적 인권을 확인하고 이를 보장할 의무를 진다.
- **제37조** ① 국민의 자유와 권리는 헌법에 열거되지 아니한 이유로 경시되지 아니한다. ② 국민의 모든 자유와 권리는 국가 안전 보장·질서 유지 또는 공공복리를 위하여 필요한 경우에 한하여 법률로써 제한할 수 있으며, 제한하는 경우에도 자유와 권리의 본질적 내용을 침해할 수 없다.

기본권은 헌법으로 보장되는 국민의 기본적 권리를 의미한다. 우리 헌법은 헌법이 추구하는 궁극의 가치인 인간의 존엄과 가치 및 행복 추구권을 규정하여 모든 기본권의 근간이자 국가 권력 행사의 기준으로 삼고 있다. 또한, 우리 헌법은 인간의 존엄과 가치를 실현하는 데 필요한 권리라면 헌법에 구체적으로 명시되지 않아도 보장할 것을 규정하고 있다. 그러나 헌법에서 보장하는 권리라고 하더라도 절대적으로 보장되는 것은 아니다. 국가는 국가 안전 보장, 질서 유지, 공공복리를 위해 필요한 경우에 법률로써 개인의 기본권을 제한할 수 있다. 하지만 이때에도 자유와 권리의 본질적인 내용은 침해할 수 없다.

자료 ❶ 헌법 소원 심판을 통한 기본권 보장

○○ 훈련소에서 군사 훈련을 받던 갑은 지휘관으로부터 주말에 개최되는 종교 행사 중 하나를 선택해서 참석하라는 권유를 받았다. 갑은 불참 의사를 밝혔으나 계속된 권유에 종교 행사에 참석할 수밖에 없었다. 이에 갑은 자신의 종교의 자유가 침해받았다고 판단하여 헌법재판소에 헌법 소원 심판을 청구하였다. 헌법재판소는 종교 행사에 참석하도록 한 지휘관의 조치가 갑의 종교의 자유를 침해한다고 판단하여 해당 조치에 대해 위헌 결정을 내렸다.

제시된 자료는 종교 행사에 참석하도록 한 지휘관의 조치로 종교의 자유, 즉 자유권을 침해받은 갑이 헌법재판소의 헌법 소원 심판을 통해 구제받은 사례이다. 이처럼 공권력에 의해 기본권이 침해된 경우 헌법 소원 심판, 재판 중인 사건에서 다루는 법률이 헌법에 위배될 경우 위헌 법률 심판을 통해 구제받을 수 있다.

자료 ❷ 시민불복종의 사례

1930년 인도를 지배하던 영국은 소금법을 시행하여 인도인의 소금 채취를 금지하고 영국산 소금을 비싸게 사도록 하였다. 이에 간디는 소금법 폐지를 요구하였지만 받아들여지지 않자 소금 행진을 하며 소금법의 부당함을 알렸다. 결국 간디는 소금법을 어겼다는 이유로 체포되었지만 소금 행진은 비폭력 운동의 상징이 되었다.

인권 침해를 방지하고 시민의 권익을 보호하려면 시민이 사회문제 해결에 적극적으로 참여해야 한다. 만약 시민의 인권을 심각하게 침해하는 법이나 정책을 바로잡기 위한 합법적인 방법이 없는 경우 제시된 사례와 같이 시민불복종을 행할 수 있다.

• 시험에서는 이렇게 •

〈자가 격리 안내〉
귀하는 확진자의 밀접 접촉자로 감염병 예방법 제42조(감염병에 관한 강제 처분)에 따라 코로나바이러스감염증-19 예방을 위해 자가 격리가 필요한 대상자입니다. …… 현재 밖에 계시면 바로 귀가하시기 바랍니다.

자료는 ○○시가 주민에게 보낸 안내 문자이다. 밑줄 친 '자가 격리' 조치 등 국민의 기본권 제한은 헌법 제37조 제2항에 따라 이루어져야 한다. 이처럼 기본권 제한의 한계를 파악하고 있는지 묻는 문제가 출제될 수 있다.

⟍ 시험 준비 길잡이

사례나 헌법 조항을 제시하고 이에 관한 권리나 기본권 제한에 대해 묻는 문제가 출제될 수 있어요. 헌법 제10조와 제37조의 내용과 그 의미를 꼭 기억해 두세요.

개념 확인하기

1 헌법은 국민의 인권을 ( )의 형태로 규정하여 국가 기관이 국민의 권리를 부당하게 침해할 수 없도록 하고 있다.

2 다음 설명에 해당하는 기본권을 〈보기〉에서 골라 기호를 쓰시오.

| 보기 |
| ㄱ. 자유권 　　　　 ㄴ. 청구권 |
| ㄷ. 사회권 　　　　 ㄹ. 참정권 |

(1) 국가의 의사 결정에 참여할 수 있는 권리
　　　　　　　　　　　　　　　 ( )
(2) 다른 기본권이 침해되었을 때 이의 구제를 요구할 수 있는 수단적 성격의 권리 ( )

3 다음 설명이 맞으면 ○표, 틀리면 ✕표를 하시오.

(1) 국민 주권의 원리는 의회에서 제정한 법률에 따라 국가를 운영해야 한다는 원리이다.
　　　　　　　　　　　　　　　 ( )
(2) 권력 분립 제도는 각 국가 기관이 상호 독립성을 유지하면서 견제와 균형을 이루도록 하는 제도이다. ( )

실력 다지기

대표 자료 링크

01 다음 헌법 조항에 대한 옳은 설명만을 〈보기〉에서 있는 대로 고른 것은?

> **제10조** 모든 국민은 인간으로서의 존엄과 가치를 가지며, 행복을 추구할 권리를 가진다. 국가는 개인이 가지는 불가침의 기본적 인권을 확인하고, 이를 보장할 의무를 진다.

보기
ㄱ. 모든 기본권의 근간이다.
ㄴ. 국가의 권력 행사의 기준이 된다.
ㄷ. 헌법이 추구하는 궁극적 가치이다.
ㄹ. 국민의 기본권 보장 및 제한에 대한 내용을 규정하고 있다.

① ㄱ   ② ㄱ, ㄷ   ③ ㄴ, ㄹ
④ ㄱ, ㄴ, ㄷ   ⑤ ㄴ, ㄷ, ㄹ

02 그림에서 ㉠에 들어갈 정치 원리로 옳은 것은?

(㉠): 국가의 모든 권력이 헌법에 따르도록 하여 국가 권력의 자의적 행사를 방지하고, 국민의 기본적인 인권을 실질적으로 보장하는 정치 원리

우리나라는 (㉠)에 따라 국가 권력이 인간의 존엄과 가치를 침해하지 않도록 하고 있어요.

① 법치주의   ② 입헌주의
③ 대의 민주주의   ④ 국민 주권의 원리
⑤ 권력 분립의 원리

이 문제에서 나올 수 있는 모든 선택지✔

03 다음 헌법 조항에 나타난 기본권에 대한 설명으로 옳은 것은?

> • **제12조** ① 모든 국민은 신체의 자유를 가진다.
> • **제16조** 모든 국민은 주거의 자유를 침해받지 아니한다.
> • **제17조** 모든 국민은 사생활의 비밀과 자유를 침해받지 아니한다.

① 수단적 성격의 권리이다.
② 현대 복지 국가에서 강조되는 권리이다.
③ 국가의 의사 결정에 참여할 수 있는 권리이다.
④ 국가 권력에 의한 간섭을 받지 않을 권리이다.
⑤ 모든 국민이 차별받지 않고 동등하게 대우받을 권리이다.
⑥ 다른 기본권이 침해되었을 때 이의 구제를 요구할 수 있는 권리이다.

중요해 04 표는 기본권의 유형을 구분한 것이다. A~C의 사례를 옳게 연결한 것은? (단, A~C는 각각 자유권, 사회권, 청구권 중 하나임.)

질문＼기본권	A	B	C
국가에 일정한 행위를 요구할 수 있는 권리인가?	예	아니요	예
다른 기본권을 보장하기 위한 수단적 성격의 권리인가?	아니요	아니요	예

	A	B	C
①	근로의 권리	종교의 자유	청원권
②	신체의 자유	근로의 권리	청원권
③	재판 청구권	선거권	근로의 권리
④	종교의 자유	재판 청구권	교육받을 권리
⑤	교육받을 권리	재판 청구권	선거권

05 ㉠, ㉡에 해당하는 기본권에 대한 설명으로 옳은 것은?

> • 갑은 현행범이 아닌데도 수사 기관에 의해 영장 없이 부당하게 체포되어 (㉠)을/를 침해당하였다.
> • 회사원 을은 사장 병에게 선거에 참여하기 위해 필요한 시간을 청구하였지만 병이 이를 거부하였고, 결국 투표를 하지 못하여 (㉡)을/를 침해당하였다.

① ㉠은 국가의 의사 결정에 참여할 수 있는 권리이다.
② ㉡은 인간다운 생활의 보장을 요구할 수 있는 권리이다.
③ ㉠은 ㉡과 달리 법률로써도 제한할 수 없는 절대적 권리이다.
④ ㉠은 ㉡과 달리 국가의 간섭이나 침해를 받지 않을 방어적 권리이다.
⑤ ㉡은 ㉠과 달리 다른 기본권 보장의 전제가 되는 권리이다.
⑥ ㉡은 ㉠과 달리 복지 국가를 추구하는 현대 사회에서 특히 강조하는 권리이다.

06 사례에 대한 옳은 설명만을 〈보기〉에서 고른 것은?

> ○○ 훈련소에서 군사 훈련을 받던 갑은 지휘관으로부터 종교 행사 중 하나를 선택해서 참석하라는 권유를 받았다. 갑은 불참 의사를 밝혔으나 계속된 권유에 종교 행사에 참석할 수밖에 없었다. 이에 갑은 자신의 종교의 자유가 침해받았다고 판단하여 A에 (㉠)을/를 청구하였다. A는 지휘관의 조치가 갑의 종교의 자유를 침해한다고 판단하여 해당 조치에 대해 위헌 결정을 내렸다.

┤ 보기 ├
ㄱ. A는 대법원이다.
ㄴ. 갑이 침해받은 기본권은 다른 기본권을 보장하기 위한 수단적 권리이다.
ㄷ. ㉠은 국가 권력에 의해 기본권을 침해받았을 때 구제받을 수 있는 제도이다.
ㄹ. A는 종교 행사 참석을 강제한 지휘관의 조치가 자유와 권리의 본질적 내용을 침해하였다고 보았다.

① ㄱ, ㄴ   ② ㄱ, ㄹ   ③ ㄴ, ㄷ
④ ㄴ, ㄹ   ⑤ ㄷ, ㄹ

07 밑줄 친 '제도적 장치'에 해당하는 내용으로 옳지 않은 것은?

> 우리나라는 국가 권력이 국민의 인권을 침해하지 못하도록 헌법에 기본권을 규정하였다. 그러나 이러한 규정만으로는 인권을 보호하는 데 한계가 있다. 따라서 우리 헌법은 자유 민주적 기본 질서를 실현하고 국민의 인권을 보장하기 위해 제도적 장치를 함께 마련해 두고 있다.

① 국회에서 제정한 법률에 따라 국가를 운영하도록 한다.
② 두 개 이상의 정당을 인정하고 정당 설립의 자유를 보장한다.
③ 민주적 선거 제도 및 국민 투표 등을 통해 국민의 주권 행사를 보장한다.
④ 국가 권력을 서로 다른 기관이 맡도록 하여 상호 견제와 균형을 이루도록 한다.
⑤ 대법원에서 법률이 헌법에 보장된 국민의 기본적 인권을 침해하는지 여부를 판단하도록 한다.

08 사례를 통해 추론할 수 있는 내용으로 가장 적절한 것은?

> 수사 기관이 법원의 영장이나 허가 없이 이동 통신 서비스 이용자들의 개인 정보를 수집하는 일이 급증하자 한 시민 단체는 이동 통신사가 이용자들의 정보를 수사 기관에 제공하였음을 이용자들에게 통지하지 않아 시민의 권익이 침해당하였다고 주장하였다. 많은 시민은 이에 대한 손해 배상 소송을 제기하자는 캠페인에 참여하였고, 이동 통신사를 상대로 소송을 제기하였다. 그 결과 법원은 수사 기관에 개인 정보를 제공한 현황을 당사자에게 공개하지 않은 이동 통신사의 행위가 불법이라고 판결하였다.

① 최후의 수단으로 시민불복종이 이루어져야 한다.
② 시민 참여는 시민 단체의 주도로 이루어져야 한다.
③ 시민들은 사회문제 해결에 적극적으로 참여해야 한다.
④ 법원의 재판을 통해 인권을 보호하는 것이 가장 합리적인 방법이다.
⑤ 시민 참여는 민주 정치의 가장 기본이 되는 선거를 통해서만 이루어져야 한다.

09 밑줄 친 ㉠, ㉡에 대한 설명으로 옳지 <u>않은</u> 것은?

> 시민의 정치적 무관심이 깊어지면 시민의 의사에 부합하지 않는 정책이 결정될 가능성이 커진다. 따라서 시민이 참여 의식을 가지고 정치과정이나 사회문제 해결에 참여하는 ㉠ <u>시민 참여</u>가 필요하다. 시민은 합법적인 방법으로 국가나 공동체의 활동에 참여해야 하지만, 정의롭지 않은 법이나 정책이 시민의 권리를 침해한다면 ㉡ <u>시민 불복종</u>을 통해 의사를 표현할 수 있다.

① 정당 가입 및 활동은 ㉠의 사례에 해당한다.
② ㉠은 시민들의 참여 의식을 바탕으로 자발적으로 이루어져야 한다.
③ ㉡은 행위 목적의 정당성이 있어야 한다.
④ ㉡이 남용된다면 사회의 혼란이 가중될 수 있으므로 신중하게 행해져야 한다.
⑤ ㉡은 ㉠과 달리 대의 민주주의의 한계를 보완하는 역할을 한다.

10 다음은 어느 학생이 작성한 형성 평가 답안지이다. 이 학생이 받을 점수로 옳은 것은?

형성 평가

다음 시민불복종에 대한 내용이 맞으면 ○표, 틀리면 ×표를 하시오. (단, 문항당 배점은 2점임.)

번호	문항	답안
(1)	합법적으로 이루어져야 한다.	×
(2)	공익 수호를 목적으로 행해져야 한다.	○
(3)	위법 행위에 대한 처벌을 받지 않아도 된다.	○
(4)	비폭력적인 방법을 통해서 이루어져야 한다.	○
(5)	다른 방법으로 해결할 수 없을 때 시행되어야 한다.	×

① 2점 ② 4점 ③ 6점 ④ 8점 ⑤ 10점

11 그림은 인권 보장을 위한 헌법의 제도적 장치 중 하나를 나타낸 것이다. (가)~(다)에 해당하는 국가 기관의 명칭을 쓰고, 이 제도의 목적을 서술하시오.

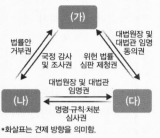

*화살표는 견제 방향을 의미함.

_____

_____

12 사례에서 갑이 A에 헌법 소원 심판을 청구한 이유를 서술하시오.

> 19세가 되는 날이 선거일 이틀 뒤였던 갑은 「공직 선거법」 제17조 "선거권자와 피선거권자의 연령은 선거일 현재로 산정한다."라는 조항 때문에 자신이 선거에 참여할 수 없었고, 이에 따라 선거에 참여한 다른 사람들과 다르게 차별받게 되어 기본권을 침해당하였다고 주장하며 A에 헌법 소원 심판을 청구하였다.

1단계 A에 해당하는 국가 기관을 써 보세요.

_____

2단계 갑이 침해당하였다고 주장하는 기본권 두 가지를 유추해 보세요.

_____

_____

3단계 1단계와 2단계에서 정리한 내용을 바탕으로 갑이 A에 헌법 소원 심판을 청구한 이유를 서술해 보세요.

_____

_____

1등급 도전하기

01 그림은 기본권의 유형을 구분한 것이다. 이에 대한 설명으로 옳은 것은? (단, A~C는 각각 자유권, 사회권, 참정권 중 하나임.)

① A는 국가 권력의 간섭을 받지 않을 권리이다.
② B에 해당하는 권리가 근로의 권리라면, C는 A와 달리 법률에 의해 제한될 수 있는 권리이다.
③ C가 사회권이면 (가)에 '인간다운 생활 보장을 국가에 요구할 수 있는 권리인가?'가 들어갈 수 있다.
④ (가)에는 '다른 기본권을 보장하기 위한 수단적 권리인가?'가 들어갈 수 있다.
⑤ (가)에 '소극적 권리인가?'가 들어가면, C에 해당하는 권리의 예로 교육받을 권리를 들 수 있다.

02 ㉠~㉢에 들어갈 수 있는 권한을 옳게 연결한 것은?

> 우리나라는 국가 권력의 남용을 막고 국민의 인권을 보장하기 위해 헌법에 권력 분립 제도를 규정하여 국가 권력 간 상호 견제와 균형을 이루도록 하고 있다. 예를 들어 사법부는 (㉠)을/를 통해 입법부를, 입법부는 (㉡)을/를 통해 행정부를, 행정부는 (㉢)을/를 통해 사법부를 견제할 수 있도록 하고 있다.

	㉠	㉡	㉢
①	명령·규칙·처분 심사권	국정 감사권	법률안 거부권
②	명령·규칙·처분 심사권	대법관 임명권	법률안 거부권
③	위헌 법률 심판 제청권	국정 감사권	대법원장 임명권
④	위헌 법률 심판 제청권	대법관 임명권	법률안 거부권
⑤	위헌 법률 심판 제청권	대법관 임명권	대법원장 임명권

03 (창의 융합) 다음은 인터넷 게시판의 질문이다. ㉠의 기능으로 적절한 것만을 〈보기〉에서 고른 것은?

> **지식 Q&A**
> 여러분의 (㉠) 경험에 대해 알려 주세요.
> **답변하기**
> └ 갑: 저는 평소 환경 보호에 관심이 많아서 일회용품 줄이기 캠페인 활동을 하였습니다.
> └ 을: 공군 비행장에서 발생하는 소음으로 불면증에 시달리는 등 비행장 근처 주민들이 피해를 입어서 관할 행정 기관에 민원을 제기하였습니다.

⊢ 보기 ⊢
ㄱ. 국가 권력을 강화한다.
ㄴ. 대의 민주주의를 보완한다.
ㄷ. 특정 집단의 이익만을 대변한다.
ㄹ. 인간의 존엄성이 보장되는 정의로운 사회를 만드는 데 이바지한다.

① ㄱ, ㄴ ② ㄱ, ㄷ ③ ㄴ, ㄷ
④ ㄴ, ㄹ ⑤ ㄷ, ㄹ

04 사례에 나타난 시민 참여에 대한 옳은 설명만을 〈보기〉에서 있는 대로 고른 것은?

> 1930년 인도를 지배하던 영국은 소금법을 시행하여 인도인의 소금 채취를 금지하고 영국산 소금을 비싸게 사도록 하였다. 이에 간디는 소금법 폐지를 요구하였지만 받아들여지지 않자 소금 행진을 하며 소금법의 부당함을 알렸다. 결국 간디는 소금법을 어겼다는 이유로 체포되었지만 소금 행진은 비폭력 운동의 상징이 되었다.

⊢ 보기 ⊢
ㄱ. 폭력적인 방법도 사용할 수 있다.
ㄴ. 위법 행위에 대한 처벌을 감수해야 한다.
ㄷ. 합법적인 방법이 실패하였을 때 최후의 수단으로 행사해야 한다.
ㄹ. 부당한 법이나 정책을 바로잡기 위해 의도적으로 법에 대한 복종을 거부하는 행위이다.

① ㄱ ② ㄱ, ㄷ ③ ㄴ, ㄷ
④ ㄱ, ㄴ, ㄷ ⑤ ㄴ, ㄷ, ㄹ

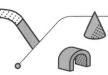

수능 준비하기

교육청 기출 | 응용 **지리 + 사회**

20학년도 9월 고1 학평 18번 응용

01 (가), (나) 제도가 공통으로 보장하고자 하는 기본권에 대한 설명으로 가장 적절한 것은?

> (가) 도시 개발 사업이나 산업 단지 조성, 에너지 개발 산업 등을 시행할 때 환경에 미치는 영향을 미리 예측하여 법률에 따라 평가하는 제도이다.
> (나) 정부는 기업에 온실가스 배출 허용량을 정해 주고, 기업에서는 그 범위 내에서 온실가스를 감축하되 남거나 부족한 배출권은 다른 기업과 거래할 수 있는 제도이다.

① 역사적으로 가장 오래된 권리이다.
② 국가에 의해 인간다운 삶을 보장받을 권리이다.
③ 국가의 의사 결정 과정에 참여할 수 있는 권리이다.
④ 국가로부터 간섭받지 않고 자유롭게 생활할 권리이다.
⑤ 기본권이 침해되었을 때 구제를 청구할 수 있는 권리이다.

⊕ 수능 만점 한끝

(가), (나) 제도가 공통으로 보장하고자 하는 기본권을 추론하고, 해당 기본권의 내용과 특징을 파악한다.

• 문제의 핵심

사회권의 의미	국가에 인간다운 생활의 보장을 요구할 수 있는 권리
사회권의 내용	교육받을 권리, 근로의 권리, 쾌적한 환경에서 생활할 권리 등

평가원 기출

24학년도 9월 모평 정치와 법 3번

02 기본권 유형 A, B에 대한 설명으로 옳은 것은?

> A는 국가 권력에 의해 침해되지 않음으로써 보장되는 소극적인 성격을 가지고 있기 때문에 사적 영역에 대한 국가 개입의 배제가 요구된다. 이에 반해 실질적 평등의 실현을 목적으로 하는 B는 국가의 적극적 급부와 배려를 통해 비로소 보장될 수 있기 때문에 오히려 국가의 개입을 필요로 한다.

① A는 헌법에 열거되지 않더라도 보장되는 포괄적 권리이다.
② B는 국민이 국가 기관의 형성에 참여할 수 있는 권리이다.
③ A와 달리 B는 인간의 존엄과 가치를 보장하기 위한 권리이다.
④ B와 달리 A는 자본주의의 문제점을 해결하는 과정에서 등장한 권리이다.
⑤ A와 B 모두 다른 기본권을 보장하기 위한 수단적 권리이다.

⊕ 수능 만점 한끝

제시된 자료에 나타난 기본권의 유형을 파악하고 기본권 A, B의 특징을 비교·분석한다.

• 이렇게도 출제될 수 있어요!

기본권을 규정한 헌법 조항이나 기본권 침해 사례 등을 제시하고 제시된 자료에 나타난 기본권이 무엇인지, 어떤 특징을 가지고 있는지 찾도록 하는 문제가 출제될 수 있어요.

교육청 기출

03 밑줄 친 ㉠~㉣에 대한 옳은 설명만을 〈보기〉에서 고른 것은?

교사

○○법 개정을 위해서 국민이 할 수 있는 정치 참여 방법을 제시해 봅시다.

정책 제안 홈페이지에 ㉠ ○○법 개정 관련 정책 아이디어를 온라인으로 제출할 수 있습니다.

국회 의원 선거에서 ○○법의 개정을 공약으로 내세운 ㉡ 후보자에게 투표를 할 수 있습니다.

○○법의 개정을 촉구하는 ㉢ 집회에 참석하거나 ㉣ 청원서를 작성할 수 있습니다.

┤보기├
ㄱ. ㉠은 정치 참여 주체의 정치적 효능감을 향상시킨다.
ㄴ. ㉢은 정치권력에 대한 국민의 감시 기능을 강화시킨다.
ㄷ. ㉡은 ㉠과 달리 대의 민주주의의 한계를 보완할 수 있다.
ㄹ. ㉡, ㉣은 모두 집단적 정치 참여 방법에 해당한다.

① ㄱ, ㄴ ② ㄱ, ㄷ ③ ㄴ, ㄷ ④ ㄴ, ㄹ ⑤ ㄷ, ㄹ

⊕ 수능 만점 한끝

제시된 교사와 학생들의 대화에 등장하는 다양한 시민 참여 방법을 찾아내고, 시민 참여의 필요성을 파악한다.

• 문제의 핵심

시민 참여의 의미	시민이 참여 의식을 가지고 정치과정이나 사회문제 해결에 적극적으로 개입하는 것
시민 참여의 필요성	공동체 이익 증진, 대의 민주주의 보완, 국가 권력에 대한 견제·감시

교육청 기출 **윤리 + 사회**

04 밑줄 친 ㉠이 시민불복종으로서 정당화되기 위한 조건만을 〈보기〉에서 있는 대로 고른 것은?

2014년에 일어난 홍콩의 ㉠ 우산 혁명은 홍콩 행정 장관 선거의 완전 직선제를 요구하며 79일간 이어진 시위를 말한다. 시민들이 시위 과정에서 경찰이 뿌리는 최루액을 막기 위해 들기 시작한 우산이 시위의 상징이 되면서 우산 혁명으로 불리게 되었다.

┤보기├
ㄱ. 공개적이고 비폭력적이어야 한다.
ㄴ. 현행 법규를 위반하지 않는 범위 내에서 행해져야 한다.
ㄷ. 사회 정의 실현을 목표로 하는 양심적인 행동이어야 한다.
ㄹ. 다른 방법으로는 문제를 해결할 수 없을 때 사용되는 최후의 수단이어야 한다.

① ㄱ, ㄴ ② ㄴ, ㄷ ③ ㄷ, ㄹ
④ ㄱ, ㄴ, ㄷ ⑤ ㄱ, ㄷ, ㄹ

⊕ 수능 만점 한끝

제시된 자료의 ㉠이 시민불복종의 사례임을 이해하고, 시민불복종이 정당화되기 위한 조건을 정확히 파악한다.

• 이렇게도 출제될 수 있어요!

시민불복종의 사례나 시민불복종에 대한 형성 평가 답안지를 제시하고 시민불복종이 정당화될 수 있는 조건을 묻는 문제가 출제될 수 있어요.

03 인권 문제 해결을 위한 노력

한끝 더하기

❶ 사회적 소수자의 특징
· 주류 집단에 비해 사회적 자원의 획득에서 불리한 위치에 있음
· 반드시 수적으로 적은 사람들을 의미하는 것은 아님
· 사회적 소수자에 해당하는 구성원은 시대와 사회에 따라 상대적임

❷ 사회적 소수자 보호와 관련된 법률
「남녀 고용 평등과 일·가정 양립 지원에 관한 법률」, 「고용상 연령 차별 금지 및 고령자 고용 촉진에 관한 법률」, 「외국인 근로자의 고용 등에 관한 법률」, 「장애인 차별 금지 및 권리 구제 등에 관한 법률」 등

❸ 근로 계약서
근로자가 사용자에게 근로를 제공하고 사용자는 이에 대해 임금을 지급하는 것을 목적으로 체결하는 계약서이다. 「근로 기준법」은 임금, 소정 근로 시간, 휴일, 연차 유급 휴가 등 근로 조건을 근로 계약서에 명시하도록 규정하고 있다.

❹ 세계시민 의식
스스로를 지구 공동체의 구성원으로 여기고 세계적 문제에 관심을 가지고 해결하고자 노력하는 태도

1 국내 인권 문제의 양상과 해결 방안

1. 사회적 소수자 차별과 해결 방안

(1) **사회적 소수자❶**: 신체적·문화적 특징으로 인해 다른 집단과 구별되어 차별받으며, 스스로 차별받는 집단에 속해 있다고 인식하는 사람들 ⑩ 여성, 장애인, 이주 외국인 등

(2) **사회적 소수자 차별 양상**: 성별, 연령, 인종, 국적, 장애 등을 이유로 다른 집단으로부터 차별 및 부당한 대우를 받음 → 인간의 존엄성 훼손, 사회적 갈등 유발 및 사회 통합 저해

(3) **사회적 소수자 차별 문제의 해결 방안**

사회적 차원	· 사회적 소수자에 대한 부당한 차별을 금지하는 법적·제도적 장치❷를 마련해야 함 · 지속적인 인권 교육 및 의식 개선 활동
개인적 차원	· 사회적 소수자에 대한 편견을 버리고 다양성을 존중해야 함 · 사회적 소수자의 고통에 공감하고 배려해야 함

2. 청소년 노동권 침해와 해결 방안 〔대표 자료〕

(1) **청소년 노동권 침해 양상**: 근로 계약서❸를 작성하지 않거나, 최저 임금보다 적은 임금을 받는 등 고용주에게 부당한 대우를 받음

(2) **청소년 노동권 침해 문제의 해결 방안**

사회적 차원	· 청소년 노동권 관련 법률 및 제도, 구제 절차를 보완해야 함 · 노동 인권 교육을 실시하여 청소년 노동 인권에 관한 사회적 인식을 개선해야 함
개인적 차원	· 청소년: 노동권에 관한 내용을 숙지하고, 사용자의 부당한 요구에 문제를 제기할 수 있는 태도를 길러야 함 · 사용자: 청소년 노동권 보장에 관한 법률을 준수하고 근로 계약을 성실히 이행해야 함

2 세계 인권 문제의 양상과 해결 방안

1. 세계 인권 문제의 양상 〔자료 ❶〕

난민	국가 간 전쟁, 내전, 기후변화 등으로 생존의 위협을 받아 난민이 발생함
빈곤 및 기아	자연재해, 전쟁 등으로 식량이 부족하여 굶주림 → 최소한의 인간다운 삶을 보장받지 못하고 생존의 위협을 받음
아동 인권 침해	아동이 생존을 위해 과중한 노동을 하거나 부모나 사회, 국가의 적절한 보호와 배려 등을 받지 못함
성차별 〔자료 ❷〕	사회 구조, 관습 등에 의해 여성이 고용·승진, 정치 참여 기회 등에서 차별받음
특정 인종·민족 차별	종교적 이유, 문화적 요인 등으로 특정 인종을 차별하거나 소수 민족을 박해함

2. 세계 인권 문제의 해결 방안

사회적 차원	· 국제 연합(UN): 인권 보장과 관련된 의제를 다루거나 인권 문제가 발생한 국가에 권고안을 제시하여 인권 문제를 해결하고자 노력함 · 비정부 기구: 국제 사회에 인권 문제의 실상을 알리고 빈곤 국가에 대한 경제적 지원, 난민 구호 등 다양한 활동을 함
개인적 차원	세계시민 의식❹을 바탕으로 세계 인권 문제 해결을 위해 노력해야 함

한끝 자료실

대표 자료 · 청소년 노동권을 보호하는 「근로 기준법」 ──── ◆ 문제 해결 능력

- 제43조 ① 임금은 통화(通貨)로 직접 근로자에게 그 전액을 지급하여야 한다.
  ② 임금은 매월 1회 이상 일정한 날짜를 정하여 지급하여야 한다.
- 제54조 ① 사용자는 근로 시간이 4시간인 경우에는 30분 이상, 8시간인 경우에는 1시간 이상의 휴게 시간을 근로 시간 도중에 주어야 한다.
- 제64조 ① 15세 미만인 자는 근로자로 사용하지 못한다. 다만, 대통령령으로 정하는 기준에 따라 고용 노동부 장관이 발급한 취직 인허증을 지닌 자는 근로자로 사용할 수 있다.
- 제66조 사용자는 18세 미만인 자에 대하여는 그 연령을 증명하는 가족 관계 기록 사항에 관한 증명서와 친권자 또는 후견인의 동의서를 사업장에 갖추어 두어야 한다.
- 제67조 ① 친권자나 후견인은 미성년자의 근로 계약을 대리할 수 없다.
- 제69조 15세 이상 18세 미만인 자의 근로 시간은 1일에 7시간, 1주일에 35시간을 초과하지 못한다. 다만, 당사자 사이의 합의에 따라 1일에 1시간, 1주일에 5시간을 한도로 연장할 수 있다.

「근로 기준법」은 일하는 청소년의 권리를 보호하기 위한 여러 규정을 명시하고 있다. 청소년이 노동권을 제대로 보장받으려면 「근로 기준법」 등에 규정된 권리를 숙지하고, 이에 따라 근로 계약서를 작성한 뒤 일해야 한다. 청소년은 성인이 보장받는 노동 조건에 대한 권리를 동일하게 보장받을 수 있으며, 우리나라는 「근로 기준법」 외에도 헌법, 「청소년 보호법」을 통해 청소년의 근로를 특별히 보호하고 있다.

· 시험에서는 이렇게 ·

[질문 1] 민법상 미성년자에 해당합니까?	갑 을 병
[질문 2] 취직 인허증이 필요합니까?	갑 을 병
[질문 3] 근로 시간이 원칙적으로 1일 7시간, 1주 35시간을 초과하지 못합니까?	갑 을 병

자료는 질문에 대해 '예', '아니요' 중 같은 답변을 한 사람끼리 묶은 것이다. 갑은 18세, 을은 15~17세, 병은 성인이다. 이처럼 연령에 따른 근로 기준을 파악하고 있는지 확인하는 문제가 자주 출제된다.

시험 준비 길잡이

근로 계약서나 사례를 제시한 뒤 잘못된 부분이 있는지 묻는 문제가 출제돼요. 청소년에게 적용되는 근로 관련 법률 내용은 꼭 정확히 파악해 두세요.

자료 ❶ 세계 언론 자유 지수

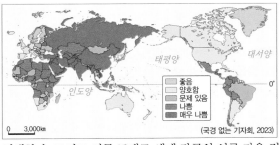

국경 없는 기자회(RSF)는 전 세계 비정부 기구와 언론인, 인권 운동가 등을 대상으로 다원주의, 자기 검열 수준, 권력으로부터의 독립 등의 지표로 구성된 설문을 진행한다. 그리고 이를 토대로 세계 각국의 언론 자유 정도를 나타내는 인권 지수로서 세계 언론 자유 지수를 발표한다. 제시된 지도에서 색이 빨간색에 가까울수록 언론 자유도가 낮은 지역이다.

자료 ❷ 성 격차 지수

※지수 1은 완전 평등, 0은 완전 불평등
- 아이슬란드 1위 0.892
- 핀란드 2위 0.861
- 노르웨이 3위 0.849
- 대한민국 102위 0.687
- 일본 120위 0.656
- 아프가니스탄 156위 0.444

(세계 경제 포럼, 2021)

세계 경제 포럼(WEF)에서 발표한 성 격차 지수는 경제적 참여 및 기회, 교육 성취도, 건강과 생존, 정치적 권한 부여 4개 부문에서 남녀 간 격차를 수치화한 것으로, 성차별 정도를 보여 주는 인권 지수이다. 이를 통해 한 국가 내에서 여성 인권과 남성 인권의 차이 정도를 알 수 있다. 제시된 자료에서 1위를 차지한 아이슬란드는 0.892로 완전 평등에 가까운 상태를 보이고 있다.

개념 확인하기

1 신체적·문화적 특징으로 인해 다른 집단과 구별되어 차별받으며, 스스로 차별받는 집단에 속해 있다고 인식하는 사람들을 ( )(이)라고 한다.

2 청소년 노동권 침해 문제를 해결하기 위한 사회적 차원의 방안을 〈보기〉에서 골라 기호를 쓰시오.

┤ 보기 ├
ㄱ. 노동 인권 교육 실시
ㄴ. 근로 계약의 성실한 이행
ㄷ. 사용자의 부당한 요구 거부
ㄹ. 청소년 노동 관련 제도 보완

3 다음 설명이 맞으면 ○표, 틀리면 ×표를 하시오.
(1) 사회 통합을 실현하려면 사회적 소수자에 대한 차별은 받아들여야 한다. ( )
(2) 개인은 세계시민 의식을 바탕으로 세계 인권 문제 해결을 위해 노력해야 한다. ( )

중요해
01 표는 사회적 소수자에 대한 질문과 학생 갑~무의 답변을 나타낸 것이다. 모두 옳게 답변한 학생은?

(○: 예, X: 아니요)

질문 \ 학생	갑	을	병	정	무
사회적 소수자는 스스로 차별받는 집단에 속해 있다고 인식하는가?	○	○	○	○	X
사회적 소수자는 주류 집단에 비해 사회적 자원의 획득에 불리한가?	○	X	X	○	○
시대와 사회가 변화해도 사회적 소수자에 해당하는 집단은 항상 일정한가?	X	○	○	○	X
사회적 소수자에 대한 부당한 차별은 사회적 갈등을 유발하여 사회 통합을 저해하는가?	○	X	X	○	○

① 갑　　② 을　　③ 병　　④ 정　　⑤ 무

02 다음 글을 통해 알 수 있는 사회적 소수자의 특징으로 적절한 것만을 〈보기〉에서 있는 대로 고른 것은?

> 외국인 근로자는 자국에서는 사회적 소수자가 아니지만, 우리나라에서는 사회적 소수자로 분류되며 차별이나 부당한 대우를 받는 경우가 많다. 하지만 우리가 여행이나 유학 등의 이유로 다른 나라에 가면 우리 역시 사회적 소수자로 분류되어 편견과 차별의 대상이 될 수 있다.

┤ 보기 ├
ㄱ. 사람은 누구나 사회적 소수자가 될 수 있다.
ㄴ. 사회적 소수자는 상황에 따라 변하는 상대적 개념이다.
ㄷ. 사회적 소수자란 구성원 수가 소수인 집단에 속한 사람이다.
ㄹ. 사회적 소수자는 다른 집단으로부터 차별 및 부당한 대우를 받는다.

① ㄱ　　② ㄱ, ㄹ　　③ ㄴ, ㄷ
④ ㄱ, ㄴ, ㄹ　　⑤ ㄴ, ㄷ, ㄹ

대표 자료 링크
03 교사의 질문에 옳지 않게 답변한 학생은?

> 아르바이트를 하면서 노동권을 침해당한 사례를 발표해 보세요.

① 갑: 임금을 전부 상품권으로 받았습니다.
② 을: 임금을 어머니 명의의 통장으로 받았습니다.
③ 병: 근로 계약서를 작성하지 않고 근로하였습니다.
④ 정: 연소 근로자라고 해서 임금을 최저 임금보다 적게 받았습니다.
⑤ 무: 근로 시간이 1일 7시간인데, 휴게 시간이 30분만 주어졌습니다.

이 문제에서 나올 수 있는 모든 선택지 ✓
04 다음 글을 통해 알 수 있는 인권 문제의 양상으로 가장 적절한 것은?

> 한 비정부 기구가 조사한 결과에 따르면 카카오 농장에서 강제 노동에 종사하는 아동 중 약 63만 명이 장시간의 무급 노동에 시달리고 있다. 아동 노동자들은 보호복을 착용하지 못한 채 농약에 노출되는 등 위험한 노동에 투입되며, 식사마저 충분히 제공받지 못하고 있다. 심지어 아동 노동자의 절반은 5~11세로 매우 어린 나이라고 한다.

① 내전으로 아동 인권이 침해되고 있다.
② 전쟁으로 난민 문제가 발생하고 있다.
③ 아동들이 부당하게 노동을 강요당하고 있다.
④ 연령을 이유로 아동의 일할 권리가 침해되고 있다.
⑤ 독재 국가의 공권력이 국민의 기본권을 침해하고 있다.
⑥ 기후변화에 따른 식량 부족으로 아동의 영양 불균형이 나타나고 있다.

중요해

05 다음은 서술형 평가 문제와 학생 답안이다. 밑줄 친 ㉠~㉢ 중 옳은 진술만을 고른 것은?

서술형 평가

1학년 ○○반 이□□

- **문제**: 오늘날 발생하는 세계 인권 문제에 대해 서술하시오.
- **답안**: 첫째, ㉠ 잦은 내전으로 난민이 발생하기도 한다. 둘째, ㉡ 특정 인종을 차별하거나 소수 민족을 박해하는 경우도 있다. 셋째, ㉢ 빈곤 및 기아 문제는 선진국이 아닌 저개발 국가에서만 발생한다. 넷째, ㉣ 국제기구는 인권 문제 해결을 위한 어떤 노력도 하지 않고 있다.
---

① ㉠, ㉡
② ㉠, ㉢
③ ㉡, ㉢
④ ㉡, ㉣
⑤ ㉢, ㉣

06 지도는 세계 언론 자유 지수를 나타낸 것이다. 이에 대한 설명으로 옳은 것은?

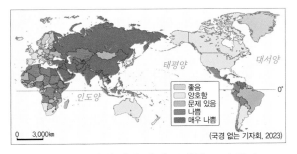

(국경 없는 기자회, 2023)

① 사회적 소수자에 대한 차별 문제를 보여 준다.
② 대부분의 국가는 언론 자유도가 좋음에 해당한다.
③ 우리나라는 언론 자유도가 매우 나쁨에 해당한다.
④ 한 국가의 전반적인 인권 침해 상황을 알 수 있다.
⑤ 지도에서 색이 녹색에 가까울수록 언론 자유도가 높은 지역이다.

07 다음은 16세 근로자 갑의 근로 계약서 중 일부이다. 노동권이 침해된 부분을 찾고, 그 이유를 서술하시오.

---
1. 근로 계약 기간 : 20XX년 7월 21일~20XX년 8월 20일
2. 근로 시간 : 9시~18시(휴게 시간 : 13시~14시)
3. 근무일/휴일 : 매주 수~일 근무, 주휴일 매주 월, 화
4. 임금 : 시급 13,000원(매월 16일 근로자에게 직접 현금으로 지급)

* 2025년 기준 최저 임금 : 시간급 10,030원

3단계 로 완성하기

08 다음 글을 통해 알 수 있는 사회적 소수자의 특징을 두 가지 서술하시오.

100년 전 갑국은 국민의 80%가 믿는 ○○ 종교 신자들이 지배 세력을 형성하여 정치, 경제 등 사회 대다수의 권력을 차지하였고, 20%가 믿는 △△ 종교 신자들은 아무런 권력을 차지하지 못하고 차별받았다. 현재는 각 종교를 믿는 비율에는 변화가 없지만, △△ 종교 신자들이 갑국 사회 대다수의 권력을 차지하는 지배 세력이 되었다.
---

①단계 100년 전 갑국의 사회적 소수자를 써 보세요.

②단계 현재 갑국의 사회적 소수자를 쓰고, 그 이유를 서술해 보세요.

③단계 1단계와 2단계에서 정리한 내용을 바탕으로 갑국의 사회적 소수자 변화 양상과 이를 통해 알 수 있는 사회적 소수자의 특징 두 가지를 서술해 보세요.

1등급 도전하기

→ 창의 융합

01 대화에 대한 옳은 분석만을 〈보기〉에서 고른 것은?

갑: 여성이라는 이유만으로 공직 선거에서 공천을 제한하는 것은 불공정해. 여성도 충분히 능력이 있으므로 후보자 중 일정 비율 이상은 여성을 공천해야 해.

을: 공직 후보자 공천에서 여성 할당제를 시행한다면 오히려 능력 있는 남성이 공천을 받지 못할 수 있어.

┤ 보기 ├
ㄱ. 갑은 선천적 요인에 따른 사회적 소수자 문제를 제기하였다.
ㄴ. 갑이 제기한 문제는 여성이 남성보다 수적으로 적다는 이유만으로 발생하였다.
ㄷ. 을은 여성보다 남성의 정치적 능력이 뛰어나다는 것을 전제하고 있다.
ㄹ. 을은 후보자 중 일정 비율 이상은 여성을 공천하도록 하면 역차별이 발생할 수 있다고 보았다.

① ㄱ, ㄴ   ② ㄱ, ㄹ   ③ ㄴ, ㄷ
④ ㄴ, ㄹ   ⑤ ㄷ, ㄹ

02 사례에 나타난 사회적 소수자의 특징으로 적절하지 않은 것은?

A국은 인구 대부분이 흑인인데도 부유한 백인들이 A국의 권력을 독점하고 있으며, 흑인들은 흑인이라는 이유만으로 공직 참여 기회를 제한받는 등 여전히 정치적·경제적으로 부당한 대우를 받고 있다.

① 수적으로 열세인 사람들만을 의미하는 것은 아니다.
② 신체적·문화적 특징으로 인해 다른 집단과 구별되어 차별받는다.
③ 주류 집단에 비해 사회적 자원의 획득에서 불리한 위치에 놓여 있다.
④ 사회적 소수자 집단의 구성원이라는 이유만으로 차별의 대상이 된다.
⑤ 사회적 소수자에 해당하는 구성원은 시대, 장소 등과 관계없이 결정된다.

03 (가)에 들어갈 내용으로 적절하지 않은 것은?

청소년은 경제적·사회적·신체적 약자이므로 청소년의 근로는 「근로 기준법」 등에서 특별한 보호를 받고 있다. 청소년은 근로를 하는 경우 「근로 기준법」의 규정에 따라 _____ (가) _____ 하여 근로 계약서를 작성해야 추후 근로에 관해서 문제가 발생하였을 때 해결의 근거가 될 수 있다.

① 임금을 포함
② 휴일을 포함
③ 법정 대리인이 대리
④ 소정 근로 시간을 포함
⑤ 연차 유급 휴가를 포함

04 다음 글을 통해 알 수 있는 세계 인권 문제 해결을 위한 국제 사회의 노력으로 가장 적절한 것은?

세계 식량 계획(WFP)은 식량 원조를 통해 개발 도상국의 경제·사회 발전을 도모하고자 설립한 국제 연합(UN) 산하의 기구이다. 이 기구는 분쟁과 재난이 발생한 지역이나 기후위기로 고통받는 지역의 사람들을 위해 식량을 지원하고 긴급 구호 활동을 한다. 식량 지원에 필요한 자금은 정부, 기관, 기업, 개인의 자발적인 기부를 통해 조달하고 있다.

① 비정부 기구는 기금 조성 등을 통해 인권 문제를 해결한다.
② 국제기구는 각국의 인권 상황을 파악하여 적극적으로 지원한다.
③ 각 개별 국가의 정부는 인권 보장을 위한 국제적 연대에 동참한다.
④ 개인은 세계시민 의식을 가지고 세계 인권 문제 해결을 위해 노력한다.
⑤ 국제기구는 빈곤 문제가 발생하는 국가에 대해 적극적으로 경제적 제재를 가한다.

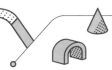

수능 준비하기

수능 기출

24학년도 수능 사회·문화 8번

01 사회적 소수자 A, B에 대한 설명으로 옳은 것은?

- 갑국에 사는 노인 A는 취업 시장에서 불이익을 받거나 카페 등 특정한 장소에서 입장에 제한을 받는 등 나이가 많다는 이유로 차별받았다.
- 강제 이주로 3대째 을국에서 살고 있는 이주민의 3세 B는 을국 사람들과 구분되는 민족적, 인종적 특성으로 인해 을국에서 차별받았다.

① A는 B와 달리 권력의 열세로 인해 차별받았다.
② A는 B와 달리 여러 사회적 소수자 집단에 중첩되어 속해 있다.
③ B는 A와 달리 고정 관념으로 인해 차별의 대상이 되었다.
④ B는 A와 달리 식별 가능성으로 인해 차별의 대상이 되었다.
⑤ A와 B는 모두 귀속적 특성으로 인해 차별받았다.

✚ 수능 만점 한끝

제시된 사례에 나타난 사회적 소수자 A, B의 특성을 비교·분석한다.

● 문제의 핵심

사회적 소수자의 의미	신체적·문화적 특징으로 인해 다른 집단과 구별되어 차별받으며, 스스로 차별받는 집단에 속해 있다고 인식하는 사람들
사회적 소수자의 차별 양상	성별, 연령, 인종, 국적, 장애 등을 이유로 다른 집단으로부터 차별 및 부당한 대우를 받음

교육청 기출 **지리 + 사회**

20학년도 9월 고1 학평 11번

02 자료에 나타난 세계 인권 문제에 대한 적절한 해결 방안만을 〈보기〉에서 고른 것은?

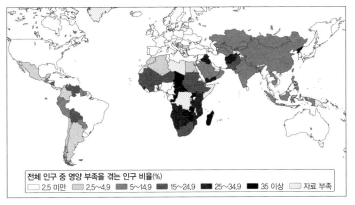

전체 인구 중 영양 부족을 겪는 인구 비율(%)
☐ 2.5 미만 ☐ 2.5~4.9 ▨ 5~14.9 ▨ 15~24.9 ■ 25~34.9 ■ 35 이상 ▨ 자료 부족

┤ 보기 ├

ㄱ. 세계시민 의식과 공동체 의식을 함양한다.
ㄴ. 해당 국가의 주권에 해당하는 영역이므로 국제 사회는 관심을 자제해야 한다.
ㄷ. 국제 연합이나 국제 비정부 기구를 통해 영양 부족 문제를 겪고 있는 국가에 경제적 지원을 한다.
ㄹ. 가난한 국가에 대한 원조의 의무를 이행하지 않을 경우 국제 형사 재판소에 제소하여 처벌한다.

① ㄱ, ㄴ ② ㄱ, ㄷ ③ ㄴ, ㄷ ④ ㄴ, ㄹ ⑤ ㄷ, ㄹ

✚ 수능 만점 한끝

제시된 자료에 나타난 세계 인권 문제의 양상을 파악하고, 이에 대한 해결 방안을 추론한다.

● 이렇게도 출제될 수 있어요!

세계 인권 문제의 사례를 제시하고 어떤 문제인지 분석하거나, 그에 대한 개인적·사회적 차원의 해결 방안을 추론하는 문제가 출제될 수 있어요.

01 다음에서 설명하는 역사적 사건으로 옳은 것은?

> • 의회가 전제 군주를 폐위한 사건으로, 의회와 국민의 권리를 강조한 권리 장전이 승인되었다.
> • 의회 중심의 입헌 군주제가 정착하는 계기가 되었고, 시민들이 자유권과 평등권, 참정권을 확립해 나가는 결과로 이어졌다.

① 프랑스 혁명
② 영국 명예혁명
③ 미국 독립 혁명
④ 영국 차티스트 운동
⑤ 독일 바이마르 헌법 제정

02 (가)에 들어갈 적절한 내용만을 〈보기〉에서 있는 대로 고른 것은?

> 17세기 이후 서구 사회에서는 시민들 사이에 계몽사상과 사회 계약설이 퍼졌다. 이에 따라 불평등한 제도의 폐지 및 자유를 요구하는 미국 독립 혁명과 프랑스 혁명이 일어났다. 그 결과 _____ (가) _____

⌐ 보기 ┐
ㄱ. 천부 인권 사상이 명문화되었다.
ㄴ. 시민의 자유와 권리가 확대되었다.
ㄷ. 시민들이 국가에 의해 최소한의 인간다운 생활을 보장받게 되었다.
ㄹ. 일정 연령 이상의 시민이라면 누구나 정치에 참여할 수 있게 되었다.

① ㄱ, ㄴ
② ㄴ, ㄷ
③ ㄱ, ㄴ, ㄷ
④ ㄱ, ㄴ, ㄹ
⑤ ㄴ, ㄷ, ㄹ

03 교사의 질문에 옳은 답변을 한 학생은?

> 1919년에 제정된 독일의 바이마르 헌법에는 모든 국민이 최소한의 인간다운 생활을 보장받아야 한다는 내용의 사회권이 최초로 명시되었습니다. 이러한 사회권이 등장한 역사적 배경을 설명해 볼까요?

① 갑: 노동자와 여성의 선거권이 제한되었습니다.
② 을: 산업 혁명 이후 빈부 격차가 심화되었습니다.
③ 병: 절대 왕정의 전제 정치로 시민들이 억압과 차별을 받았습니다.
④ 정: 과학기술의 발전에 따라 시민들이 각종 위험으로부터 안전을 위협받았습니다.
⑤ 무: 두 차례의 세계 대전 이후 인권 문제 해결을 위한 연대의 필요성이 제기되었습니다.

04 다음은 서술형 평가 문제와 학생의 답안에 대한 채점 결과이다. 이에 대한 설명으로 옳은 것은?

서술형 평가	
현대 사회에 새롭게 등장한 인권인 (㉠)의 특징을 세 가지 서술하시오.	
답안	**채점 결과**
건강하고 쾌적한 환경에서 살 권리이다.	○
산업화, 도시화의 진행, 기후변화에 따른 기상 이변 등의 문제가 발생하면서 등장하였다.	○
(가)	×

① ㉠은 자신의 문화적 정체성을 유지할 권리이다.
② ㉠의 보장을 통해 문화의 다양성을 증진할 수 있다.
③ 우리나라는 ㉠을 보장하기 위해서 「주거 기본법」을 제정·시행하고 있다.
④ ㉠은 인터넷상에서 자신과 관련된 정보에 대한 수정 또는 영구적인 삭제를 요청할 수 있는 권리이다.
⑤ (가)에는 '각종 위험으로부터 안전을 보호받을 권리이다.'가 들어갈 수 있다.

05 사례에서 정부가 보장하고자 하는 인권에 대한 설명으로 옳은 것은?

> 역세권, 대학가 등 청년들이 많이 거주하는 지역의 건물 임대료가 상승하자 청년들은 주거 비용의 부담을 줄여 달라고 요구하였다. 이에 정부는 청년과 저소득층을 위한 임대 주택을 제공하였다.

① 건강하고 쾌적한 환경에서 살 권리이다.
② 각종 위험으로부터 안전을 보호받을 권리이다.
③ 문화 활동에 자유롭게 참여하고 문화를 누릴 권리이다.
④ 국가 권력의 간섭을 받지 않고 자유롭게 생활할 수 있는 권리이다.
⑤ 쾌적하고 안정적인 주거 환경에서 인간다운 주거 생활을 할 권리이다.

06 ㉠, ㉡에 대한 설명으로 옳은 것은?

> (㉠)이/가 인간이 인간답게 살기 위해 마땅히 누려야 할 기본적인 권리라고 한다면, (㉡)은/는 국가 권력이 (㉠)을/를 침해하는 것을 막기 위해 국가의 최고법인 헌법을 통해 명시적으로 보장하는, 실정권으로서의 성격에 중점을 둔 권리를 의미한다.

① ㉠은 인간이 태어나면서부터 가지는 천부적인 권리이다.
② ㉠은 국내에 거주하는 외국인에게는 보장되지 않는 권리이다.
③ ㉡은 국가 권력 행사의 절대성을 보장해 주는 권리이다.
④ 우리 헌법은 ㉡을 ㉠의 형태로 규정하고 있다.
⑤ ㉠, ㉡은 모두 국가 이외의 사람들이 함부로 침해할 수 없는 권리이다.

07 기본권 A~C에 대한 설명으로 옳은 것은? (단, A~C는 각각 사회권, 자유권, 청구권 중 하나임.)

> • 근로의 권리는 A, B 중 하나에 해당하는 권리이다.
> • 양심의 자유는 B, C 중 하나에 해당하는 권리이다.
> • A, C는 모두 국가에 일정한 행위를 요구할 수 있는 권리이다.

① A는 다른 기본권 보장을 위한 기본권으로 수단적 성격의 권리이다.
② B는 국가 권력의 간섭이나 침해를 받지 않을 권리이다.
③ C는 국민이 국가의 의사 결정에 참여할 수 있는 권리이다.
④ A는 B와 달리 내국인에게만 보장되는 권리이다.
⑤ B는 C와 달리 헌법에 명시되어야만 보장되는 권리이다.

08 밑줄 친 ㉠, ㉡에 해당하는 내용을 옳게 연결한 것은?

> 산부인과 의사 갑은 태아의 성별을 감별하고 이를 고지하였다는 이유로 의사 면허 정지 6개월 처분을 받았다. 갑은 태아의 성별 감별 고지를 금지한 「의료법」 조항이 의료인의 직업 활동의 자유를 침해한다고 판단하였고, ㉠ 국가 기관에 해당 법 조항이 자신의 ㉡ 기본권을 침해하는지 여부를 판단해 줄 것을 요청하였다.

	㉠	㉡
①	헌법재판소	자유권
②	국가 인권 위원회	자유권
③	헌법재판소	평등권
④	국가 인권 위원회	평등권
⑤	헌법재판소	청구권

09 다음은 수행 평가 문제에 대한 학생의 답안이다. 이에 대한 설명으로 옳은 것은? (단, A~C는 각각 자유권, 평등권, 참정권 중 하나임.)

수행 평가

- 문제: 기본권 A, B, C에 관한 헌법 내용을 조사하시오.
- 답안

기본권 유형	관련 헌법 내용
A	모든 국민은 법 앞에 평등하다.
B	모든 국민은 신체의 자유를 가진다.
C	모든 국민은 법률이 정하는 바에 의하여 선거권을 가진다.

↳ 교사 평가: 각 기본권 유형에 관한 헌법 내용을 모두 옳게 조사하였습니다.

① A는 국가의 의사 결정에 참여할 수 있는 권리이다.
② B는 수단적 성격의 권리이다.
③ 재판 청구권은 C에 해당한다.
④ A는 C와 달리 다른 기본권 보장의 전제 조건이 된다.
⑤ C는 B와 달리 법률로써도 제한할 수 없는 권리이다.

10 ㉠~㉢에 대한 옳은 설명만을 <보기>에서 고른 것은?

우리 헌법은 인권을 보장하기 위한 다양한 제도적 장치를 명시하고 있다. ㉠ 고문 금지와 영장주의 등 기본권을 보장하는 제도적 장치를 명시하고 있으며, ㉡ 권력 분립 제도를 규정하고 있다. 또한 ㉢ 헌법재판소를 설치하여 헌법을 기준으로 분쟁을 심판하도록 규정하고 있다.

┤ 보기 ├
ㄱ. ㉠은 참정권을 보장하기 위한 제도적 장치에 해당한다.
ㄴ. ㉡의 목적은 국가 권력의 남용으로 인권이 침해되는 것을 막는 것이다.
ㄷ. ㉡에 따라 국회는 정부를 견제하기 위해 법률안 거부권을 행사할 수 있다.
ㄹ. ㉢은 재판의 전제가 된 법률이 헌법에 위반되는지 여부를 심판한다.

① ㄱ, ㄴ   ② ㄱ, ㄷ   ③ ㄴ, ㄷ
④ ㄴ, ㄹ   ⑤ ㄷ, ㄹ

11 갑~병의 시민 참여에 대한 설명으로 가장 적절한 것은?

○○시에서 불법 주정차로 인한 교통사고가 자주 일어나자 갑은 시청 누리집을 통해 주정차 단속을 강화해 달라고 청원하였으며, 을은 시민 단체에 가입하여 시청 앞에서 불법 주정차 근절 캠페인 활동을 하였다. 한편, 병은 상인의 이익을 위해 결성한 단체에 가입하여 저녁 시간에는 주정차 단속을 완화해 달라고 민원을 제기하였다.

① 병의 시민 참여는 시민불복종에 해당한다.
② 갑, 을의 시민 참여는 모두 시·공간적 제약을 완화할 수 있다.
③ 을, 병은 모두 공익 실현을 추구하는 단체에 가입하였다.
④ 갑, 을의 시민 참여는 병의 시민 참여보다 정책의 정당성을 부여할 수 있다.
⑤ 갑, 을, 병의 시민 참여 유형은 모두 대의 민주주의의 한계를 보완할 수 있다.

+ 단원 통합
12 다음은 시민 참여에 관한 대화이다. 이에 대한 옳은 설명만을 <보기>에서 고른 것은?

- 갑: 저는 시민 단체에 가입하여 회원들과 함께 길거리에서 대기 오염 물질 줄이기 캠페인 활동을 하였습니다.
- 을: 부동산 가격이 급등하여 주거 비용 부담이 커졌습니다. 그래서 저는 이번 국회 의원 선거에서 부동산 가격을 안정시키겠다는 후보에게 투표하였습니다.
- 병: 최근 흉악 범죄가 늘고 있어서 불안합니다. 그래서 저는 지방 자치 단체 누리집을 통해 폐회로 텔레비전(CCTV)을 설치해 달라는 민원을 제기하였습니다.

┤ 보기 ├
ㄱ. 병은 안전권을 보장받고자 하였다.
ㄴ. 갑의 시민 참여는 대의 민주주의를 보완하기 어렵다.
ㄷ. 갑과 달리 병의 시민 참여는 시·공간적 제약을 완화할 수 있다.
ㄹ. 을과 달리 갑이 보장받고자 하는 인권은 현대 사회에서 새롭게 등장한 인권이다.

① ㄱ, ㄴ   ② ㄱ, ㄷ   ③ ㄴ, ㄷ
④ ㄴ, ㄹ   ⑤ ㄷ, ㄹ

13 ㈀에 대한 질문에 모두 옳게 답변한 학생은?

> 인권을 보장하기 위해 마련된 헌법과 법률을 시민 스스로 지켜 나가는 것은 매우 중요하다. 그러나 국가 권력이 오히려 개인의 인권을 침해하여 합법적인 방법으로는 더 이상 권리 보장이 불가능하다면 시민은 (㉠)을/를 선택할 수 있다. (㉠)은/는 부당한 법이나 정책을 바로잡기 위해 의도적으로 법을 위반하는 행위를 의미한다.

(○: 예, ✕: 아니요)

질문 \ 학생	갑	을	병	정	무
행위 목적의 정당성이 있어야 하는가?	○	✕	✕	○	○
최후의 수단으로 폭력을 사용해야 하는가?	✕	✕	✕	✕	○
기존의 법질서를 존중하여 처벌을 감수해야 하는가?	○	○	✕	○	✕
사회 정의를 훼손한 법 또는 정책을 대상으로 해야 하는가?	✕	○	○	○	✕

① 갑　　② 을　　③ 병　　④ 정　　⑤ 무

14 (가), (나)를 통해 알 수 있는 내용을 옳게 연결한 것은?

> (가) 갑은 직장에서 정규직 근로자보다 많은 성과를 냈는데도 비정규직이라는 이유만으로 정규직 근로자가 받는 임금의 70%만 받고 있다.
> (나) 외국인 근로자 을은 자국에서는 사회적 소수자가 아니지만, 직장 내에서 신자 수가 적은 종교를 믿는다는 이유로 차별받고 있고, 외국인이라는 이유로 다른 사람들보다 적은 임금을 받고 있다.

① (가) – 사회적 소수자가 반드시 수적으로 적은 사람들을 의미하는 것은 아니다.
② (나) – 사회적 소수자의 기준은 절대적이며, 변하지 않는다.
③ (나) – 한 개인은 한 가지 측면에서만 사회적 소수자에 해당될 수 있다.
④ (가), (나) – 사회적 소수자는 주류 집단에 비해 사회적 자원의 획득에 불리하다.
⑤ (가), (나) – 사회 통합을 위해서는 사회적 소수자에 대한 차별이 발생할 수밖에 없다.

15 인터넷 게시판의 질문에 옳지 않은 답변을 한 학생은?

> ●●● ‹ › ↻　　　　　⤢ ☰
>
> **지식 Q&A**
> 저는 대형 마트를 운영하고 있습니다. 일할 사람이 필요하여 16세 A와 근로 계약을 체결하려고 하는데, 무엇을 알아 두면 좋을까요?
>
> **답변하기**
> └ 갑: A와 합의 없이 1일 1시간을 한도로 연장 근로를 시킬 수 있습니다.
> └ 을: 휴일은 반드시 주어야 하지만, 일요일에 근로를 하게 할 수 있습니다.
> └ 병: 근로 시간은 원칙적으로 1일 7시간, 1주 35시간을 초과해서는 안 됩니다.
> └ 정: A를 고용하면 A의 친권자 또는 후견인의 동의서를 사업장에 갖추어 두어야 합니다.
> └ 무: 1일 7시간 근로하는 것으로 계약하였다면 근로 시간 도중에 30분 이상의 휴게 시간을 주어야 합니다.

① 갑　　② 을　　③ 병　　④ 정　　⑤ 무

16 밑줄 친 ㉠~㉣에 대한 설명으로 옳지 않은 것은?

> 오늘날에는 국제 인권 협약 등 제도적 장치가 마련되었고 인권 보장의 범위가 확대되었다. 하지만, ㉠ 난민 문제, ㉡ 아동 인권 침해 문제, ㉢ 성차별 문제 등 여전히 다양한 인권 문제가 존재한다. 이러한 문제는 여러 요인이 얽혀 있어서 개별 국가의 노력만으로는 해결하기 어렵다. 따라서 ㉣ 다양한 국제 행위 주체의 연대가 필요하다.

① ㉠은 기후변화로 발생하기도 한다.
② ㉡은 아동이 부모나 사회, 국가로부터 적절한 보호와 배려를 받지 못하는 문제이다.
③ ㉢은 주로 종교, 관습, 사회 구조 등에 의해 발생한다.
④ ㉠, ㉡, ㉢과 같은 문제를 해결하는 데 개인적 차원의 노력은 필요 없다.
⑤ ㉣에는 국제 연합(UN)과 같은 국제기구, 비정부 기구 등이 있다.

사회 정의와 불평등

✦ 무엇을 배울까?

| 중학교에서
배운 내용 | ☑ **사회** 차별, 사회 변동과 사회문제 |
| | ☑ **도덕** 정의로운 사회 / 정의의 원칙 / 사회·공동체와의
관계 |

이 단원에서 배울 내용	☑ 정의의 의미와 실질적 기준
	☑ 다양한 정의관: 자유주의적 정의관, 공동체주의적 정의관
	☑ 사회 및 공간 불평등 현상

01~02 정의의 의미와 실질적 기준 ~ 다양한 정의관의 비교 및 적용

1 정의의 의미와 필요성

1. 정의의 의미❶ (자료 ❶)

(1) **정의의 일반적 의미**: 개인이나 사회가 지켜야 하는 올바르고 공정한 도리

(2) **분배적 정의와 교정적 정의** (대표 자료)

분배적 정의	개인이 능력과 노력을 발휘하여 성취한 업적을 기준으로 각자가 받아야 할 몫을 공정하게 받도록 하는 것 → 사회적 자원의 공정한 분배 원칙과 관련됨
교정적 정의	불공정한 행위나 잘못된 행동을 바로잡는 것 → 잘못에 대한 대응이 공정한지를 다룸

2. 정의의 필요성

(1) **인간다운 삶의 보장**: 사회 구성원의 기본적 권리 보장 → 인간 존엄성이 유지되고 인간다운 삶을 누릴 수 있게 함

(2) **갈등의 해결**: 공정한 법 집행과 적절한 처벌 → 사회생활에서 일어나는 갈등을 공정하게 해결하여 사회 질서가 유지될 수 있게 함

(3) **사회의 통합과 발전**: 사회 구성원 간의 신뢰와 협력 → 사회의 통합과 발전을 도움

2 분배적 정의의 실질적 기준 (자료 ❷)

1. 능력에 따른 분배❷

(1) **의미**: 개인의 신체적·정신적 능력을 기준으로 분배하는 것

(2) **장단점**

장점	개인이 지닌 잠재력과 재능을 실현할 수 있는 기회를 제공함 → 사회 발전에 기여
단점	• 재능이나 환경과 같은 선천적·우연적 요소가 개입될 수 있음 → 사회 불평등 초래 • 능력을 평가하는 정확한 기준을 마련하기가 어려움 → 주관적 편견 개입 가능

2. 업적에 따른 분배

(1) **의미**: 기회의 평등❸을 전제로, 개인이 성취한 업적을 기준으로 분배하는 것

(2) **장단점**

장점	• 각자가 달성한 결과를 객관화·수량화할 수 있어 평가의 공정성 확보가 가능함 • 개인의 성취동기❹를 자극하여 생산성과 효율성을 높일 수 있음
단점	• 과열 경쟁으로 사회 갈등이 초래될 수 있음 • 사회적 약자에 대한 배려 부족으로 이들에게 불리한 결과가 나타날 수 있음 • 서로 다른 영역에서의 업적은 비교 및 평가가 어려움

3. 필요에 따른 분배

(1) **의미**: 의식주 등 인간다운 삶을 위한 기본적 욕구의 충족이 어려운 사회적 약자에게 우선적으로 재화나 가치를 분배하는 것 → 결과의 평등❺ 추구

(2) **장단점**

장점	최대한 많은 사람이 인간다운 삶을 누리게 할 수 있고, 사회 불평등을 개선할 수 있음
단점	• 사회적 자원이 유한하여 모든 사람의 필요를 충족할 수 없음 • 개인의 성취동기와 생산 의욕을 감소시켜 경제적 효율성을 떨어뜨릴 수 있음

❶ 동서양 사상가들의 정의에 대한 입장

동양	올바른 행동을 하는 것, 사적 이익이나 결과에 얽매이지 않는 것 예 의(義)란 잘못을 부끄러워하고 이익에 집착하지 않는 올곧음(맹자)
서양	각자에게 공정한 몫을 주는 것, 자신이 맡은 역할을 충실히 수행하는 것 예 정의란 각자가 타고난 성향에 따라 자신의 일을 다하는 것(플라톤)

❷ 분배의 대상이 되는 재화와 가치

이익이 되는 대상	부, 권력, 명예, 사회적 지위 등
부담이 되는 대상	세금, 의무, 사회적 책임 등

❸ 기회의 평등
사회 제도와 사회적 위치에 접근할 수 있는 기회를 모든 사회 구성원에게 동등하게 부여하는 것이다. 공정한 경쟁이 이루어지기 위해서는 기회의 평등이 전제되어야 한다.

❹ 성취동기
개인의 능력에 비추어 볼 때 도전할 가치가 있는 어려운 과제를 성공적으로 수행하려는 의욕이나 욕구

❺ 결과의 평등
능력, 배경 등의 사회적 조건이 불리한 사람에게 다양한 혜택을 제공하여 최종적으로 결과의 불평등을 완화하려는 것

한끝 자료실

• 대표 자료 • 교정적 정의를 실현하는 형벌에 관한 두 가지 관점 ---- ✚ 비판적 사고력

칸트의 응보주의 관점	베카리아의 공리주의 관점
형벌은 범죄자 자신이나 사회의 다른 선을 촉진하기 위해 가해져서는 안 되며, 오직 범죄를 저질렀다는 이유만으로 이루어져야 한다. 범죄자는 형벌을 받아야 할 행위를 스스로 원했기 때문에 형벌을 받는 것이다. 따라서 살인을 한 사람은 사형에 처해져야 한다. – 칸트, 『도덕 형이상학』	형벌이 정당화되기 위해서는 그 형벌이 오직 범죄자가 시민에게 새로운 해악을 입히는 것을 방지하고, 다른 사람들이 그와 유사한 범죄를 저지를 가능성을 억제하기에 충분한 정도의 강도로만 이루어져야 한다. 그런데 사형을 통해 범죄를 예방하기는 어렵다. – 베카리아, 『범죄와 형벌』

교정적 정의를 실현하는 사법적 처벌, 즉 형벌에 관한 입장은 크게 응보주의 관점과 공리주의 관점으로 구분할 수 있다. 칸트는 응보주의의 관점에서 형벌로 범죄에 상응하는 보복을 가해야 한다고 주장한 데 비해, 베카리아는 공리주의의 관점에서 형벌은 범죄 예방 및 공동체 전체의 이익 증진을 위해서만 부과되어야 한다고 주장하였다. 이에 따라 칸트는 타인의 생명을 앗아간 범죄를 저질렀다면 그에 상응하는 사형으로 처벌해야 정의에 부합한다고 보았지만, 베카리아는 사형을 대체한 종신 노역형이 범죄 예방에 더 효과적이라고 보면서 사형은 유용하지도 않고 필요하지도 않은 형벌이라고 보았다.

• 시험에서는 이렇게 •

- 갑: 형벌은 위법 행위의 경중에 비례하여 부과되어야 한다. 오직 보복법만이 형벌의 질과 양을 명확하게 제시할 수 있기에, 살인범은 사형에 처해져야 한다.
- 을: 형벌은 범죄를 억제하기에 충분한 정도의 강도만을 지녀야 한다. 따라서 사형보다 고통이 길게 유지되어 오랫동안 본보기로 기능하는 형벌이 필요하다.

갑은 사형 제도에 대한 응보주의 관점(칸트)이고, 을은 공리주의 관점(베카리아)이다. 사형 제도에 대한 입장 차이를 파악할 수 있는지 확인하는 형태로 자주 출제된다.

⟍ 시험 준비 길잡이

칸트와 베카리아의 입장을 중심으로 응보주의 관점은 범죄에 상응하는 처벌을, 공리주의 관점은 범죄의 예방을 강조한다는 점을 비교하여 기억해 두세요.

자료 ❶ 아리스토텔레스의 정의 구분

일반적 정의		공익을 추구하는 법을 지키는 것, 준법으로서의 정의
특수적 정의	분배적 정의	사회적 이익과 부담을 공정하게 분배하는 것
	교정적 정의	해악 또는 이익을 준 만큼 보상하게 또는 보상받게 하는 것
	교환적 정의	동일한 가치를 지닌 것끼리 교환될 수 있게 하는 것

아리스토텔레스는 정의를 크게 일반적 정의와 특수적 정의로 구분하고, 특수적 정의를 분배적 정의, 교정적 정의, 교환적 정의로 나누어 설명한다. 분배적 정의는 재화나 명예를 각자가 지닌 가치, 즉 공동체에 기여한 정도에 따라 나누어 줌으로써 공정함을 실현하는 것이다. 교정적 정의는 다른 사람에게 피해를 끼친 사람에게 그만큼 보상하게 함으로써 서로 동등하지 않은 상태를 바로잡는 것이다. 교환적 정의는 동등한 가치를 지닌 것끼리 교환될 수 있게 하여 교환의 결과를 공정하게 하는 것이다.

자료 ❷ 장학금 지급과 분배적 정의의 실질적 기준

```
●●●  < >                                    ↗ ☰

지식 Q&A
○○ 학교에서 한 명의 학생에게만 장학금을 지급할 때, 분배
적 정의를 실현하려면 누가 장학금을 받아야 할까요?

답변하기
└ 갑: 잠재력과 재능이 뛰어난 학생이 받아야 합니다.
└ 을: 학업 성적이 우수한 학생이 받아야 합니다.
└ 병: 가정 형편이 어려운 학생이 받아야 합니다.
```

갑은 능력을, 을은 업적을, 병은 필요를 분배적 정의를 실현하는 실질적 기준으로 제시하고 있다. 세 입장 모두 장점과 단점이 있으므로 상황에 따라 가장 적합한 기준을 찾아야 한다.

개념 확인하기

1 불공정한 행위나 잘못된 행동을 바로잡는 것을 (   ) 정의라고 한다.

2 정의가 필요한 이유로 적절한 것을 〈보기〉에서 골라 기호를 쓰시오.

┤ 보기 ├
ㄱ. 사회 통합
ㄴ. 사회 질서 유지
ㄷ. 모든 사익의 실현
ㄹ. 갈등의 공정한 해결

3 다음 설명이 맞으면 ○표, 틀리면 ✕표를 하시오.
(1) 능력에 따른 분배는 우연적 요소가 개입되어 사회 불평등을 초래할 수 있다. (   )
(2) 업적에 따른 분배는 과열 경쟁으로 사회 갈등을 초래할 수 있다. (   )
(3) 필요에 따른 분배는 개인의 성취동기와 생산 의욕을 감소시켜 경제적 효율성을 높일 수 있다. (   )

01-02 정의의 의미와 실질적 기준
~ 다양한 정의관의 비교 및 적용

한끝 더하기

❻ 개인선과 공동선

개인선	개인에게 좋은 것이라는 의미로, 행복 추구나 자아실현 등 개인이 사적으로 누릴 수 있는 이익(사익)을 말함
공동선	특정한 개인에게만 유익한 것이 아니라 공동체 구성원 모두에게 유익한 것, 즉 공공의 이익(공익)을 말함

❼ 다원적 평등
어떤 영역에서 우월한 위치를 차지한 사람이 그 지위를 이용하여 다른 영역에서까지 쉽게 우월한 위치를 차지해서는 안 된다는 것이다.

❽ 연고적 자아
공동체주의적 정의관에 따라 인간을 공동체의 구성원으로서 역할과 책임을 부여받고 정체성을 형성하는 존재로 규정하는 용어이다. 이와 반대로 자유주의적 정의관에서는 인간을 공동체로부터 독립적이고 자율적인 무연고적 자아로 규정한다.

❾ 집단주의
개인의 이익이나 목표보다 집단의 이익이나 목표를 우선시하거나 중요하게 여기는 태도 또는 사고방식

❿ 연고주의
혈연, 지연, 학연 등에서 비롯된 전통적 사회관계를 우선시하거나 중요하게 여기는 태도 또는 사고방식

---

❸ 다양한 정의관의 비교 [대표 자료]

1. 자유주의적 정의관

(1) 자유주의적 정의관의 특징

① **관점**: 개인의 자유와 권리 중시 → 사익(개인선❻)을 실현하려는 개인 간의 공정한 경쟁이 공익(공동선❻) 실현 및 공동체의 발전에도 기여할 수 있다고 봄

② **개인과 공동체의 역할**

개인	공동체의 전통이나 가치로부터 독립하여 스스로 선택할 수 있는 자율적 존재
공동체	개인이 모여 있는 단순한 집합체로, 개인에게 특정한 가치나 삶의 방식을 강요하면 안 됨 → 국가는 국민의 자유를 보호하기 위해 존재함

(2) 대표적 사상가

롤스	공정으로서의 정의 → 공정한 절차를 통해 합의된 것이라면 정의로움 [자료 ❸]
노직	소유권으로서의 정의 → 개인의 소유권을 최우선으로 보장하는 것이 정의로움

(3) 자유주의적 정의관에 대한 비판

① **극단적 이기주의 초래**: 타인의 자유와 권리를 침해하거나 공익을 침해할 수 있음

② **사회적 약자 소외**: 자유로운 경쟁 과정에서 사회적 약자가 뒤처질 수 있음

2. 공동체주의적 정의관

(1) 공동체주의적 정의관의 특징

① **관점**: 공동체의 역사와 전통, 개인의 의무와 책임 강조 → 공익(공동선)을 실현하려는 개인들의 연대가 공동체의 목표 달성뿐만 아니라 사익의 실현으로도 이어진다고 봄

② **개인과 공동체의 역할**

개인	연대 의식을 가지고 공동체의 발전을 위해 책임과 의무 이행, 자발적 봉사, 희생정신 발휘 등
공동체	개인에게 공동체의 발전을 위해 살아가도록 장려하고, 좋은 삶을 실현하기를 권장함

(2) 대표적 사상가

매킨타이어	인간은 공동체의 영향을 받으며 정체성을 구성 → 공동선을 실현하는 것이 정의로움
왈처	각각의 사회적 가치가 고유한 영역 안에 머물러 다원적 평등❼이 실현될 때 정의로움
샌델	연고적 자아❽ 강조 → 공동체가 공유하는 가치와 목적을 실현하는 것이 정의로움

(3) 공동체주의적 정의관에 대한 비판

① **집단주의❾ 초래**: 공동체를 위해 개인의 자유, 권리가 침해되거나 개인의 희생이 강요될 수 있음

② **연고주의❿ 심화**: 능력이나 노력과 관계없이 공동체를 기준으로 개인을 평가할 수 있음

❹ 다양한 정의관의 적용 [자료 ❹]

(1) 자유주의적 정의관과 공동체주의적 정의관의 관계: 자유주의적 정의관과 공동체주의적 정의관은 모두 사익과 공익의 조화를 추구하며, 정의롭고 행복한 삶을 실현하고자 함

(2) 바람직한 자세: 자유주의적 정의관과 공동체주의적 정의관을 상호 보완적인 것으로 바라보고, 권리와 의무, 사익과 공익을 조화롭게 추구하려고 노력해야 함

· 대표 자료 · 자유주의적 정의관과 공동체주의적 정의관 ·········· ✦ 비판적 사고력

노직의 자유주의적 정의관	매킨타이어의 공동체주의적 정의관
개인이 자신의 삶을 선택할 자유와 소유권을 최우선으로 보호하는 것이 정의이다. 어떤 사람이 다른 사람에게 피해를 주지 않고 정당하게 소유물을 취득하였다면, 그 사람은 그 소유물에 대한 권리를 가져야 하며, 국가는 개인의 소유권을 보호하는 최소한의 역할에만 머물러야 한다.	우리 모두는 누군가의 자녀이자 어떤 도시의 시민이며, 어떤 국가의 일원이다. 개인은 공동체와 분리될 수 없고, 누구나 공동체의 영향을 받으며 자신의 정체성과 삶을 구성한다. 따라서 공동체의 구성원으로서 각자 역할과 의무를 다하고 공동선을 실현하는 것이 정의이다.

노직에게 정의는 소유권 보장의 문제이며, 타인의 권리를 침해하지 않는 한에서 국가는 개인의 자유와 소유권을 제약해서는 안 된다. 또한, 노직은 국방, 치안 유지 등의 최소한의 역할만 하는 '최소 국가'가 바람직하다고 주장한다. 한편, 매킨타이어는 개인은 공동체의 구성원으로서 자신의 정체성과 좋은 삶을 만들어 가는 존재이므로 개인은 공동체의 가치관을 토대로 정의로움을 판단하며, 사회적 연대감을 함양해 간다고 본다.

· 시험에서는 이렇게 ·

- 갑: 각자의 삶의 방식은 스스로 선택해야 한다. 타인에게 피해를 주지 않는 한 개인의 자유와 권리는 최대한 보장되어야 한다.
- 을: 각자의 삶의 방식은 공동체의 역사와 전통을 공유하는 가운데 형성되는 것이다.

갑은 자유주의적 정의관, 을은 공동체주의적 정의관이다. 주로 서로 다른 정의관의 차이를 파악하여 비교하는 형태로 출제된다.

＼ 시험 준비 길잡이

자료에 나타난 정의관을 정확히 파악할 수 있는지 확인하는 문제가 자주 출제돼요. 자유주의적 정의관은 개인의 자유와 권리를, 공동체주의적 정의관은 공동체의 역사와 개인의 의무를 강조한다는 점을 비교하여 기억해 두세요.

자료 ③ 롤스의 자유주의

> 합의의 당사자들이 무지의 베일을 쓴 원초적 입장에서 정의의 두 원칙은 채택될 수 있다. 첫째, 기본적 자유는 평등하게 보장되어야 하며, 둘째, 사회적·경제적 불평등은 두 조건을 충족하는 경우에 허용될 수 있다. 하나는 최소 수혜자에게 최대 이익이 되어야 한다는 것이고, 다른 하나는 모든 사람에게 기회가 균등하게 주어져야 한다는 것이다. — 롤스, 「정의론」

롤스에 따르면, 공정한 사회란 원초적 입장에서 합의한 정의의 원칙에 따라 운영되는 사회로, 롤스는 정의의 제1 원칙으로 평등한 자유의 원칙을, 정의의 제2 원칙으로는 차등의 원칙과 공정한 기회 균등의 원칙을 제시하였다.

자료 ④ 마스크 착용 의무화와 다양한 정의관

 갑
> 감염병 확산 상황에서 마스크 착용을 의무화하는 것은 개인의 자유를 침해할 우려가 있어. 마스크 착용 여부는 개인의 자유로운 선택에 맡겨야 해.

> 감염병 확산 상황에서 마스크 착용를 의무화하는 것은 공익을 실현하기 위한 조치야. 공공 안전과 공동체의 건강을 지키기 위해 마스크 착용를 의무화해야 해.
을

갑은 사익(개인선)의 실현을 강조하는 자유주의적 정의관의 입장에 해당한다. 마스크 착용 의무화가 이러한 개인의 자유와 독립성을 침해할 우려가 있다고 판단하여 반대하고 있다. 을은 공동체의 이익과 공동선의 추구를 강조하는 공동체주의적 정의관의 입장에 해당한다. 마스크 착용 의무화가 공공의 안전과 공동체의 건강을 지키는 것, 즉 공익에 도움에 된다고 판단하여 찬성하고 있다.

개념 확인하기

4 (   )적 정의관은 공익을 실현하려는 개인들의 연대가 공동체의 목표 달성뿐만 아니라 사익의 실현으로도 이어진다고 본다.

5 다음 설명이 맞으면 ○표, 틀리면 ×표를 하시오.
(1) 자유주의적 정의관에서는 국가의 적극적 개입에 찬성한다. (   )
(2) 노직은 평등한 자유의 원칙을 정의의 제1 원칙으로 제시하였다. (   )
(3) 공동체주의적 정의관에서는 개인의 행복한 삶과 공동체의 가치가 긴밀하게 연결되어 있다고 본다. (   )

6 자유주의적 정의관에서 강조하는 것을 〈보기〉에서 골라 기호를 쓰시오.

보기	
ㄱ. 개인선	ㄴ. 연고주의
ㄷ. 연대 의식	ㄹ. 자유와 권리

01 다음 수업 시간의 대화에서 옳게 말한 학생만을 있는 대로 고른 것은?

각자 생각하는 정의의 의미나 필요성에 대해 말해 볼까요?

공동체 구성원 간의 신뢰와 사회 통합을 위해 필요합니다.

사회 제도가 추구해야 할 최고의 덕목이라고 생각합니다.

각자에게 그의 몫을 주는 것, 의로움 등을 의미합니다.

사익의 희생을 바탕으로 사회 전체의 공익을 실현하는 것입니다.

갑 을 병 정

① 갑, 을   ② 을, 정   ③ 병, 정
④ 갑, 을, 병   ⑤ 갑, 병, 정

대표 자료 링크 이 문제에서 나올 수 있는 모든 선택지 ✓

02 다음과 같이 주장한 사상가의 입장으로 가장 적절한 것은?

> 형벌은 범죄자 자신이나 사회의 다른 선을 촉진하기 위해 가해져서는 안 되며, 오직 범죄를 저질렀다는 이유만으로 이루어져야 한다. 범죄자는 형벌을 받아야 할 행위를 스스로 원했기 때문에 형벌을 받는 것이다.

① 공리주의의 입장에서 형벌을 바라본다.
② 형벌을 통해 분배적 정의를 실현하고자 한다.
③ 형벌을 사회적 이익을 증진하기 위한 수단으로 본다.
④ 형벌로 범죄에 상응하는 보복을 가해야 한다고 본다.
⑤ 살인자에 대해서는 사형보다 종신 노역형이 바람직하다고 본다.
⑥ 형벌은 다른 사람의 범죄를 억제하기에 충분한 정도로만 이루어져야 한다고 본다.

03 밑줄 친 ㉠~㉤에 대한 설명으로 옳지 않은 것은?

> 아리스토텔레스는 정의를 ㉠ 일반적 정의와 ㉡ 특수적 정의로 구분하였다. 그리고 특수적 정의는 다시 ㉢ 교정적 정의, ㉣ 분배적 정의, ㉤ 교환적 정의로 나누어 설명하였다.

① ㉠은 법 준수를 의미한다.
② ㉡은 특수한 상황에 적용되는 원칙이다.
③ ㉢은 처벌의 문제와 관련이 깊다.
④ 아리스토텔레스는 ㉣의 실질적 기준으로 업적, 능력, 필요 등을 제시하였다.
⑤ ㉤은 동등한 가치를 지닌 두 물건을 교환함으로써 정의를 실현하는 것이다.

04 분배적 정의와 관련하여 갑~병의 관점에 대한 설명으로 옳은 것은?

> • 갑: 개인이 소유하고 있는 육체적·정신적 능력에 따라 분배하는 것이 정의롭다.
> • 을: 분배 당사자들이 성취한 업적과 기여도에 따라 분배하는 것이 정의롭다.
> • 병: 인간다운 삶을 보장하기 위해 기본적 욕구를 충족시킬 수 있도록 필요에 따라 분배하는 것이 정의롭다.

① 갑은 병의 분배 방식이 경제적 효율성을 지나치게 강조한다고 비판한다.
② 을은 병의 입장이 경쟁을 과열시켜 비인간화를 조장할 수 있다고 비판한다.
③ 병은 갑의 분배 방식이 사회주의적 정의관에 기초하고 있다고 본다.
④ 갑, 을은 병의 입장이 일에 대한 성취동기를 높일 수 있다고 본다.
⑤ 병은 갑, 을과 같은 분배 방식이 경제적 불평등을 초래할 수 있다고 평가한다.

05 이 문제에서 나올 수 있는 **모든 선택지 ✓** 갑이 긍정의 대답을 하고, 을이 부정의 대답을 할 질문으로 적절한 것은?

팀으로 참여한 토론 대회에서 받은 상금은 팀에서 기여도가 가장 높은 학생에게 많이 주는 것이 정의롭다고 생각해요.

그렇지 않아요. 팀에서 경제적 형편이 어려운 학생에게 더 많이 주는 것이 정의롭다고 생각해요.

갑   을

① 성취에 따라 분배하는 것이 정의로운가?
② 사회적 약자를 배려하는 분배가 중요한가?
③ 능력에 따른 분배는 경쟁을 과열시키는가?
④ 필요에 따른 분배는 경제적 효율성을 높이는가?
⑤ 기여도에 따른 분배에는 우연적 요소가 많이 개입되는가?
⑥ 분배적 정의를 실현하는 기준은 한 가지로 통일되어야 하는가?

06 갑, 을의 입장에 대한 설명으로 옳은 것은?

> • 갑: 나는 나의 가족, 도시, 민족, 국가로부터 다양한 빚과 유산, 기대와 의무를 물려받습니다. 이는 내 삶에 주어진 사실이며, 내 도덕의 출발점입니다.
> • 을: 사회적·경제적 불평등이 허용되기 위해서는 모두에게 균등한 기회가 부여되어야 합니다. 또한 최소 수혜자에게 최대의 이익을 보장할 수 있어야 합니다.

① 갑은 인간을 독립적인 개체로 바라본다.
② 을은 정의의 제1 원칙으로 소유권의 보장을 제시한다.
③ 을은 공정한 절차를 통해 합의된 것이라면 정의롭다고 본다.
④ 갑은 을에 비해 공동체를 개인의 자유를 실현하기 위한 도구로 본다.
⑤ 을은 갑에 비해 행복한 삶과 정의로운 사회의 실현을 지향한다.

중요해 ★
07 갑, 을의 정의관을 아래 그림으로 표현할 때, A~C에 해당하는 적절한 진술만을 〈보기〉에서 고른 것은?

> • 갑: 개인의 삶은 공동체의 맥락과 연결되어 있으며, 개인과 공동체는 유기적 관계를 맺고 있다.
> • 을: 모든 인간은 존엄성을 가지며, 어떤 가치보다 개인의 자유가 가장 소중한 가치이다.

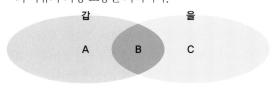

갑   을

A   B   C

┤ 보기 ├
ㄱ. A-공동선의 실현을 목표로 삼는다.
ㄴ. A-공동체의 삶이 개인의 정체성 형성에 영향을 미치는 연고적 자아를 강조한다.
ㄷ. B-사회는 독립적인 개인들의 합에 불과하다고 본다.
ㄹ. C-개인의 자유를 실현하기 위해 타인의 권리를 침해할 수 있다고 본다.

① ㄱ, ㄴ   ② ㄱ, ㄷ   ③ ㄱ, ㄹ
④ ㄴ, ㄷ   ⑤ ㄴ, ㄹ

08 갑, 을에 해당하는 사상가가 긍정의 대답을 할 수 있는 질문을 잘못 연결한 것은?

> • 갑: 원초적 입장에서 합의한 정의의 원칙에 따라 운영되는 사회가 정의로운 사회이다.
> • 을: 개인의 선택권과 소유권을 최대한으로 보장하는 사회가 정의로운 사회이다.

① 갑 - 평등한 자유의 원칙은 다른 원칙보다 우선하는가?
② 갑 - 경제적 불평등은 최소 수혜자에게 최대의 이익이 보장될 때만 허용될 수 있는가?
③ 을 - 사회적 약자를 위해 국가의 재분배 정책이 필요한가?
④ 을 - 국가는 개인의 소유권을 보호하는 최소한의 역할만 해야 하는가?
⑤ 갑, 을 - 정의로운 사회에서도 경제적 불평등이 허용될 수 있는가?

09 갑, 을은 서양 사상가이다. 을에 비해 갑이 가지는 특징을 그림의 ㉠~㉤ 중에서 고른 것은?

> • 갑: 어떤 사람이 다른 사람에게 피해를 주지 않고 정당하게 소유물을 취득하였다면, 그 사람은 그 소유물에 대한 권리를 가져야 한다. 국가는 개인의 소유권을 보호하는 최소한의 역할에만 머물러야 한다.
> • 을: 우리 모두는 누군가의 자녀이자 어떤 도시의 시민이며, 어떤 국가의 일원이다. 개인은 공동체와 분리되는 존재가 아니며, 개인은 누구나 공동체의 영향을 받으면서 자신의 정체성과 삶을 구성한다.

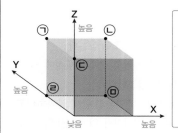

> • X: 공동선의 실현을 강조하는 정도
> • Y: 무연고적 자아를 강조하는 정도
> • Z: 개인을 독립적 개체로 보는 정도

① ㉠   ② ㉡   ③ ㉢   ④ ㉣   ⑤ ㉤

10 다음 사상가의 입장으로 옳은 것만을 〈보기〉에서 있는 대로 고른 것은?

> 원초적 입장에서 도출한 정의의 두 원칙은 다음과 같다. 첫째, 모든 사람은 기본적 자유를 최대한 누릴 수 있는 평등한 권리를 가져야 한다. 둘째, 사회적·경제적 불평등은 다음과 같은 두 조건이 충족될 때 허용된다. 모두에게 어떤 직책이나 지위에 오를 기회가 균등하게 개방되어야 하고, 최소 수혜자에게 최대의 이익을 보장할 수 있어야 한다.

┤ 보기 ├
ㄱ. 사회적 불평등이 사라져야 정의가 실현된다.
ㄴ. 사회 구성원의 자유로운 경제적 이익 추구를 허용해야 한다.
ㄷ. 자유는 정의로운 사회를 만드는 데 가장 우선으로 추구해야 할 가치이다.

① ㄱ   ② ㄱ, ㄴ   ③ ㄱ, ㄷ
④ ㄴ, ㄷ   ⑤ ㄱ, ㄴ, ㄷ

11 사례를 읽고 물음에 답하시오.

> • ○○ 대학은 장애인 학생의 편의를 위해 모든 건물에 엘리베이터를 설치하였다.
> • 교육 환경이 불리한 특정 지역의 학생들에게 일정한 대학 입학 정원을 할당하는 제도를 실시한다.

(1) 위 사례들에서 공통으로 실현하려는 분배적 정의의 실질적 기준을 쓰시오.

_____

(2) (1)의 의미를 서술하시오.

_____

_____

3단계 로 완성하기

12 사회현상에 자유주의적 정의관과 공동체주의적 정의관을 적용하는 바람직한 자세를 서술하시오.

> ○○시는 저소득 청년의 주거 부담을 완화하고자 청년 임대 주택 사업을 펼치고 있다. 그러나 이 사업은 지역 주민의 반대로 차질을 빚고 있다. 청년 임대 주택이 세워지면 부동산 가격이 떨어져 지역 발전을 저해한다는 것이 사업을 반대하는 주민들의 주된 근거이다.

1단계 청년 임대 주택 사업을 자유주의적 정의관과 공동체주의적 정의관의 관점에서 평가해 보세요.

_____

2단계 어떤 사회현상을 특정한 정의관의 관점에서만 평가할 때의 문제점을 추론해 보세요.

_____

3단계 1단계와 2단계에서 정리한 내용을 고려하여 사익과 공익이 충돌할 때 자유주의적 정의관과 공동체주의적 정의관을 적용하는 바람직한 자세를 서술해 보세요.

_____

_____

1등급 도전하기

01 갑, 을은 서양 사상가이다. 을에 비해 갑이 긍정의 대답을 할 수 있는 질문으로 가장 적절한 것은?

> · 갑: 형벌은 범죄자 자신이나 사회의 다른 선을 촉진하기 위해 가해지는 것이 아니라 오직 범죄를 저질렀기 때문에 가해지는 것이다.
> · 을: 형벌의 목적은 범죄자가 시민들에게 해악을 입힐 가능성을 방지하고 일반 시민들이 유사한 행위를 할 가능성을 억제하는 것이다.

① 형벌은 오직 응보의 관점에서 가해져야 하는가?
② 형벌은 범죄를 억제시키려는 수단이어야 하는가?
③ 사형은 유용하지도 않고 필요하지도 않은 형벌인가?
④ 사형은 종신 노역형보다 범죄 예방 효과가 큰 형벌인가?
⑤ 사형은 공리의 관점에서 범죄 예방 효과가 큰 수단인가?

02 〔창의〕〔융합〕
다음은 고등학생 갑이 어떤 분배의 기준이 적용된 사례를 조사한 결과이다. 이 기준의 단점으로 적절한 것만을 〈보기〉에서 있는 대로 고른 것은?

> **〈○○에 따른 분배의 사례〉**
> A 은행은 성과 연봉제를 도입하기로 하였다. 근무 연수가 늘어나면 임금이 자동으로 오르는 호봉제 대신 성과에 따라 연봉이 책정되는 성과주의를 도입하기로 한 것이다.

┤보기├
ㄱ. 경제적 효율성을 높이기 어렵다.
ㄴ. 사회적 약자에 대한 배려가 부족할 수 있다.
ㄷ. 개인의 성취동기와 창의성을 저해할 수 있다.
ㄹ. 과열 경쟁으로 인한 비인간화 현상이 발생할 수 있다.

① ㄱ, ㄴ ② ㄴ, ㄹ ③ ㄷ, ㄹ
④ ㄱ, ㄴ, ㄷ ⑤ ㄱ, ㄷ, ㄹ

03 다음 사례의 마을 사람들에 대한 평가로 가장 적절한 것은?

> 어떤 마을에 그 마을 사람이면 누구나 가축을 방목할 수 있는 공동의 땅이 있었다. 사람들은 그곳에 가축을 풀어 놓고 신선한 풀을 마음대로 뜯어 먹게 하였다. 그런데 마을 사람들이 더 많은 이익을 얻기 위해 점점 더 많은 가축을 공유지에 방목하였고, 땅을 관리하는 일은 서로 떠넘겼다. 그 결과 풍성하던 목초지는 황량한 땅이 되어 더 이상 가축을 키울 수 없게 되었다.

① 자유주의적 정의관이 부족하였다.
② 극단적 이기주의로 공익을 침해하였다.
③ 개인의 사익 추구를 지나치게 제한하였다.
④ 공동체의 목적 달성을 위해 개인의 희생을 강요하였다.
⑤ 능력이나 노력과 관계없이 공동체를 기준으로 개인을 평가하였다.

04 갑, 을의 정의관에 대한 옳은 설명만을 〈보기〉에서 고른 것은?

마스크 착용 의무화는 공공 안전과 공동체의 건강을 지키는 중요한 방법이야.
갑

마스크 착용 의무화는 개인의 기본적 자유를 제한하는 것이며, 사회 전체의 자유를 위협할 수 있어.
을

┤보기├
ㄱ. 갑은 인간을 공동체에 소속된 연고적 자아로 본다.
ㄴ. 갑의 입장이 지나치면 개인의 자유가 위축될 수 있다.
ㄷ. 을은 이기주의적인 태도를 버리고 연대 의식을 가질 것을 강조한다.
ㄹ. 을은 공동체가 공유하는 가치를 이해하고, 지킬 것을 강조한다.

① ㄱ, ㄴ ② ㄱ, ㄷ ③ ㄱ, ㄹ
④ ㄴ, ㄷ ⑤ ㄴ, ㄹ

수능 준비하기

22학년도 6월 모평 생활과 윤리 19번 응용

01 갑, 을 사상가들의 입장으로 적절하지 <u>않은</u> 것은?

- 갑: 법은 공적 정의를 실현하기 위해 동등성의 원리에 따라 형벌을 규정해야 한다. 오직 보복법만이 형벌의 질과 양을 명확하게 제시할 수 있다.
- 을: 법은 공익을 증진하기 위해 제정되어야 한다. 그러므로 법은 범죄자가 아닌 시민의 이익을 위해 사형을 대체한 종신 노역형을 규정해야 한다.

① 갑: 응보주의의 관점에서 사형 제도에 찬성한다.
② 갑: 범죄 예방 효과는 형벌 타당성 평가의 기준이 될 수 없다.
③ 을: 종신 노역형이 사형보다 범죄 예방 효과가 더 크다.
④ 을: 살인범에 대한 사형은 유용하지도 필요하지도 않다고 본다.
⑤ 갑, 을: 형벌은 범죄자의 인격을 존중하며 실시되어야 한다.

◆ 수능 만점 한끝

제시된 자료를 통해 칸트와 베카리아의 정의관의 특징을 파악하고, 형벌 및 사형 제도에 대한 두 사상가의 입장을 분석한다.

● 이렇게도 출제될 수 있어요!

두 사상가의 입장에 대한 이해를 바탕으로 각 사상가가 서로에게 제기할 수 있는 비판의 내용을 추론할 수 있는지 묻는 유형으로 출제될 수 있어요.

23학년도 11월 고1 학평 19번

02 (가)의 갑, 을의 입장에서 서로에게 제기할 수 있는 비판을 (나) 그림으로 표현할 때, A, B에 해당하는 내용으로 가장 적절한 것은?

(가)	• 갑: 각자의 삶의 방식은 스스로 선택해야 한다. 타인에게 피해를 주지 않는 한 개인의 자유와 권리는 최대한 보장되어야 하며, 공동체는 개인에게 특정한 가치를 강요하는 등 그들의 삶에 간섭하지 않아야 한다. • 을: 각자의 삶의 방식은 소속된 공동체의 역사와 전통을 공유하는 가운데 형성되는 것이다. 공동체는 개인에게 공동선을 지향하는 가치와 미덕을 적극 권장할 수 있으며, 개인은 공동체의 책무를 물려받게 된다.
(나)	〈범례〉 ⟶ : 비판의 방향 A, B : 비판의 내용 갑 ⟶A⟶ 을 ⟵B⟵ 〈예시〉 갑 ⟶A⟶ 을 A는 갑이 을에게 제기할 수 있는 비판임.

① A: 공동체가 개인의 삶의 방식을 규제해야 함을 간과한다.
② A: 개인의 자유는 어떤 경우에도 제한될 수 없음을 간과한다.
③ A: 개인은 공동체가 권장하는 미덕을 함양해야 함을 간과한다.
④ B: 공동체는 개인의 정체성 형성의 중요한 토대가 됨을 간과한다.
⑤ B: 공동체는 개인의 권리를 보장하는 수단에 불과함을 간과한다.

◆ 수능 만점 한끝

제시된 자료에 나타난 정의관의 특징을 파악하고, 두 정의관의 차이를 비교·분석한다.

● 문제의 핵심

자유주의적 정의관 비판	극단적 이기주의 초래, 사회적 약자 소외 등
공동체주의적 정의관 비판	집단주의 초래, 연고주의 심화 등

교육청 기출

03 (가), (나) 사상에 대한 옳은 설명만을 〈보기〉에서 고른 것은?

> (가) 개인은 공동체의 전통이나 가치로부터 독립적이고 자율적인 존재이다. 공동체의 이익은 공동체에 속한 개인이 자유롭게 이익을 추구함으로써 증가할 수 있다.
>
> (나) 개인은 공동체의 영향을 받으며 정체성을 형성해 나가는 존재이다. 공동체 속에서 살아가는 구성원 각자는 공동체가 발전함으로써 행복한 삶을 영위할 수 있다.

┤ 보기 ├

ㄱ. (가)는 개인의 자유와 권리의 보장을 중시한다.
ㄴ. (가)는 공동체가 개인의 삶의 방식을 결정한다고 본다.
ㄷ. (나)는 공동체의 발전을 위한 개인의 책무를 강조한다.
ㄹ. (가), (나)는 모두 개인의 이익과 공동체의 이익이 항상 배타적이라고 본다.

① ㄱ, ㄴ   ② ㄱ, ㄷ   ③ ㄴ, ㄷ   ④ ㄴ, ㄹ   ⑤ ㄷ, ㄹ

🔸 **수능 만점** 한끝

제시된 자료에 나타난 정의관이 무엇인지 파악하고, 각 정의관의 특성을 분석한다.

🔹 **문제의 핵심**

자유주의적 정의관	개인의 자유와 권리 중시
공동체주의적 정의관	공동체의 역사와 전통, 개인의 의무와 책임 강조

평가원 기출 | 응용

04 (가)의 갑, 을 사상가들의 입장을 (나) 그림으로 탐구하고자 할 때, A~C에 들어갈 적절한 질문만을 〈보기〉에서 있는 대로 고른 것은?

(가)	• 갑: 차등의 원칙은 사회적 협동을 위한 기본 원칙이다. 이 원칙은 천부적 재능을 가진 사람들이 불우한 사람들을 돕는 한에서 각자의 자질을 사용하게 한다. • 을: 차등의 원칙은 정의를 위한 공정한 기반을 제시하지 못한다. 개인의 천부적 재능과 이로부터 나오는 것에 대한 소유 권리는 그 개인에게 있다.
(나)	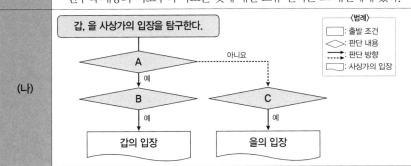

┤ 보기 ├

ㄱ. A: 국가는 국민의 자유를 보호하기 위해 존재하는가?
ㄴ. B: 차등의 원칙은 사회적 불평등을 허용하는 조건이 될 수 있는가?
ㄷ. C: 평등한 분배를 위해 차등의 원칙이 지켜져야 하는가?
ㄹ. C: 국가는 국방, 치안 유지 등 최소한의 역할만 해야 하는가?

① ㄱ, ㄴ   ② ㄱ, ㄷ   ③ ㄴ, ㄹ   ④ ㄱ, ㄷ, ㄹ   ⑤ ㄴ, ㄷ, ㄹ

🔸 **수능 만점** 한끝

차등의 원칙에 대한 이해를 바탕으로 국가의 역할에 대한 롤스와 노직의 입장을 비교하여 질문의 적절성을 판단한다.

🔹 **문제의 핵심**

롤스	공정으로서의 정의
노직	소유권으로서의 정의

03 불평등 해결과 정의의 실현

한끝 더하기

❶ 사회 계층
한 사회 구성원들이 소유한 사회적 가치의 정도에 따라 사회 구성원 사이에 일종의 위계가 발생하는데, 그러한 위계가 같거나 비슷한 사람들의 집합체를 사회 계층이라고 한다.

❷ 성장 거점 개발 정책
투자 효과가 크고 경제활동의 기반이 잘 구축된 지역을 성장 거점으로 선정하고, 그곳에 자본과 기술을 집중 투자하여 경제 발전의 효율성을 극대화하고 개발 효과가 주변 지역으로 파급되도록 하는 개발 정책이다. 우리나라에서는 빠른 성장을 위해 정부 주도로 추진되었다.

❸ 사회적 약자
성별, 나이, 신체적 조건, 출신 국가나 민족, 경제적 지위 등 다양한 측면에서 사회적으로 소외되어 인간다운 삶을 살아가는 데 어려움을 겪는 개인이나 집단

❹ 여성 할당제
여성의 사회 및 공직 진출 확대를 위해 여성에게 일정 비율 이상의 자리를 할당하는 제도로, 우리나라에서는 국회 의원 비례 대표 후보 등에 대해 적용하고 있다.

❺ 역차별
불이익을 받는 사람들을 위해 마련된 제도가 너무 지나쳐서 오히려 반대편이 차별을 받는 현상

1 사회 및 공간 불평등 현상의 양상

1. 사회 및 공간 불평등 현상의 의미와 영향
(1) 의미: 사회적 희소가치가 차등적으로 분배되어 개인과 집단이 서열화되는 현상
(2) 영향: 개인이나 집단 간 수직적 위계질서 형성 → 사회 통합이 어려워짐

2. 사회 및 공간 불평등 현상의 다양한 양상
(1) 사회 계층❶의 양극화 (자료 ❶)
① **의미:** 사회 계층 중에서 중층의 비중이 줄어들면서 상층과 하층의 비중이 늘어나는 현상
② **원인:** 자산과 소득의 차이에 따른 경제적 격차의 확대가 주요 원인으로 작용함
③ **영향:** 계층 이동이 어려워지고, 계층 간 위화감을 조성하여 사회 발전의 동력이 감소함
(2) 공간 불평등 (대표 자료)
① **의미:** 지역 간에 사회적 자원이 불균등하게 분배되어 경제적·사회적·문화적 수준의 차이가 나타나는 현상
② **원인:** 성장 위주의 지역 개발 → 우리나라에서는 성장 거점 개발 정책❷이 가장 큰 원인이 됨
③ **양상과 영향:** 수도권에 인구와 산업 및 편의 시설 등이 지나치게 집중되고, 비수도권 및 농촌 지역이 침체됨 → 지역 간 삶의 질 격차 확대로 갈등 발생, 사회 통합 저해
(3) 사회적 약자❸에 대한 차별
① **원인:** 사람들의 선입견과 편견, 차별을 용인하는 사회적 환경 등
② **양상과 영향:** 여성, 노인, 어린이, 장애인, 빈곤층, 중소기업, 소상공인, 비정규직 등에 대한 차별적 대우 → 사회적 약자의 기본적 권리 침해, 사회 정의 실현 저해

2 정의로운 사회를 만들기 위한 제도와 실천

1. 우리나라의 사회 복지 제도

사회 보험	• 의미: 소득이 있는 개인과 기업, 정부가 분담하여 사회적 위험에 대처하는 공적 보험 • 종류: 국민연금, 국민 건강 보험, 고용 보험, 산업 재해 보상 보험 등
공공 부조	• 의미: 생활 유지 능력이 없거나 생활이 어려운 국민에게 국가가 전액을 지원하여 최저 생활을 보장하고 자립을 지원하는 제도 • 종류: 국민 기초 생활 보장 제도, 기초 연금, 의료 급여 등
사회 서비스	• 의미: 도움과 보호가 필요한 국민에게 상담, 재활, 돌봄, 복지 시설 이용, 사회 참여 지원 등의 각종 서비스를 제공하는 제도 • 종류: 노인 돌봄 서비스, 장애인 활동 지원, 가사·간병 서비스 등

2. 지역 격차 완화 정책
(1) 목적: 공간 불평등 해소 → 국토의 균형 발전
(2) 사례: 공공 기관 지방 이전, 지역 경제 활성화, 주거 안정 정책 실시, 도시 기반 시설 확충, 도시 환경 정비 사업 실시 등

3. 적극적 평등 실현 조치 (자료 ❷)
(1) 의미: 사회적 약자에게 실질적인 기회의 평등을 보장하기 위해 제공하는 혜택
(2) 사례: 여성 할당제❹, 장애인 의무 고용 제도, 다양한 대입 특별 전형 등
(3) 한계: 혜택의 정도가 지나칠 경우 역차별❺의 문제가 발생할 수 있음

한끝 자료실

대표 자료 · 지역 간 불평등

◎ 수도권과 비수도권의 인구 비율(2022)

비수도권 약 49%
약 5,144만 명
수도권 약 51%
(통계청, 2022)

◎ 도시와 농촌의 가구당 연간 소득(2021)

(천 원)
74,507
47,759
도시 근로자 가구 소득 / 농촌 가구 소득
(통계청, 2021)

비판적 사고력

왼쪽 자료에서는 전체 인구의 절반 정도가 수도권에 밀집해 있고, 오른쪽 자료에서는 농촌 가구 소득이 도시 근로자 가구 소득의 약 64%에 불과하다. 이처럼 우리 사회에서는 급속한 산업화와 도시화를 거치면서 수도권과 비수도권, 도시와 농촌 등 공간에 따른 불평등 현상이 나타나고 있다.

우리나라는 빠른 경제 성장을 위해 정부 주도로 성장 거점 개발 정책을 추진하였다. 그 결과 인구와 자본이 유입된 수도권과 도시 지역은 경제적으로 성장했지만, 비수도권과 농촌 지역은 인구가 유출되고 경제적으로 침체되었다. 이러한 공간 불평등은 비수도권과 농촌 지역에 거주하는 주민들의 삶을 열악하게 만들고 불평등을 심화시키기 때문에 지역 간 갈등을 불러와 사회 통합을 저해하고 정의로운 사회를 실현하는 데 걸림돌로 작용할 수 있다.

시험에서는 이렇게

면적
사업체 수 / 인구
매출액 상위 100대 기업 본사 / 지역 총생산
4년제 대학교 / 금융 기관
상급 종합 병원 (통계청, 2016)

제시된 자료는 수도권 집중 현상을 보여 주는 통계를 나타낸 것이다. 자료를 통해 수도권 집중 현상을 파악하고, 그 원인과 영향을 분석하는 형태로 자주 출제된다.

시험 준비 길잡이

수도권 집중 현상이나 지역 불균형을 보여 주는 통계 자료를 주고 그 내용을 정확하게 해석할 수 있는지 확인하는 경우가 많아요. 성장 거점 개발 정책으로 우리나라의 공간 불평등 현상이 심화되었다는 것을 꼭 기억해 두세요.

자료 ① 사회 계층의 양극화 심화

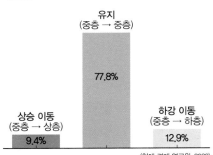

◎ 소득 계층의 이동(2019년 → 2020년)

유지 (중층 → 중층) 77.8%
상승 이동 (중층 → 상층) 9.4%
하강 이동 (중층 → 하층) 12.9%
(현대 경제 연구원, 2022)

2019년에서 2020년 사이에 중층의 12.9%가 하층으로, 9.4%가 상층으로 이동하였다. 하층 이동 가구가 많아졌다는 것은 사회 계층의 양극화가 진행되었다는 것을 의미한다. 특히 경제적 불평등의 심화는 다양한 측면의 격차로 이어져 사회 계층 이동을 어렵게 하고, 부모 세대의 계층이 자녀 세대로 대물림되는 결과를 낳기도 한다.

자료 ② 장애인 의무 고용 제도

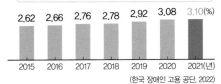

2022년 의무 고용률: 국가·지방 자치 단체, 공공 기관 3.6% / 민간 기업 3.1%

연도별 장애인 고용률(중증 이배수 적용)

2.62 (2015) / 2.66 (2016) / 2.76 (2017) / 2.78 (2018) / 2.92 (2019) / 3.08 (2020) / 3.10(%) (2021년)
(한국 장애인 고용 공단, 2022)

◎ 장애인 의무 고용 현황

장애인 의무 고용 제도는 국가, 지방 자치 단체와 50명 이상의 근로자가 있는 공공 기관 및 민간 기업 사업주에게 장애인을 일정 비율 이상 고용하게 하는 제도이다. 이러한 제도는 장애인이 일을 하고 사회 발전에 이바지할 기회를 줌으로써 사회적 약자에게 실질적인 기회의 평등을 보장할 수 있다.

개념 확인하기

1 지역 간에 사회적 자원이 불균등하게 분배되어 경제적·사회적·문화적 수준의 차이가 나타나는 현상을 (   )(이)라고 한다.

2 다음 설명이 맞으면 ○표, 틀리면 ×표를 하시오.
(1) 사회 계층의 양극화는 계층 간 위화감을 조성할 수 있다. (   )
(2) 공간 불평등 현상을 해결하려면 성장 거점 개발 정책을 실시해야 한다. (   )
(3) 사회 보험과 사회 서비스는 금전적인 방법으로 지원하는 것이 특징이다. (   )

3 지역 격차 완화 정책으로 적절한 것을 〈보기〉에서 골라 기호를 쓰시오.

보기
ㄱ. 지역 경제 활성화
ㄴ. 장애인 의무 고용제 실시
ㄷ. 도시 환경 정비 사업 실시
ㄹ. 주요 공공 기관의 수도권 집중

실력 다지기

01 밑줄 친 '이것'의 양상으로 적절하지 않은 것은?

> 재산, 권력, 사회적 지위, 쾌적한 공간과 같은 사회적 가치는 모든 사람이 가지고 싶어 하지만, 그 양은 한정되어 있다. 따라서 이러한 사회적 가치는 불평등하게 분배되어 많이 가진 사람과 그렇지 못한 사람이 나타난다. 이렇게 사회적 가치의 차등적 분배에 따라 개인이나 집단, 지역이 서열화되는 현상을 <u>이것</u>이라고 한다.

① 수도권 및 대도시 지역에 인구와 산업이 집중된다.
② 빈곤층이 경제적 상황 때문에 제대로 된 의료 서비스를 받지 못한다.
③ 공공 기관이나 기업에 대해 장애인을 일정 비율 이상 고용하도록 강제한다.
④ 사회 계층 중에서 중층의 비중이 줄어들고 상층과 하층의 비중이 늘어난다.
⑤ 자격과 능력을 갖춘 여성이 성별을 이유로 조직의 상층부로 올라가지 못한다.

02 사회 불평등 현상에 대한 설명으로 옳은 것만을 〈보기〉에서 있는 대로 고른 것은?

┤보기├
ㄱ. 사회 이동이 어려워지면 계층 간 격차와 갈등이 심화된다.
ㄴ. 의식주, 교육, 건강 수준 등 다양한 생활 영역에서 나타난다.
ㄷ. 경제적 측면의 불평등은 삶의 다양한 영역에 영향을 미친다.
ㄹ. 사회적 약자들이 주류 집단과 다르다고 생각하는 합리적 이유로 나타난다.

① ㄱ, ㄴ 　② ㄴ, ㄹ 　③ ㄷ, ㄹ
④ ㄱ, ㄴ, ㄷ 　⑤ ㄱ, ㄷ, ㄹ

03 중요해 자료와 같은 상황이 지속될 경우 나타날 수 있는 문제점으로 가장 적절한 것은?

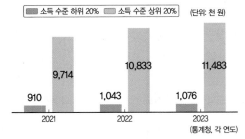

⬢ 가구당 월평균 소득(1분기 기준, 1인 이상 가구 대상)

① 사회 불평등 현상이 심화될 것이다.
② 사회 계층 이동이 활발해질 것이다.
③ 중산층의 인구 비율이 증가할 것이다.
④ 계층의 세대 간 대물림 현상이 줄어들 것이다.
⑤ 계층 간 갈등과 사회적 차별이 사라질 것이다.

04 자료를 통해 추론할 수 있는 내용으로 적절하지 않은 것은?

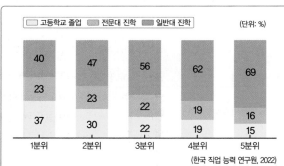

⬢ 부모 소득 분위에 따른 자녀의 고등 교육 수준

부모가 5분위(소득 상위 20%)인 집단의 자녀는 69%가 일반 대학에 진학한 반면, 부모가 1분위(소득 하위 20%)인 집단에서는 40%만이 일반 대학에 진학하였다.

① 계층 간 격차가 커질 것이다.
② 사회 통합이 어려워질 수 있다.
③ 사회 계층이 양극화될 수 있다.
④ 사회 계층 간 이동이 쉬워질 것이다.
⑤ 세대 간 대물림 현상이 심화될 수 있다.

05 자료를 보고 분석 및 추론한 내용으로 적절하지 <u>않은</u> 것은?

🔹 인구 비율   🔹 1,000대 기업 수

① 성장 위주의 지역 개발로 사회 통합이 강화되었다.
② 지역 간에 사회적 자원이 불균등하게 분배되어 있다.
③ 전반적인 생활 환경이 수도권에 지나치게 밀집되어 있다.
④ 수도권에 각종 기반 시설이 집중된 것은 성장 거점 개발을 추진한 결과이다.
⑤ 인구와 주요 기업이 집중되어 있는 수도권은 우리나라 경제활동의 중심지이다.

06 다음 글에서 지적하는 사회 불평등 현상에 대한 옳은 설명만을 〈보기〉에서 고른 것은?

> 우리나라는 급속한 경제 성장을 이루었지만, 국토의 개발이 수도권을 비롯한 특정 지역을 중심으로 이루어져 불균형이 발생하였다.

┤ 보기 ├
ㄱ. 지역 격차를 해소하는 효과가 있다.
ㄴ. 사회 통합을 저해하는 원인이 될 수 있다.
ㄷ. 도시 지역으로 인구, 산업, 편의 시설 등이 집중되는 현상이다.
ㄹ. 투자의 형평성을 강조하는 지역 개발 전략을 사용한 결과이다.

① ㄱ, ㄴ   ② ㄱ, ㄷ   ③ ㄱ, ㄹ
④ ㄴ, ㄷ   ⑤ ㄴ, ㄹ

07 자료와 같이 공공 기관을 이전하는 이유로 적절한 것만을 〈보기〉에서 있는 대로 고른 것은?

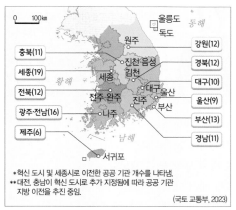

🔹 지방 이전 주요 공공 기관 현황

┤ 보기 ├
ㄱ. 성장 거점 개발 전략 추진
ㄴ. 수도권의 과밀화 현상 해소
ㄷ. 국토의 균형 개발 전략을 통한 사회 통합 실현
ㄹ. 사회적 약자를 위한 적극적 평등 실현 조치 실시

① ㄱ, ㄴ   ② ㄴ, ㄷ   ③ ㄷ, ㄹ
④ ㄱ, ㄴ, ㄷ   ⑤ ㄱ, ㄷ, ㄹ

08 우리나라에서 시행되고 있는 공간 불평등 완화 정책으로 적절하지 <u>않은</u> 것은?

① 저렴한 주택의 공급을 확대한다.
② 비수도권 지역의 기업 투자를 유치한다.
③ 여성에게 공직 진출과 관련한 혜택을 제공한다.
④ 노후된 주택을 개량하여 주거 안정을 추진한다.
⑤ 도시 환경 정비 사업을 통해 도시 내부의 공간 불평등을 해소한다.
⑥ 지역 특산품이나 관광 자원을 개발하여 지역 경제를 활성화한다.

09 ㉠에 들어갈 사례로 적절하지 <u>않은</u> 것은?

정의로운 사회를 실현하기 위해서는 사회적 약자가 다양한 분야에서 소외되거나 차별받지 않게 할 수 있는 제도가 마련되어야 합니다. 우리나라는 (㉠)과/와 같은 적극적 평등 실현 조치를 실시함으로써 사회적 약자의 불리한 조건을 완화하고 실질적인 기회의 평등을 제공하기 위해 노력하고 있습니다.

① 여성 할당 제도
② 장애인 의무 고용 제도
③ 산업 재해 보상 보험 제도
④ 사회적 배려 대상자 특별 전형 제도
⑤ 농어촌 지역 학생들을 위한 특별 전형 제도

중요해 ★
10 밑줄 친 ㉠~㉢의 사례에 해당하는 사회 복지 제도를 옳게 연결한 것은?

사회 불평등 현상을 해결하기 위해서는 개인적 노력뿐만 아니라 제도적 장치도 필요하다. 오늘날 대부분의 나라에서는 사회 계층의 양극화를 해소하고, 사회적 약자를 비롯한 모든 사회 구성원의 인간다운 생활을 보장하고자 다양한 사회 복지 제도를 실시하고 있다. 우리나라의 사회 복지 제도로는 ㉠ <u>사회 보험</u>, ㉡ <u>공공 부조</u>, ㉢ <u>사회 서비스</u> 등이 있다.

	㉠	㉡	㉢
①	국민연금	고용 보험	의료 급여
②	고용 보험	기초 연금	간병 서비스
③	기초 연금	국민연금	상담 서비스
④	기초 연금	국민 건강 보험	재활 서비스
⑤	의료 급여	국민 건강 보험	기초 연금

11 자료를 보고 물음에 답하시오.

(단위: %)

구분	면적	인구	청년 인구 (20~39세)	1,000대 기업 수	대학교 수	의료 기관
수도권	12.1	50.3	55.7	74.2	37.3	50.9
비수도권	87.9	49.7	44.3	25.8	62.7	49.1

(1) 위 자료를 통해 파악할 수 있는 불평등 현상을 쓰시오.

_____

(2) (1)의 원인과 해결 방안을 서술하시오.

_____

_____

3단계 로 완성하기

12 다음 글에 나타난 사회 불평등 현상의 해결 방안으로서 적극적 평등 실현 조치를 평가하시오.

조직에서 여성이 자격과 능력을 갖추었는데도 고위직으로 승진하는 과정에서 보이지 않는 장벽에 부딪히는 현상을 유리 천장이라고 한다. 유리 천장 지수는 순위가 낮을수록 직장 내 여성 차별이 심함을 의미하는데, 2023년에 우리나라는 조사 대상 29개국 중 최하위에 머물렀다.

1단계 윗글에 나타난 사회 불평등 현상은 무엇인지 써 보세요.

_____

2단계 1단계에서 쓴 사회 불평등 현상의 해결을 위한 적극적 평등 실현 조치를 써 보세요.

_____

3단계 2단계에서 쓴 적극적 평등 실현 조치의 효과와 한계를 서술해 보세요.

_____

_____

1등급 도전하기

01 ✦창의 융합
자료를 통해 파악할 수 있는 내용으로 옳은 것은?

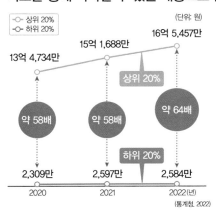

🔺 상·하위 20% 가구의 평균 자산 변화 추이

① 소득 불평등 현상이 심화되고 있다.
② 소득 분배가 균등하게 이루어지고 있다.
③ 경제 성장이 균형 있게 이루어지고 있다.
④ 경제 성장률이 정체 현상을 보이고 있다.
⑤ 하층에서 중층으로의 이동이 증가하였다.

03 **우리나라의 사회 복지 제도인 ㉠, ㉡에 대한 설명으로 적절하지 <u>않은</u> 것은?**

> (㉠)은/는 생활이 어려운 국민에게 국가가 전액을 지원하여 최저 생활을 보장하고 자립을 지원하는 제도이고, (㉡)은/는 도움이 필요한 국민에게 상담, 재활, 돌봄, 복지 시설 이용 등의 다양한 서비스를 지원하는 제도이다.

① 기초 연금, 의료 급여 등이 ㉠에 해당한다.
② 노인 돌봄 서비스, 장애인 활동 지원 서비스 등이 ㉡에 해당한다.
③ ㉠은 ㉡과 달리 금전적인 방법으로 이루어진다.
④ ㉡은 ㉠과 달리 납부자와 수혜자가 일치한다.
⑤ ㉠, ㉡은 모든 국민들이 인간다운 삶을 살아갈 수 있도록 마련된 제도이다.

02 **사례에 나타난 문제점을 극복하기 위한 방안으로 적절한 것만을 〈보기〉에서 고른 것은?**

> 15가구만 남은 ○○ 마을, 곳곳이 빈집이다. 동네에는 작은 가게 하나 남아 있지 않고, 읍내에 있던 영화관도, 하나 있던 종합병원도 오래전 문을 닫았다. 이 마을이 속한 □□군은 태어난 아이보다 죽은 사람이 6배 정도 많다.

⊢ 보기 ⊢
ㄱ. 주요 공공 기관을 지방으로 이전한다.
ㄴ. 수도권 지역에 도시 기반 시설, 상업 시설을 확충한다.
ㄷ. 균형 개발 전략을 채택하여 비수도권 지역에 대한 투자를 늘린다.
ㄹ. 지역의 특성을 살린 관광 자원을 개발하여 지역 경쟁력을 강화한다.

① ㄱ, ㄴ   ② ㄴ, ㄹ   ③ ㄷ, ㄹ
④ ㄱ, ㄴ, ㄷ   ⑤ ㄱ, ㄷ, ㄹ

04 **다음 글의 필자가 주장할 수 있는 내용으로 적절한 것만을 〈보기〉에서 고른 것은?**

> 미국 대학들이 60여 년간 신입생 선발에 적용해 온 소수 인종 우대 정책이 위헌 판결을 받으면서 파장이 일고 있다. 이 정책이 좋은 의도를 지녔지만 영원히 지속될 수 있는 정책은 아니며, 학생들은 인종이 아니라 개개인의 잠재력과 재능에 따라 대우해야 한다.

⊢ 보기 ⊢
ㄱ. 소수 인종 우대 정책이 역차별을 일으킬 수 있다.
ㄴ. 대학 입시에서는 개개인의 능력이 분배의 기준이 되어야 한다.
ㄷ. 소수 인종 우대 정책은 적극적 평등 실현 조치의 기능을 하지 못한다.
ㄹ. 사회적 약자에게 실질적인 기회의 평등을 보장하는 특별 전형이 마련되어야 한다.

① ㄱ, ㄴ   ② ㄱ, ㄷ   ③ ㄴ, ㄷ
④ ㄴ, ㄹ   ⑤ ㄷ, ㄹ

수능 준비하기

22학년도 11월 고1 학평 14번

01 (교육청 기출) 밑줄 친 ㉠~㉣에 대한 옳은 설명만을 〈보기〉에서 있는 대로 고른 것은?

> 우리나라는 1970년대에 정부 주도의 ㉠ 성장 거점 개발을 추진하였다. 이로 인해 ㉡ 수도권은 인구와 자본의 유입으로 크게 성장했지만, 비수도권은 상대적으로 성장이 정체되거나 낙후되었다. 우리나라는 이러한 ㉢ 수도권과 비수도권 간의 격차를 해결하기 위해 다양한 ㉣ 지역 격차 완화 정책을 추진하고 있다.

┤보기├
ㄱ. ㉠은 투자의 효율성보다 지역 간 형평성을 강조한다.
ㄴ. ㉡은 국토의 공간적 불평등이 심화하였음을 의미한다.
ㄷ. ㉢은 사회 통합을 저해하는 요인으로 작용할 수 있다.
ㄹ. ㉣의 사례로 '수도권 소재 공공 기관의 지방 이전'을 들 수 있다.

① ㄱ, ㄷ ② ㄱ, ㄹ ③ ㄴ, ㄹ ④ ㄱ, ㄴ, ㄷ ⑤ ㄴ, ㄷ, ㄹ

◆ **수능 만점** 한끝
제시된 자료에 나타난 국토 개발 정책의 특징을 파악하고, 이러한 정책으로 인한 문제점과 해결 방안을 분석한다.

● **이렇게도 출제될 수 있어요!**
제시된 자료로 성장 거점 개발과 균형 개발을 비교·분석하는 문제가 출제될 수 있어요.

23학년도 11월 고1 학평 18번

02 (교육청 기출)(지리+사회) 다음 글의 (가)에 들어갈 내용으로 가장 적절한 것은?

> 제목: _____ (가) _____
>
> 과거 우리나라는 정부 주도의 성장 중심 개발을 추진하였다. 이 과정에서 수도권은 인구와 산업 및 편의 시설 등의 기능이 집중되어 크게 성장하였지만, 비수도권은 상대적으로 성장이 정체되고, 낙후되는 문제가 발생하였다. 이를 해결하기 위해 정부는 다양한 정책을 추진하고 있다. 대표적인 정책으로 공공 기관 지방 이전 계획이 있으며, 이에 따라 전국에 주요 혁신 도시를 지정하여 수도권 소재의 공공 기관을 지방으로 이전하고 있다.

① 공간 불평등 해소를 위한 정부의 노력
② 저출생·고령화 문제 해결을 위한 정책
③ 다문화 사회의 갈등 해소를 위한 개인적 노력
④ 시장 경제 질서의 효율성 향상을 위한 기업의 노력
⑤ 과시 소비로 인한 계층 간 위화감 해소를 위한 정책

◆ **수능 만점** 한끝
제시된 사회문제의 내용을 이해하고, 필자의 의도를 파악하여 핵심 주제를 찾는다.

● **문제의 핵심**
성장 중심 개발

문제점	수도권과 비수도권의 공간 불평등 현상
해결 노력	공공 기관 지방 이전 등

수능 기출

03 다음 자료의 A∼E에 대한 설명으로 옳은 것은?

23학년도 수능 사회·문화 19번

> A는 전쟁을 피해 홀로 이주해 온 어머니 B와 어린 시절 사고로 시각 장애인이 된 아버지 C 사이에서 태어났다. B는 여성이라는 이유로 취업이 힘들었고 C도 장애인이라는 이유로 차별을 받았다. 그런데 시각 장애인만 안마사가 될 수 있도록 한 제도가 도입되어 C는 안마사로 일하게 되었다. 같은 시기 안마사가 되고 싶어 했던 비 장애인 D가 이 제도에 대해 국가 기관에 문제를 제기하면서 시각 장애인에 대한 사회적 관심이 높아졌다. 이를 지켜보던 A는 시각 장애인을 대변하는 법조인이 되어야겠다고 다짐했다. 이후 A는 법을 공부하러 갑국에 유학을 갔고 그곳에서 외국인이자 여성이라는 이유로 부당한 대우를 받게 되자, 난민 여성으로 차별받았던 B의 아픔을 이해하게 되었다. A는 유학 생활을 마치고 귀국하여 법률 회사에 입사하였다. 그리고 장애인 의무 고용 제도의 요건을 충족하여 입사한 E와 함께 사회적 소수자 인권 보호를 위한 법 개정을 위해 노력하고 있다.

① A는 B와 달리 한 개인이 여러 사회적 소수자 집단에 중첩되어 속할 수 있음을 보여 주는 사례이다.
② B는 C와 달리 후천적 요인으로 인해 차별을 받았다.
③ D는 E와 달리 주류 집단이 아니라는 이유로 차별을 받았다.
④ A와 D는 사회적 소수자에 대한 차별을 제도적으로 해결하고자 하였다.
⑤ C와 E는 사회적 소수자의 불리한 위치를 개선하기 위한 정책의 적용을 받았다.

➕ 수능 만점 한끝

제시된 자료에 나타난 다양한 불평등의 내용을 정확하게 이해하고, 시각 장애인 안마사 제도와 장애인 의무 고용 제도의 공통점을 추론한다.

• 이렇게도 출제될 수 있어요!

제시된 자료에 나타난 적극적 평등 실현 조치의 목적이나 한계를 추론할 수 있는지 확인하는 문제가 출제될 수 있어요.

교육청 기출 l 응용

04 갑의 입장에서 을의 입장에 대해 제기할 수 있는 반론으로 가장 적절한 것은?

19학년도 11월 고1 학평 4번 응용

> • 갑: 적극적 우대 정책은 과거부터 차별로 인해 고통받아 온 사회적 약자에게 유리한 기회를 제공한다. 이러한 정책은 궁극적으로 모든 사회 성원이 동등한 이익을 누리기 위해 필요하다.
> • 을: 적극적 우대 정책은 수혜자를 제외한 사람들의 기회를 박탈하여 또 다른 차별을 유발한다. 이러한 정책은 소수자에게 개인의 노력과 무관하게 과도한 혜택을 주어 새로운 차별을 야기할 수 있다.

① 적극적 우대 정책은 업적주의 원칙에 충실한 제도이다.
② 적극적 우대 정책은 집단 간 불평등을 심화시킬 수 있다.
③ 적극적 우대 정책은 개인의 정당한 성취를 무시할 수 있다.
④ 적극적 우대 정책은 수혜자를 제외한 사람들의 권리를 침해할 수 있다.
⑤ 적극적 우대 정책이 사회적 다양성을 증진시켜 공동선 실현에 기여할 수 있다.

➕ 수능 만점 한끝

적극적 우대 정책(적극적 평등 실현 조치)에 대한 갑, 을의 입장을 파악하고, 갑이 을에게 제기할 수 있는 반론을 분석한다.

• 문제의 핵심

적극적 우대 정책 찬반 논쟁

찬성 입장	사회적 약자에 대한 실질적인 기회의 평등 실현, 사회 통합 실현
반대 입장	수혜자를 제외한 사람들에 대한 역차별 초래, 사회 갈등 야기

01 정의에 대한 설명으로 옳은 것만을 〈보기〉에서 있는 대로 고른 것은?

┤ 보기 ├

ㄱ. 사회 구성원 간의 신뢰를 강화하여 사회 통합에 중요한 역할을 한다.

ㄴ. 모든 시대와 공동체에서 동일하고 유일한 의미로 해석되어 왔다.

ㄷ. 동양에서는 올바른 행동을 하는 것, 사적 이익에 얽매이지 않는 것 등으로 여겼다.

ㄹ. 서양에서는 각자에게 공정한 몫을 주는 것, 자신의 역할을 충실히 수행하는 것 등으로 여겼다.

① ㄱ, ㄴ   ② ㄴ, ㄹ   ③ ㄷ, ㄹ
④ ㄱ, ㄴ, ㄷ   ⑤ ㄱ, ㄷ, ㄹ

02 (가)~(라)에 들어갈 내용으로 적절한 것은?

〈아리스토텔레스의 정의〉

일반적 정의	(가)	
특수적 정의	분배적 정의	(나)
	교정적 정의	(다)
	교환적 정의	(라)

① (가) – 같은 가치의 두 물건을 교환하여 결과를 공정하게 하는 것이다.

② (나) – 이익을 주면 그만큼 대가를 받게 하여 동등하게 하는 것이다.

③ (나) – 각자의 가치에 따라 재화를 분배하여 공정함을 실현하는 것이다.

④ (다) – 공동체 전체의 이익 실현을 위해 법을 지키는 것이다.

⑤ (다) – 해를 끼치면 보상하게 하여 불균등을 바로잡는 것이다.

03 자료를 보고 분석 및 추론한 내용으로 적절하지 <u>않은</u> 것은?

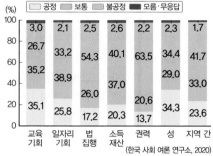

♠ 우리 사회의 분야별 불공정에 대한 인식

① 사회 통합을 이루기 어려울 수 있다.

② 사회 구성원 간의 불신이 증가할 수 있다.

③ 교육 기회에 대한 불공정 인식의 정도가 가장 낮다.

④ 기회 균등의 원칙이 제대로 작동하지 않을 수 있다.

⑤ 권력이 공정하게 분배되어 법 앞의 평등이 실현되고 있다.

04 다음은 수업 시간의 토론 내용이다. 갑, 을의 입장이 강조하고 있는 정의의 실질적 기준을 옳게 연결한 것은?

우리 학교는 학급별로 1명씩을 뽑아 장학금을 지급합니다. 어떤 기준에 따라 선정하는 것이 정의로울까요?

갑 집안 형편이 어려운 학생에게 주는 것이 정의롭다고 생각합니다.

을 학교 성적이 우수한 학생에게 지급하는 것이 정의롭다고 생각합니다.

	갑	을		갑	을
①	능력	업적	②	능력	필요
③	필요	능력	④	필요	업적
⑤	업적	능력			

05 어느 학생이 수업 시간에 필기한 내용이다. (가)에 들어갈 내용으로 가장 적절한 것은?

〈분배적 정의의 실질적 기준〉
⋮
3. 필요
(1) 의미: 기본적 욕구 충족이 어려운 사람들에게 재화나 가치를 분배하는 것
(2) 장점과 단점

장점	• 사회적 약자를 보호할 수 있음 • _____(가)_____
단점	사회적 자원은 유한하기 때문에 모든 사람의 필요를 충족하기 어려움

① 생산 의욕을 높일 수 있음
② 경제적 효율성을 높일 수 있음
③ 개인의 성취동기를 자극할 수 있음
④ 모든 사람의 필요를 충족할 수 있음
⑤ 많은 사람이 인간다운 삶을 누리도록 할 수 있음

06 갑, 을은 서양 사상가이다. 갑이 긍정, 을이 부정의 대답을 할 질문으로 가장 적절한 것은?

• 갑: 개인의 자유를 보장하면서도 사회적·경제적 불평등을 최소화하려면 공정한 절차를 거쳐 합의된 정의의 원칙을 마련해야 한다.
• 을: 어떤 사람이 타인의 처지를 악화시키지 않고 정당하게 소유물을 취득하거나 양도받았다면, 그 사람은 소유물에 대한 배타적 권리를 지닌다.

① 사회적·경제적 불평등은 그 자체로 부정의한가?
② 국가는 치안, 국방 등 최소한의 역할만 해야 하는가?
③ 개인의 자유보다 공동체의 가치를 우선적으로 추구해야 하는가?
④ 사회적 약자의 삶은 개인의 자발적인 자선 행위로 개선해야 하는가?
⑤ 최소 수혜자에게 최대의 이익을 보장할 때 사회적·경제적 불평등이 허용될 수 있는가?

07 다음과 같이 주장한 사상가의 입장과 맥락을 같이하는 진술로 가장 적절한 것은?

인간 사회는 분배 공동체라고 할 수 있다. 분배적 정의와 관련된 모든 가치는 사회적 가치이고, 사회적 가치는 각 공동체의 역사적·문화적 소산이다. 각 사회적 가치들은 자신의 고유한 영역 안에 머물러야 한다.

① 개인이 축적한 부를 공동체와 나누는 것은 부당하다.
② 공동체의 이익을 위한 개인의 희생은 도덕적으로 정당하다.
③ 개인의 자유로운 이익 추구 과정에서 독점은 허용될 수 없다.
④ 경제활동에서의 성공을 이유로 정치권력까지 장악하는 것은 정의롭지 않다.
⑤ 서로 다른 사회적 가치들을 분배할 수 있는 단일한 정의의 원칙이 마련되어야 한다.

08 밑줄 친 '나'가 할 수 있는 주장으로 가장 적절한 것은?

내 삶의 역사는 항상 내가 그것으로부터 나의 정체성을 도출해 내는 공동체의 역사 속에 편입되어 있다. 나는 가족, 도시, 친족, 민족, 국가 등 다양한 공동체의 구성원이다. 나는 내 가족, 나의 도시, 나의 민족, 나의 국가로부터 다양한 빚과 유산, 적절한 기대와 의무를 물려받았다.

① 국가는 개개인의 총합에 불과하다.
② 개인의 자유를 최우선의 가치로 추구해야 한다.
③ 사회는 중립적 입장에서 개인의 자율성을 확보해야 한다.
④ 개인의 정체성은 공동체 안에서 형성되는 연고적 자아이다.
⑤ 국가의 역할은 국방, 치안 등 최소한의 역할에만 한정되어야 한다.

09 자료를 통해 분석 및 추론한 내용으로 적절하지 <u>않은</u> 것은?

〈가구주 학력별 소득 분위〉

(단위: %)

소득 분위 \ 최종 학력	초졸	중졸	고졸	대졸 이상
1분위	36.9	12.8	4.2	2.9
2분위	33.6	22.2	11.5	1.9
3분위	18.6	20.6	31.9	15.5
4분위	9.1	21.4	26.8	31.1
5분위	1.8	23	25.6	25.6

〈소득 분위별 자녀 사교육비〉

(단위: 원)

소득 분위	자녀 사교육비
1분위	108,000
2분위	215,000
3분위	400,000
4분위	482,000
5분위	872,000

* 7~18세 자녀가 있는 가구를 대상으로 2021년 3분기 통계청 「가계 동향 조사」를 분석한 자료임.
** 가구 소득을 5개의 구간으로 구분할 때 1분위는 소득 하위 20%, 5분위는 소득 상위 20%를 의미함.

① 교육 격차는 소득 격차를 초래할 수 있다.
② 부모 세대의 소득 격차는 가구의 소득 격차로 이어질 수 있다.
③ 부모 세대의 소득 격차는 자녀 사교육비 격차로 이어질 수 있다.
④ 소득 격차는 교육 격차로 이어져 계층 대물림이 나타날 수 있다.
⑤ 계층 간 위화감이 조성되어 사회 발전의 동력이 강화될 수 있다.

10 소득 불평등에 대한 설명으로 적절한 것만을 〈보기〉에서 고른 것은?

┤ 보기 ├
ㄱ. 경제 성장 속도와 소득 불평등은 비례 관계에 있다.
ㄴ. 소득 불평등은 의료, 교육 등의 불평등에도 영향을 미친다.
ㄷ. 소득 불평등이 오래 이어지면 양극화 현상이 심화될 수 있다.
ㄹ. 소득 불평등은 저소득층이 중산층으로 많이 이동할 때 나타나는 현상이다.

① ㄱ, ㄴ
② ㄱ, ㄷ
③ ㄱ, ㄹ
④ ㄴ, ㄷ
⑤ ㄴ, ㄹ

[11~12] 다음 글을 읽고 물음에 답하시오.

우리나라에서는 전체 국토 면적의 12.1%에 불과한 수도권에 50%가 넘는 인구가 밀집해 있다. 기업, 대학교, 의료 기관 등도 수도권에 집중되어 있다. 과거에 정부 주도로 성장 잠재력이 높은 지역을 집중적으로 개발하고, 그 효과가 주변 지역으로 확산되도록 하는 성장 거점 개발을 진행하는 과정에서 인구와 자본이 유입된 수도권은 크게 성장한 데 비해, 비수도권은 성장이 정체되거나 낙후되었다.

11 윗글에서 지적하고 있는 우리나라의 사회문제로 적절한 것은?

① 집단 이기주의의 확산
② 노동자와 사용자 사이의 갈등
③ 세대 간 가치관 차이에 따른 갈등
④ 사회적 약자에 대한 선입견과 편견
⑤ 지역 격차에 따른 공간 불평등 현상

12 윗글에서 지적하고 있는 사회문제를 해결하기 위한 노력으로 적절한 것만을 〈보기〉에서 있는 대로 고른 것은?

┤ 보기 ├
ㄱ. 수도권을 성장 거점으로 확보하여 파급 효과를 강화한다.
ㄴ. 지방 도시의 성장을 돕기 위한 균형 개발 정책을 추진한다.
ㄷ. 낙후된 지역의 발전 전략을 수립하여 지역 경쟁력을 높인다.
ㄹ. 수도권에 집중된 주요 공공 기관과 기업을 지방으로 이전한다.

① ㄱ
② ㄴ
③ ㄴ, ㄷ
④ ㄷ, ㄹ
⑤ ㄴ, ㄷ, ㄹ

13 사회 불평등을 개선하기 위한 사회 복지 제도에 대한 설명으로 옳은 것에만 ✓ 표시를 한 학생은?

문항＼학생	갑	을	병	정	무
사회 복지 제도는 소득 재분배 효과가 있다.	✓	✓			✓
사회 보험은 국민의 최저 생활을 보장하는 제도이다.	✓		✓	✓	
공공 부조는 저소득층의 빈곤을 해결하기 위한 제도이다.		✓	✓		
사회 서비스는 국민에게 발생하는 사회적 위험을 국가적으로 대비해 주는 제도이다.			✓	✓	✓

① 갑　　② 을　　③ 병　　④ 정　　⑤ 무

14 밑줄 친 '이것'에 대한 설명으로 옳은 것은?

> ● ● ●　〈 〉 ○　　　　　　　　　　⤢ ≡
>
> **지식 Q&A**
> 경기 불황으로 회사가 어려움에 처하면서 해고를 당했습니다. 저는 어떻게 해야 할까요?
>
> **답변하기**
> 회사에 다니시는 동안 이것에 가입하셨을 겁니다. 따라서 실직하여 재취업 활동을 하는 동안 실업 급여를 제공받으실 수 있고, 재취업에 필요한 직업 훈련도 받으실 수 있습니다.

① 공공 부조에 해당한다.
② 기초 연금과 같은 유형의 사회 복지 제도이다.
③ 노인 돌봄 서비스와 같은 유형의 사회 복지 제도이다.
④ 국가가 전액을 지원하여 국민의 자립을 지원하는 제도이다.
⑤ 소득이 있는 개인과 기업, 정부가 비용을 분담하는 제도이다.

15 다음 제도들을 통해 실현하려는 바로 가장 적절한 것은?

> • 농어촌 학생 특별 전형
> • 장애인 의무 고용 제도
> • 국회 의원 여성 공천 할당제

① 지역 격차를 완화하여 공간 불평등을 해소한다.
② 적극적 평등 실현 조치에 따른 역차별이 발생하지 않도록 한다.
③ 오랫동안 유지된 사람들의 선입견과 편견을 인정하고 존중한다.
④ 성장 잠재력이 큰 사람에게 사회적 가치를 우선적으로 배분한다.
⑤ 사회적으로 불리한 위치에 있는 사회적 약자를 우선적으로 배려한다.

16 +단원 통합
(가)의 문제를 해결하기 위해 (나)에 나타난 분배적 정의의 기준을 적용한 사례로 적절하지 <u>않은</u> 것은?

> (가) 우리 사회에는 여성, 노인, 어린이, 장애인, 빈곤층, 소상공인, 비정규직 근로자 등 다양한 유형의 사회적 약자가 있다. 이들은 성별, 나이, 신체적 조건, 경제적 지위 등을 기준으로 불합리하게 차별을 받거나 소외되는 경우가 많다.
> (나) 의식주 등 인간다운 삶을 위한 기본적 욕구의 충족이 어려운 사회적 약자에게 우선적으로 재화나 가치를 분배하여 결과의 평등을 추구한다.

① 빈곤층에게 공공 일자리를 우선 공급한다.
② 노인을 대상으로 인터넷 활용 교육을 실시한다.
③ 장애인을 고용하는 기업에 세금을 감면해 준다.
④ 기업과 근로자 간의 관계에 정부가 개입하지 않는다.
⑤ 비례 대표 국회 의원 후보 공천에서 일정 비율을 여성으로 정한다.

시장경제와
지속가능발전

✦ 무엇을 배울까?

중학교에서 배운 내용	
☑ **사회**	합리적 선택 / 기업의 역할
☑ **도덕**	국가와 시민의 역할
☑ **역사**	산업화 / 자본주의

이 단원에서 배울 내용

☑ 자본주의의 역사적 전개 과정과 경제 체제

☑ 합리적 선택의 한계를 극복하고 지속가능발전을 달성하기 위한 경제 주체의 역할

☑ 자산 관리 원칙에 따른 금융 생활 설계와 금융 의사 결정의 중요성

☑ 무역과 국제 분업의 필요성과 지속가능발전을 위한 국제 무역 방안

01 자본주의의 전개 과정과 경제 체제

한끝 더하기

❶ 중상주의
국내 산업을 보호하기 위해 관세를 부과하여 수입을 억제하고, 해외 시장 확대를 위해 수출을 장려하는 등 국가가 상공업 활동에 깊이 개입하는 정책

❷ 시장 실패
19세기 후반, 자본주의가 고도로 발달함에 따라 기업 간 경쟁이 심화되면서 소수의 거대 기업이 시장을 지배하는 독점 자본주의가 전개되었다. 독과점 기업의 출현으로 자유로운 경쟁이 줄고 자원이 효율적으로 배분되지 못하는 시장 실패가 나타났다.

❸ 스태그플레이션
경기 침체와 물가 상승이 동시에 발생하고 있는 상태

❹ 정부 실패와 신자유주의
20세기 후반 스태그플레이션이 발생하면서 정부의 적극적 시장 개입이 오히려 비효율을 초래하는 정부 실패가 나타났다. 이에 하이에크와 같은 학자들은 정부의 지나친 시장 개입을 비판하며, 정부의 역할 축소와 시장 기능 확대를 강조하는 신자유주의를 주장하였다.

❺ 경제 체제
한 사회의 구성원들이 생산물의 종류와 수량, 생산 방법, 분배 방식 등 기본적인 경제 문제를 해결해 나가는 일정한 제도나 방식

1 자본주의의 특징과 전개 과정

1. 자본주의의 의미와 특징

(1) **자본주의의 의미**: 사유 재산 제도를 바탕으로 시장을 통해 경제의 기본 문제를 해결하는 경제 체제

(2) **자본주의의 특징**: 사유 재산권의 법적 보장, 시장경제 체제와 결합하여 경제활동의 자유 보장, 사적 이익 추구 인정

2. 자본주의의 역사적 전개 과정 [대표 자료]

상업 자본주의	• 등장 배경: 신항로 개척 이후 유럽 절대 왕정의 중상주의❶ 정책 추진 • 특징: 상품의 유통 과정에서 이윤 추구
산업 자본주의 [자료 ❶]	• 등장 배경: 산업 혁명 이후 상품의 소품종 대량 생산 체제가 갖추어짐 • 특징: 자유방임주의, 생산 과정에서 이윤 추구, 시장의 자유 강조, 작은 정부 추구
수정 자본주의	• 등장 배경: 대공황으로 경기 침체 발생 → 시장 실패❷ • 특징: 공공사업(뉴딜 정책) 및 사회 보장 제도를 통한 정부의 개입 주장, 큰 정부 추구
신자유주의	• 등장 배경: 두 차례의 석유 파동으로 스태그플레이션❸ 발생 → 정부 실패❹ • 특징: 정부 개입 비판 및 자유로운 경제활동 강조 → 정부 규제 완화, 대규모 감세, 복지 축소, 공기업 민영화, 자유 무역 확대, 노동 시장의 유연화 등 지향

2 경제 체제❺의 분류

1. 시장경제 체제

의미	민간 경제 주체의 자유로운 선택과 경쟁을 통해 경제 문제를 해결하는 경제 체제
특징	• 정부의 시장 개입 최소화, 시장 가격의 작동에 따라 자원이 효율적으로 배분됨 • 개인의 자유로운 이익 추구 보장 → 개인의 능력 및 창의성 발휘 가능
한계	빈부 격차, 급격한 경기 변동에 따른 실업 및 인플레이션이 발생할 수 있음

2. 계획경제 체제

의미	정부의 계획과 통제에 따라 경제 문제를 해결하는 경제 체제
특징	• 사유 재산권 부정, 개별 경제 주체의 경제활동의 자유 제한 • 정부가 경제 전반을 통합 관리 → 국가의 정책 목표 달성에 효과적, 분배의 형평성 실현 가능
한계	• 개인의 소유권 및 선택권을 제한하므로 경제적 유인이 약하고 근로 의욕이 저하됨 • 개인이 능력 및 창의성을 발휘하기 어려워 경제활동의 효율성이 떨어짐

3. 혼합 경제 체제 [자료 ❷]

의미	시장경제적 요소와 계획경제적 요소가 혼합된 체제 → 경제 문제의 효과적 해결을 위해 두 체제의 요소를 결합하여 시장과 정부가 상호 보완적인 관계를 형성해야 함
특징	• 오늘날 대부분의 국가에서 채택하고 있음 • 시장경제 체제를 기반으로 계획경제적 요소를 일부 수용하거나, 계획경제 체제를 기반으로 시장경제적 요소를 일부 수용하기도 함 → 우리나라는 시장경제 체제를 바탕으로 필요한 경우에 정부가 개입하는 혼합 경제 체제를 운용하고 있음(헌법 제119조)

· 대표 자료 · 자본주의의 전개 과정 ── ✛ 비판적 사고력

상업 자본주의(16세기~18세기 초반)
초기 자본주의는 중세 봉건 제도가 쇠퇴하고 중앙 집권적 전제 왕권이 확립되면서 발달하기 시작하였다.

➡

산업 자본주의(18세기 중반~19세기 중반)
산업 혁명으로 생산 방식이 공장제 기계 공업으로 전환되면서 대량 생산 체제가 갖추어지고 대규모 산업 자본이 축적되었다.

⬇

신자유주의(20세기 후반)
석유 파동 이후 미국과 영국은 경기 침체를 극복하고자 규제 완화, 복지 축소 등을 추진하여 시장의 자율성을 강화하였다.

⬅

수정 자본주의(20세기 중반)
1933년 미국 정부는 대공황 극복을 위해 뉴딜 정책을 시행하여 일자리를 제공하고, 사회 보장 제도를 강화하였다.

자본주의는 초기의 상업 자본주의와 산업 혁명 이후의 산업 자본주의에서 1930년대 대공황 이후 등장한 수정 자본주의, 그리고 1980년대를 전후한 신자유주의로 전개되었다. 이처럼 자본주의는 역사적 흐름에 따라 다양한 유형으로 발전해 왔다. 정부의 시장 개입에 관한 논쟁은 정부의 정책과 구성원의 삶에 큰 영향을 미치며, 오늘날까지도 이를 둘러싼 논란은 계속되고 있다.

· 시험에서는 이렇게 ·

🔎 자본주의의 전개 과정

(가)는 수정 자본주의이고, (나)는 신자유주의이다. 제시된 자료와 같이 자본주의의 역사적 전개 과정을 주고, 각 시기에 나타난 자본주의의 특징을 묻는 형태로 자주 출제된다.

◟ 시험 준비 길잡이 ◝

자본주의의 전개 과정을 도식화한 자료나 각 시기별로 대표적인 경제학자의 주장을 제시한 뒤 자본주의 유형의 특징을 묻는 문제가 주로 출제돼요. 자본주의의 유형별 특징과 핵심 주장은 꼭 정리해 두세요.

자료 ❶ 자본주의에 대한 애덤 스미스와 케인스의 주장

> 우리가 저녁을 먹을 수 있는 것은 푸줏간 주인, 양조장 주인, 빵집 주인이 베푸는 친절이나 자비심 때문이 아니라 그들의 이기심 때문이다. …… 이때 많은 경우에서처럼 개인은 '보이지 않는 손'에 이끌려 자신이 전혀 의도하지 않았던 목적을 달성하게 된다.
> – 애덤 스미스, 『국부론』

> 정부가 낡은 병에 돈을 가득 채워 넣은 후 그것을 어느 폐광에다 묻고 쓰레기 더미로 덮은 다음, 기업이 마음대로 그 돈을 파 가도록 내버려둔다고 가정해 보자. 그때부터는 모두 그 돈을 파내기에 혈안이 될 것이므로 실업이 줄어들고, 소득과 부는 증가할 것이다.
> – 케인스, 『고용, 이자, 화폐의 일반 이론』

산업 자본주의가 전개되던 당시 애덤 스미스는 자원의 효율적 배분을 끌어내는 시장의 기능을 '보이지 않는 손'에 비유하며, 개인의 자유로운 경제활동을 옹호하는 자유방임주의를 제시하였다. 대공황 이후 케인스는 정부가 시장에 적극 개입하여 시장 실패를 해결해야 한다는 수정 자본주의를 주장하였다.

자료 ❷ 중국이 시장경제 체제를 도입한 이유

> 중국의 덩샤오핑은 "검은 고양이든 흰 고양이든 쥐만 잘 잡으면 좋은 고양이"라는 속담에 빗대어 사회주의든 자본주의든 국민을 잘살게 할 수만 있으면 된다는 실용주의 개혁 노선을 옹호하였다. 이에 따라 중국은 1970년대 후반부터 개혁과 개방 정책을 추진하여 시장경제 체제의 원리를 도입하였고, 이후 고도성장을 이루어 세계적인 경제 대국이 되었다.

중국은 계획경제 체제의 비효율성 문제를 해결하고자 시장경제적 요소를 도입한 이후 고도성장을 이루었다. 이처럼 오늘날 대부분의 나라에서는 경제 문제를 효과적으로 해결하기 위해 두 체제의 요소를 혼합한 혼합 경제 체제를 채택하고 있다.

개념 확인하기

1 사유 재산 제도를 바탕으로 시장을 통해 경제의 기본 문제를 해결하는 경제 체제는?

2 자본주의의 발전 단계에 해당하는 특징을 〈보기〉에서 골라 기호를 쓰시오.

보기
ㄱ. 큰 정부　　　　ㄴ. 자유방임주의
ㄷ. 중상주의 정책　　ㄹ. 공기업 민영화

(1) 상업 자본주의 　　　　　　（　　）
(2) 산업 자본주의 　　　　　　（　　）
(3) 수정 자본주의 　　　　　　（　　）
(4) 신자유주의 　　　　　　　（　　）

3 다음 설명이 맞으면 ○표, 틀리면 ×표를 하시오.

(1) 시장경제 체제에서는 개인이 능력 및 창의성을 발휘하기 어렵다. （　　）
(2) 계획경제 체제는 정부의 계획과 통제에 따라 경제 문제를 해결하는 경제 체제이다. （　　）
(3) 오늘날 혼합 경제 체제를 채택하는 국가는 거의 없다. （　　）

01 다음 글을 읽고 추론할 수 있는 자본주의의 장점으로 옳은 것만을 〈보기〉에서 고른 것은?

> 자본주의란 사유 재산 제도를 바탕으로 시장에서의 자유로운 경쟁을 통해 상품의 생산, 교환, 분배, 소비가 이루어지는 경제 체제로, 일반적으로 다음과 같은 특징이 있다. 첫째, 개인이 재산을 자유롭게 획득하고 사용할 수 있는 사유 재산권이 법적으로 보장된다. 둘째, 경제활동의 자유가 보장된다. 셋째, 주로 시장에서 결정된 가격에 따라 상품의 거래가 이루어진다.

┤ 보기 ├
ㄱ. 개인이 능력과 창의력을 발휘할 수 있다.
ㄴ. 자유로운 경쟁으로 개인의 성취동기가 촉진된다.
ㄷ. 국민 전체의 복지 증진이 자연스럽게 이루어진다.
ㄹ. 자본가와 노동자 간에 상호 협력이 잘 이루어진다.

① ㄱ, ㄴ   ② ㄱ, ㄷ   ③ ㄴ, ㄷ
④ ㄴ, ㄹ   ⑤ ㄷ, ㄹ

중요해
02 그림은 자본주의의 전개 과정에서 각 시기별 민간과 정부의 역할 비중을 나타낸 것이다. 이에 대한 설명으로 옳은 것은?

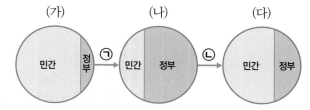

① 케인스는 (가)의 경제 체제를 이론적으로 뒷받침하였다.
② (다)의 경제 정책은 효율성보다는 형평성을 중시하였다.
③ (가)보다 (나)에서 사회 보장 제도를 강화하였다.
④ ㉠ 시기에는 석유 파동과 스태그플레이션이 발생하였다.
⑤ ㉡ 시기에는 미국 뉴욕 증시 주가 폭락으로 시작되어 전 세계로 확산한 대공황이 발생하였다.

[03~04] 그림은 자본주의의 전개 과정을 나타낸 것이다. 이를 보고 물음에 답하시오.

03 A~C와 관련된 주장을 〈보기〉에서 골라 옳게 연결한 것은?

┤ 보기 ├
ㄱ. 실업 문제를 해결하기 위한 정부 기능의 확대는 시장 경제 체제의 붕괴를 막을 수 있는 유일한 수단이다.
ㄴ. 사람이 자신의 이익을 열심히 추구하다 보면 국익도 증진되는데, 이러한 사익 추구 행위가 의도적인 행위보다 오히려 국익을 더 증진시킨다.
ㄷ. 시장은 개인이 경제적 자유를 누리면서 효율적인 선택을 하게 한다. 정부가 불완전한 정보를 바탕으로 시장 질서를 인위적으로 바꾸려 하는 것은 효율적이지도 않고 공정하지도 않다.

	A	B	C		A	B	C
①	ㄱ	ㄴ	ㄷ	②	ㄱ	ㄷ	ㄴ
③	ㄴ	ㄱ	ㄷ	④	ㄷ	ㄱ	ㄴ
⑤	ㄷ	ㄴ	ㄱ				

이 문제에서 나올 수 있는 모든 선택지 ✓
04 A~C에 대한 설명으로 옳지 <u>않은</u> 것은?

① A는 보이지 않는 손의 역할을 중시한다.
② B는 시장 실패가 사유 재산권의 인정으로 인해 발생하였다고 보았다.
③ C는 공기업의 민영화와 규제 완화 조치를 중시한다.
④ A는 B와 달리 작은 정부를 추구한다.
⑤ B는 A, C와 달리 국가의 경제 개입을 강조하였다.
⑥ C는 B와 달리 사회 보장 제도의 축소를 주장한다.

05 밑줄 친 부분에 해당하는 내용으로 가장 적절한 것은?

> 1929년 시작된 대공황으로 은행과 기업들이 도산하면서 거리에는 실업자가 넘쳐났다. 이러한 경제 불황은 장기화되었고 더욱 악화되었다. 이에 미국 정부는 테네시강 유역 종합 개발, 최저 임금제 등의 정책을 실시하여 대공황을 극복하였다. 이를 계기로 자본주의 경제는 큰 변화를 겪게 되었다.

① 복지 축소
② 공기업의 민영화
③ 국가의 시장 개입 확대
④ 노동 시장의 유연성 강화
⑤ 대규모 감세와 정부 규제 완화

06 다음은 1930년대 미국에서 실시된 뉴딜 정책의 내용이다. 이를 통해 추론할 수 있는 내용으로 가장 적절한 것은?

> • 공공사업국(PWA)을 설치하여 도로와 주택 건설 등 대규모 공공사업을 벌임으로써 일자리를 제공하고 소비자의 구매력을 증진시킨다.
> • 국가 산업 부흥법(NIRA)을 제정하여 기업주와 노동자, 그리고 정부의 상호 협력 아래 임금, 가격, 생산량을 공정하고 안정된 수준으로 정함으로써 경제활동을 원만하게 추진한다.

① 경제 문제는 시장의 자동 조절 기능으로 해결해야 한다.
② 성장보다는 분배 위주의 정책이 경제 문제 해결의 바탕이다.
③ 정부가 시장에 개입할 경우 관료제의 병폐가 발생할 수 있다.
④ 시장 실패를 보완하기 위해서는 정부의 적극적인 개입이 필요하다.
⑤ 개인의 자유로운 경제활동을 보장하면 국가의 부를 증진할 수 있다.

07 ㉠에 들어갈 자본주의에서 추진된 경제 정책으로 가장 적절한 것은?

대표 자료 링크

> 1970년대에 두 차례에 걸친 석유 공급 감소로 국제 석유 가격이 크게 상승하였다. 이에 따라 석유를 수입하는 세계 여러 나라에서는 물가 상승에 불황까지 겹쳐 큰 어려움을 겪었다. (㉠)은 이러한 석유 파동을 배경으로 등장하였다.

① 최저 임금제 도입
② 사회 복지 제도 확대
③ 정부의 직접 투자 확대
④ 노동 시장의 유연성 강화
⑤ 불공정 거래 약관 규제 강화

중요해 ★ 08 표는 두 가지 경제 체제를 비교한 것이다. (가), (나)에 들어갈 옳은 내용만을 〈보기〉에서 있는 대로 고른 것은?

질문 \ 경제 체제	시장경제 체제	계획경제 체제
(가)	예	아니요
(나)	아니요	예

┤ 보기 ├
ㄱ. (가) – 시장을 중심으로 경제가 작동하는가?
ㄴ. (가) – 생산 수단의 사적 소유를 인정하는가?
ㄷ. (나) – 정부의 경제적 개입을 최소화하려고 하는가?
ㄹ. (나) – 자원 배분 과정에서 '보이지 않는 손'을 강조하는가?

① ㄱ, ㄴ
② ㄱ, ㄷ
③ ㄴ, ㄷ
④ ㄱ, ㄴ, ㄹ
⑤ ㄴ, ㄷ, ㄹ

09 다음 글에서 설명하는 문제를 방지하기 위한 우리나라의 헌법 조항으로 적절한 것만을 〈보기〉에서 고른 것은?

> 경제생활의 모든 측면을 시장의 자율에 맡겨 두면 약자가 피해를 보는 경우가 발생한다. 즉, 부동산 시장에서 임대인이 임차인에게 과다한 임대료를 요구할 수도 있고, 하나 또는 소수의 거대 기업이 임의로 상품 가격을 올리거나 상품 생산량을 줄여 소비자에게 피해를 줄 수도 있다.

┤ 보기 ├
ㄱ. 모든 국민의 재산권은 보장된다. 그 내용과 한계는 법률로 정한다.
ㄴ. 재산권의 행사는 공공복리에 적합하도록 하여야 한다.
ㄷ. 대한민국의 경제 질서는 개인과 기업의 경제상의 자유와 창의를 존중함을 기본으로 한다.
ㄹ. 국가는 …… 경제 주체 간의 조화를 통한 경제의 민주화를 위하여 경제에 관한 규제와 조정을 할 수 있다.

① ㄱ, ㄴ　　② ㄱ, ㄷ　　③ ㄴ, ㄷ
④ ㄴ, ㄹ　　⑤ ㄷ, ㄹ

이 문제에서 나올 수 있는 모든 선택지 ✓

10 다음 경제 정책을 추진한 목적으로 가장 적절한 것은?

> • 많은 나라들이 사용자가 경제 상황에 따라 노동자의 해고를 쉽게 할 수 있도록 법을 고치고 있다.
> • 복지 국가의 전형으로 불리는 일부 북유럽 국가들은 복지 정책을 축소하고 국영 기업을 민영화하였다.

① 경제적 효율성의 증대
② 분배를 통한 성장 추구
③ 기업의 사회적 책임 강조
④ 시장의 불완전한 기능 보완
⑤ 불평등한 소득 분배의 개선
⑥ 노동자의 인간다운 생활 보장

11 사진을 보고 물음에 답하시오.

⚠ 제1차 석유 파동 당시 석유가 부족하여 문을 닫은 독일의 주유소

(1) 사진에 나타난 사건 이후 전개된 자본주의의 유형을 쓰시오.

_____

(2) (1)에서 쓴 자본주의의 등장 배경과 주장을 서술하시오.

_____

3단계 로 완성하기

12 다음과 같은 문제가 발생한 원인을 A국의 경제 체제의 특징과 관련지어 서술하시오.

> A국 국민들은 취업을 위해 애쓸 필요가 없다. 국가가 알아서 직장을 구해 주기 때문이다. 또한, 열심히 일할 필요가 없고 정해진 생산량만 채우면 된다. 그 이상 일해도 더 많은 임금을 받을 수 없기 때문이다.

1단계 윗글에 나타난 문제가 무엇인지 써 보세요.

_____

2단계 A국의 경제 체제와 그 특징을 정리해 보세요.

_____

3단계 1단계와 2단계에서 정리한 내용을 바탕으로 윗글에 나타난 문제의 원인을 A국의 경제 체제의 특징과 관련지어 서술해 보세요.

_____

1등급 도전하기

01 경제사상 (가)~(다)에 대한 설명으로 옳지 않은 것은?

> (가) 지배 계급은 언제나 생산 수단을 독점하여 피지배 계급의 노동을 착취한다.
> (나) 정부 기능의 확대는 시장경제 체제의 전면적 붕괴를 회피하는 유일한 수단이다.
> (다) 우리가 저녁 식사를 기대할 수 있는 것은 푸줏간 주인, 양조장 주인, 빵집 주인이 베푸는 친절이나 자비심 때문이 아니라, 그들의 이기심 때문이다.

① (가)는 혁명을 통해 생산 수단을 국유화할 것을 주장하였다.
② (나)는 시장의 자동 조절 기능을 강조하는 계기가 되었다.
③ (다)는 정부의 역할이 최소한에 그치는 것을 이상으로 삼았다.
④ (가)는 정부 계획, (다)는 시장 가격에 의한 경제 문제 해결을 선호한다.
⑤ (가), (나)는 모두 (다)가 지닌 문제를 해결하는 대안으로 제기되었다.

02 다음은 1930년대 미국 정부가 추진한 정책이다. 이러한 정책의 근거가 되는 자본주의의 영향으로 적절하지 않은 것은?

> • 긴급 은행법: 재기 가능한 은행 구제, 금융 제도 정비
> • 테네시강 유역 개발: 사회 간접 자본 확충, 실업자 구제
> • 산업 부흥법: 각 산업 부문마다 생산 조절, 최저 가격 설정
> • 농업 조정법: 과잉 생산된 농산물을 연방 정부가 매입, 농업 생산량 조절

① 혼합 경제 체제가 등장하였다.
② 작은 정부가 큰 정부로 변하였다.
③ 공공사업과 사회 보장 제도를 시행하였다.
④ 정부가 국민의 경제활동에 적극 개입하였다.
⑤ 정부 실패를 최소화하려는 노력이 강조되었다.

03 ✦창의 융합 다음은 형성 평가에 대한 학생 갑, 을의 답안과 채점 결과이다. 이에 대한 설명으로 옳은 것은? (단, A, B는 각각 시장경제 체제, 계획경제 체제 중 하나임.)

형성 평가

다음 내용이 맞으면 ○표, 틀리면 ×표를 하시오. (단, 문항당 배점은 2점임.)

번호	문항	갑	을
(1)	A는 사유 재산권을 인정한다.	×	○
(2)	B는 '보이지 않는 손'의 기능을 중시한다.	○	○
(3)	(가)	○	×
	점수	4점	4점

① A에서는 희소성에 따른 경제 문제가 발생하지 않는다.
② B에서는 시장에서의 경제적 유인을 강조한다.
③ A에서는 B와 달리 기본적인 경제 문제가 발생하지 않는다.
④ B에서는 A와 달리 경제활동의 효율성보다는 형평성을 강조한다.
⑤ (가)에는 'B에서는 A와 달리 정부의 계획과 명령에 의한 자원 배분을 중시한다.'가 들어갈 수 없다.

04 교사의 질문에 가장 적절하게 답한 학생은?

> 모든 재산을 국가가 소유하고, 모든 사람이 국가가 정해 준 직장에서 일하며, 모든 노동자가 정해진 시간만 일하면서 누구나 똑같은 임금을 받는다고 생각해 봅시다. 이러한 경제 체제에서는 어떤 문제가 나타날까요?

① 갑: 실업의 증대로 소비가 줄어들 거예요.
② 을: 사용자에 의한 노동력 착취가 심해질 거예요.
③ 병: 빈부 격차가 더욱 커져 계층 간 갈등이 심화될 거예요.
④ 정: 개인의 성취동기가 저하되어 노동 생산성이 떨어질 거예요.
⑤ 무: 경기 변동이 자주 발생하여 경제 문제의 해결이 어려울 거예요.

수능 준비하기

01 [교육청 기출 | 응용]   18학년도 9월 고1 학평 10번 응용

다음은 경제학자 갑, 을의 대화이다. 이에 대한 설명으로 옳은 것은? (단, 갑, 을은 각각 수정 자본주의, 신자유주의 중 하나를 주장함.)

> 정부와 시장은 별개이다. 정부는 존재해야 하지만, 시장의 게임 규칙을 집행하는 심판 자로서의 역할만 해야 한다. 비대해진 정부가 오히려 국가의 실패를 초래한다.   **갑**

을
> 대공황과 같이 경기가 침체된 상황에서 실업 문제를 해결하기 위해서는 정부가 지출을 확대하여 일자리를 늘림으로써 소득을 보장해야 한다.

① 갑은 정부의 적극적인 시장 개입이 필요하다고 본다.
② 을은 공기업의 민영화를 반대할 것이다.
③ 갑은 을과 달리 자원 배분에 있어 효율성보다 형평성을 추구한다.
④ 을은 갑과 달리 경제활동의 자유를 인정한다.
⑤ 갑과 을은 모두 사회 보장 제도의 축소를 주장할 것이다.

➊ 수능 만점 한끝

제시된 자료에 나타난 자본주의의 유형을 추론하고, 각 유형에 해당하는 주장은 무엇인지 분석한다.

• 이렇게도 출제될 수 있어요!

산업 자본주의, 수정 자본주의, 수정 자본주의를 대표하는 주장을 각각 제시하고, 해당 주장이 어떤 유형이며 어떤 특징을 가지고 있는지 찾아내는 문제가 출제될 수 있어요.

---

02 [교육청 기출 | 응용] [역사 + 사회]   21학년도 3월 고2 학평 경제 3번 응용

그림은 자본주의의 역사적 전개 과정을 나타낸 것이다. 이에 대한 옳은 설명만을 〈보기〉에서 고른 것은?

(가)	(나)	(다)	(라)
15세기 이후 상업 자본주의 발전	18세기 이후 산업 자본주의 전개	20세기 수정 자본주의 등장	1970년대 신자유주의 확산

┤ 보기 ├
ㄱ. (가)에서는 자유 무역을 추구하는 중상주의 정책이 확산되었다.
ㄴ. (나)에서는 자유방임주의에 근거하여 민간의 자율적인 경제활동을 장려하였다.
ㄷ. (다)에서는 정부 지출 확대를 통해 경기 침체를 극복하려는 뉴딜 정책이 추진되었다.
ㄹ. (라)에서는 경제 대공황을 극복하기 위한 정부의 경제적 역할이 강조되었다.

① ㄱ, ㄴ   ② ㄱ, ㄷ   ③ ㄴ, ㄷ   ④ ㄴ, ㄹ   ⑤ ㄷ, ㄹ

➊ 수능 만점 한끝

자본주의의 역사적 전개 과정과 각 자본주의 유형의 특징을 파악한다.

• 문제의 핵심

상업 자본주의	중상주의 정책 추진
산업 자본주의	자유방임주의를 토대로 작은 정부 추구
수정 자본주의	시장 실패 극복을 위한 큰 정부 추구
신자유주의	정부 개입 비판, 자유로운 경제활동 강조

수능 기출

03 그림은 경제 뉴스이다. A, B에 대한 설명으로 옳은 것은? (단, A, B는 각각 계획경제 체제와 시장경제 체제 중 하나이다.)

A를 채택하고 있는 갑국에서는 경제 체제의 특성상 민간 경제 주체의 자율성이 제한되어 경제적 효율성이 낮아지는 문제점이 나타나고 있습니다. 이를 해결하기 위해 A보다 자원 배분의 효율성이 높은 B로 전환하자는 주장이 제기되고 있습니다.

① A에서는 정부의 결정과 통제에 의한 경제 문제 해결을 강조한다.
② B에서는 원칙적으로 생산 수단의 사적 소유가 인정되지 않는다.
③ A에서는 B와 달리 '보이지 않는 손'에 의한 경제 문제 해결을 강조한다.
④ B에서는 A에 비해 경제 문제 해결 과정에서 형평성을 중시한다.
⑤ A와 B에서는 모두 자원의 희소성으로 인한 경제 문제가 발생하지 않는다.

◆ 수능 만점 한끝

제시된 자료를 통해 A, B가 어떤 경제 체제인지 파악하고, 계획경제 체제와 시장경제 체제의 특징을 비교·분석한다.

• 이렇게도 출제될 수 있어요!

질문에 따라 경제 체제를 구분하는 도식을 제시하고 빈칸에 들어갈 경제 체제나 질문을 추론하는 유형으로 출제될 수 있어요.

수능 기출

04 경제 체제 A, B에 대한 설명으로 옳은 것은? (단, A, B는 각각 계획경제 체제, 시장경제 체제 중 하나임.)

주거 문제를 해결하는 것은 안정적인 경제생활을 위해 필수적이다. A를 채택하고 있는 갑국에서는 사유 재산권을 토대로 주택의 종류와 수량, 생산 방식 및 분배가 시장가격 기구를 통해 결정된다. 반면 B를 채택하고 있는 을국에서는 토지에 대한 국가 소유권을 토대로 주택 공급과 관련된 모든 사항이 정부의 명령에 따라 결정된다.

① A에서는 경제 문제 해결에 있어 효율성보다 형평성을 강조한다.
② B에서는 '보이지 않는 손'의 기능을 중시한다.
③ B에서는 정부의 계획과 통제에 의한 자원 배분을 중시한다.
④ B에서는 A와 달리 희소성에 따른 경제 문제가 발생하지 않는다.
⑤ A와 B에서는 모두 자유로운 경쟁을 통한 이윤 추구를 보장한다.

◆ 수능 만점 한끝

계획경제 체제와 시장경제 체제의 특징을 정확하게 파악하고, 두 체제의 차이점을 분석한다.

• 문제의 핵심

시장경제 체제	민간 경제 주체의 자유로운 선택과 경쟁을 통해 경제 문제를 해결하는 경제 체제
계획경제 체제	정부의 계획과 통제에 따라 경제 문제를 해결하는 경제 체제

02 합리적 선택과 경제 주체의 역할

한끝 더하기

❶ 명시적 비용과 암묵적 비용
명시적 비용은 어떤 것을 선택할 때 실제로 지출하는 비용이고, 암묵적 비용은 그 선택으로 인해 포기한 대안의 가치 중 가장 큰 가치를 말한다.

❷ 담합
비슷한 재화나 서비스를 생산하는 기업들이 이윤을 올리기 위해 생산량과 가격 등을 사전에 협의하여 결정하는 행위

❸ 공공재의 특성

비경합성	많은 사람이 같은 재화나 서비스를 동시에 소비할 수 있고, 한 개인의 소비가 다른 사람의 소비를 감소시키지 않음
비배제성	대가를 지불하지 않아도 재화나 서비스를 소비할 수 있음

❹ 지속가능발전
미래 세대가 자신들의 필요를 충족시킬 수 있는 능력을 저해하지 않으면서 현세대의 필요를 충족시키는 발전

❺ 환경·사회·투명(ESG) 경영
기업이 수익성과 효율성만을 추구하는 데 그치지 않고 지속가능발전을 목표로 친환경(E), 사회적 책임(S), 건전한 지배 구조(G)를 고려하여 기업을 운영하는 것

❻ 소비자 주권
시장경제 체제에서 생산물의 종류나 수량을 결정하는 최종적인 권한이 소비자에게 있다는 원칙

---

1 합리적 선택의 의미와 한계

1. 합리적 선택 〔대표 자료〕

(1) 합리적 선택의 고려 사항
① 편익: 어떤 선택을 함으로써 얻게 되는 이익
② 기회비용: 명시적 비용과 암묵적 비용❶을 합친 비용

(2) 합리적 선택의 방법: 선택에 따른 편익에서 기회비용을 뺀 순편익이 가장 큰 대안을 선택함
→ 이미 지출하여 회수할 수 없는 매몰 비용은 고려하지 않음

2. 합리적 선택의 한계(시장 실패)

독과점 (불완전 경쟁)	시장 지배력을 가진 하나의 기업이 임의로 또는 소수의 기업이 담합❷하여 재화나 서비스의 가격과 생산량을 조절하는 문제 발생 → 자원의 비효율적 배분, 소비자의 비용 부담 증가
공공재 부족	• 공공재: 다수의 사람이 공동으로 소비할 수 있는 재화나 서비스 예 국방, 치안 등 • 공공재의 비배제성❸으로 무임승차자 문제 발생 → 공공재 공급을 시장에 맡기면 기업은 이윤을 얻기 어려워 사회가 필요로 하는 만큼 충분히 공급하지 못함
외부 효과 발생 〔자료 ❶〕	어떤 경제 주체의 경제활동이 다른 경제 주체에게 의도하지 않은 이익이나 피해를 주는데도 이에 대한 경제적 대가를 받거나 치르지 않는 문제 발생

2 지속가능발전❹을 위한 경제 주체의 역할과 책임

1. 정부의 역할과 책임

공정한 경쟁 촉진	법과 제도를 통해 독과점 기업 규제 및 담합 등 불공정 거래 행위 제한
공공재 생산	시장을 통해 공급되기 어려운 공공재를 직접 생산·관리함
외부 효과 개선	• 긍정적 외부 효과: 세금 감면, 보조금 지급 등을 통해 생산이나 소비를 장려 • 부정적 외부 효과: 세금·과징금 부과, 오염 물질 배출량 제한 등을 통해 생산이나 소비를 줄이도록 유도

2. 기업의 역할과 책임

경제 활성화	이윤 창출을 위해 소비자가 원하는 재화·서비스 공급, 가계 소득 및 고용 창출
기업가 정신 발휘	통찰력, 도전 정신, 창의력 등을 바탕으로 위험과 불확실성을 무릅쓰고 새로운 시장 개척, 새로운 상품 및 기술 개발로 기업을 성장시키고자 노력
사회적 책임 실천	기업 윤리 및 관련 법규 준수, 공정한 경쟁, 노동자와 소비자의 권리 존중, 환경·사회·투명(ESG) 경영❺ 추구 등

3. 노동자의 역할과 책임

노동자의 권리 인식	헌법과 「근로 기준법」을 바탕으로 보장되는 근로권 및 노동 3권 등 노동자의 권리를 인식하고, 이를 보장받기 위해 노력해야 함
노동자의 책임 실천	근로 계약의 성실한 이행, 사용자와 상생 관계 형성

4. 소비자의 역할과 책임: 합리적 선택을 바탕으로 효용 극대화를 추구하는 합리적 소비 실천, 소비자 주권❻ 확립, 윤리적 소비 실천 〔자료 ❷〕

대표 자료 기회비용과 합리적 선택 ⸱⸱⸱⸱⸱⸱⸱⸱⸱⸱⸱⸱⸱⸱⸱⸱⸱⸱⸱ ✦ 문제 해결력 및 의사 결정력

> 편의점에서 일하는 갑은 하루 일을 쉬고 좋아하는 가수의 공연을 보러 가려고 한다. 공연을 보러 가는 데 필요한 금액은 총 15만 원이고, 갑의 하루 임금은 10만 원이다. 갑이 공연을 보았을 때 얻을 수 있는 편익이 20만 원이라면, 갑이 공연을 보러 가는 것은 합리적 선택이라고 할 수 있을까?

사람의 욕구는 무한하지만 이를 충족해 줄 자원은 상대적으로 부족하다. 이러한 자원의 희소성 때문에 우리는 한정된 자원을 어떻게 활용할지 합리적으로 선택해야 한다. 이때 합리적 선택은 편익이 기회비용보다 큰 것을 선택하는 것이다. 제시된 자료에서 갑이 좋아하는 가수의 공연을 보러 가는 데 필요한 금액 15만 원은 명시적 비용이고, 공연을 보기 위해 포기해야 하는 하루 임금 10만 원은 암묵적 비용이다. 따라서 기회비용은 명시적 비용과 암묵적 비용을 합한 25만 원이다. 그런데 갑이 공연을 보았을 때 얻을 수 있는 편익은 20만 원이므로, 편익이 기회비용보다 작다. 합리적 선택은 편익이 기회비용보다 큰 선택이므로, 공연을 보러 가는 것은 합리적 선택이라고 할 수 없다.

• 시험에서는 이렇게 •

구분	A	B	C
편익	80만 원	100만 원	120만 원
가격	60만 원	70만 원	110만 원

표는 전기 자전거 A~C의 편익과 가격을 나타낸 것으로, B 선택의 편익은 100만 원, 기회비용은 90만 원이다. 이처럼 편익과 가격으로 기회비용을 구하고 합리적 선택을 할 수 있는지 확인하는 형태로 자주 출제된다.

시험 준비 길잡이

편익과 가격을 나타낸 표나 사례를 제시한 뒤 기회비용이나 합리적 선택을 묻는 유형으로 출제돼요. 기회비용을 구하는 방법과 합리적 선택의 방법을 꼭 익혀 두세요.

자료 ① 외부 효과

긍정적 외부 효과(외부 경제)	부정적 외부 효과(외부 불경제)
갑은 밤늦게 귀가하는 자녀를 위해 자신의 집 앞 골목에 등을 설치하였다. 그 덕분에 골목길이 밝아졌고, 동네 사람들은 비용을 내지 않고도 밤에 안전하게 다니게 되었다.	을은 공장을 운영한다. 그런데 이윤을 극대화하는 과정에서 대기 오염 물질을 배출하여 의도하지 않게 공장 주변에 사는 사람들에게 피해를 주게 되었다.

갑의 경제활동처럼 다른 경제 주체에게 혜택을 주지만, 그에 대한 대가를 받지 않는 상태를 긍정적 외부 효과라고 한다. 그리고 을의 경제활동처럼 다른 경제 주체에게 손해를 끼치지만, 그에 대한 보상을 하지 않는 상태를 부정적 외부 효과라고 한다. 긍정적 외부 효과는 대가를 받지 않기 때문에 사회적 최적 수준보다 적게 생산되거나 소비되고, 부정적 외부 효과는 아무런 비용을 내지 않기 때문에 사회적 최적 수준보다 많이 생산되거나 소비된다.

자료 ② 윤리적 소비

> • 동물 실험을 하지 않은 비건 인증 화장품을 구매한다.
> • 환경 오염을 적게 일으키는 친환경 인증 제품을 구매한다.
> • 카페나 편의점 등에서 음료를 구매할 때 텀블러를 이용한다.

제시된 사례는 모두 윤리적 소비에 해당한다. 윤리적 소비란 재화나 서비스가 만들어지는 전 과정이 소비와 연결되어 있음을 인식하고 환경과 공동체 등을 고려하는 소비를 말한다. 이러한 윤리적 소비에는 공정 무역 상품이나 장거리 운송을 거치지 않은 로컬 푸드를 구매하는 것, 불공정한 행위를 한 기업의 제품을 사지 않는 것도 포함된다. 소비자가 경제적 효율성을 고려하는 합리적 소비를 넘어 윤리적 소비를 실천할 때 지속가능발전을 위한 기후위기 대응 등의 목표를 달성하는 데 이바지할 수 있다.

개념 확인하기

1 선택에 따른 편익에서 기회비용을 뺀 순편익이 가장 큰 대안을 선택하는 것을 (   )(이)라고 한다.

2 다음 설명이 맞으면 ○표, 틀리면 ×표를 하시오.

(1) 합리적 선택은 매몰 비용을 고려한 선택이다.
(   )
(2) 공공재는 대가를 지불하지 않아도 그 소비를 배제시킬 수 없어 무임승차자 문제가 발생한다.
(   )
(3) 정부는 긍정적 외부 효과에 대해 보조금을 지급하거나 세금을 감면하여 생산이나 소비를 장려한다.
(   )

3 지속가능발전을 위한 소비자의 바람직한 역할을 〈보기〉에서 골라 기호를 쓰시오.

┤ 보기 ├
ㄱ. 윤리적 소비
ㄴ. 기업가 정신 발휘
ㄷ. 소비자 주권 확립

중요해
01 교사의 질문에 적절하게 답한 학생만을 고른 것은?

① 갑, 을   ② 갑, 병   ③ 을, 병
④ 을, 정   ⑤ 병, 정

대표 자료 링크

02 사례에 대한 옳은 분석만을 〈보기〉에서 고른 것은? (단, 제시된 내용 이외의 다른 조건은 고려하지 않음.)

> 편의점에서 하루 임금 10만 원을 받으며 일하는 갑은 하루 일을 쉬고 좋아하는 가수의 공연을 보러 갔다. 갑이 공연을 보는 데 사용한 금액은 총 15만 원이고, 공연을 보았을 때 갑이 얻은 편익은 20만 원이었다.

┤ 보기 ├
ㄱ. 공연 관람의 기회비용은 15만 원이다.
ㄴ. 공연 관람의 암묵적 비용은 10만 원이다.
ㄷ. 공연 관람에 따른 순편익은 -5만 원이다.
ㄹ. 하루 일을 쉬고 공연을 보러 간 갑의 선택은 합리적 선택이라고 볼 수 있다.

① ㄱ, ㄴ   ② ㄱ, ㄷ   ③ ㄴ, ㄷ
④ ㄴ, ㄹ   ⑤ ㄷ, ㄹ

---

03 해외여행에 대한 갑, 을의 기회비용을 옳게 연결한 것은? (단, 제시된 내용 이외의 다른 조건은 고려하지 않음.)

> 미용실을 운영하는 사장 갑과 종업원 을은 4일간 휴업하고 함께 해외여행을 다녀오기로 하였다. 여행 경비는 1인당 100만 원이고, 각자 지불하기로 하였다. 미용실의 하루 순이익은 50만 원이고, 현재 을의 월급은 200만 원이며, 해외여행을 가는 4일 동안 유급 휴가를 사용하기로 하였다.

	갑	을		갑	을
①	100만 원	0원	②	100만 원	100만 원
③	200만 원	100만 원	④	300만 원	100만 원
⑤	300만 원	300만 원			

---

04 다음 글에 나타난 시장 실패의 원인으로 가장 적절한 것은?

> 등대는 수많은 배의 안전한 운항을 돕는다. 하지만 어떤 배가 불빛을 본다고 해서 다른 배가 볼 수 있는 불빛이 줄어드는 것은 아니다. 또한, 배들을 일일이 찾아가 비용을 받는다는 것은 사실상 불가능하기 때문에 무임승차자 문제가 발생하여 등대는 사회적으로 필요한 수준보다 적게 생산된다.

① 정보의 비대칭성
② 외부 효과의 발생
③ 공유 자원의 고갈
④ 공공재의 공급 부족
⑤ 독과점 시장의 형성

05 밑줄 친 부분에 해당하는 사례로 적절하지 <u>않은</u> 것은?

> 시장경제에서 경제 주체의 합리적 선택은 시장 전체의 효율성을 높인다. 그러나 현실적으로 시장은 완전하지 않으며, 시장 이외의 요소들이 영향을 미치는 경우가 많아 경제 주체가 선택의 효율성만 추구할 경우 사회 전체에는 부정적인 결과를 가져올 수도 있다.

① 백화점 건물을 증축하여 인근 도로에 교통 체증이 발생하였다.
② 소수의 기업이 담합하여 제품의 양을 줄이고 가격을 크게 올렸다.
③ 환자가 많지 않은 시골에서 적자를 보면서도 병원을 운영하고 있다.
④ 건설회사가 초고층 아파트를 지어 인근 주민들이 조망권을 침해받았다.
⑤ 공장이 가동 시간을 늘려 늦은 밤까지 들리는 소음으로 인근 주민들이 고통스러워하고 있다.

중요해 ⭐
06 (가), (나)는 외부 효과의 사례이다. 이에 대한 설명으로 옳지 <u>않은</u> 것은?

> (가) ○○ 테니스장 인근에 살고 있는 주민들은 테니스를 치는 동호회 회원들의 소음으로 인해 불편을 겪고 있지만, 이에 대한 보상을 받지는 못하였다.
> (나) 농부 갑은 인공 강우 기술을 개발하여 가뭄이 심할 때 활용하고 있다. 갑이 개발한 인공 강우 기술은 근처의 농토에도 비가 내리게 하여 근처 농민들은 갑에게 비용을 지불하지 않았지만 혜택을 보았다.

① (가)는 부정적 외부 효과의 사례이다.
② (가)에서 정부가 ○○ 테니스장에 보조금을 지불할 경우 문제가 해결될 것이다.
③ (나)는 긍정적 외부 효과의 사례이다.
④ (나)에서 갑의 인공 강우 기술은 사회적 최적 수준보다 적게 생산될 것이다.
⑤ (가)와 (나)에서는 모두 자원의 비효율적 배분이 나타나고 있다.

07 (가), (나)에 대한 옳은 설명만을 〈보기〉에서 고른 것은?

> (가) 정부는 「독점 규제 및 공정 거래에 관한 법률」을 근거로 독과점 기업이 상품의 가격 등을 부당하게 조정하지 못하도록 규제한다.
> (나) 정부는 환경 오염을 유발하는 기업에 세금이나 과징금을 부과하거나 환경 개선 부담금 제도를 실시하여 오염 물질 배출량을 제한한다.

┤ 보기 ├
ㄱ. (가)에 의해 공공재 부족 문제가 해결될 것이다.
ㄴ. (나)는 부정적 외부 효과를 개선하는 것이 목적이다.
ㄷ. (가), (나)는 모두 작은 정부의 필요성을 보여 주는 사례이다.
ㄹ. (가)와 (나)에서 정부는 자원의 효율적 배분을 추구하고 있다.

① ㄱ, ㄴ   ② ㄱ, ㄷ   ③ ㄴ, ㄷ
④ ㄴ, ㄹ   ⑤ ㄷ, ㄹ

이 문제에서 나올 수 있는 모든 선택지 ✔
08 사례에 나타난 A사의 성장 요인으로 가장 적절한 것은?

> A사는 경제 위기로 경영이 어려운 상황에서도 과감하게 연구 개발에 투자하였고, 새로운 기술을 개발하는 데 성공하였다. 그리고 이 기술을 활용하여 사업 영역을 넓혀 나갔고, 지금과 같이 큰 규모의 회사로 성장할 수 있었다.

① 기업가 정신 발휘
② 노동자의 권리 존중
③ 공정한 경쟁을 위한 노력
④ 기업의 사회적 책임 실천
⑤ 친환경적인 방식으로 상품 생산
⑥ 수평적 의사소통을 추구하는 경영 조직 형성

09 다음 헌법 조항이 공통으로 추구하는 목적으로 가장 적절한 것은?

> • 제32조 ① 모든 국민은 근로의 권리를 가진다. 국가는 사회적·경제적 방법으로 근로자의 고용의 증진과 적정 임금의 보장에 노력하여야 하며, 법률이 정하는 바에 의하여 최저임금제를 시행하여야 한다.
> • 제33조 ① 근로자는 근로 조건의 향상을 위하여 자주적인 단결권·단체 교섭권 및 단체 행동권을 가진다.

① 기업가 정신을 실현한다.
② 소득 불평등을 완화한다.
③ 소비자 주권을 확립한다.
④ 노동자의 권익을 보장한다.
⑤ 노동자에게 사용자보다 높은 지위를 부여한다.

11 사례를 읽고 물음에 답하시오.

> A사는 지난 3년간 ㉠ 신소재 개발 비용으로 300억 원을 지출하였다. 이 300억 원은 회수할 수 없는 비용이다. 개발을 완료하려면 앞으로 2년 동안 200억 원의 추가 비용이 들어가야 하는 상황이다. 이 신소재가 상용화되면 A사는 600억 원의 매출을 올릴 것으로 전망하고 있다.

(1) 밑줄 친 ㉠과 같은 비용을 지칭하는 개념을 쓰시오.

_____

(2) (1)에서 쓴 개념을 활용하여 A사가 신소재 개발을 계속하는 것이 합리적 선택인지 여부를 평가하시오.

_____

3단계 로 완성하기

12 사례에 나타난 문제와 그 해결 방안을 정부의 역할을 중심으로 서술하시오.

> 흡연자는 담배를 소비함으로써 제3자에게 간접흡연으로 인한 피해를 줄 수 있다. 그러나 흡연자는 제3자의 피해에 대해 직접적으로 보상해 주지 않는다.

1단계 사례에 나타난 문제가 무엇인지 써 보세요.

_____

2단계 사례에 나타난 문제는 시장 실패의 유형 중 어떤 유형에 해당하는지 구체적으로 분석해 보세요.

_____

3단계 1단계와 2단계에서 정리한 내용을 바탕으로 사례에 나타난 문제와 그 해결 방안을 정부의 역할을 중심으로 서술하시오.

_____

이 문제에서 나올 수 있는 모든 선택지 ✓

10 ㉠을 실천하기 위한 방법으로 옳지 <u>않은</u> 것은?

> 갑은 평소 (㉠)을/를 실천하기 위해 환경 오염을 적게 일으키는 친환경 인증 제품을 구매하고, 카페나 편의점 등에서 음료를 구매할 때 텀블러를 이용하고 있다.

① 로컬 푸드를 구매한다.
② 공정 무역 상품을 구매한다.
③ 지속가능한 발전을 고려한다.
④ 동물 실험을 하지 않은 상품을 구매한다.
⑤ 소비가 공동체에 미치는 영향을 고려한다.
⑥ 상품을 선택할 때 경제적 효율성만을 고려한다.

1등급 도전하기

01 자료에 대한 옳은 설명만을 〈보기〉에서 있는 대로 고른 것은?

갑은 무선 이어폰 A, B 중 하나를 합리적으로 선택하여 구매하려고 한다. 표는 A, B의 가격과 갑의 선택에 따라 발생하는 편익 및 암묵적 비용을 나타낸 것이다. 단, 제시된 자료 외에 다른 조건은 고려하지 않는다.

구분	A	B
가격	30만 원	40만 원
편익	40만 원	㉠
암묵적 비용	20만 원	10만 원

┤ 보기 ├
ㄱ. ㉠은 60만 원이다.
ㄴ. 갑은 A를 선택할 것이다.
ㄷ. B 선택에 따른 순편익은 10만 원이다.
ㄹ. A 선택의 기회비용은 B 선택의 기회비용보다 크다.

① ㄱ, ㄴ 　　② ㄱ, ㄷ 　　③ ㄴ, ㄹ
④ ㄱ, ㄷ, ㄹ 　　⑤ ㄴ, ㄷ, ㄹ

02 (가), (나)에 대한 설명으로 옳은 것은?

(가) 갑국은 어업 종사자가 많아 등대가 많이 필요하지만 등대 설치 비용을 지불하지 않아도 등대의 불빛을 볼 수 있기 때문에 누구도 그 비용을 부담하려 하지 않는다. 이로 인해 등대가 매우 부족하다.
(나) 을국의 보조 배터리 시장에는 공급자가 A사 하나뿐이다. A사가 이윤을 높이기 위해 보조 배터리의 생산량을 줄이고 가격을 올리자 소비자들은 보조 배터리를 사기 위해 많은 비용을 지불할 수밖에 없었다.

① (가)에서는 무임승차자 문제가 나타난다.
② (나)에서는 보조 배터리가 과다 공급된다.
③ (가)에서는 (나)와 달리 불완전한 경쟁의 문제점이 나타난다.
④ (나)에서는 (가)와 달리 시장을 통해 자원이 효율적으로 배분된다.
⑤ (가)와 (나)는 모두 정부 실패 현상의 사례이다.

03 사례를 통해 알 수 있는 노동자의 역할로 가장 적절한 것은?

○○시의 방문 간호사로 일하는 갑은 동료들과 자주 다투며 의견 충돌을 빚었다. 갑은 ○○시가 재계약 여부를 결정하는 데 활용하는 동료 평가 등에서 하위 10%라는 평가를 받아 재계약이 거부되자 부당 해고라며 소송을 제기하였다. 이에 대해 법원은 "갑이 업무에 방해가 될 정도로 동료들과 자주 다퉈 동료들이 갑과 근무하기를 꺼리게 만드는 등 근무 분위기를 나쁘게 만들었던 것으로 보인다."라며 해고가 정당하다고 판단하였다.

① 소비자의 요구를 적극 수용해야 한다.
② 직장의 이윤 극대화를 위해 헌신해야 한다.
③ 노사 간 신뢰 관계 형성을 위해 노력해야 한다.
④ 근로 계약에 따라 업무를 성실히 수행해야 한다.
⑤ 노동자로서의 권리를 보장받기 위해 적극 노력해야 한다.

04 〔창의〕〔융합〕 다음은 뉴스 영상과 그에 대한 댓글 화면이다. 갑~무 중 윤리적 소비를 실천한 사람은?

최근 ○○ 커피를 구매하는 소비자가 늘고 있습니다.

ㄴ 갑: 요즘 ○○ 커피가 유행이라 이 커피만 구매해요.
ㄴ 을: ○○ 커피는 다른 커피보다 저렴해서 자주 구매하고 있어요.
ㄴ 병: ○○ 커피는 다른 커피보다 맛있어서 가격에 상관없이 구매하고 있어요.
ㄴ 정: 다른 사람이 잘 마시지 않는 특별한 커피를 사고 싶어서 ○○ 커피를 구매하였어요.
ㄴ 무: ○○ 커피는 한 잔 살 때마다 저개발국 아동에게 기부되는 착한 커피라서 구매하고 있어요.

① 갑 　② 을 　③ 병 　④ 정 　⑤ 무

수능 준비하기

01 다음 자료에 대한 분석 및 추론으로 옳은 것만을 〈보기〉에서 고른 것은?

갑과 을은 □□ 여행사로부터 추천받은 여행 상품 A와 B 중 하나를 편익과 기회비용을 고려하여 합리적으로 선택한다. 표는 A, B의 가격과 갑, 을이 선택으로 얻는 편익을 나타낸다. 단, 제시된 자료 외에 다른 조건은 고려하지 않는다.

(단위: 만 원)

구분	가격	편익	
		갑	을
A	100	150	㉠
B	80	100	120

┤ 보기 ├

ㄱ. 갑이 A를 선택할 때 기회비용은 100만 원이다.
ㄴ. 갑은 A를 선택하는 것이 합리적이다.
ㄷ. 을이 A를 선택할 때 암묵적 비용은 40만 원이다.
ㄹ. ㉠이 140보다 클 경우 을은 B를 선택한다.

① ㄱ, ㄴ   ② ㄱ, ㄷ   ③ ㄴ, ㄷ   ④ ㄴ, ㄹ   ⑤ ㄷ, ㄹ

➕ 수능 만점 한끝

주어진 가격과 편익을 통해 순편익을 구하고 갑과 을이 각각 어떤 선택을 하는 것이 합리적 선택인지 추론한다.

● 이렇게도 출제될 수 있어요!

선택에 따른 가격과 편익을 나타낸 표나 사례를 제시한 뒤 기회비용과 순편익, 합리적 선택을 묻는 문제가 출제될 수 있어요.

---

02 밑줄 친 ㉠~㉢에 대한 설명으로 옳은 것은? (단, 제시된 내용 이외의 다른 조건은 고려하지 않음.)

기능성 마스크 개발에 현재까지 ㉠ 3억 원이 투입되었습니다. 그러나 최근에 시장 상황이 급변하여 ㉡ 기능성 마스크 개발을 지속할지 ㉢ 기능성 장갑 개발로 전환할지 결정해야 합니다.

기능성 마스크 개발이 성공적으로 완료되면 6억 원의 판매 수입이 예상되지만 이를 위해서는 4억 원이 추가로 투입되어야 합니다.

기능성 장갑 개발로 전환할 경우 10억 원의 판매 수입이 예상되지만 이를 위해서는 5억 원이 새롭게 투입되어야 합니다.

① ㉠은 ㉢ 선택의 암묵적 비용이다.
② ㉡ 선택의 명시적 비용은 3억 원이다.
③ ㉡ 선택의 순편익은 양(+)의 값이다.
④ ㉢ 선택의 명시적 비용은 암묵적 비용보다 크다.
⑤ ㉢ 선택의 기회비용은 ㉡ 선택의 기회비용보다 크다.

➕ 수능 만점 한끝

기능성 마스크 개발을 지속하는 선택과 기능성 장갑 개발로 전환하는 선택의 편익과 기회비용을 찾아 비교한다.

● 문제의 핵심

명시적 비용	어떤 것을 선택할 때 실제로 지출하는 비용
암묵적 비용	어떤 것을 선택함으로써 포기한 대안의 가치 중 가장 큰 가치
매몰 비용	이미 지출하여 회수할 수 없는 비용

교육청 기출

03 그림은 외부 효과의 사례 (가), (나)를 카드 뉴스로 만든 것이다. 이에 대한 옳은 설명만을 〈보기〉에서 고른 것은?

(가) 독감 예방 접종

접종 비용 부담으로
접종률 기대에 못 미쳐

(나) 층간 소음

아랫집의 피해 호소에도
잦아들지 않는 층간 소음

┤ 보기 ├
ㄱ. (가)는 긍정적 외부 효과, (나)는 부정적 외부 효과의 사례이다.
ㄴ. (가)는 사회적으로 적정한 수준보다 적게 소비된다.
ㄷ. (가)는 (나)와 달리 경제적 유인을 통해 해결할 수 있다.
ㄹ. (나)는 (가)와 달리 자원이 효율적으로 배분되지 못한 상황이다.

① ㄱ, ㄴ   ② ㄱ, ㄷ   ③ ㄴ, ㄷ   ④ ㄴ, ㄹ   ⑤ ㄷ, ㄹ

◆ 수능 만점 한끝

제시된 자료를 분석하여 (가), (나)가 각각 긍정적 외부 효과의 사례인지, 부정적 외부 효과의 사례인지를 구분한 뒤 그 특징을 파악한다.

• 문제의 핵심

긍정적 외부 효과	다른 경제 주체에게 혜택을 주지만, 그에 대한 대가를 받지 않는 상태
부정적 외부 효과	다른 경제 주체에게 손해를 끼치지만, 그에 대한 보상을 하지 않는 상태

교육청 기출 **지리 + 사회**

04 (가), (나)에서 공통으로 도출할 수 있는 기업의 역할로 가장 적절한 것은?

(가) A 기업은 글로벌 탄소 감축 기여도를 높이기 위해 넷제로*와 RE100** 실현 의지를 담은 보고서를 발간했다. A기업은 해당 보고서를 통해 2030년 넷제로와 RE100을 모든 계열사에서 동시에 달성하겠다는 의지를 밝히고, 온실가스 감축 목표 달성을 위한 중장기 전략도 공개했다.

(나) B 기업은 해양 폐기물을 자사 제품의 부품 소재로 재활용하고 있다. 더 나아가 모든 신제품에 재활용 소재 적용, 제품 패키지에서 플라스틱 소재 제거, 매립 폐기물 제로화 등의 비전을 실천 중이다.

* 넷제로(net−zero): 6대 온실가스의 순 배출량을 0(zero)으로 만드는 것
** RE100: 기업의 소비 전력 100%를 재생 에너지로 충당하겠다는 글로벌 캠페인

① 회계를 투명하게 운영해야 한다.
② 노동자의 근로 조건을 개선해야 한다.
③ 소비자의 경제적 이익을 보호해야 한다.
④ 공정한 경쟁을 통해 이윤을 추구해야 한다.
⑤ 친환경적인 생산을 통해 환경 보호에 기여해야 한다.

◆ 수능 만점 한끝

지속가능발전을 위한 기업의 역할 중 제시문 (가), (나)에 공통으로 나타난 역할이 무엇인지 추론한다.

• 이렇게도 출제될 수 있어요!

환경·사회·투명(ESG) 경영이나 기업가 정신의 사례를 제시하고 이에 대해 묻는 문제가 출제될 수 있어요.

03 자산 관리와 금융 생활

한끝 더하기

❶ 예금의 종류와 특징

요구불 예금	입출금이 자유롭고, 이자 수익이 낮은 편임
저축성 예금	입출금이 자유롭고, 이자 수익이 낮은 편임 ⑩ 정기 예금, 정기 적금

❷ 시세 차익
자산을 산 뒤 자산 가격이 오른 시점에 팔아서 얻는 이익

❸ 배당 수익
주식회사가 경영으로 얻은 이익 중 일부를 투자 지분에 따라 주주에게 배당하는 것

❹ 수익성과 안전성의 상충 관계

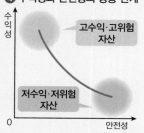

일반적으로 수익성이 높은 금융 자산은 그만큼 투자 위험도 커 안전성이 낮지만, 수익성이 낮은 금융 자산은 그만큼 투자 위험이 적어 안전성이 높다.

❺ 금융 생활 설계와 생애 주기 곡선

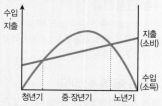

소득 활동을 시작하는 청년기부터 수입이 점차 증가하여 장년기에는 정점에 이르고 은퇴 이후 노년기에는 수입이 지출보다 줄어듦으로 생애 주기에 따른 자신의 수입과 지출 변화를 예상하고, 계획적으로 경제생활을 하는 것이 바람직하다.

1 자산 관리와 금융 생활 설계

1. 금융 자산의 종류

예금❶	• 의미: 금융 기관에 돈을 맡기고 원금과 일정한 이자를 받는 금융 자산 • 종류: 요구불 예금, 저축성 예금 • 특징: 예금자 보호 제도로 원금 손실의 위험이 적지만, 큰 수익을 기대하기는 어려움
채권	• 의미: 정부, 지방 자치 단체, 공공 기관, 기업 등이 만기 시 일정한 이자와 원금을 지급할 것을 약속하고 투자자로부터 돈을 빌린 뒤 발행하는 증서 • 특징: 보유 시 이자 수익을 얻을 수 있고, 다른 사람에게 팔아 시세 차익❷을 얻을 수 있음
주식	• 의미: 주식회사가 경영 자금 마련을 위해 투자자에게 돈을 받고 발행하는 증서 • 특징: 보유 시 주주가 되어 회사 경영에 관한 주요 의사 결정에 참여할 수 있음 → 배당 수익❸을 얻을 수 있고, 주가 변화에 따라 시세 차익을 얻을 수 있음
펀드	전문적인 운용 기관이 투자자로부터 모은 자금을 주식, 채권 등에 투자하여 얻는 수익을 투자자들에게 돌려주는 간접 투자 상품
보험	사고, 질병, 사망, 화재 등 미래에 발생할 수 있는 위험에 대비하여 정기적으로 보험료를 내고, 위험이 발생하면 약속한 보험금을 받는 제도
연금	노후 생활의 안정을 위해 벌어들인 소득을 적립하고 은퇴 이후 일정 금액을 받는 상품 또는 제도

2. 자산 관리의 기본 원칙❹ 대표 자료

수익성	투자한 자산의 가치 상승이나 이자 수익 등을 기대할 수 있는 정도 → 일반적으로 예금보다 채권, 주식의 수익성이 높음
안전성	투자한 자산의 가치가 보전될 수 있는 정도 → 예금은 예금자 보호 제도의 적용을 받아 안전성이 가장 높음, 채권은 예금보다 안전성이 낮지만 주식보다 안전성이 높음 자료 ❶
유동성	보유하고 있는 자산을 현금으로 쉽게 바꿀 수 있는 정도로, 환금성이라고도 함 → 예금은 채권, 주식보다 유동성이 높음

3. 금융 생활 설계❺

의미	자신의 경제 상황을 파악하여 재무 목표를 세우고, 이를 달성하기 위한 구체적인 저축 및 투자 계획을 수립하는 과정
과정	재무 목표 설정 → 재무 상태 분석 및 활용 가능 자산 파악 → 구체적인 자금 마련 계획 수립 → 계획 실행 → 목표 달성 정도 검토 및 계획 수정·보완

2 금융 의사 결정에 영향을 미치는 요인 자료 ❷

1. 경제적 상황 변화
(1) **국내 경기 변동**: 물가, 실업률, 금리 등 → 물가와 실업률이 변동하면 정부가 시장에 개입하거나 한국은행이 기준 금리를 조정함
(2) **세계 경제 흐름 변화**: 국제 경기 침체, 환율 변동 등

2. 정치적·사회적 상황 변화: 정부 정책, 국제 관계 변화, 전쟁, 테러, 감염병의 세계적 유행, 기후위기 등

· 대표 자료 · 자산 관리에 대한 조언 ————————— ✛ 문제 해결력 및 의사 결정력

(가) "달걀을 한 바구니에 담지 마라."라는 말은 달걀을 한 바구니에 담았다가 떨어뜨리면 모두 깨질 수 있는 것처럼 투자도 한 자산에만 집중하면 모든 것을 잃을 수도 있다는 의미이다. 따라서 여러 금융 자산에 분산하여 투자하는 포트폴리오 투자가 필요하다.

(나) '100-나이' 법칙은 100에서 자신의 나이를 뺀 만큼의 비율을 수익성이 높은 자산에 투자하고, 나머지를 안전성이 높은 자산에 투자하는 것을 말한다. 예를 들어 자신의 나이가 30세라면 재산 중 70%는 수익성이 높은 자산에 투자하고, 나머지 30%는 안전성이 높은 자산에 투자하라는 것이다.

(가)는 포트폴리오 투자의 필요성을 설명하고 있다. 포트폴리오는 원래 서류 가방이나 자료의 묶음을 뜻하는데, 금융에서는 금융 자산의 목록이라는 의미로 쓰인다. 투자 손실을 줄이려면 수익성, 안전성, 유동성을 고려하여 금융 자산을 배분하는 포트폴리오를 구성하여야 한다. (나)는 나이가 젊을 때는 좀 더 공격적으로 투자하고, 나이가 들어서는 보수적으로 투자하라는 '100-나이' 법칙을 설명하고 있다. 이는 나이가 젊을수록 오랜 기간 투자할 수 있어 상대적으로 투자 위험에 대한 충격이 적고 갑작스러운 가격 변동에 대처하기 쉽기 때문이다.

자료 ❶ 예금자 보호 제도

예금 보험 공사는 평소에 금융 기관으로부터 예금 보험료를 받아 기금을 적립하였다가 금융 기관이 영업 정지, 파산 등으로 예금자에게 예금을 지급할 수 없게 되면 동일 금융 기관별 1인당 원금과 이자를 합하여 최대 5천만 원 한도 내에서 예금 보험금을 지급한다.

우리나라는 예금자 보호 제도를 통해 예금 중 일정 금액을 국가가 보장해 주고 있으므로 예금은 안전성이 가장 높은 금융 자산이다. 그러나 예금은 이자율이 높지 않아 다른 금융 상품에 비해 수익성이 낮다.

자료 ❷ 금융 의사 결정에 영향을 미치는 다양한 요인

• 일본 화폐인 엔화의 가치가 다른 나라의 화폐 가치에 비해 상대적으로 낮아지는 엔저 현상으로 일본으로 여행 가는 사람들이 급격히 늘어났다.
• 물가 상승을 억제하기 위해 한국은행이 기준 금리를 인상하자 예금 금리와 대출 금리가 상승하였다. 대출 이자 부담이 커지자 사람들이 투자금을 회수하여 빚을 갚았고, 예금의 수익성이 높아져 예금의 수요가 증가하였다.

환율은 외화의 가격을 의미하는데, 환율이 하락하면 외화의 가치가 하락하고 원화의 가치가 올라간다. 또한, 한국은행의 기준 금리는 시중 은행이 적용하는 금리의 바탕이 되므로 기준 금리가 변화하면 예금 금리와 대출 금리도 함께 변화한다. 이처럼 환율과 금리 등 경제적 상황과 정치적, 사회적 상황의 변화는 개인의 금융 의사 결정에 큰 영향을 미친다. 개인은 경제적, 정치적, 사회적 상황이 안정적인 시기에는 수익성에, 반대의 경우 안전성과 유동성에 초점을 두고 금융 의사 결정을 할 가능성이 높다.

· 시험에서는 이렇게 ·

t기		t+1기		t+2기	
요구불 예금	50%	주식	70%	채권	30%
저축성 예금	50%	채권	30%	요구불 예금	70%

제시된 자료는 시기에 따른 갑의 포트폴리오 변화를 정리한 것으로, t+1기에는 수익성을 높이는 방향으로, t+2기에는 안전성을 높이는 방향으로 변화하였다. 주로 금융 자산의 특징이나 포트폴리오의 변화 이유를 찾는 형태로 출제된다.

시험 준비 길잡이

포트폴리오나 투자 조언 사례를 제시하고 금융 자산의 특징을 묻는 문제가 자주 출제돼요. 각 금융 자산과 자산 관리의 기본 원칙의 관계는 꼭 기억해 두세요.

개념 확인하기

1 정부, 지방 자치 단체, 공공 기관, 기업 등이 미래에 일정한 이자와 원금을 지급할 것을 약속하고 투자자로부터 돈을 빌린 뒤 발행하는 증서를 (　　　)(이)라고 한다.

2 다음 금융 상품의 특징과 관련된 내용을 〈보기〉에서 골라 기호를 쓰시오.

┤ 보기 ├
ㄱ. 간접 투자 상품
ㄴ. 예금자 보호 제도
ㄷ. 배당 수익과 시세 차익

(1) 예금 (　　　)
(2) 주식 (　　　)
(3) 펀드 (　　　)

3 다음 설명이 맞으면 ○표, 틀리면 ×표를 하시오.

(1) 예금은 안전성이 높지만, 수익성은 낮은 금융 자산이다. (　　　)
(2) 유동성은 투자한 자산의 가치가 보전될 수 있는 정도이다. (　　　)
(3) 물가와 실업률이 변동하면 한국은행이 기준 금리를 조정한다. (　　　)

01 금융 자산 (가), (나)에 대한 옳은 설명만을 〈보기〉에서 고른 것은?

> (가) 기업이 경영 자금 조달을 위해 발행하는 것으로 회사 소유권의 일부를 투자자에게 부여하는 증서
> (나) 정부, 기업 등이 투자자로부터 돈을 빌리면서 만기 시 일정한 이자와 원금을 지급하겠다고 약속하는 증서

┌ 보기 ┐
ㄱ. (가)는 (나)보다 수익성이 높다.
ㄴ. (가)는 (나)와 달리 예금자 보호 제도의 적용을 받는다.
ㄷ. (나)는 (가)와 달리 이자 수익을 기대할 수 있다.
ㄹ. (가)와 (나)는 모두 투자자에게 배당금을 지급한다.

① ㄱ, ㄴ   ② ㄱ, ㄷ   ③ ㄴ, ㄷ
④ ㄴ, ㄹ   ⑤ ㄷ, ㄹ

02 그림은 금융 자산의 종류 A~C를 구분한 것이다. 이에 대한 설명으로 옳은 것은? (단, A~C는 각각 정기 예금, 주식, 채권 중 하나임.)

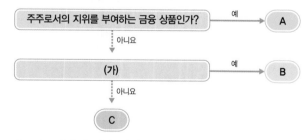

① A는 이자 수익을 기대할 수 있다.
② (가)에 '만기가 있는 금융 자산인가?'가 들어갈 수 있다.
③ B가 채권이라면, (가)에 '이자 수익을 기대할 수 있는가?'가 들어갈 수 있다.
④ C가 정기 예금이라면 (가)에 '예금자 보호 제도의 적용을 받는가?'가 들어갈 수 있다.
⑤ (가)에 '발행 주체가 빌린 돈을 갚기로 약속한 증서인가?'가 들어가면 B는 C보다 안전성이 낮다.

03 그림은 갑의 여유 자금 투자 현황을 정리한 것이다. 이에 대한 설명으로 옳지 않은 것은?

① 갑은 노후 생활에도 대비를 하고 있다.
② 갑은 안전성보다 수익성을 중시하고 있다.
③ 갑은 ○○사에 대해 주주의 지위를 가지고 있다.
④ 갑은 1,000만 원에 대한 운용을 전문 기관에 맡기고 있다.
⑤ 갑은 미래의 다양한 위험에 대비할 수 있는 금융 자산을 보유하고 있다.
⑥ 갑은 이자 수익과 시세 차익을 모두 얻을 수 있는 금융 자산을 보유하고 있지 않다.

04 ㉠, ㉡에 대한 설명으로 옳은 것은? (단, ㉠, ㉡은 각각 수익성, 안전성 중 하나임.)

> '100 − 나이' 법칙은 100에서 자신의 나이를 뺀 만큼의 비율을 (㉠)이/가 높은 자산에 투자하고, 나머지를 (㉡)이/가 높은 자산에 투자하는 것을 말한다. 예를 들어 자신의 나이가 30세라면 재산 중 70%는 (㉠)이/가 높은 자산에 투자하고, 나머지 30%는 (㉡)이/가 높은 자산에 투자하라는 것이다.

① ㉠은 보유하고 있는 자산을 현금으로 쉽게 바꿀 수 있는 정도이다.
② 일반적으로 예금은 주식보다 ㉠이 높다.
③ ㉡은 투자한 자산의 가치 상승이나 이자 수익 등을 기대할 수 있는 정도이다.
④ 일반적으로 ㉠이 높은 금융 자산은 ㉡도 높다.
⑤ 일반적으로 채권은 예금보다 ㉠이 높고 ㉡이 낮다.

서술형 대비하기

05 그림은 생애 주기별 수입과 지출의 변화를 나타낸 것이다. 이에 대한 옳은 설명만을 〈보기〉에서 고른 것은?

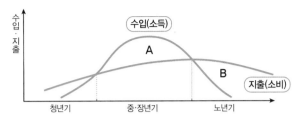

| 보기 |
ㄱ. 지출은 수입의 변화에 비례한다.
ㄴ. A 면적이 클수록 퇴직 이후에 안정적인 생활을 할 수 있다.
ㄷ. B는 부채이다.
ㄹ. 퇴직 시기가 늦어질수록 B 면적이 넓어진다.

① ㄱ, ㄴ   ② ㄱ, ㄷ   ③ ㄴ, ㄷ
④ ㄴ, ㄹ   ⑤ ㄷ, ㄹ

06 (가), (나)의 경제 상황에 대한 설명으로 옳은 것은?

(가) 환율의 하락으로 수출이 감소하고, 수입이 증가하였다.
(나) 경기에 대한 긍정적인 기대로 소비와 투자가 증가하면서 물가가 급격히 상승하고 있다.

① (가) 상황에서는 기업이 고용을 확대할 것이다.
② (가) 상황에서는 해외여행을 가는 사람이 감소할 것이다.
③ (가) 상황에서는 외국 주식을 보유한 사람의 이익이 증가할 것이다.
④ (나) 상황을 해소하기 위해 가계는 물가가 더 오르기 전에 많은 물건을 구입해야 한다.
⑤ (나) 상황을 해소하기 위해 한국은행은 기준 금리를 인상하여 물가 하락을 유도할 것이다.

07 그림을 보고 물음에 답하시오. (단, A, B는 각각 예금, 주식 중 하나임.)

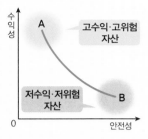

(1) A, B에 해당하는 금융 자산을 각각 쓰시오.

_____

(2) (1)에서 쓴 금융 자산의 한계를 각각 서술하시오.

_____

3단계 로 완성하기

08 표는 갑이 보유하고 있는 금융 자산의 내역이다. 이를 바탕으로 갑의 투자 성향을 분석하시오.

요구불 예금	저축성 예금	채권	주식
20만 원	50만 원	80만 원	200만 원

①단계 갑이 가장 많이 보유한 금융 자산을 써 보세요.

②단계 갑이 가장 많이 보유한 금융 자산의 특징을 안전성과 수익성의 관점에서 정리해 보세요.

_____

_____

③단계 1단계와 2단계에서 정리한 내용을 바탕으로 안전성과 수익성을 고려하여 갑의 투자 성향을 분석해 보세요.

_____

_____

1등급 도전하기

01 다음은 형성 평가에 대한 학생 갑, 을의 답안과 채점 결과이다. 이에 대한 설명으로 옳은 것은? (단, A~C는 각각 정기 예금, 주식, 채권 중 하나임.)

형성 평가

다음 내용에 해당하는 금융 자산을 쓰시오. (단, 문항당 배점은 2점임.)

번호	문항	갑	을
(1)	이자 수익을 기대할 수 있다.	A, C	B, C
(2)	예금자 보호 제도의 적용을 받는다.	A	A
(3)	(가)	B	C
	점수	6점	2점

① A는 B보다 유동성이 낮다.
② B는 A보다 안전성이 낮다.
③ B는 C보다 안전성이 높다.
④ C는 A와 달리 만기가 있다.
⑤ (가)에는 '시세 차익을 얻을 수 있다.'가 들어갈 수 있다.

02 표는 갑~병이 보유한 금융 자산을 나타낸 것이다. 이에 대한 설명으로 옳은 것은?

구분	보유 금융 자산
갑	정기 예금: 원금 1,000만 원(연 3.5% 이자율, 만기 1년)
을	• 요구불 예금: 원금 100만 원 • 주식: 900만 원(3개 종목)
병	• 요구불 예금: 200만 원 • 채권: 500만 원 • 주식: 300만 원(1개 종목)

① 갑은 정기 예금 만기 시 350만 원의 이자를 받는다.
② 을은 수익성보다 안전성을 중시한다.
③ 병은 을보다 포트폴리오 투자 원칙에 더 충실하다.
④ 갑은 을, 병보다 입금과 출금이 자유로운 예금을 선호하고 있다.
⑤ 예금자 보호 제도의 적용 대상인 금융 자산의 금액은 갑, 을, 병이 모두 같다.

03 다음은 갑의 금융 생활 설계 과정이다. (가)~(마) 단계에 대한 설명으로 옳지 않은 것은?

> (가) 올해 취업에 성공한 갑은 10년 안에 집을 마련하겠다는 목표를 세웠다.
> (나) 갑은 현재 자신의 월급과 보유하고 있는 자산을 점검하였다.
> (다) 갑은 월급의 10%를 정기 예금에, 30%를 주식에 투자하기로 계획을 세웠다.
> (라) 갑은 매달 월급의 10%를 정기 예금에, 30%는 주식에 투자하였다.
> (마) 갑은 3개월마다 자신이 수립한 목표의 달성 정도를 점검하였고, 월급이 오르자 월급의 10%를 채권에 투자하였다.

① (가)는 재무 목표를 설정하는 단계에 해당한다.
② (나) 단계에서는 지출 상황도 점검해야 한다.
③ (다) 단계에서는 수익성보다 안전성을 중시하는 투자 전략을 세웠다.
④ (라)는 재무 계획을 실행하는 단계이다.
⑤ (마)는 재무 행동 계획을 수정하는 단계이다.

04 창의 융합
교사의 질문에 가장 적절하게 답한 학생은?

> 최근 주요 산유국인 A국과 B국의 전쟁이 발생하면서 석유 등 국제 에너지와 원자재 가격이 상승하여 우리나라를 포함한 세계 각국의 물가가 오르고 경제가 침체되고 있습니다. 이러한 상황에서 경제 주체들이 일반적으로 할 수 있는 금융 의사 결정의 방향에 대해 발표해 볼까요?

① 갑: 예금보다는 채권에 투자할 것입니다.
② 을: 예금보다는 주식에 투자할 것입니다.
③ 병: 수익성이 높은 자산에 투자할 것입니다.
④ 정: 안전성이 낮은 자산에 투자할 것입니다.
⑤ 무: 유동성이 높은 자산에 투자할 것입니다.

수능 준비하기

01 [수능 기출] 다음 자료에 대한 설명으로 옳은 것은? (단, A~D는 각각 요구불 예금, 정기 예금, 주식, 채권 중 하나이며, 각 금융 상품의 일반적인 특징을 가짐.)

표는 금융 상품 A~D로 구성된 투자 포트폴리오의 조정 전후 상품별 금액을 나타 낸다. 조정 후 전체 포트폴리오에서 입출금이 자유로운 상품의 비율은 변함이 없 고, 이자 수익을 기대할 수 있는 상품의 비율은 80%가 되었으며, 시세 차익을 기대 할 수 있는 상품만 비율이 모두 높아졌다.

(단위: 만 원)

구분	A	B	C	D
조정 전	10	30	50	10
조정 후	10	15	55	20

① A는 C에 비해 유동성이 낮다.
② D는 B에 비해 안전성이 높다.
③ 만기가 있는 상품의 총액은 커졌다.
④ 배당 수익을 기대할 수 있는 상품의 총액은 커졌다.
⑤ 예금자 보호 제도의 적용을 받는 상품의 총액은 변함이 없다.

⊕ 수능 만점 한끝

제시된 자료에 나타난 금융 자산의 특징 과 비율 변화를 분석하여 A~D가 각각 어떤 자산에 해당하는지 추론한다.

• 문제의 핵심

요구불 예금	입출금이 자유로운 상품, 이자 수익이 낮은 편임
저축성 예금	일정 기간 돈을 맡겨 두고 만기 시에 찾는 상품, 이자 수익이 높은 편임
주식	보유 시 주주가 되며 배당 수익과 시세 차익을 얻을 수 있음
채권	보유 시 이자 수익과 시세 차익을 얻을 수 있음

02 [수능 기출 | 응용] 그림은 해외여행 정보 안내의 일부이다. 밑줄 친 ㉠에 대한 옳은 분석만을 〈보기〉에서 고른 것은?

```
•••  < > ↻                                    ↗ ≡

□□ 여행사
            〈해외여행 정보 안내〉
최근 외환 시장의 ㉠ 환율 변동으로 인해 해외여행 경비 부담이 변화하였으니 여행지를 결정
하실 때 이러한 점을 고려하시기 바랍니다. 유로화를 사용하는 국가로의 여행 경비 부담은 감
소하였으므로 유럽 여행을 추천합니다. 반면 미국과 중국 여행을 희망하는 여행객들은 달러화
와 위안화를 사용할 경우 여행 경비 부담이 증가하였으니 참고하시기 바랍니다.

* 유의 사항: 본 안내는 원화를 해당 여행지의 통화로 환전하는 경우를 전제로 하였습니다.
```

┤보기├
ㄱ. 원화 대비 유로화의 환율이 상승하였다.
ㄴ. 우리나라 기업의 유로화 표시 외채 상환 부담을 감소시킨다.
ㄷ. 미국에서 유학 중인 자녀를 둔 우리나라 학부모의 학비 부담을 감소시킨다.
ㄹ. 중국으로부터 원자재를 수입하는 우리나라 기업의 비용 부담을 증가시킨다.

① ㄱ, ㄴ   ② ㄱ, ㄷ   ③ ㄴ, ㄷ   ④ ㄴ, ㄹ   ⑤ ㄷ, ㄹ

⊕ 수능 만점 한끝

제시된 자료에 나타난 각국의 여행 경비 부담 변화를 통해 환율이 어떻게 변동하 였는지 추론한다.

• 이렇게도 출제될 수 있어요!

환율 변동 상황을 나타내는 표를 제시하 고 개인이나 기업이 어떻게 대처해야 할 지 묻는 문제가 출제될 수 있어요.

04 국제 무역과 지속가능발전

한끝 더하기

❶ 특화
경제 주체가 생산에 유리한 재화와 서비스만을 전문적으로 생산하는 것

❷ 생산 요소
노동, 자본, 토지 등 재화와 서비스 생산에 투입되는 경제 자원

❸ 규모의 경제
생산 규모가 커질수록 상품 단위당 평균 생산 비용이 감소하는 현상

❹ 자유 무역 협정(FTA)
국가 간 상품의 자유로운 이동을 위해 무역 장벽을 완화하거나 제거하는 협정

❺ 지속가능한 소비와 생산

지속가능한 소비	환경과 사회에 미치는 영향을 고려하여 상품을 구매하거나 소비하는 것
지속가능한 생산	친환경 생산 기술을 개발하고, 제품 사용 후에 재활용이 가능하도록 설계하는 등 상품 생산 과정에서 환경에 미치는 영향을 최소화하여 생산하는 것

1 무역과 국제 분업의 필요성

1. 무역과 국제 분업의 의미

(1) **무역의 의미**: 각 나라가 생산한 상품, 서비스, 생산 요소 등을 다른 나라와 사고파는 국제 거래

(2) **국제 분업의 의미**: 각 나라가 무역에 유리한 상품을 특화❶하여 생산하는 것

2. 무역과 국제 분업이 발생하는 이유

(1) **국가 간 생산비의 차이**: 세계 각국은 기후, 지형 등 자연환경과 인구, 기술 수준 등 사회적 상황이 달라 노동, 자본 등 생산 요소❷의 분포가 다름 → 같은 상품을 생산하더라도 생산비에 차이가 있어 생산하기에 적합한 상품이 다름

(2) **절대 우위와 비교 우위** 대표 자료

절대 우위	한 나라가 상품 생산 비용이 다른 나라보다 절대적으로 작은 것
비교 우위 자료 ❶	한 나라가 상품 생산의 기회비용이 다른 나라보다 상대적으로 작은 것 → 상대적으로 기회비용이 작은 상품을 특화하여 생산 및 수출하고, 기회비용이 큰 상품은 수입하면 무역 당사국 모두에게 이익이 됨

3. 무역과 국제 분업의 이익

소비자	다양한 재화와 서비스를 저렴하게 소비할 수 있음
기업	세계 시장을 상대로 대량 생산 → 규모의 경제❸를 실현하고 많은 이윤을 얻을 수 있음
국가	자원 및 기술력 부족 등의 문제를 해결할 수 있음

2 지속가능발전을 위한 국제 무역 방안

1. 국제 무역의 확대에 따른 문제점: 국가 간 자유 무역 협정(FTA)❹ 체결이 활성화되면서 자유 무역이 더욱 확대되었지만, 이에 따른 여러 문제점도 발생함

경제적 불평등 심화	불공정한 무역 구조로 무역 이익이 선진국의 소수 기업에 돌아가고, 개발 도상국의 생산자와 노동자는 빈곤에 시달림 → 아동 노동, 강제 노동 문제가 나타나기도 함
자원 남용 및 환경 오염	• 상품의 대량 생산으로 자원이 고갈되고 생태계가 파괴됨 • 상품 유통 과정에서 온실가스가 배출되어 기후변화가 발생함

2. 지속가능발전과 국제 무역의 방향 자료 ❷

국제 무역 이익의 공정한 분배	기업뿐 아니라 노동자, 지역 사회 등도 국제 무역 이익을 공유할 수 있도록 노동자의 권리 및 적정 임금 보장, 지역 사회 자원 활용 등이 이루어져야 함 → 공정 무역을 활성화하여 무역 이익이 생산자와 노동자에게 돌아가게 할 수 있음
개발 도상국 지원	국가 간 경제적 불평등을 완화하기 위해 선진국은 개발 도상국에 기술을 지원하여 개발 도상국의 경제 자립을 도와야 함
환경 보호	• 환경친화적 상품을 개발·생산하고 교역함으로써 지속가능한 소비와 생산❺을 촉진해야 함 • 대체 에너지의 사용 비율을 늘리고 자원을 재활용해야 함 • 국제 사회가 기후 협약을 이행하도록 노력해야 함

한끝 자료실

· 대표 자료 · 비교 우위에 따른 무역 ─────── ✦ 문제 해결력 및 의사 결정력

구분	갑	을
물고기	15마리	12마리
열매	24개	9개

⬆ 갑과 을의 상품별 하루 최대 생산량

무인도에 갑과 을만 있고, 물고기와 열매만을 생산하여 소비하고 있다고 가정해 보자. 갑은 물고기 생산과 열매 생산 모두에서 을보다 절대 우위에 있다. 이런 상황에서도 갑과 을이 무역을 할 이유가 있을까?

갑은 을보다 하루에 최대로 생산할 수 있는 물고기의 양과 열매의 양이 모두 많다. 즉, 갑은 을보다 물고기와 열매 생산에서 모두 절대 우위에 있다. 하지만 기회비용을 고려하여 비교 우위를 따져 보면 다른 결론을 내릴 수 있다. 물고기 1마리를 생산하려면 갑은 열매 8/5개를 포기해야 하고, 을은 열매 3/4개를 포기해야 한다. 이는 물고기 생산의 기회비용이 을이 갑보다 작다는 것으로, 을이 물고기 생산에 비교 우위가 있음을 의미한다. 반면, 열매 생산의 기회비용은 갑이 5/8, 을이 4/3로 을보다 갑이 작으므로, 갑이 열매 생산에 비교 우위가 있음을 의미한다. 이 경우 각자 비교 우위에 있는 상품, 즉 갑은 열매, 을은 물고기를 각각 특화하여 생산하고 교환을 하면 당사자 모두에게 이익이 발생하므로 갑과 을은 무역을 할 이유가 있다.

자료 ❶ 우리나라의 시대별 주요 수출 품목 변화

1960년대	1970년대	1980년대	1990년대	2000년대	2000년대 이후
• 생사	• 섬유	• 의류	• 의류	• 반도체	• 반도체
• 중석	• 합판	• 철강판	• 반도체	• 컴퓨터	• 선박
• 선어	• 가발	• 신발	• 신발	• 자동차	• 자동차
• 합판	• 철광석	• 선박	• 영상 기기	• 석유 제품	• 디스 플레이
• 면직물	• 전자 제품	• 음향 기기	• 선박	• 선박	• 석유 제품

(한국 무역 협회, 2023)

제시된 자료는 1960년대부터 2000년대 이후까지 우리나라의 주요 수출 품목 변화를 보여 주고 있다. 사회적 상황이 달라지면 비교 우위 상품도 변화한다. 우리나라는 1960년대에 노동 집약적 상품을 주로 생산하였지만, 자본이 축적되고 기술이 발달함에 따라 수출에 유리한 상품, 즉 비교 우위에 있는 상품이 반도체, 디스플레이 등 첨단 산업 부문의 상품으로 변화하였다.

자료 ❷ 공정 무역 원칙

- 경제적으로 소외된 생산자를 위한 기회 제공
- 공정한 무역 관행
- 공정한 가격 지불
- 아동 노동, 강제 노동 금지
- 기후변화에 대응하는 환경 보호

제시된 자료는 공정 무역 원칙의 일부이다. 공정 무역은 생산자와 노동자에게 정당한 대가를 지불하여 불평등을 해소하려는 무역이다. 오늘날 무역과 국제 분업의 확대로 많은 국가가 경제 성장을 이루었지만 동시에 빈곤, 불평등, 환경 파괴 등의 문제도 발생하였다. 지속가능발전을 위해서는 무역과 국제 분업의 과정에서 공정 무역을 활성화하고, 공정 무역 원칙에 따라 공평하고 정의로운 관계를 추구하기 위해 노력해야 한다.

· 시험에서는 이렇게 ·

구분	갑국	을국
X재	10명	8명
Y재	5명	2명

자료는 재화 1개 생산에 필요한 노동자 수를 나타낸 것이다. 두 재화 모두 을국이 절대 우위에 있지만 기회비용을 구해 보면 갑국은 X재, 을국은 Y재에 비교 우위가 있음을 알 수 있다. 제시된 자료를 바탕으로 특화할 재화를 묻는 형태로 자주 출제된다.

⟋ 시험 준비 길잡이

재화 1단위 생산에 필요한 노동자의 수 또는 1일 최대 생산량을 제시하고 기회비용, 절대 우위, 비교 우위를 묻는 경우가 많아요. 기회비용을 구하는 방법과 비교 우위를 분석하는 방법을 꼭 익혀 두세요.

개념 확인하기

1 각 나라가 생산한 상품, 서비스 등을 다른 나라와 사고파는 국제 거래를 ( )(이)라고 한다.

2 다음 설명이 맞으면 ○표, 틀리면 ×표를 하시오.

(1) 한 나라가 다른 나라에 비해 모든 상품이 절대 우위에 있으면 무역이 이루어질 수 없다.
( )

(2) 불공정한 무역 구조는 선진국과 개발 도상국 간 경제적 불평등을 심화할 수 있다.
( )

(3) 국제 사회가 지속가능발전을 위한 협정을 체결하고 이를 이행할 때 국제 무역은 지속가능발전에 기여할 수 있다. ( )

3 국제 무역의 확대에 따라 나타날 수 있는 문제점으로 적절한 것만을 〈보기〉에서 골라 기호를 쓰시오.

┤ 보기 ├
ㄱ. 자원 남용
ㄴ. 경제적 평등 강화
ㄷ. 대체 에너지 사용 증가

중요해
01 다음은 A~D국의 수출 품목을 정리한 것이다. 나라마다 수출 품목이 다른 이유로 보기 어려운 것은?

- A국: 덥고 건조한 기후 덕분에 세계적인 포도주 생산국이 되었다.
- B국: 열대 기후와 낮은 임금의 영향으로 카카오를 주로 생산한다.
- C국: 첨단 기술이 발달하여 주로 반도체를 생산하여 수출한다.
- D국: 세계 구리의 30%가 매장되어 있어 구리가 주요 수출품이다.

① 생산비의 차이
② 부존자원의 차이
③ 자연조건의 차이
④ 기술 수준의 차이
⑤ 소비자의 욕구 차이

02 밑줄 친 ㉠~㉤ 중 옳지 않은 것은?

서술형 평가

- **문제:** 국제 분업과 무역이 발생하는 이유를 서술하시오.
- **답변:** 각 국가는 ㉠ 기후, 지형 등 자연환경이 다르고, 노동, 자본 등 ㉡ 생산 요소의 분포도 다르므로 같은 종류의 상품을 생산하더라도 생산비가 서로 다르다. 따라서 각국은 생산 조건에 따라 ㉢ 비교 우위에 있는 상품을 특화하여 교환하는 것이 이익이다. 한 나라의 ㉣ 상품 생산의 기회비용이 다른 나라보다 상대적으로 클 때 비교 우위에 있다고 할 수 있다. 이렇게 국가별로 ㉤ 자연환경과 사회적 상황에 가장 적합한 상품을 특화하여 생산하는 현상이나 관계를 국제 분업이라고 하는데, 국제 분업으로 국가 간의 거래인 무역이 더욱 활발해진다.

① ㉠　　② ㉡　　③ ㉢　　④ ㉣　　⑤ ㉤

이 문제에서 나올 수 있는 모든 선택지 ✓

03 표는 우리나라의 시대별 주요 수출 품목 변화를 나타낸 것이다. 이에 대한 추론으로 옳은 것은?

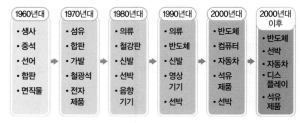

1960년대	1970년대	1980년대	1990년대	2000년대	2000년대 이후
• 생사	• 섬유	• 의류	• 의류	• 반도체	• 반도체
• 중석	• 합판	• 철강판	• 반도체	• 컴퓨터	• 선박
• 선어	• 가발	• 신발	• 신발	• 자동차	• 자동차
• 합판	• 철광석	• 선박	• 영상 기기	• 석유 제품	• 디스 플레이
• 면직물	• 전자 제품	• 음향 기기	• 선박	• 선박	• 석유 제품

① 수출에 유리한 상품에는 변화가 없다.
② 기술 집약적 품목의 비중이 줄어들고 있다.
③ 우리나라는 반도체 원료의 자원이 풍부하다.
④ 노동 집약적 산업의 비교 우위가 커지고 있다.
⑤ 첨단 산업 부문의 국제 경쟁력이 높아지고 있다.
⑥ 개발 도상국을 대상으로 한 수출이 증가하고 있다.

대표 자료 링크
04 자료에 대한 분석으로 옳지 않은 것은?

쌀과 밀을 생산하는 갑국과 을국은 비교 우위를 가지는 재화만을 특화하여 두 국가끼리만 교역하고자 한다. 표는 갑국과 을국이 각각 하루에 최대한 생산할 수 있는 쌀의 양 또는 밀의 양을 나타낸 것이다.

구분	갑국	을국
쌀	10톤	18톤
밀	5톤	6톤

① 갑국은 쌀 1톤을 생산하기 위해 밀 1/2톤을 포기해야 한다.
② 갑국은 밀 1톤을 생산하기 위해 쌀 2톤을 포기해야 한다.
③ 을국은 쌀과 밀 생산에 대해 모두 절대 우위를 가진다.
④ 을국은 밀 1톤을 생산하기 위해 쌀 1/3톤을 포기해야 한다.
⑤ 갑국은 밀 생산에, 을국은 쌀 생산에 대해 비교 우위를 가진다.

중요해 05 표는 갑국과 을국이 운동화와 노트북을 1단위씩 생산할 때 드는 비용을 나타낸 것이다. 이에 대한 옳은 분석만을 〈보기〉에서 고른 것은?

구분	갑국	을국
운동화	15달러	10달러
노트북	20달러	5달러

┤ 보기 ├

ㄱ. 갑국의 운동화 1단위 생산의 기회비용은 노트북 2단위이다.
ㄴ. 갑국은 운동화와 노트북 생산에 대해 모두 절대 우위를 가진다.
ㄷ. 을국은 운동화보다 노트북에 특화해야 유리하다.
ㄹ. 운동화 생산의 기회비용은 갑국이 을국보다 작다.

① ㄱ, ㄴ　　　② ㄱ, ㄷ　　　③ ㄴ, ㄷ
④ ㄴ, ㄹ　　　⑤ ㄷ, ㄹ

07 다음 글을 읽고 물음에 답하시오.

> 오늘날 세계화에 따라 국제 무역이 활발해졌다. 하지만 불공정한 무역 구조로 무역 이익이 선진국의 소수 기업에만 돌아가고, 개발 도상국의 노동자는 열악한 근로 조건과 낮은 임금으로 빈곤에 시달리고 있다. 이러한 무역 구조를 변화시키기 위해 (㉠)이/가 등장하였다.

(1) ㉠에 들어갈 무역 형태를 쓰시오.

_____

(2) ㉠의 활성화가 국제 사회에 미칠 영향을 서술하시오.

_____

06 그림에서 (가), (나)에 들어갈 내용으로 적절하지 않은 것은?

무역과 국제 분업이 확대되면 (가) 등 여러 경제 주체에게 이익을 가져다줍니다.

국제 무역의 영향 토론회

하지만 국제 무역의 확대로 (나) 등 다양한 문제가 발생하고 있습니다.

① (가) – 각 국가가 부족한 자원이나 기술력을 보완할 수 있는
② (가) – 소비자가 다양한 재화와 서비스를 저렴하게 소비할 수 있는
③ (가) – 기업이 세계 시장을 상대로 대량 생산을 하면서 자원 고갈 문제가 해결되는
④ (나) – 상품 유통 과정에서 온실가스가 배출되어 기후 변화가 발생하는
⑤ (나) – 불공정한 무역 구조로 개발 도상국의 노동자가 빈곤에 시달리는

3단계 로 완성하기

08 밑줄 친 주장의 근거를 서술하시오.

> 우리나라는 A국보다 반도체와 섬유 모두 절대적으로 적은 비용으로 생산할 수 있다. 그러나 기술 수준이 높고 인건비가 높은 우리나라는 반도체를 집중적으로 생산하여 수출하고, 상대적으로 기술 수준이 낮고 인건비가 낮은 A국에서 생산한 섬유를 수입하는 것이 이익이다.

1단계 우리나라의 절대 우위 상품이 무엇인지 써 보세요.

2단계 윗글에서 우리나라가 반도체를 집중적으로 생산한다는 것이 어떤 의미인지 분석해 보세요.

_____

_____

3단계 1단계와 2단계에서 정리한 내용을 바탕으로 밑줄 친 주장의 근거를 서술해 보세요.

_____

_____

1등급 도전하기

01 ㉠이 발생한 이유로 적절하지 않은 것은?

> 자동차를 생산하기 위해 유리는 중국 기업에서, 타이어는 미국 기업에서 제조하고, 국내 기업은 여러 국가에서 들여온 부품들로 완성품을 만든다. 자동차를 생산하는 과정에서 (㉠)이/가 이루어지고 있는 것이다.

① 나라마다 기술 수준이 다르기 때문이다.
② 나라마다 부존자원의 양이 다르기 때문이다.
③ 나라마다 제품의 공급과 수요가 다르기 때문이다.
④ 무역 당사국 중 어느 한 나라만 이익을 얻을 수 있기 때문이다.
⑤ 나라마다 보유하고 있는 노동과 자본의 양과 질이 다르기 때문이다.

02 ★창의 융합
다음은 어느 학생이 작성한 수행 평가 과제의 일부이다. 이에 대한 분석으로 옳지 않은 것은?

〈베트남과의 무역 현황〉

구분	수출 상품	수입 상품
1위	평판 디스플레이	무선 통신 기기 부품
2위	반도체	의류
3위	경유	반도체
4위	무선 통신 기기 부품	컴퓨터
5위	합성수지	신발

(한국 무역 협회, 2023년 9월 기준)

국제 노동 기구(ILO)에 따르면 2021년 기준 우리나라와 베트남의 월 평균 임금은 각각 3,004달러와 265달러이다. 이처럼 베트남은 인건비가 상대적으로 저렴하여 많은 노동력이 필요한 의류, 신발 등의 산업이 발전하였다. 우리나라는 베트남으로부터 의류, 신발 등과 함께 무선 통신 기기 부품 등도 많이 수입하고 있다.

① 베트남은 노동 집약적 산업이 발전하였다.
② 베트남은 반도체 생산에 대해 절대 우위를 가질 것이다.
③ 경유 생산의 기회비용은 우리나라가 베트남보다 작을 것이다.
④ 의류 생산의 기회비용은 베트남이 우리나라보다 작을 것이다.
⑤ 반도체는 우리나라와 베트남 모두 주요 수출 상품이자 수입 상품이 되고 있다.

03 사례에 대한 옳은 분석만을 〈보기〉에서 있는 대로 고른 것은?

> 무인도에 둘만 남게 된 갑과 을은 물고기와 조개만 생산하고 소비할 수 있다. 갑은 물고기 1마리를 잡는 데 0.5시간, 조개 1kg을 캐는 데 3시간이 걸린다. 을은 물고기 1마리를 잡는 데 3시간, 조개 1kg을 캐는 데 6시간이 걸린다.

┤보기├
ㄱ. 갑은 물고기 생산에 대해 비교 우위를 가진다.
ㄴ. 을은 물고기와 조개 생산에 대해 모두 절대 우위를 가진다.
ㄷ. 조개 1kg 생산의 기회비용은 갑이 을의 3배이다.
ㄹ. 비교 우위론에 따르면 조개 1kg을 생산하기 위해 포기해야 하는 물고기 수가 많은 사람이 조개를 생산하는 것이 현명하다.

① ㄱ, ㄴ   ② ㄱ, ㄷ   ③ ㄴ, ㄷ
④ ㄴ, ㄹ   ⑤ ㄷ, ㄹ

04 밑줄 친 부분의 내용으로 적절한 것만을 〈보기〉에서 있는 대로 고른 것은?

> 최근 국가 간에 무역 협정을 맺을 때 지속가능발전을 실현할 수 있는 방식으로 국제 무역을 하겠다는 내용을 포함하는 사례가 늘어나고 있다. 예를 들어 우리나라가 유럽 연합(EU)과 체결한 자유 무역 협정(FTA)의 내용을 보면, 환경 보호와 노동자 보호 등 전통적으로는 무역과 직접 관련이 없다고 여겨져 왔던 사안과 관련된 규정이 포함되어 있다. 이러한 규범이 사실상 무역 장벽으로 작용할 수 있다는 비판도 있지만, 유럽 연합 등을 중심으로 무역에서 환경 규범이나 노동 규범을 강화하는 흐름이 나타나고 있다.

┤보기├
ㄱ. 환경친화적 상품을 교역한다.
ㄴ. 대체 에너지의 사용 비율을 늘린다.
ㄷ. 노동자의 권리와 적정 임금을 보장한다.
ㄹ. 상품의 대량 생산을 통해 규모의 경제를 실현한다.

① ㄱ   ② ㄱ, ㄷ   ③ ㄴ, ㄹ
④ ㄱ, ㄴ, ㄷ   ⑤ ㄴ, ㄷ, ㄹ

수능 준비하기

01 교육청 기출 ⊙에 들어갈 진술로 적절하지 **않은** 것은?

> 노인과 청년만이 무인도에 남게 되었다. 청년은 노인보다 식량을 구하는 데는 3배, 물을 구하는 데는 2배 뛰어나다. 청년은 노인보다 식량과 물을 구하는 데 우위에 있기 때문에 청년 혼자서 두 가지 모두를 구하는 것이 생존에 유리해 보인다. 하지만 청년과 노인이 상대적으로 우위에 있는 부분을 전담하여 서로 교환하는 것이 둘 모두의 생존을 유리하게 한다. 이러한 원리를 두 나라 간의 무역에 적용하면 ⊙ 는 점을 알 수 있다.

① 개발 도상국도 선진국에 수출할 수 있다.
② 무역에 참여한 두 나라 모두가 이득을 본다.
③ 무역의 이득이 사회 구성원에게 균등하게 분배된다.
④ 절대 열위에 있는 국가도 비교 우위를 가질 수 있다.
⑤ 국내에서 생산하지 않은 상품도 소비가 가능해진다.

● **수능 만점 한끝**

제시된 자료를 통해 비교 우위에 따른 무역이 이루어지면 청년과 노인 모두 이익을 얻을 수 있음을 파악하고, 국제 무역을 통해 얻을 수 있는 이익을 추론한다.

● **문제의 핵심**

절대 우위	한 나라가 상품 생산 비용이 다른 나라보다 절대적으로 적은 것
비교 우위	한 나라가 상품 생산의 기회비용이 다른 나라보다 상대적으로 작은 것

02 교육청 기출 다음 자료에 대한 옳은 분석만을 〈보기〉에서 고른 것은?

> 표는 갑국과 을국의 쌀과 물고기 1단위 생산에 필요한 노동자 수를 나타낸 것이다. 단, 갑국과 을국은 쌀과 물고기만을 생산하며, 노동만을 생산 요소로 사용한다.
>
> | 구분 | 갑국 | 을국 |
> |---|---|---|
> | 쌀 | 5명 | 15명 |
> | 물고기 | 10명 | 15명 |

┤ 보기 ├
ㄱ. 을국은 쌀과 물고기 생산에 대해 모두 절대 우위를 가진다.
ㄴ. 갑국의 물고기 1단위 생산의 기회비용은 쌀 2단위이다.
ㄷ. 물고기 1단위 생산의 기회비용은 을국이 갑국보다 크다.
ㄹ. 갑국은 쌀 생산에 대해 비교 우위를 가진다.

① ㄱ, ㄴ   ② ㄱ, ㄷ   ③ ㄴ, ㄷ   ④ ㄴ, ㄹ   ⑤ ㄷ, ㄹ

● **수능 만점 한끝**

갑국과 을국의 쌀과 물고기 1단위 생산에 따른 기회비용을 구하고, 각각의 비교 우위 상품을 추론한다.

● **이렇게도 출제될 수 있어요!**

노동자 1명이 하루에 최대로 생산할 수 있는 상품의 수를 표나 그림 등으로 제시하고 기회비용과 비교 우위에 대해 묻는 문제가 출제될 수 있어요.

01 그림은 자본주의의 발전 과정을 나타낸 것이다. 이에 대한 설명으로 옳은 것은?

① A는 상품의 생산 과정에서 이윤을 추구한다.
② B는 케인스의 경제 이론에 바탕을 두고 있다.
③ C는 정부 기능의 축소를 주장하였다.
④ D는 큰 정부를 추구하였다.
⑤ 스태그플레이션은 C와 D 사이에서 자주 발생하였다.

02 +단원 통합
갑, 을의 주장에 대한 적절한 설명만을 〈보기〉에서 고른 것은?

> 오늘날 발생하고 있는 빈부 격차, 독과점 문제, 실업 사태 등은 시장 스스로 해결하기 어려운 문제이므로 정부가 나서야 합니다.

> 정부가 나서면 오히려 비효율이 발생하므로 시간이 걸리더라도 시장이 스스로 해결하도록 기다려 주는 것이 더 바람직합니다.

 갑  을

┤ 보기 ├
ㄱ. 갑은 을과 달리 경제활동의 자유를 부정할 것이다.
ㄴ. 갑의 주장은 을의 주장보다 수정 자본주의에 가깝다.
ㄷ. 을은 갑보다 '보이지 않는 손'의 역할을 중시할 것이다.
ㄹ. 을은 갑과 달리 정부가 개입하여 시장 실패 현상을 신속하게 해결해야 한다고 주장할 것이다.

① ㄱ, ㄴ   ② ㄱ, ㄷ   ③ ㄴ, ㄷ
④ ㄴ, ㄹ   ⑤ ㄷ, ㄹ

03 경제 체제 A, B에 대한 설명으로 옳은 것은? (단, A, B는 각각 계획경제 체제, 시장경제 체제 중 하나임.)

> A를 채택하고 있는 갑국에서는 경제 주체가 재화나 서비스의 생산과 소비를 자율적으로 선택하고, 공급과 수요에 따라 시장 가격이 결정된다. 반면, B를 채택하고 있는 을국에서는 정부가 재화나 서비스의 생산과 분배, 가격을 결정한다.

① A에서는 민간 경제 주체 간 자유로운 경쟁을 보장한다.
② A에서는 원칙적으로 생산 수단의 사적 소유를 부정한다.
③ B에서는 '보이지 않는 손'의 역할을 중시한다.
④ B에서는 A와 달리 자원의 희소성으로 인한 경제 문제가 발생하지 않는다.
⑤ A, B에서는 모두 경제적 유인을 중시한다.

04 다음 헌법 조항에 나타난 우리나라 경제 체제의 특징으로 적절한 것만을 〈보기〉에서 고른 것은?

> • 제23조 ① 모든 국민의 재산권은 보장된다. 그 내용과 한계는 법률로 정한다.
> ② 재산권의 행사는 공공복리에 적합하도록 하여야 한다.
> • 제119조 ① 대한민국의 경제질서는 개인과 기업의 경제상의 자유와 창의를 존중함을 기본으로 한다.
> ② 국가는 균형 있는 국민 경제의 성장 및 안정과 적정한 소득의 분배를 유지하고, 시장의 지배와 경제력의 남용을 방지하며, 경제 주체 간의 조화를 통한 경제의 민주화를 위하여 경제에 관한 규제와 조정을 할 수 있다.

┤ 보기 ├
ㄱ. 사익과 공익의 조화를 추구한다.
ㄴ. 정부의 시장 개입을 금지하고 있다.
ㄷ. 시장경제 체제를 기본으로 하고 있다.
ㄹ. 자유로운 경제활동보다 분배의 형평성을 더 중시한다.

① ㄱ, ㄴ   ② ㄱ, ㄷ   ③ ㄴ, ㄷ
④ ㄴ, ㄹ   ⑤ ㄷ, ㄹ

05 자료에 대한 분석으로 옳은 것은? (단, 제시된 내용 외에 다른 요인은 고려하지 않음.)

> 합리적 소비자인 갑은 저녁 식사로 떡볶이를 먹으려고 한다. 갑은 분식집 A~C 중 한 곳을 선택하여 떡볶이를 구매하려고 하며, 표는 갑의 선택에 따른 각각의 편익과 가격을 화폐 단위로 나타낸 것이다.
>
> | 구분 | A | B | C |
> |---|---|---|---|
> | 편익 | 14,000원 | 17,000원 | 20,000원 |
> | 가격 | 10,000원 | 14,000원 | 17,000원 |

① A 선택에 따른 암묵적 비용은 4,000원이다.
② B 선택에 따른 기회비용은 14,000원이다.
③ 갑은 B를 선택하는 것이 합리적이다.
④ C 선택에 따른 기회비용은 편익보다 1,000원 크다.
⑤ C 선택에 따른 암묵적 비용은 B를 선택할 때보다 크다.

06 인터넷에 게시된 사례를 읽고 두 사람이 나눈 대화이다. (가)에 들어갈 속담 및 격언으로 가장 적절한 것은?

> 갑은 1,000만 원을 들여 양식장을 만들고 전복을 양식하였다. 전복을 채취하려면 200만 원의 비용이 필요하다. 그런데 전복 가격이 폭락하는 바람에 양식한 전복을 모두 채취하여 시장에 팔아도 500만 원밖에 받지 못하게 되었다. 갑은 이미 양식장을 만드는 데 1,000만 원을 지출한 상황에서 전복 채취를 위해 200만 원을 추가로 지출하고 500만 원을 버는 것은 큰 손해라고 생각하여 전복 채취를 아예 포기하였다.

 갑이 전복 채취를 아예 포기하는 것이 과연 합리적인 선택이었을까?

 갑이 결정을 내릴 때 ＿＿＿(가)＿＿＿ 라는 말을 떠올리면서 양식장을 만드는 데 들어간 비용은 고려하지 않았으면 좋았을 텐데…….

① 배보다 배꼽이 크다.
② 이미 엎질러진 물이다.
③ 세상에 공짜 점심은 없다.
④ 사촌이 땅을 사면 배가 아프다.
⑤ 콩 심은 데 콩 나고 팥 심은 데 팥 난다.

07 (가)~(다)에 대한 옳은 설명만을 〈보기〉에서 있는 대로 고른 것은?

> (가) 소수의 기업이 이윤을 올리고자 담합하여 상품의 생산량과 가격을 조정하기도 한다.
> (나) 등대 설치 비용을 부담하지 않아도 주변을 지나가는 모든 배가 등대의 불빛을 볼 수 있다.
> (다) 한 공장에서 상품을 생산할 때 오염 물질을 배출하여 인근 주민들이 피해를 보고 있지만, 공장은 이에 대한 보상을 하지 않고 생산 활동을 계속한다.

┤ 보기 ├
ㄱ. 우리나라는 (가)를 방지하기 위해 「독점 규제 및 공정 거래에 관한 법률」을 두고 있다.
ㄴ. (나)에는 무임승차자 문제가 나타난다.
ㄷ. (다)에서 오염 물질을 배출하는 상품은 시장에 맡겨 두면 사회적 최적 수준보다 적게 생산된다.
ㄹ. (가)~(다) 모두 비효율적인 자원 배분을 초래한다.

① ㄱ, ㄴ   ② ㄱ, ㄹ   ③ ㄷ, ㄹ
④ ㄱ, ㄴ, ㄹ   ⑤ ㄴ, ㄷ, ㄹ

08 (가)에 들어갈 내용으로 가장 적절한 것은?

> • 갑: 기업은 이윤 추구 이외에도 윤리 경영, 환경 보호 활동 등과 같이 사회 전체의 행복을 증진하는 것에도 힘써야 할 의무가 있어.
> • 을: 기업의 유일한 사회적 책임은 규칙을 준수하는 한에서 기업의 이익을 극대화시키는 것이야.
> • 갑: 네 생각은 옳지 않아. 너는 ＿＿＿(가)＿＿＿

① 기업의 목적은 이윤 창출임을 부정하고 있어.
② 기업이 합법적으로 이윤을 추구해야 함을 간과하고 있어.
③ 기업이 사회적 책임을 다할 의무가 있음을 간과하고 있어.
④ 기업의 적극적인 투자가 사회 발전에 도움이 됨을 놓치고 있어.
⑤ 기업이 기업 이윤보다 사회 전체의 행복을 추구해야 함을 간과하고 있어.

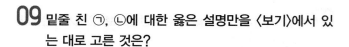

09 밑줄 친 ㉠, ㉡에 대한 옳은 설명만을 〈보기〉에서 있는 대로 고른 것은?

> • 갑: 자산 관리에 대한 상담을 위해 현재 고객님께서 보유하고 있는 금융 자산의 현황을 말씀해 주세요.
> • 을: 저는 500만원 상당의 ○○ ㉠ 채권과 △△ 기업의 ㉡ 주식 100주를 가지고 있습니다.

┤ 보기 ├
ㄱ. ㉠은 예금에 비해 안전성은 높지만, 수익성은 낮다.
ㄴ. ㉡의 소유자는 회사 경영에 관한 주요 의사 결정에 참여할 권리를 갖는다.
ㄷ. ㉡은 ㉠과 달리 시세 차익을 기대할 수 있다.
ㄹ. ㉠과 ㉡은 모두 배당 수익을 기대할 수 있다.

① ㄱ
② ㄴ
③ ㄴ, ㄷ
④ ㄱ, ㄷ, ㄹ
⑤ ㄴ, ㄷ, ㄹ

10 표는 갑이 보유한 금융 자산의 시기별 비중을 나타낸다. 이에 대한 설명으로 옳은 것은?

(단위: %)

구분	t기	t+1기	t+2기
저축성 예금	50	20	50
주식	40	60	10
채권	10	10	20
보험	0	10	20

① t기에는 시세 차익을 기대할 수 있는 금융 자산이 없다.
② 시세 차익을 기대할 수 있는 금융 자산의 비중은 t+2기에 가장 크다.
③ 미래의 위험에 대비할 수 있는 금융 자산의 비중은 지속적으로 증가하였다.
④ 예금자 보호 제도의 적용을 받는 금융 자산의 비중은 지속적으로 감소하였다.
⑤ t+2기에는 t+1기에 비해 안전성보다 수익성을 높이는 방향으로 변화하였다.

11 그림은 생애 주기별 수입과 지출의 관계를 나타낸 곡선이다. 이에 대한 옳은 분석만을 〈보기〉에서 고른 것은?

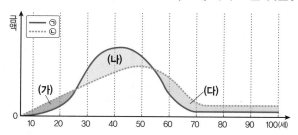

┤ 보기 ├
ㄱ. ㉠은 지출 곡선, ㉡은 수입 곡선이다.
ㄴ. (가)는 부채이다.
ㄷ. 정년이 연장될수록 (나)의 면적이 작아진다.
ㄹ. 노후에 대비하기 위해서는 (나)가 (다)보다 커야 한다.

① ㄱ, ㄴ
② ㄱ, ㄷ
③ ㄴ, ㄷ
④ ㄴ, ㄹ
⑤ ㄷ, ㄹ

12 기사에 나타난 문제에 대비하기 위한 금융 생활 설계의 내용으로 가장 적절한 것은?

> ○○ 신문
>
> 우리나라가 2009년부터 2023년까지 경제 협력 개발 기구(OECD)에서 발표한 국가별 노인 빈곤율 순위에서 줄곧 1위를 기록하였다. 2020년 기준으로 한국의 66세 이상 노인 인구의 소득 빈곤율은 40.4%이었다. 이는 경제 협력 개발 기구 회원국의 평균 노인 빈곤율 14.2%보다 3배 가까이 높은 수치이다.

① 자녀의 교육과 결혼에 모든 자산을 지출한다.
② 노후를 위해 보험이나 연금 상황을 점검한다.
③ 퇴직금을 담보로 주식이나 부동산 투자를 한다.
④ 자산의 대부분을 부부의 여가 활동에 지출한다.
⑤ 은행으로부터 대출을 받아 새로운 사업을 시작한다.

13 사례에서 ○○사가 스마트폰의 부품을 다른 나라로부터 수입하는 이유로 옳지 <u>않은</u> 것은?

> ○○사의 스마트폰은 품질이 우수하여 세계적으로 유명하다. ○○사는 스마트폰의 부품을 스스로 만들지 않고 다른 나라로부터 수입한다. 한국으로부터 배터리, 독일로부터 가속도계*, 미국으로부터 오디오칩, 일본으로부터 카메라, 콩고로부터 광물을 수입하여 사용하고 있다. 이처럼 무역을 통해 여러 국가의 기술과 자원을 활용할 수 있어 가격이 저렴하지만 성능이 좋은 스마트폰을 만들 수 있다.
>
> * 가속도계: 물체의 가속도를 재는 기구 또는 장치

① 일본의 카메라 제조 기술이 뛰어나기 때문이다.
② 독일이 가속도계를 독점 생산하고 있기 때문이다.
③ 미국이 오디오칩 생산에 특화하고 있기 때문이다.
④ 콩고에 광물 자원이 많이 분포되어 있기 때문이다.
⑤ 한국이 배터리 생산의 기회비용이 더 작기 때문이다.

14 갑국과 을국이 X재와 Y재를 1단위씩 생산하는 경우에 생산비가 다음과 같다. 이에 대한 설명으로 옳은 것은?

구분	갑국	을국
X재	30달러	60달러
Y재	25달러	100달러

① 갑국은 X재 생산에 대해 비교 우위를 가진다.
② 갑국의 X재 1단위 생산의 기회비용은 Y재 5/6단위이다.
③ 을국은 Y재 생산에 대해 절대 우위를 가진다.
④ 갑국은 을국보다 Y재 1단위 생산의 기회비용이 크다.
⑤ 갑국은 Y재, 을국은 X재를 특화하는 것이 유리하다.

15 밑줄 친 부분의 영향을 추론한 내용으로 적절하지 <u>않은</u> 것은?

> 우리나라가 아랍에미리트와 자유 무역 협정(FTA)의 일종인 포괄적 경제 동반자 협정(CEPA)을 체결하였다. 이 협정에 따라 아랍에미리트는 자동차, 자동차 부품, 가전, 무기류, 쇠고기, 닭고기, 과일 등 우리나라의 주요 수출품에 대한 관세를 철폐한다. 우리나라 역시 아랍에미리트의 핵심 수출품인 원유를 비롯하여 석유 화학 제품, 대추야자 등에 대한 관세를 단계적으로 철폐할 예정이다. 또한, 아랍에미리트는 온라인 게임, 의료, 영상·음악 콘텐츠 등 분야를 타국 대비 가장 높은 수준으로 개방한다.

① 우리나라와 아랍에미리트 간에 경제적 격차가 사라질 것이다.
② 우리나라와 아랍에미리트 간에 기술 교류가 활성화될 것이다.
③ 우리나라와 아랍에미리트 간에 문화 교류가 활성화될 것이다.
④ 아랍에미리트 소비자의 농축산물 선택의 폭이 확대될 것이다.
⑤ 자동차를 만드는 아랍에미리트 기업의 경쟁력이 약화될 것이다.

16 밑줄 친 '이것'의 효과로 적절하지 <u>않은</u> 것은?

> 이것은 무역 과정에서 개발 도상국의 생산자에게 정당한 가격을 지불하여 노동 착취를 막으며 공평하고 정의로운 관계를 추구하는 운동이다. 또한, 이것의 활성화를 통해 장기적으로 생산자와 소비자는 물론 환경에도 이로운 지속가능발전을 추구할 수 있다.

① 소비자의 합리적 소비를 촉진한다.
② 저임금 노동자의 인권을 보장한다.
③ 국가 간 불평등 해소에 이바지한다.
④ 빈곤과 환경 파괴 문제를 해소한다.
⑤ 국제 무역 과정에서 공정성을 실현한다.

세계화와 평화

⊕ 무엇을 배울까?

중학교에서 배운 내용	☑ **사회** 한반도 평화 / 국제 사회의 특징
	☑ **도덕** 세계시민 / 세계 평화
	☑ **역사** 세계화의 양상

이 단원에서 배울 내용	☑ 세계화의 양상과 문제: 세계화의 양상, 평화의 의미
	☑ 평화를 위한 국제 사회의 노력: 국제 사회 행위 주체, 세계시민
	☑ 남북 분단 및 동아시아 역사 갈등과 세계 평화: 남북 분단, 동아시아 역사 갈등

01 세계화의 양상과 문제

☑ 세계화와 지역화의 관계 파악하기
☑ 세계화 시대의 문제점과 그 해결 방안 이해하기

한끝 더하기

❶ 지리적 표시제
상품의 품질이나 명성이 지역의 지리적 특성에서 비롯되는 경우 그 지역의 생산품임을 증명하고 표시하는 제도 ⑩ 우리나라의 제주 한라봉, 이탈리아의 고르곤졸라 치즈

❷ 장소 마케팅
특정 장소를 하나의 상품으로 인식하여 매력적으로 보이도록 이미지와 시설 등을 개발하는 것 ⑩ 이탈리아의 콜로세움

❸ 지역 브랜드
특정 지역에서 생산되는 상품·서비스·축제 등을 특별한 브랜드로 인식시켜 지역 이미지를 높이고 지역 자체에 하나의 고유한 상표를 부여하여 지역 경제를 활성화하는 전략 ⑩ 미국 뉴욕의 'I♥NY'

❹ 생산자 서비스
상품의 생산 및 유통 과정에 필요한 서비스업으로, 주로 금융, 보험, 부동산 임대업, 회계 서비스, 연구 개발 등이 해당한다.

❺ 다국적 기업
세계 여러 국가에 자회사, 지점, 생산 공장을 두고 세계적으로 생산과 판매 활동을 하는 기업

❻ 공간적 분업
기업의 규모가 커지면서 기업의 각 기능이 공간적으로 분리되는 현상

❼ 공적 개발 원조(ODA)
정부를 비롯한 공공 기관이 개발 도상국의 경제 발전과 사회 복지 증진을 목표로 제공하는 원조

🔳 세계화의 다양한 양상

1. 세계화와 지역화

(1) 세계화의 의미와 등장 배경

의미	생활권의 범위가 국경을 넘어 전 지구로 확대되고, 세계가 하나로 통합되어 가는 현상
등장 배경	교통·통신 발달로 상품, 자본, 기술, 문화, 가치 등의 교류가 활발해짐 → 국가 간·지역 간 상호 의존성 증대, 세계 무역 기구(WTO) 출범 및 자유 무역 확대

(2) 지역화와 지역화 전략

지역화	특정 지역의 고유한 사회·문화적 특성이 지역을 넘어 세계적으로 그 가치를 인정받는 현상
지역화 전략	지역의 고유한 전통에 세계적이고 보편적인 가치를 접목하여 경쟁력을 갖추는 것 ⑩ 지리적 표시제❶, 장소 마케팅❷, 지역 브랜드❸ 등

(3) 세계화와 지역화의 관계: 세계화와 지역화는 동시에 이루어지며 상호 보완적인 관계를 가짐

2. 세계화의 양상

세계도시의 영향력 강화 [자료 ❶]	· 국제 금융 업무 기능, 생산자 서비스❹ 기능, 다국적 기업의 본사 등이 집중됨 · 국제기구 본부 입지, 국제회의 및 행사 개최 → 국제 사회의 주요 문제 논의 · 교통·통신망의 중심지로, 다른 지역과의 인적·물적 교류 활발
다국적 기업❺의 성장 [대표 자료]	· 경영의 효율성을 높이고 이윤을 극대화하기 위해 공간적 분업❻을 함 · 기업 활동에 유리한 곳으로 산업 시설을 옮기며 세계 각 지역의 경제에 영향을 미침
활발한 문화 교류	사람들의 국가 간 이동으로 문화 교류 활발, 인터넷을 통한 문화 교류 기회 확대
보편적 가치 확산	물리적 장벽이 허물어지면서 인권, 자유, 평등, 평화 등의 보편적 가치 확산

🔳 세계화에 따른 문제점과 해결 방안

1. 문화의 획일화와 소멸

양상	전 세계 문화가 획일화되어 소수 민족이나 약소국 등의 고유한 문화가 사라질 수 있음
해결 방안	· 자기 문화의 정체성과 지역성을 유지하면서 외래문화를 비판적으로 수용해야 함 · 문화의 고유성과 다양성을 보존하려고 노력해야 함 ⑩ 유네스코 문화 다양성 선언(2001)

2. 빈부 격차의 심화 [자료 ❷]

양상	자본과 기술력이 풍부한 선진국과 경쟁력을 갖추지 못한 개발 도상국 간 빈부 격차가 커짐
해결 방안	· 선진국들이 개발 도상국으로의 공적 개발 원조(ODA)❼나 기술 이전 등을 강화해야 함 · 불공정한 무역 구조를 개선하려는 노력이 필요함 ⑩ 공정 무역, 공정 여행 등

3. 보편 윤리와 특수 윤리 간 갈등 초래

양상	인권, 자유, 평등 같은 보편 윤리와 특정 사회에서만 중시되는 특수 윤리가 충돌하기도 함
해결 방안	· 특정 사회가 중시하는 가치를 해당 사회 구성원의 입장에서 이해해야 함 · 인류가 보편적으로 중시해야 할 가치를 기준으로 각 사회의 특수 윤리를 성찰해야 함

· 대표 자료 · 다국적 기업의 공간적 분업 ─────── ✦ 창의적 사고력

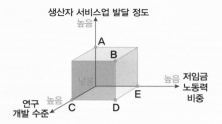

◀ ○○사의 공간적 분업

제시된 지도는 우리나라에 본사를 둔 다국적 기업 ○○사가 전 세계 곳곳에 연구소, 생산 및 판매 거점을 두고 있다는 것을 보여 준다. 다국적 기업의 본사, 연구소, 생산 공장 등은 각자 기능을 수행하기에 가장 적합한 지역에 입지하고 있다. 다국적 기업의 본사는 경영 전략을 세우고 기업을 관리하므로 대체로 본국의 대도시에 두며, 연구 및 개발을 담당하는 연구소는 우수한 연구 인력 확보와 정보 수집에 유리한 선진국에 설립한다. 생산 공장은 임금이 저렴하고 판매 시장이 넓은 개발 도상국에 두는 경우가 많지만, 관세 부과 등과 같은 무역 장벽을 극복하려고 선진국에 세우기도 한다.

· 시험에서는 이렇게 ·

다국적 기업의 공간적 분업에 따른 입지 특성을 고르는 자료이다. 생산 공장은 상대적으로 저임금 노동력 비중이 높은 E에 위치한다.

╲ 시험 준비 길잡이

다국적 기업의 기능별 입지 특성을 묻는 문제가 출제돼요. 입지 특성을 각 지역의 특징과 함께 정리해 두세요.

본사	연구소	생산 공장
본국의 대도시	선진국	값싼 노동력과 원료 확보 가능 지역

자료 ① 세계도시

```
런던 ①    1592.4(점)
뉴욕 ②    1505.9
도쿄 ③    1367.2
파리 ④    1356.9
싱가포르 ⑤  1233.8
암스테르담 ⑥  1228.5
서울 ⑦    1189.1
베를린 ⑧   1182.9
멜버른 ⑨   1157.2
상하이 ⑩   1133.8
```

범례: 경제 / 연구 개발 / 문화 교류 / 거주 / 환경 / 교통

◀ 세계도시 경쟁력 순위
(모리 재단, 2022)

세계도시는 정치, 경제, 문화 등에서 세계의 중심지 역할을 하는 도시로, 미국의 뉴욕, 영국의 런던, 프랑스의 파리, 일본의 도쿄 등이 있다. 그래프에서 알 수 있듯이 세계도시는 경제활동, 연구 개발, 문화 교류 등의 요소가 고루 발달하였으며, 전 세계의 자본과 정보가 집중되는 곳이다.

자료 ② 세계화에 따른 빈부 격차의 심화

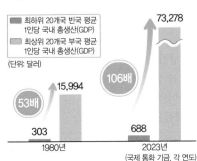

범례: 최하위 20개국 빈국 평균 1인당 국내 총생산(GDP) / 최상위 20개국 부국 평균 1인당 국내 총생산(GDP)
(단위: 달러)

```
        1980년        2023년
빈국      303          688
부국     15,994       73,278
배수     53배         106배
```

▲ 세계 빈부 격차 현황

세계화에 따른 자유 무역의 확대로 세계 전체의 부는 증대하였다. 하지만, 자본과 기술력이 풍부한 선진국에 부가 집중되면서 선진국과 개발 도상국 간 빈부 격차가 커지고 있다. 개발 도상국이나 저개발 국가의 생산자에게 정당한 대가를 지불하는 공정 무역 등을 통해 국가 간 빈부 격차를 줄이려고 노력해야 한다.

개념 확인하기

1 ( )(이)란 생활권의 범위가 국경을 넘어 전 지구로 확대되고, 세계가 하나로 통합되어 가는 현상을 말한다.

2 다음 설명이 맞으면 ○표, 틀리면 ×표를 하시오.
(1) 세계도시에는 생산자 서비스업이 집중되어 있어 전 세계의 자본이 집중된다. ( )
(2) 다국적 기업은 본사와 연구소를 주로 임금 수준이 낮은 개발 도상국에 설립한다. ( )

3 세계화에 따른 문제를 해결하기 위한 방안을 〈보기〉에서 골라 기호를 쓰시오.

| 보기 |
ㄱ. 공정 무역 시행
ㄴ. 문화의 다양성 증진 노력
ㄷ. 지역의 관습을 성찰하는 태도

(1) 문화의 획일화 ( )
(2) 국가 간 빈부 격차 심화 ( )
(3) 보편 윤리와 특수 윤리 간 갈등 ( )

01 (가)에 들어갈 내용으로 옳은 것만을 〈보기〉에서 있는 대로 고른 것은?

> 〈학습 주제〉 세계화의 의미와 등장 배경
> • 의미: 정치·경제·사회·문화 등의 분야에서 세계가 하나로 통합되는 현상
> • 등장 배경: _____ (가)

┤ 보기 ├
ㄱ. 교통수단의 발달
ㄴ. 보호 무역의 확대
ㄷ. 정보 통신 기술의 발전
ㄹ. 세계 무역 기구(WTO)의 출범

① ㄱ, ㄷ   ② ㄴ, ㄷ   ③ ㄴ, ㄹ
④ ㄱ, ㄴ, ㄹ   ⑤ ㄱ, ㄷ, ㄹ

02 다음 사례에서 일본의 삿포로 눈 축제가 갖는 의미를 옳게 설명한 학생만을 〈보기〉에서 있는 대로 고른 것은?

> 일본의 삿포로는 '눈의 왕국'으로 불릴 만큼 눈이 많이 내리는 곳이다. 삿포로는 이러한 지역적 특성을 살려 해마다 세계 3대 축제 중 하나로 손꼽히는 삿포로 눈 축제를 개최하고 있으며, 일본을 대표하는 축제로 발전하였다. 전 세계의 방문객들이 매년 이 축제에 참여하기 위해 삿포로를 방문한다.

┤ 보기 ├
갑: 지역화 전략의 성공으로 지역 경제가 활성화된 사례예요.
을: 지역화와 세계화는 별개로 이루어진다는 것을 알게 되었어요.
병: 삿포로는 지역의 특성을 살려 세계적인 경쟁력을 확보하게 되었어요.
정: 삿포로 지역의 특수한 요소가 세계적인 차원에서 가치를 갖게 되었어요.

① 갑, 을   ② 병, 정   ③ 갑, 을, 병
④ 갑, 병, 정   ⑤ 을, 병, 정

03 다음은 신문 기사의 일부이다. (가)에 들어갈 제목으로 가장 적절한 것은?

> **(가)**
>
> 충청남도 보령에서는 매년 여름철마다 머드 축제가 열린다. 세계적으로 넓은 갯벌이 발달한 서해안에 있는 보령은 머드를 체험할 수 있는 곳으로 해마다 수많은 외국인 관광객이 방문하고 있다. 2021년에는 세계 축제 협회에서 보령 머드 축제를 타이 송끄란 축제, 중국 하얼빈 국제 빙설 대세계와 함께 아시아 3대 축제로 선정하기도 하였다.
> ⋮

① 지역화 전략을 통한 지역화의 확산
② 세계화에 따른 지역 간 불평등의 심화
③ 세계화 과정에서 커져가는 국경의 중요성
④ 선진국과 개발 도상국의 세계화 속도 차이
⑤ 물리적 거리가 국제 무역에 미치는 영향력 증대

중요해 ★ 04 지도에 표시된 A~C 지역의 공통적인 특징만을 〈보기〉에서 고른 것은?

┤ 보기 ├
ㄱ. 선진국의 수도에 해당한다.
ㄴ. 값싼 노동력과 원료가 풍부하다.
ㄷ. 생산자 서비스 기능이 집중되어 있다.
ㄹ. 전 세계의 중심지 역할을 하는 대도시이다.

① ㄱ, ㄴ   ② ㄱ, ㄷ   ③ ㄴ, ㄷ
④ ㄴ, ㄹ   ⑤ ㄷ, ㄹ

이 문제에서 나올 수 있는 모든 선택지 ✔

05 밑줄 친 ㉠의 이유로 가장 적절한 것은?

세계적인 다국적 기업들이 생산 공장을 중국에서 다른 나라로 옮기고 있다. ㉠ 특히 ○○사는 몇 년 전만 해도 중국에서 생산하던 태블릿 피시를 베트남에서 생산 중이며, 주력 제품인 스마트폰도 인도에서 조립할 예정이다. 여러 기업들은 지난 10년 동안 중국 제조업 근로자들의 연간 소득이 3배나 증가한 여러 상황을 고려하여 베트남, 인도 등으로 생산 공장을 이전하고 있다.

① 고급 원료가 집중되어 있기 때문이다.
② 무역 장벽을 극복할 수 있기 때문이다.
③ 자본 유통 및 정보 수집이 용이하기 때문이다.
④ 국제 회의가 자주 열리는 도시이기 때문이다.
⑤ 값싼 노동력을 확보하기에 용이하기 때문이다.
⑥ 연구를 위한 전문 기술 인력 확보가 쉽기 때문이다.
⑦ 본사가 위치한 국가에 대한 경제적 의존도를 낮출 수 있기 때문이다.

대표 자료 링크

06 지도는 ○○사의 기능별 입지 분포를 나타낸 것이다. 이에 대한 분석으로 적절한 것만을 〈보기〉에서 있는 대로 고른 것은?

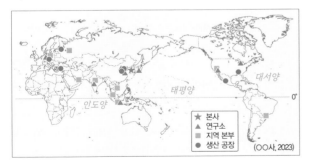

| 보기 |

ㄱ. 기업의 시설과 기능이 공간적으로 분리되었다.
ㄴ. 교통과 통신의 발달이 기업 활동에 영향을 주었다.
ㄷ. 연구소와 생산 공장은 주로 서로 인접하여 위치한다.
ㄹ. 세계 여러 국가에서 생산과 판매 활동을 하는 다국적 기업이다.

① ㄱ, ㄴ   ② ㄷ, ㄹ   ③ ㄱ, ㄴ, ㄷ
④ ㄱ, ㄴ, ㄹ   ⑤ ㄴ, ㄷ, ㄹ

07 다음은 어떤 학생이 작성한 형성 평가 답안지이다. 이 학생이 받을 점수로 옳은 것은?

형성 평가

문화 획일화 현상을 완화하기 위한 방안으로 적절하면 ○표, 틀리면 X표를 하시오. (단, 문항당 배점은 2점임.)

번호	문항	답안
(1)	자국의 문화가 지닌 고유성과 다양성을 포기해야 한다.	○
(2)	절대적 기준에 근거하여 다른 사회 문화를 평가해야 한다.	X
(3)	선진국의 문화만을 적극적으로 흡수하여 상품화해야 한다.	X
(4)	지구촌 분배 정의를 실현하여 선진국의 영향력을 감소시켜야 한다.	○
(5)	자국 문화의 정체성을 유지하면서 외래문화를 능동적으로 수용하는 자세를 가져야 한다.	○

① 2점   ② 4점   ③ 6점
④ 8점   ⑤ 10점

08 그래프는 세계 빈부 격차 현황을 나타낸 것이다. 이를 통해 알 수 있는 세계화에 따른 문제에 대한 설명으로 옳지 않은 것은?

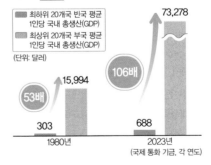

① 자유 무역이 확대되면서 심화되는 문제이다.
② 경쟁력이 약한 기업은 시장에서 도태될 것이다.
③ 자본과 기술이 풍부한 기업의 이익이 극대화될 것이다.
④ 선진국과 개발 도상국의 기술력과 자본의 차이 때문에 발생한다.
⑤ 개발 도상국이 선진국으로의 공적 개발 원조를 함으로써 해결할 수 있다.

09 대화를 보고 ㉠에 대한 옳은 설명만을 〈보기〉에서 고른 것은?

> (㉠)의 영향으로 국가 간 문화적 교류가 확대되어 다양한 문화를 접할 수 있는 기회가 늘어났어요.

> (㉠)의 영향으로 전 세계가 선진국 문화를 중심으로 획일화되고 소수 민족이나 약소국 문화의 정체성이 약화되었어요.

갑   을

┤ 보기 ├
ㄱ. 교통과 통신의 발달은 ㉠의 파급력을 감소시켰다.
ㄴ. 갑은 을과 달리 ㉠의 긍정적인 영향에 주목하고 있다.
ㄷ. 을은 갑과 달리 ㉠으로 인하여 문화의 다양성이 줄어드는 것을 우려하고 있다.
ㄹ. 갑과 을은 모두 ㉠에 따른 변화 모습에 대비하기 위한 방안에 대해 말하고 있다.

① ㄱ, ㄴ   ② ㄱ, ㄷ   ③ ㄴ, ㄷ
④ ㄴ, ㄹ   ⑤ ㄷ, ㄹ

10 밑줄 친 ㉠~㉣에 대한 설명으로 옳지 않은 것은?

> **인도네시아 아체주, 태형 집행**
>
> 인도네시아 아체주에서 술을 마시다 체포된 남성이 공개 태형을 당하였다. 아체주는 ㉠ 이슬람 관습법이 적용되는 곳으로 주민 중 98%가 무슬림이다. ㉡ 인권 단체들은 ㉢ 인간의 존엄성을 침해하는 공개 태형을 중단하라고 지속적으로 요구하였다. 하지만, ㉣ 지역 주민들은 태형을 적극적으로 지지하고 있다.

① ㉡이 태형을 반대하는 이유는 특수 윤리를 강조하기 때문이다.
② ㉢은 모든 사회에 통용되는 가치에 해당한다.
③ 특수 윤리인 ㉠과 보편 윤리인 ㉢이 충돌하는 사례를 나타낸다.
④ ㉣은 보편적인 가치보다 ㉠을 더욱 중시하고 있다.
⑤ 세계화의 흐름 속에서는 ㉢을 기준으로 ㉠을 성찰할 필요가 있다.

11 다음 글을 읽고 물음에 답하시오.

> 오늘날 세계화로 인해 각 지역이 세계의 다른 지역과 관계를 맺는 범위가 넓어짐에 따라 세계화의 흐름 속에서 특정 지역이 고유한 특성을 바탕으로 세계 차원에서 가치를 갖는 지역화가 나타난다. 이에 오늘날 각 지역은 세계적인 차원에서 지역의 가치를 인정받기 위한 경쟁이 치열해 지면서 (㉠)을/를 통해 지역의 특성을 살린 경쟁력을 갖추기 위해 다양한 노력을 하고 있다.

(1) ㉠에 들어갈 알맞은 말을 쓰시오.

_____

(2) (1)의 사례를 두 가지 이상 서술하시오.

_____
_____

3단계 로 완성하기

12 다음 글에서 다국적 기업 ○○사가 생산 공장을 이전할 때 각 지역에 미치는 영향은 무엇인지 서술하시오.

> 우리나라에 본사를 둔 다국적 기업인 ○○사는 △△ 나라의 외국 기업 공장을 인수하였고, 현지 생산 시설을 □□ 나라에서 △△ 나라로 이전하기로 하였다. △△ 나라는 □□ 나라보다 많은 인구를 바탕으로 안정적인 노동력이 확보되며, 시장 확대가 가능한 곳으로 주목받고 있다.

❶단계 ○○사와 같이 기업이 각 기능을 공간적으로 분리하는 것을 무엇이라고 하는지 써 보세요.

_____

❷단계 윗글에서 ○○사가 생산 공장을 △△ 나라로 이전하는 까닭을 찾아 써 보세요.

_____

❸단계 1단계, 2단계에서 정리한 내용을 바탕으로 다국적 기업의 생산 공장 이전이 각 지역에 미치는 영향을 서술해 보세요.

_____
_____

1등급 도전하기

01 ✚창의 융합

㉠에 들어갈 내용으로 가장 적절한 것은?

[탐구 주제] (㉠)

[학습 목표] 우리나라의 다양한 지역을 대표하는 상품을 세계적으로 알리는 방안을 찾을 수 있다.

[1모둠의 탐구 활동 내용]
1. 전 세계인의 입맛에 맞는 전주 비빔밥 요리법 개발하기
2. 사회 관계망 서비스(SNS)에 비빔밥 만드는 영상 게시하기

① 공정 무역의 활성화 방안
② 윤리적 소비의 실천 방법
③ 다국적 기업의 성장과 영향
④ 세계화 시대의 지역화 전략
⑤ 세계도시 형성에 따른 경제적 변화

02 자료는 △△ 기업의 청바지 생산에 관한 것이다. 이에 대한 옳은 설명만을 〈보기〉에서 고른 것은?

- A 지역: 영국에 위치한 세계도시이며, 이곳의 본사에서 브랜드 및 디자인을 개발하고, 생산 전략을 수립한다.
- B 지역: 파키스탄의 목화 산지이며, 이곳의 공장에서 청바지의 소재가 되는 면직물을 생산한다.
- C 지역: 탄자니아의 중소 도시이며, 이곳의 봉제 공장에서 단순 생산직 노동자가 완제품을 생산한다.

┤보기├
ㄱ. △△ 기업은 이윤을 극대화하기 위해 공간적 분업을 하고 있다.
ㄴ. A 지역은 B 지역보다 전체 산업 종사자의 평균 임금이 낮다.
ㄷ. A 지역은 C 지역보다 생산자 서비스 기능이 발달해 있다.
ㄹ. B 지역과 C 지역의 산업 시설은 생산비 절감을 위해 A 지역으로 이전될 가능성이 높다.

① ㄱ, ㄴ ② ㄱ, ㄷ ③ ㄴ, ㄷ
④ ㄴ, ㄹ ⑤ ㄷ, ㄹ

03 밑줄 친 ㉠~㉢에 대한 설명으로 옳은 것은?

〈 세계화의 등장 배경과 영향 〉
• 등장 배경 : ㉠ 교통과 통신의 발달, 자유 무역의 확산 등
• 영향

구분	경제적 측면	문화적 측면
긍정적 영향	㉡	㉢ 여러 지역의 문화 교류 활발
부정적 영향	㉣ 국가 간 빈부 격차 심화	㉤ 보편 윤리와 특수 윤리 간의 갈등

① ㉠으로 경제활동의 시·공간적 제약이 커졌다.
② ㉡에는 '세계도시의 국제 업무 기능 축소'가 들어갈 수 있다.
③ ㉢은 선진국의 제도나 생활양식이 전 세계로 확산되었기 때문이다.
④ ㉣은 선진국의 개발 도상국에 대한 공적 개발 원조 때문에 발생한다.
⑤ 여성 차별 관련 문화 갈등은 ㉤의 사례에 해당한다.

04 밑줄 친 '이것'에 대한 옳은 설명만을 〈보기〉에서 있는 대로 고른 것은?

이것은 생산자와 소비자가 모두 행복해질 수 있는 거래 방식 중 하나로, 개발 도상국의 생산자에게 정당한 대가가 돌아가도록 하여 생산자들이 자립할 수 있도록 돕는 무역 방식을 말합니다. 이것의 주요 원칙으로는 공정한 가격 지불하기, 바람직한 노동 환경 속에서 친환경적인 제품 생산하기 등이 있습니다.

┤보기├
ㄱ. 생산자의 경제적 자립을 도울 수 있다.
ㄴ. 생산지 환경의 지속가능발전을 추구한다.
ㄷ. 기존 무역 방식에 비해 제품의 유통 과정이 늘어난다.
ㄹ. 발생한 이익이 선진국의 유통업자에게 더 많이 돌아가도록 한다.

① ㄱ ② ㄷ ③ ㄱ, ㄴ
④ ㄷ, ㄹ ⑤ ㄴ, ㄷ, ㄹ

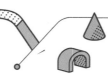

수능 준비하기

01 수능 기출 다음 자료의 (가), (나)에 들어갈 내용으로 가장 적절한 것은?

〈세계화 시대의 지역화 전략〉

• ☐ (가) ☐ 의 사례

포르투갈 도시 포르투(Porto)를 상징하는 독특한 파란 색은 이 지역의 유명한 도자기 타일인 '아줄레주'의 색에서 착안한 것이다. 이 색을 활용한 'Porto.'를 도안하여 도시를 상징하는 대표적인 디자인으로 사용하고 있다.

• ☐ (나) ☐ 의 사례

유럽 연합(EU)은 특정 마을, 도시 또는 지역 내에서 생산·제조·가공된 농수산물 및 식품임을 표시하여 보호하는 제도를 시행하고 있다. 세계적으로 유명한 이탈리아 캄파냐 지방의 '모차렐라 디 부팔라 캄파냐(Mozzarella di Bufala Campana)' 치즈는 이 제도의 적용을 받고 있다.

	(가)	(나)
①	다국적 기업의 현지화	지리적 표시제
②	다국적 기업의 현지화	지역 브랜드화
③	지리적 표시제	다국적 기업의 현지화
④	지역 브랜드화	다국적 기업의 현지화
⑤	지역 브랜드화	지리적 표시제

✚ 수능 만점 한끝

제시된 사례를 분석하여 각 사례가 지역화 전략 중에서 무엇에 해당하는지를 파악한다.

● 문제의 핵심

지역화 전략	지리적 표시제: 지역의 이름을 상표권으로 인정하는 제도
	장소 마케팅: 특정 장소를 하나의 상품으로 인식하여 개발하는 홍보 전략
	지역 브랜드: 지역 상품, 축제 등을 브랜드로 만드는 전략

---

02 평가원 기출 지리 + 사회 다음 글의 ㉠ ~ ㉤에 대한 설명으로 옳은 것만을 〈보기〉에서 고른 것은?

세계적인 중심지 역할을 하는 ㉠ 세계도시에는 주요 다국적 기업의 본사 및 국제기구의 본부가 위치한다. 이외에도 ㉡ 주로 기업을 대상으로 금융, 법률, 컨설팅 등을 제공하는 서비스 산업이 발달해 있다. 한편, 세계도시 간에는 도시의 영향력 및 기능에 따라 계층적 연계 구조가 형성되는데, 이를 ㉢ 세계도시 체계라고 한다. 세계도시는 계층에 따라 ㉣ 최상위 세계도시, 상위 세계도시, ㉤ 하위 세계도시로 구분된다.

┤ 보기 ├

ㄱ. ㉠은 모두 인구 천만 명 이상의 도시이다.

ㄴ. ㉡은 생산자 서비스업이다.

ㄷ. ㉢을 확인하는 지표로 도시 간 국제 항공편 운항 횟수를 들 수 있다.

ㄹ. ㉣은 ㉤보다 도시의 수가 많다.

① ㄱ, ㄴ ② ㄱ, ㄷ ③ ㄴ, ㄷ ④ ㄴ, ㄹ ⑤ ㄷ, ㄹ

✚ 수능 만점 한끝

세계도시의 기능을 이해하고 계층에 따라 세계도시를 구분하는 문제가 출제되기도 한다. 세계도시의 의미를 이해하고, 계층이 각각 다른 세계도시의 특징을 비교한다.

● 이렇게도 출제될 수 있어요!

제시된 자료를 통해 세계도시의 특징을 파악한 다음, 해당 도시의 위치를 지도에서 찾게 하는 문제가 출제될 수도 있어요.

25학년도 6월 모평 세계지리 4번 응용

평가원 기출ㅣ응용

03 다음은 세계지리 수업 장면이다. 교사의 질문에 옳게 답한 학생만을 고른 것은?

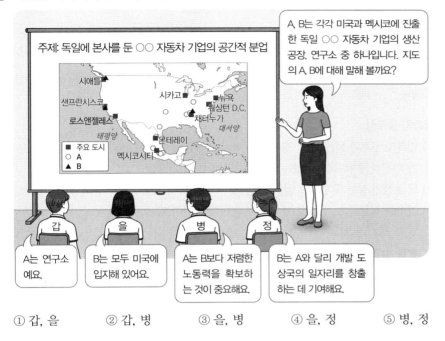

① 갑, 을   ② 갑, 병   ③ 을, 병   ④ 을, 정   ⑤ 병, 정

◆ 수능 만점 한끝

다국적 기업의 공간적 분업을 이해하고, 다국적 기업이 본사, 연구소, 생산 공장 등을 세우는 곳의 특징을 비교하는 문제가 자주 출제된다.

● 이렇게도 출제될 수 있어요!

다국적 기업의 본사, 연구소, 생산 공장 등이 원래 자리 잡은 지역에서 다른 지역으로 이동하는 자료를 제시하고, 다국적 기업의 공간적 분업이 지역에 미치는 영향은 무엇인지 묻는 문제가 출제될 수도 있어요.

교육청 기출

19학년도 11월 고1 학평 14번

04 다음은 학생이 '세계화' 단원의 내용을 정리한 것이다. 밑줄 친 ㉠~㉤에 대한 설명으로 옳지 않은 것은?

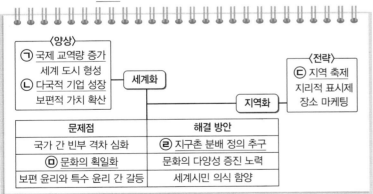

① ㉠의 배경으로 교통과 정보 통신 기술의 발달이 있다.
② ㉡은 공간적 분업을 통해 경영의 효율성을 추구한다.
③ ㉢은 지역의 정체성 강화와 지역 경제 활성화에 기여할 수 있다.
④ ㉣의 사례로 개발 도상국의 생산자에게 정당한 대가를 지불하는 공정 무역이 있다.
⑤ ㉤은 지역 고유의 전통문화 정체성이 강화되는 현상이다.

◆ 수능 만점 한끝

제시된 자료를 바탕으로 세계화의 양상과 문제점 등을 종합적인 관점에서 파악한다.

● 문제의 핵심

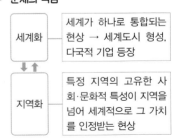

02 평화를 위한 국제 사회의 노력

한끝 더하기

❶ 간접적인 폭력
간접적인 폭력에는 구조적 폭력, 문화적 폭력이 있다.

구조적 폭력	빈곤, 정치적 독재, 경제적 착취 등 불공정한 사회 구조나 제도로 인해 발생하는 폭력
문화적 폭력	물리적 폭력이나 구조적 폭력을 정당화하는 데 종교, 예술, 언어 등의 영역이 이용되는 폭력

❷ 주권
국가의 의사를 최종적으로 결정하는 권력을 말한다. 주권은 대내적으로는 최고의 힘을, 대외적으로는 자주적 독립성을 지닌다.

❸ 외교
한 국가가 국제 사회에서 자국의 정치적 목적이나 이익을 평화적으로 실현하기 위해 수행하는 모든 행위를 뜻한다.

❹ 국제 연합(UN)
제2차 세계 대전 이후 지구촌의 평화 유지와 전쟁 방지 등을 위해 만들어졌다. 국제 연합 난민 기구(UNHCR), 세계 식량 계획(WFP) 등 산하에 다양한 기구를 두어 지구촌 갈등 문제를 해결하려고 노력한다.

1 평화의 중요성과 국제 사회의 갈등 및 협력

1. 평화의 의미 (자료 ①)

소극적 평화	• 의미: 전쟁, 테러, 범죄 등의 직접적·물리적 폭력이 없는 상태 • 한계: 직접적이고 물리적인 폭력이 제거되었다고 해서 진정한 평화가 실현된 것은 아님
적극적 평화	• 의미: 직접적인 폭력뿐만 아니라 구조나 문화에 의한 간접적인 폭력❶도 모두 제거된 상태 • 의의: 모든 사람이 인간의 존엄성을 보장받으며 인간다운 삶을 누릴 수 있음

2. 평화의 중요성

(1) **인류의 안전과 생존 보장**: 평화를 실현하여 생존의 위협과 폭력의 공포에서 벗어나 인류가 안전하게 살아갈 수 있는 환경을 조성해야 함

(2) **국제 정의 실현 및 인류의 삶의 질 향상**: 평화를 통해 사람들의 기본적인 권리를 보장하여 정의를 실현하고, 인류의 삶의 질을 높이는 바탕이 됨

2 세계 평화를 위한 국제 사회 행위 주체

1. 국제 사회의 갈등과 협력 (대표 자료)

(1) **국제 사회 갈등의 원인과 특징**

① **국제 갈등의 원인**: 각 국가가 자국의 이익을 우선적으로 추구하고 경쟁하기 때문임

② **국제 갈등의 특징**: 영토, 자원, 민족, 인종, 종교, 문화 등이 복합적으로 작용하여 발생함

(2) **국제 사회 협력의 필요성 증가**

① 자연재해, 전염병, 전쟁 등 한 국가의 노력만으로는 해결하기 어려운 문제가 늘어남

② 갈등 당사자 간의 합의를 통한 평화적 해결 이외에도 국제 사회 차원의 협력이 필요함

2. 세계 평화를 위한 국제 사회 행위 주체 (자료 ②)

국가	• 의미: 일정한 영토와 국민을 바탕으로 주권❷을 가진 국제 사회의 가장 기본적인 행위 주체 • 역할: 외교❸ 활동을 통해 다른 나라와의 갈등을 해결함, 빈곤이나 재난으로 어려움에 처한 국가를 돕기 위해 구호 활동에 참여하여 국제 사회의 안정을 위해 노력함
국제기구 (정부 간 국제기구)	• 의미: 각국의 정부를 회원으로 하는 국제 사회의 행위 주체 • 역할: 국가 간 이해관계 조정 및 분쟁 중재, 국가들의 경제적·사회적 협력 유도 등 • 종류: 국제 연합(UN)❹, 세계 보건 기구(WHO), 국제 통화 기금(IMF) 등
비정부 기구 (국제 비정부 기구)	• 의미: 개인이나 민간단체를 회원으로 하는 국제 사회의 행위 주체 • 역할: 국제적 연대 및 인도주의적 구호 활동, 정부에 서명 및 탄원서 전달, 캠페인 등 • 종류: 국경없는 의사회(MSF), 그린피스, 국제 사면 위원회 등
그 밖의 행위 주체	전직 국가 원수나 노벨상 수상자, 종교 지도자, 유명 운동선수 등 국제적 영향력이 큰 개인, 다국적 기업, 개별 국가 내 지방 정부 등

3. 평화를 지속하기 위한 세계시민의 역할

(1) **세계시민의 의미**: 자신의 정체성을 세계적인 차원에서 이해하고, 지구촌 문제에 관심을 가지고 이를 해결하고자 적극적으로 노력하는 사람

(2) **세계시민의 역할**: 국가와 국제기구 활동 지지 또는 비판, 국제 활동 및 정책 수립 참여, 빈곤, 기후위기 등 전 세계의 문제를 해결하는 일(캠페인, 자원봉사, 기부 등)에 동참 등

· 대표 자료 · 세계의 주요 분쟁 지역
+ 비판적 사고력

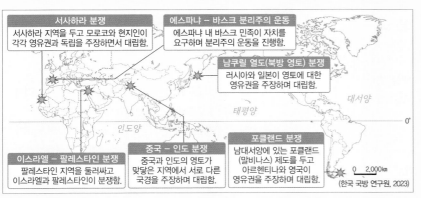

서사하라 분쟁
서사하라 지역을 두고 모로코와 현지인이 각각 영유권과 독립을 주장하면서 대립함.

에스파냐 – 바스크 분리주의 운동
에스파냐 내 바스크 민족이 자치를 요구하며 분리주의 운동을 진행함.

남쿠릴 열도(북방 영토) 분쟁
러시아와 일본이 영토에 대한 영유권을 주장하며 대립함.

이스라엘 – 팔레스타인 분쟁
팔레스타인 지역을 둘러싸고 이스라엘과 팔레스타인이 분쟁함.

중국 – 인도 분쟁
중국과 인도의 영토가 맞닿은 지역에서 서로 다른 국경을 주장하며 대립함.

포클랜드 분쟁
남대서양에 있는 포클랜드(말비나스) 제도를 두고 아르헨티나와 영국이 영유권을 주장하며 대립함.

대서양
태평양
인도양
0°
0   2,000km
(한국 국방 연구원, 2023)

🌐 세계의 주요 분쟁 지역

과거에는 주로 영토나 이념, 종교로 인해 국가 간 갈등이나 분쟁이 발생하였지만, 오늘날 국제 갈등의 원인은 언어와 문화, 자원이나 환경 등으로 다양하다. 또한 하나의 원인에 의해서 발생하기보다는 역사적 배경이나 이해관계, 다른 국가의 개입 등 두 개 이상의 원인이 복합적으로 작용하여 국제 갈등이 발생한다. 특히 국가 간 상호 의존성이 높아진 오늘날에는 국제 갈등이나 분쟁이 전 세계에 영향을 미치고 있다.

자료 ❶ 갈퉁의 적극적 평화

> 폭력은 직접적·물리적 행위만이 아니라 비의도적이고 간접적이며 집합적인 계기, 즉 구조와 문화의 요소를 포함한다. 따라서 직접적·물리적 폭력이 제거된 소극적 평화 상태뿐만 아니라 구조적·문화적 폭력까지 모두 사라진 적극적 평화 상태를 추구해야 한다. 또한 목적이 수단을 정당화할 수 없듯이, 평화는 평화적 수단으로만 이루어져야 한다. – 갈퉁(Galtung, J.)

제시된 글은 평화학자인 갈퉁(Galtung, J.)이 폭력과 평화에 대해 고찰한 내용이다. 갈퉁은 평화의 개념을 소극적 평화와 적극적 평화로 구분하였으며, 직접적 폭력뿐만 아니라 구조적 폭력·문화적 폭력도 제거함으로써 적극적 평화를 이루는 것이 진정한 평화라고 주장하였다.

자료 ❷ 국제 평화 실현을 위한 행위 주체의 역할

> (가) 이란의 반정부 시위에서 이란 당국이 시위대에 실탄을 포함한 불법적인 총기를 사용하였다. 이에 국제 사면 위원회는 시위대를 향해 실탄을 발포한 이란 당국을 규탄하였다.
> (나) 아프리카 소말리아의 수도 모가디슈 중심가에서 차량 폭탄 테러가 발생하였다. 국제 연합(UN) 안전 보장 이사회는 테러를 규탄하고, 테러 공격을 가한 조직에 국제법상 책임을 물어야 한다고 강조하였다.

(가)의 국제 사면 위원회는 비정부 기구에, (나)의 국제 연합(UN)은 국제기구에 해당한다. 비정부 기구는 인권, 보건, 환경 등 인류 공통의 문제에 관심을 두고 활동하며, 오늘날 시민사회의 영향력이 강화되면서 그 역할이 확대되고 있다. 한편 국제기구는 국제 사회의 평화 유지와 경제적·사회적 협력을 목적으로, 국제 사회에서 공통으로 준수해야 할 규범을 제정하여 국가들의 행위를 규율하는 역할을 한다.

· 시험에서는 이렇게 ·

> • 갑: 이 땅을 빼앗기고 국가 없이 떠돌던 유대인들이 2천여 년 만에 민족 국가를 만들었습니다.
> • 을: 이 땅은 오랫동안 우리가 살던 터전입니다. 팔레스타인의 독립 국가 건설을 위해 노력할 것입니다.

자료는 유대교와 이슬람교가 충돌하는 이스라엘 – 팔레스타인 분쟁 지역에 대한 대화이며, '이 땅'은 팔레스타인 지역이다. 대화에 나타난 국제 분쟁 지역의 위치를 지도에서 찾을 수 있는지 확인하는 유형이 출제된다.

🔍 시험 준비 길잡이

국제 갈등의 사례를 제시문 또는 국제 분쟁이 발생한 지역의 지도를 제시하는 경우가 많아요. 세계 주요 분쟁 지역의 위치, 그 발생 원인과 현황 등을 꼭 정리해 두세요.

개념 확인하기

1 소극적 평화에 해당하는 설명에는 '소', 적극적 평화에 해당하는 설명에는 '적'이라고 쓰시오.
(1) 물리적 폭력이 없는 상태의 평화를 말한다. ( )
(2) 직접적 폭력뿐만 아니라 구조적·문화적 폭력까지 모두 제거된 상태의 평화를 말한다. ( )

2 국제 사회 행위 주체와 그 종류를 옳게 연결하시오.
(1) 국제기구 •   • ㉠ 그린피스
(2) 비정부 기구 •   • ㉡ 세계 무역 기구

3 ( )(이)란 자신의 정체성을 세계적인 차원에서 이해하고, 지구촌 문제에 관심을 가지고 이를 해결하고자 적극적으로 노력하는 사람을 말한다.

중요해
01 ㉠, ㉡에 대한 옳은 설명만을 〈보기〉에서 고른 것은?

> 평화는 (㉠)과/와 (㉡)(으)로 구분할 수 있다.
> (㉠)은/는 직접적·물리적 폭력이 없는 상태를 뜻하
> 며, (㉡)은/는 구조적·문화적 폭력까지 모두 제거
> 된 상태를 의미한다.

┤ 보기 ├
ㄱ. ㉠은 전쟁, 테러 등이 발생하지 않는 상태이다.
ㄴ. ㉠이 실현되면 빈곤 및 기아 문제 등이 해결된다.
ㄷ. ㉡은 종교와 사상에 따른 차별이 없는 상태를 말한다.
ㄹ. ㉡은 직접적 폭력을 제외한 간접적 폭력이 제거된 상태
이다.

① ㄱ, ㄴ   ② ㄱ, ㄷ   ③ ㄴ, ㄷ
④ ㄴ, ㄹ   ⑤ ㄷ, ㄹ

02 (가)에 들어갈 내용으로 가장 적절한 것은?

> 난민 문제를 해결하기 위해서는 인간 안보의 개념에서
> 접근해야 한다. '인간 안보'란 군사적 위협을 중시하는
> 기존의 '국가 안보'를 넘어서 빈곤, 식량난, 차별, 불평
> 등, 환경 오염 등과 같이 인간에게 위협이 되는 것으로부
> 터 인간을 보호해야 한다는 새로운 개념이다. 즉, 이 개
> 념을 통해   (가)
> 난민 문제를 해결할 수 있다는 것을 의미한다.

① 전쟁이나 테러 등을 방지함으로써
② 난민에게 이동의 자유를 보장함으로써
③ 국제기구가 국가의 행위를 규제함으로써
④ 난민 수용국과 거부국 간의 협정을 체결함으로써
⑤ 물리적 폭력뿐만 아니라 구조적·문화적 폭력을 모두
없앰으로써

이 문제에서 나올 수 있는 **모든 선택지 ✓**
03 ㉠에 들어갈 내용으로 가장 적절한 것은?

> 〈국제 분쟁의 사례〉
>
> 1. 주요 발생 원인: [㉠   ]
>   • 사례 1: 남대서양에 있는 포클랜드 제도의 소유권을 둘러싸
>   고 영국과 아르헨티나 간의 분쟁이 발생하였다.
>   • 사례 2: 2020년 인도군과 중국군의 중국과 인도의 영토가
>   맞닿은 지역에서 서로 다른 국경을 주장하며 충돌하였고,
>   유혈 사태가 발생하였다. 이 사건으로 인도 전역에서는 반
>   중 시위와 중국 제품 불매 운동이 거세게 일었다.

① 민족 차이   ② 언어 차이
③ 영토 확보   ④ 인종 차이
⑤ 종교 차이   ⑥ 수자원 확보
⑦ 석유 자원 확보   ⑧ 지식 재산권 확보

대표 자료 링크
04 (가), (나)에 해당하는 분쟁이 발생하는 지역을 지도의
A~F에서 고른 것은?

> (가) 에스파냐 내 바스크 민족이 자치를 요구하며 분리주
>   의 운동을 진행하였다.
> (나) 유대인과 팔레스타인 사람들 간 영토 분쟁에서 시작
>   되어 민족적, 종교적 정체성에 따른 갈등으로 분쟁
>   이 심화되었다.

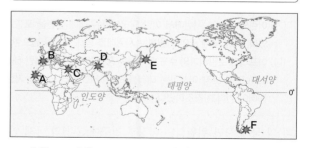

	(가)	(나)		(가)	(나)
①	A	D	②	B	C
③	C	A	④	D	F
⑤	E	C			

05 국제 사회의 행위 주체 (가), (나)에 대한 옳은 설명만을 〈보기〉에서 있는 대로 고른 것은?

(가)	국제 사면 위원회, 그린피스 등
(나)	국제 연합(UN), 경제 협력 개발 기구(OECD) 등

┤ 보기 ├

ㄱ. (가)는 개인이나 민간단체를 회원으로 한다.
ㄴ. (나)는 정치 분야에만 국한되어 활약을 한다.
ㄷ. (가)는 (나)와 달리 자국의 이익과 자국민 보호를 위한 외교 활동을 최우선으로 한다.
ㄹ. (가)와 (나)는 모두 국제적으로 영향력을 행사한다.

① ㄱ, ㄹ ② ㄴ, ㄷ ③ ㄱ, ㄴ, ㄷ
④ ㄱ, ㄴ, ㄹ ⑤ ㄴ, ㄷ, ㄹ

06 질문에 적절하게 대답한 사람만을 〈보기〉에서 고른 것은?

우리는 인간의 존엄성을 유지하며 살아가기 위한 기본적인 권리를 누릴 수 있습니다. 그러나 전쟁, 기아와 빈곤, 자연재해, 환경 파괴 등으로 인권을 침해당하면서도 자신을 보호할 힘이 없는 사람들이 많습니다. 이러한 사람들의 기본적인 권리를 보장하기 위해 세계시민이 해야 하는 노력에는 어떤 것이 있을까요?

┤ 보기 ├

갑: 전쟁으로 인한 난민을 수용하는 것에 반대하는 캠페인에 참여해야 합니다.
을: 기아나 빈곤으로 고통받는 아동을 위한 긴급 구호 활동에 참여해야 합니다.
병: 지진으로 인해 피해를 당한 재난 지역의 사람들을 돕기 위해 자원봉사를 해야 합니다.
정: 나의 행동이 지구촌에 영향을 줄 수 있다고 생각하고, 폭력을 정당화하는 문화를 받아들여야 합니다.

① 갑, 을 ② 갑, 병 ③ 을, 병
④ 을, 정 ⑤ 병, 정

07 다음 자료를 보고 물음에 답하시오.

시리아는 내전이 계속되는 가운데 대지진까지 발생하여 국가의 경제 및 의료 체제가 무너졌다. 이에 시리아 국민들은 기본적인 의식주조차 해결하지 못하는 상황에 처하게 되었다. 이를 극복하기 위해 국제 연합(UN)과 같은 (㉠)은/는 시리아를 지원하기로 하였다. 또한 국경 없는 의사회와 같은 (㉡)도 다양한 구호 활동에 동참하였다.

(1) ㉠, ㉡에 들어갈 국제 사회의 행위 주체를 쓰시오.

_____

(2) (1)의 특징을 구성원 중심으로 비교하여 서술하시오.

_____
_____

3단계 로 완성하기

08 사례를 통해 파악할 수 있는 평화 실현의 중요성을 서술하시오.

영화 「더 스위머스」(2022)의 주인공 A 자매는 시리아의 촉망받는 수영 선수이지만, 전쟁으로 인해 올림픽 참가의 꿈이 좌절되었다. 이후 20명 남짓의 사람들과 시리아를 탈출하고자 작은 보트에 올랐지만, 바다 한가운데에서 엔진이 멈추며 모두의 목숨이 위험해지기도 한다.

1단계 A 자매가 시리아를 떠난 이유를 평화의 의미를 활용하여 써 보세요.

_____

2단계 A 자매가 겪은 어려움을 분석해 보세요.

_____

3단계 1단계, 2단계에서 정리한 내용을 바탕으로 국제 사회에서 평화 실현이 중요한 까닭을 서술해 보세요.

_____

1등급 도전하기

01 다음을 주장한 사상가가 긍정의 대답을 할 질문으로 가장 적절한 것은?

폭력은 직접적·구조적·문화적 폭력의 삼각형의 어떤 꼭짓점에서도 시작될 수 있으며, 이 세 가지 폭력은 유기적으로 연결되어 있다. 물리적 폭력, 제도화된 폭력적 구조, 내면화된 폭력적 문화는 오랜 시간에 걸쳐 제도화되고, 반복되면서 사람들에게 의식화되는 경향이 있다. 이 중 문화적 폭력은 종교, 사상, 예술, 언어 등과 같은 상징적인 차원에서 영향력을 행사하며 직접적이고 구조적인 폭력에 정당성과 합법성을 부여한다.

① 폭력은 언제나 직접적 폭력으로부터 시작되는가?
② 사회 구조나 제도가 문화적 폭력을 정당화하는가?
③ 구조적 폭력은 물리적 폭력으로 이어질 수 있는가?
④ 평화 실현을 위해서라면 어떤 수단도 정당화될 수 있는가?
⑤ 전쟁이 종식된다면 적극적인 평화가 완전하게 실현되는가?

02 ✦창의 융합
인터넷 게시판의 질문에 옳지 <u>않은</u> 답변을 한 학생은?

●●● ‹ › ↻   ⤢ ≡

지식 Q&A

평화가 중요한 이유는 무엇일까요? 평화의 중요성에 대해 알려 주세요.

답변하기

∟ 갑: 평화는 힘의 논리를 실현시켜 국제 사회의 안정을 도모합니다.

∟ 을: 평화를 통해 지금까지 인류가 축적한 문화유산을 보존할 수 있습니다.

∟ 병: 평화를 실현함으로써 인류는 물질적 풍요와 정신적 가치를 함께 누릴 수 있습니다.

∟ 정: 평화는 인류가 생존의 위협에서 벗어나 안전하게 살아갈 수 있는 환경을 조성합니다.

∟ 무: 평화는 빈곤과 기아 및 차별 등의 문제를 해결하여 인류가 번영을 누리는 토대가 됩니다.

① 갑   ② 을   ③ 병   ④ 정   ⑤ 무

03 다음 글의 주제로 가장 적절한 것은?

아프리카 소말리아의 수도 모가디슈 중심가에서 차량 폭탄 테러가 발생하였다. 국제 연합(UN) 안전 보장 이사회는 테러를 규탄하고, 테러 공격을 가한 조직에 국제법상 책임을 물어야 한다고 강조하였다.

① 국제기구의 평화 유지 활동
② 비정부 기구의 인도적 활동
③ 국제적 영향력을 발휘하는 개인의 노력
④ 세계화를 주도하는 다국적 기업의 역할
⑤ 국가 간 합의를 통한 갈등의 평화적 해결

04 밑줄 친 ㉠~㉤에 대한 설명으로 옳지 <u>않은</u> 것은?

플라스틱 쓰레기로 인해 바다가 오염되는 문제를 해결하려고 국제 사회가 협력하고 있다. ㉠ 그린피스는 '플라스틱 제로' 캠페인에 동참할 것을 호소하고 있으며, ㉡ 일부 국가들은 자국의 법적인 규제를 통해 플라스틱의 생산과 소비를 억제하려고 노력하고 있다. 또한 ㉢ 시민들도 일회용 플라스틱을 사용하는 것을 자발적으로 자제하고 있다. ㉣ 국제 연합(UN)에서도 지속가능한 발전 목표 중 하나로 해양 생태계 보호를 선정하고, 2025년까지 해양 쓰레기를 감축할 것을 세부 목표로 제시하였다. ㉤ 세계적으로 유명한 배우들도 플라스틱 사용 규제를 호소하는 공익 광고 캠페인에 동참하고 있다.

① ㉠은 환경 보호를 목적으로 하는 비정부 기구이다.
② ㉡은 국제 사회의 기본적인 행위 주체에 해당한다.
③ ㉢은 지구촌 문제에 관심을 가진 세계시민의 자세를 보여 주고 있다.
④ ㉣은 ㉠과 달리 인류의 보편적인 가치를 추구하며 활동한다.
⑤ ㉤은 ㉠, ㉣과 같이 국제 사회의 행위 주체에 해당한다.

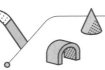

수능 준비하기

평가원 기출 | 응용 **사회 + 윤리**

23학년도 9월 모평 생활과 윤리 16번 응용

01 갑과 달리 을 사상가가 지닌 입장으로 적절한 것만을 〈보기〉에서 고른 것은?

- 갑: 영구 평화를 위해 상비군은 점차 완전히 폐지되어야 한다. 그러나 조국을 외부의 침략으로부터 방어하기 위한 시민들의 자발적이고 정기적인 무장 훈련은 사정이 다르다.
- 을: 전쟁과 같은 직접적 폭력 외에도 간접적 폭력이 존재한다. 각각의 폭력은 상호 작용하며 서로 영향을 미친다. 이러한 다양한 폭력을 제거해야 진정한 평화가 달성될 수 있다.

┤ 보기 ├
ㄱ. 평화 연맹은 모든 전쟁의 영구적 종식을 목표로 한다.
ㄴ. 경제적 착취의 제거는 적극적 평화를 위한 필수 조건이다.
ㄷ. 문화적 폭력은 구조적 폭력을 올바른 것으로 보이게 한다.
ㄹ. 진정한 평화의 구축을 위해 폭력적인 수단도 허용되어야 한다.

① ㄱ, ㄴ   ② ㄱ, ㄷ   ③ ㄴ, ㄷ   ④ ㄴ, ㄹ   ⑤ ㄷ, ㄹ

◆ **수능 만점** 한끝

제시된 글을 읽고 평화에 대한 사상가의 입장을 파악한 뒤, 어떤 사상가의 입장인지 추론한다.

● **문제의 핵심**

소극적 평화	직접적·물리적 폭력이 없는 상태
적극적 평화	직접적 폭력뿐만 아니라 구조나 문화에 의한 간접적 폭력까지 제거된 상태

교육청 기출

24학년도 3월 고1 학평 20번

02 〈자료 1〉은 국제 사회의 행위 주체를 학습하기 위한 십자말풀이이고, 〈자료 2〉는 〈자료 1〉을 활용한 수업 장면이다. 갑~무 중 옳지 <u>않은</u> 진술을 한 학생은?

〈자료 1〉

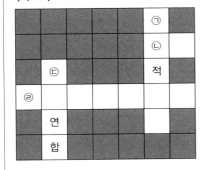

[가로 열쇠]
ⓛ 영토, 국민, 주권을 가진 국제 사회의 행위 주체
ⓔ 개인과 민간단체가 회원으로 가입할 수 있는 국제기구

[세로 열쇠]
㉠ _____(가)_____
㉢ 영어 약자로 UN

〈자료 2〉
- 교사: 힌트 하나 줄까요? ㉠은 '다'로 시작합니다.
- 갑: ㉠의 예로 그린피스, 국경없는 의사회를 들 수 있지요.
- 을: ⓛ은 '국가'입니다.
- 병: ⓒ은 정부 간 국제기구(국제기구)의 예에 해당해요.
- 정: ⓔ은 '국제 비정부 기구(비정부 기구)'이지요.
- 무: (가)에는 '세계 여러 나라에서 생산과 판매를 하며 국제적으로 활동하는 기업'이 들어갈 수 있어요.

① 갑   ② 을   ③ 병   ④ 정   ⑤ 무

◆ **수능 만점** 한끝

제시된 자료를 바탕으로 국제 사회의 행위 주체의 의미와 종류를 추론한다.

● **이렇게도 출제될 수 있어요!**

대표적인 국제기구인 국제 연합(UN)의 설립 목적과 주요 활동 등을 찾는 문제도 출제될 수 있어요.

03 남북 분단 및 동아시아 역사 갈등과 세계 평화

한끝 더하기

❶ 신탁 통치
국제 연합(UN)의 위임을 받은 국가가 일정한 지역이 자체적인 통치 능력을 갖출 때까지 대신 통치해 주는 제도이다.

❷ 분단 비용
남북이 분단되어 있기 때문에 지속적으로 발생하는 일체의 비용 ⑩ 군사비, 외교비, 이산가족의 고통 등

❸ 동아시아 영토 분쟁
동아시아의 여러 주변 국가들은 역사적 배경과 해양 자원을 둘러싼 경쟁 등을 이유로 해양 영토 분쟁을 겪고 있다. 쿠릴 열도는 일본과 러시아, 센카쿠 열도는 일본과 중국 등, 시사 군도는 중국과 베트남, 난사 군도는 중국과 동남아시아 여러 국가의 분쟁 지역이다.

△ 동아시아 영토 분쟁

❹ 동북 공정
중국이 2002년부터 소수 민족을 통합하여 자국의 영토를 공고히 하고자 동북 3성(지린성, 랴오닝성, 헤이룽장성)의 역사, 지리, 민족을 연구한 사업

△ 동북 공정이 진행된 동북 3성

1 남북 분단과 평화 통일의 필요성

1. 남북 분단의 배경과 과정

(1) 남북 분단의 배경

국제적 측면	・냉전 체제 심화: 제2차 세계 대전 이후 자유주의 진영, 공산주의 진영 간 이념적 갈등 심화 ・한반도의 지정학적 특징: 유라시아 대륙과 태평양을 연결하는 지정학적 요충지에 위치함
국내적 측면	・민족 내부의 응집력 부족: 신탁 통치❶에 대한 찬반 논쟁과 민족 내부의 이념적 갈등 발생 ・6·25 전쟁 발발: 오늘날까지 남북 북단을 고착화시킴

(2) 남북 분단의 과정: 8·15 광복(1945) → 모스크바 3국 외무 장관 회의에서 신탁 통치 결정 (1945) → 남한 단독 총선거 실시(1948) → 6·25 전쟁 발발(1950) → 정전 협정 체결(1953)

2. 평화와 통일을 향한 노력 (자료 ❶)

(1) 통일의 필요성: 민족의 동질성 회복, 한반도의 평화 정착, 분단 비용❷ 절감 등

(2) 통일을 위한 노력: 남북한의 평화적 교류 및 협력 추진, 남북 통일에 우호적인 국제 환경 조성, 튼튼한 안보의식을 바탕으로 한반도의 평화와 통일에 관해 열린 마음으로 소통

2 동아시아의 역사 갈등과 세계 평화

1. 동아시아의 역사 갈등❸ (대표 자료)

(1) 중국과의 역사 갈등: 중국이 동북 공정❹ 진행 과정에서 고조선, 고구려, 발해 등의 역사가 중국사의 일부라는 왜곡된 주장을 내세움 → 현재의 영토를 확고히 하기 위함

(2) 일본과의 역사 갈등

독도 영유권 주장	역사적, 지리적, 국제법적으로 명백한 우리나라 고유의 영토인 독도를 불명확한 근거로 일본의 영토에 편입되었다는 왜곡된 주장을 펼치고 있음
역사 교과서 왜곡	일제 강점기 징용·징병 및 일본군 '위안부' 동원의 강제성을 축소 또는 은폐함으로써 자신들의 침략 전쟁과 식민 지배를 정당화하고 있음
야스쿠니 신사 참배	일본 정치인들이 전쟁 범죄자들의 신사를 참배하며 주변국 침략 역사를 반성하지 않음

2. 동아시아 역사 갈등 문제의 해결을 위한 노력

(1) 정부 차원: 주변국의 역사 왜곡에 대한 외교적인 대처 및 관계 법령 정비, '동북아 역사 재단'을 설립하여 역사 왜곡에 대응하는 연구 지원

(2) 민간 차원: 공동 역사 연구 및 공동 역사 교재 발간을 통한 역사 인식의 차이 극복, 동아시아 청소년 역사 체험 캠프 등 다양한 문화 교류 행사 개최 등

3. 세계 속의 우리나라

(1) 지정학적 위치 특성: 대륙과 해양이 만나는 반도국으로 동아시아의 전략적 관문에 위치함

(2) 국제적 위상: 1960년대 이후 정부 주도 개발 정책으로 빠른 경제 성장 달성, 경제 협력 개발 기구(OECD), 아시아·태평양 경제 협력체(APEC) 등 여러 국제기구에서 주도적으로 활동

4. 세계 평화에 기여하는 우리나라 (자료 ❷)

(1) 국가 차원: 국제 연합(UN)의 활동 지원 및 국제 문제 해결을 위해 세계 여러 국가들과 협력, 개발 도상국에 대한 공적 개발 원조 확대, 재난을 입은 국가에 긴급 구호 물품 제공

(2) 개인·민간 차원: 반전 및 평화 운동 참여, 어려움을 겪고 있는 국가에 식량·구호 물품 기부

한끝 자료실

· 대표 자료 · 중국과 일본의 역사 왜곡 ────────── ✦ 비판적 사고력

🔍 중국과의 역사 갈등

중국 국가 박물관이 한·중·일 고대 유물 전시회에서 한국 고대사를 소개하며 고구려와 발해를 고의로 삭제하였다. 전시회의 한국 고대사 연표에는 청동기 시대를 고조선으로, 철기 시대를 신라·백제·가야·통일 신라·고려·조선 등만 표기하였다.

🔍 일본과의 역사 갈등

일본은 1950년대부터 역사 교과서 왜곡을 진행하여 일제 강점기 징용·징병 및 일본군 '위안부' 동원의 강제성을 축소·은폐하였다. 우리나라 고유의 영토인 독도도 근거도 불명확한 「시마네현 고시 제40호」를 근거로 일본 영토라고 왜곡하고 있다.

중국은 동북 공정으로 우리나라 역사와 문화에 해당하는 고조선, 고구려, 발해 등의 역사와 문화가 모두 중국의 지방사라고 왜곡하고 있다. 한편 일본은 식민 지배를 미화하는 역사 교과서를 만들고, 수많은 역사적 문헌과 자료들이 우리나라 영토임을 뒷받침하는 독도를 일본 영토라고 왜곡하고 있다. 독도는 우리나라, 일본, 러시아로 둘러싸인 동해 한가운데 있어 군사적으로 중요하며, 독도 바다 밑에는 해양 심층수, 가스 하이드레이트와 같은 자원이 풍부하기 때문이다.

· 시험에서는 이렇게 ·

(가)	일본은 시네마현의 고시로 독도가 일본의 영토로 편입되었다는 왜곡된 주장을 펼치고 있다.
(나)	중국은 우리나라의 역사에 해당하는 고조선, 부여, 고구려, 발해의 역사가 중국의 지방사라고 주장하고 있다.

(가)는 일본의 역사 왜곡, (나)는 중국의 역사 왜곡이다. 이 문제는 중국과 일본이 역사를 왜곡하는 까닭은 무엇이며, 이를 해결하기 위한 방안을 묻는 유형이 자주 출제된다.

╲ 시험 준비 길잡이

역사적 갈등 상황을 자료로 주는 경우가 많아요. 중국의 동북 공정, 일본의 왜곡된 독도 영유권 주장, 일제 강점기 관련 역사 교과서 왜곡, 야스쿠니 신사 참배 등을 구체적인 내용과 함께 정리해 두세요.

자료 ❶ 남북 평화 통일을 향한 노력

🔺 이산가족 상봉

🔺 남북 단일 여자 하키팀

🔺 북한에 손소독제 지원

남북 분단이 지속되면서 이산가족의 고통, 분단 비용 발생, 분단으로 인한 군사적 긴장 등 많은 문제가 나타나고 있다. 이에 남북한은 남북 정상 회담, 남북 공동 회담 등을 통해 6·15 남북 공동 선언, 10·4 남북 공동 선언 등을 발표하여 통일을 향한 토대를 마련하였고, 이산가족 상봉, 대북 지원 등 인도주의적 협력을 강화하였다. 또한 남북한 공동으로 「겨레말큰사전」을 편찬하고 스포츠 대회 단일팀을 구성하며, 남북 예술단 합동 공연을 개최하는 등 통일을 위해 다양한 노력을 하고 있다.

자료 ❷ 세계 평화를 위한 우리나라의 노력

한국 국제 협력단(KOICA)은 요르단의 난민 아동을 위한 학교를 설립하거나 국제 연합 개발 계획(USDP)과 함께 네팔 농부의 소득 증대를 목표로 농산물 손실 최소화, 최고 가격 보장제, 농민 역량 강화 등 농산물의 생산·운송·유통·판매까지 전반적인 활동을 지원하고 있다.

한국 국제 협력단은 정부 차원의 대외 무상 협력 사업을 실시하는 기관이다. 우리나라는 여러 어려움 속에서도 단기간에 산업화와 민주화를 동시에 달성한 국가로 인정받으며 국제적 위상이 높아졌다. 이에 우리나라는 개발 도상국에 경제적 지원을 할 뿐만 아니라 재난이나 분쟁에 시달리는 국가에 군대를 파견하고, 국제 연합(UN)의 평화 유지 활동에 참여하는 등 세계 평화 실현을 위해 다양한 역할을 하고 있다.

개념 확인하기

1 남북 분단의 국제적·국내적 배경을 옳게 연결하시오.

(1) 국내적 배경 ·　　　· ㉠ 한반도의 지정학적 위치

(2) 국제적 배경 ·　　　· ㉡ 민족 내부의 응집력 부족

2 다음 빈칸에 들어갈 말을 쓰시오.

(1) 일본은 시마네현의 고시를 근거로 독도에 대한 (　　　)을/를 주장하고 있다.

(2) 중국은 (　　　)을/를 통해 고조선, 고구려, 발해 등 우리나라의 역사를 중국의 역사라고 왜곡하고 있다.

3 다음 설명이 맞으면 ○표, 틀리면 ×표를 하시오.

(1) 우리나라는 대륙과 해양을 연결하는 지정학적 요충지에 위치하고 있다. (　　)

(2) 동아시아 역사 갈등 문제를 해결하려면 각 국은 주관적 관점에서 역사 교과서를 편찬해야 한다. (　　)

실력 다지기

01 다음 글을 분석 또는 추론한 내용으로 옳은 것만을 〈보기〉에서 있는 대로 고른 것은?

> 제2차 세계 대전 이후 세계는 미국을 중심으로 한 자본주의 진영과 소련을 중심으로 한 사회주의 진영 간의 이념적 갈등 상태에 놓이게 되었다. 이러한 상황에서 한반도에는 북위 38도선을 경계로 미국과 소련의 군대가 남과 북에 각각 주둔하면서 분단되었다.

┤ 보기 ├
ㄱ. 냉전이 남북이 분단되는 데 영향을 주었다고 본다.
ㄴ. 남북 분단의 배경을 국제적 측면에서 서술하고 있다.
ㄷ. 민족 내부의 이념적 갈등이 한반도의 분단을 초래했다고 본다.
ㄹ. 한반도의 지정학적 위치가 남북 분단에 영향을 끼쳤다고 본다.

① ㄱ, ㄴ   ② ㄱ, ㄷ   ③ ㄴ, ㄷ
④ ㄱ, ㄴ, ㄹ   ⑤ ㄴ, ㄷ, ㄹ

02 다음은 남북 분단의 과정을 나타낸 것이다. (가) 시기에 발생한 역사적 사건으로 알맞은 것은?

> 1948년 5월 10일에 남한에서 국제 연합(UN)의 감시 아래 총선거를 실시하였다.

↓

(가)

↓

> 1953년 정전 협정이 체결되면서 6·25 전쟁이 일단락되었다.

① 제2차 세계 대전에서 일본이 항복을 선언하였다.
② 북한에서 총선거가 실시되고 정부가 구성되었다.
③ 미국이 북한을, 소련이 남한을 각각 분할 점령하였다.
④ 정부 주도의 개발 정책에 따라 산업 시설이 생겨났다.
⑤ 전쟁이 일어나 많은 사상자가 생기고 이산가족이 발생하였다.

이 문제에서 나올 수 있는 **모든 선택지** ✓

03 다음 글을 통해 알 수 있는 남북 통일의 필요성으로 가장 적절한 것은?

> 대한민국은 전 세계에서 9번째로 많은 군사비를 지출하고, 북한은 전 세계에서 국내 총생산(GDP) 대비 군사비 지출이 가장 많은 것으로 나타났다. 남북한 모두 인구나 경제 규모 대비 적정 수준 이상의 군사비를 사용하고 있으며, 과다한 군사비 지출로 많은 자원을 소모하고 있다.

① 한반도의 군사적 긴장감을 높일 수 있다.
② 한반도의 평화 통일로 냉전이 다시 나타날 수 있다.
③ 북한 주민의 인권을 개선하여 소극적 평화를 실현할 수 있다.
④ 남북 간 대립으로 발생하는 소모적인 비용을 절감할 수 있다.
⑤ 인적·물적 교류가 줄어들어 지역 간 갈등이 해소될 수 있다.
⑥ 남북 간 전쟁의 위협을 제거하여 적극적 평화를 실현할 수 있다.

04 다음은 사회 학습 게시판에 올라온 질문이다. 댓글의 내용으로 옳지 <u>않은</u> 것은?

> ● ● ● ＜ ＞ ↻   ⤢ ☰
>
> **지식 Q&A**
> 남한과 북한이 평화 통일을 이루기 위해서는 어떤 노력을 해야 할까요?
>
> **답변하기**
> ㄴ 갑: 남북 상호 간에 신뢰를 쌓아야 해요.
> ㄴ 을: 군비 증대를 통해 군사력을 확충해야 해요.
> ㄴ 병: 주변 강대국들의 이해와 도움을 이끌어 내야 해요.
> ㄴ 정: 경제적 협력을 확대하여 경제적 격차를 줄여야 해요.
> ㄴ 무: 민족의 동질성 회복을 위해 문화 교류를 확대해야 해요.

① 갑   ② 을   ③ 병   ④ 정   ⑤ 무

서술형 대비하기

대표 자료 링크

05 다음에 공통으로 나타난 동아시아 역사 갈등 문제에 관한 설명으로 옳은 것은?

> • 일본 정부가 1950년대부터 역사 교과서 왜곡을 진행하였다.
> • 2001년 '새로운 역사 교과서를 만드는 모임'에서 편찬한 교과서의 왜곡 사실이 알려지면서 역사 갈등이 심화되었다.

① 일본군 '위안부' 관련 내용을 축소·은폐하고 있다.
② 일본 정치인들의 야스쿠니 신사에 참배하고 있다.
③ 발해를 당에 예속된 지방 정부라고 해석하고 있다.
④ 소수 민족을 통합하여 현재의 영토를 확고히 하기 위함이다.
⑤ 고조선, 고구려, 발해가 자국의 지방 정권 중 하나였다고 주장하고 있다.

중요해
06 (가)에 들어갈 내용으로 적절한 내용만을 〈보기〉에서 있는 대로 고른 것은?

> 우리나라는 1960년대 이후 정부 주도의 경제 개발 정책에 따라 빠른 경제 성장을 이루었으며, 오늘날 경제 강국으로 인정받고 있다. 또한 우리나라는 2018년 평창 동계 올림픽 등 각종 국제 행사를 개최함으로써 국제 사회에서의 정치적·사회적 영향력을 넓히고 있다. 이를 바탕으로 우리나라는 _____(가)_____ 함으로써 국제 사회의 평화에 기여해야 한다.

| 보기 |
ㄱ. 북한과 평화적으로 교류하여 군사적 긴장 상태를 완화
ㄴ. 빈곤이나 재난으로 고통받는 나라에 대한 원조를 실시
ㄷ. 전쟁, 테러 등이 일어나고 있는 지역에 평화 유지군을 파견
ㄹ. 중국이나 일본과의 역사 갈등 문제를 일방적으로 축소·은폐

① ㄱ, ㄴ　　② ㄷ, ㄹ　　③ ㄱ, ㄴ, ㄷ
④ ㄱ, ㄴ, ㄹ　　⑤ ㄴ, ㄷ, ㄹ

07 다음 사례가 남북 통일에 대해 시사하는 바를 **두 가지** 이상 서술하시오.

> 독일의 통일에는 동독과 꾸준히 교류를 추진한 서독 정부의 노력과 동독의 변화, 냉전 체제 붕괴 등이 큰 역할을 하였다. 통일 후 독일은 동독 재건을 위한 통일 비용 문제를 겪었지만, 독일 정부가 동독 주민의 생활 수준 향상과 동독 기업의 경쟁력 강화를 위한 정책을 추진하며 동서독 간 격차를 줄이려고 노력했다.

_____

_____

_____

3단계로 완성하기

08 자료와 관련 있는 지역의 영토 및 역사 갈등 문제를 해결하기 위한 노력을 서술하시오.

> 1876년(고종 13년) 일본의 최고 행정 기관인 태정관은 내무성이 올린 질의서를 검토한 후 1877년 3월 29일 "울릉도 외 1도(독도)에 관한 건에 대해 본방(일본)과 관계없음을 명심할 것"이라는 지령을 내렸다.
> – 일본 메이지 정부의 최고 행정 기관 태정관이 내린 지령(1877)

1단계 위 자료를 분석하여 울릉도와 독도에 관해 알 수 있는 내용을 써 보세요.

_____

2단계 위 자료가 뒷받침하는 역사적 사실을 써 보세요.

_____

3단계 1단계와 2단계에서 정리한 내용을 바탕으로 우리나라가 일본과의 역사 갈등 문제를 해결하기 위해 어떤 노력을 하고 있는지 서술해 보세요.

_____

_____

1등급 도전하기

01 ✦창의 융합

(가)에 들어갈 전시회의 주제로 가장 적절한 것은?

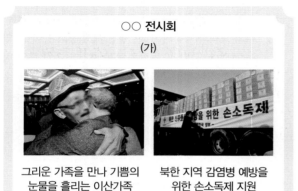

○○ 전시회

(가)

그리운 가족을 만나 기쁨의 눈물을 흘리는 이산가족

북한 지역 감염병 예방을 위한 손소독제 지원

① 남북 분단의 배경
② 6·25 전쟁의 영향
③ 남북한 정치 교류의 모습
④ 남북한 평화 통일을 향한 노력
⑤ 냉전 체제가 우리나라에 미친 영향

02 지도는 동부 및 동남아시아의 분쟁 지역을 표시한 것이다. A~D 지역에 대한 옳은 설명만을 〈보기〉에서 고른 것은?

┤ 보기 ├
ㄱ. A는 일본과 중국의 분쟁 지역이다.
ㄴ. B는 동북 공정으로 인한 분쟁이 나타나는 지역이다.
ㄷ. C는 중국과 베트남이 대립하고 있는 영토 분쟁 지역이다.
ㄹ. D는 난사 군도를 둘러싼 분쟁 지역이다.

① ㄱ, ㄴ   ② ㄱ, ㄷ   ③ ㄴ, ㄷ
④ ㄴ, ㄹ   ⑤ ㄷ, ㄹ

03 다음과 같은 내용의 연구가 추진되었던 지역을 지도의 A~E에서 고른 것은?

• 연구명: 동북 변경 지역의 역사와 현상에 관한 체계적인 연구 과제
• 연구 목적: 고구려와 발해의 역사를 포함하여 중국의 국경 안에서 전개된 모든 역사를 중국 역사로 편입한다.

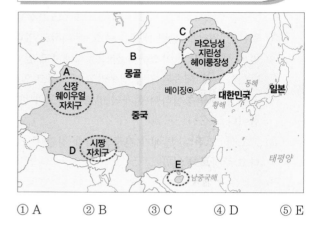

① A   ② B   ③ C   ④ D   ⑤ E

04 밑줄 친 ㉠~㉢에 대한 설명으로 옳지 않은 것은?

우리나라는 ㉠ 동아시아의 전략적 관문에 위치하고 있으며, ㉡ 1960년대 이후부터 고도의 경제 발전을 이루어 오늘날 세계 10위권의 경제 대국으로 성장하였다. 또한 우리나라는 ㉢ 여러 국제기구에 가입하여 국제 평화를 위해 활동하고 있다. 최근에는 세계화에 따라 우리나라의 ㉣ 대중문화를 한류 열풍을 타고 세계로 확산시키는 한편, ㉤ 전통문화의 우수성도 인정받고 있다.

① ㉠ - 유라시아 대륙과 태평양을 연결하는 지리적 요충지이다.
② ㉡ - 우리나라의 경제 개발 정책은 민간 주도하에 이루어졌다.
③ ㉢ - 국제 연합 평화 유지 활동에 참여하고 있다.
④ ㉣ - 해외에서 우리나라 드라마와 케이팝(K-Pop) 등의 인기가 확산되고 있다.
⑤ ㉤ - 우리나라의 석굴암과 불국사는 유네스코 세계 문화유산으로 등재되어 있다.

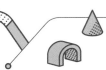

수능 준비하기

정답과 해설 23쪽

01 **평가원 기출**

22학년도 9월 모평 생활과 윤리 14번

㉠에 들어갈 진술로 가장 적절한 것은?

> 독일의 통일 사례는 통일을 준비하는 우리에게 중요한 교훈을 준다. 독일은 통일 전 많은 교류와 협력을 추진해 왔음에도 불구하고, 통일 이후 구 동독 지역 주민들과 구 서독 지역 주민들이 서로를 비하하고 무시하는 등 심각한 갈등을 겪었다. 또한 사회·문화적인 이질성을 줄이지 못한 상황에서 통일이 되면서 통일 이후에 사회를 통합하는 데 막대한 비용을 지불해야 했다. 이처럼 오랜 기간 서로 다른 이념과 체제에서 살아온 사람들이 서로에 대한 이질감을 극복하고 내적인 통합을 이루는 것은 단기간에 달성할 수 있는 쉬운 문제가 아니다. 따라서 우리는
>
> ㉠

① 교류와 협력보다는 체제의 우위를 공고히 해야 한다.
② 사회적 갈등을 예방하기 위해 흡수 통일을 지향해야 한다.
③ 사회·문화적 통합을 이루기 위한 장기적 대책을 강구해야 한다.
④ 민족의 동질성을 회복하기 위해 급진적으로 통일을 이루어야 한다.
⑤ 이념적 통합이 선행되지 않으면 통일을 위한 노력을 중단해야 한다.

➕ **수능 만점** 한끝

통일 이후 동독과 서독 주민 간에 문화적 차이로 인한 이질감으로 혼란을 겪는 독일의 통일 사례가 우리에게 주는 교훈은 무엇인지 찾아본다.

● **문제의 핵심**

평화와 통일을 향한 노력

통일의 필요성	민족의 동질성 회복, 한반도의 평화 정착, 분단 비용 절감
통일을 위한 노력	남북한의 평화적 교류 및 협력 추진, 안보 의식을 바탕으로 한 한반도의 평화와 통일에 관한 소통

---

02 **교육청 기출** **역사 + 사회**

19학년도 3월 고2 학평 동아시아사 20번

(가)에 들어갈 내용으로 가장 적절한 것은?

2024 동아시아 청소년 ○○ 캠프 일정표

시간	일정
09:00	개회식
09:30	견학(서대문 형무소 역사관 등)
12:00	중식
13:00	동아시아의 화해를 위해 노력한 사례 발표 1. 일본군 '위안부' 강제 동원을 사과한 고노 담화 2. (가)
16:00	조별 토론·발표 및 해산

① 중국의 동북 공정 추진
② 동북아 역사 재단 설립
③ 중국의 난사 군도 영유권 주장
④ 일본 총리의 야스쿠니 신사 참배
⑤ 일본의 징용·징병의 강제성 부인

➕ **수능 만점** 한끝

제시된 자료를 바탕으로 동아시아의 역사 갈등과 세계 평화를 위해 노력한 사례를 파악한다.

● **이렇게도 출제될 수 있어요!**

제시된 자료를 바탕으로 동아시아의 갈등 상황을 파악한 후, 그러한 갈등을 해결하기 위한 노력이 필요한 이유를 추론하는 문제가 출제될 수 있어요.

대단원 마무리하기

Ⅳ 세계화와 평화

01 (가), (나)에 대한 설명으로 옳지 않은 것은?

(가)	지역 간에 상품, 자본, 기술 등이 국경을 넘어 자유롭게 이동하고 있다. 이에 따라 국가 간 상호 의존성이 커지고 세계가 통합되고 있다.
(나)	한 지역의 특수한 요소들이 지역 수준을 넘어 세계적으로 그 가치를 인정받는 현상으로, 각 지역은 지역 발전을 위해 자기 지역의 고유한 특성을 전 세계에 알리고 있다.

① (가)로 인해 세계 각국의 문화가 서로 영향을 주고받는다.
② 지리적 표시제는 (나)의 전략에 해당한다.
③ (나)는 지역적인 것이 세계적인 차원에서 가치를 갖는 현상이다.
④ (가)로 인해 (나)의 필요성은 점차 줄어들고 있다.
⑤ (가)는 (나)와 동시에 이루어지기도 한다.

02 ㉠, ㉡에 들어갈 내용으로 가장 적절한 것은?

- 뉴욕의 월가는 세계적인 금융 기관과 증권 거래소 등이 있어 세계 경제에 큰 영향을 미친다. 또한 뉴욕에는 국제 연합(UN)의 본부가 있어 주요 국제회의가 개최되며, 세계 공연 예술의 중심지인 브로드웨이가 있다. 이처럼 뉴욕은 세계적으로 중심지 역할을 수행하는 (㉠)이다.
- 뉴욕은 1970년대 경제 불황으로 생긴 부정적인 이미지를 탈피하고자 'I♥NY'이라는 도시 브랜드를 만들었다. 뉴욕은 이를 활용해 다양한 문화 상품을 개발하고 관광 수익을 올리고 있다. 이처럼 뉴욕은 지역 브랜드화를 통한 (㉡)(으)로 지역 경제를 활성화하고, 긍정적 이미지를 만들 수 있었다.

	㉠	㉡
①	세계도시	지역화 전략
②	세계도시	문화의 획일화
③	세계도시	다국적 기업의 현지화
④	생태 도시	지역화 전략
⑤	생태 도시	다국적 기업의 현지화

03 (가) 지역과 비교한 (나) 지역의 상대적 특성을 그래프의 A~E에서 고른 것은?

일본 ○○사의 자동차는 설계 및 디자인, 조립 등이 서로 다른 지역에서 이루어진다. 제품 설계 및 디자인, 마케팅과 관련한 본사는 (가) 지역에 있으며, 부품을 조립하는 공장은 (나) 지역에 위치해 있다

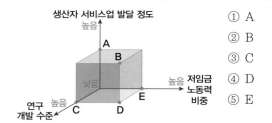

① A
② B
③ C
④ D
⑤ E

04 대화를 보고 (가)에 들어갈 적절한 내용만을 〈보기〉에서 고른 것은?

오늘날에는 교통·통신 수단의 발달로 전 세계가 하나의 사회처럼 긴밀하게 연결되고 있어.

맞아. 오늘날 우리 사회는 세계화로 인하여 (가)

┤보기├
ㄱ. 판매 시장이 좁아져서 다국적 기업이 큰 피해를 입고 있어.
ㄴ. 선진국과 개발 도상국 간의 경제적 격차가 더욱 심화되고 있어.
ㄷ. 국제 교류가 활발해지면서 다양한 문화를 접촉할 기회가 늘어났어.
ㄹ. 자유주의의 확산으로 보편 윤리와 특수 윤리가 충돌할 가능성이 사라졌어.

① ㄱ, ㄴ   ② ㄱ, ㄷ   ③ ㄴ, ㄷ
④ ㄴ, ㄹ   ⑤ ㄷ, ㄹ

05 표는 다양한 측면에서 전개되는 세계화의 사례를 정리한 것이다. (가)에 들어갈 내용으로 적절한 것만을 〈보기〉에서 있는 대로 고른 것은?

구분	사례
다국적 기업의 활동	동남아시아에 생산 공장을 건설한 우리나라의 △△ 기업
세계도시의 형성	세계 정치, 경제, 문화의 중심지 뉴욕
활발한 문화 교류	(가)

┤ 보기 ├
ㄱ. 전 세계에서 시청하는 영국 드라마
ㄴ. 우리나라에서 개최되는 국제 영화제
ㄷ. 각국의 대표 선수가 참가하는 올림픽
ㄹ. 일본의 주가 변동에 영향을 미치는 뉴욕 증권 시장

① ㄱ, ㄴ　　　② ㄷ, ㄹ　　　③ ㄱ, ㄴ, ㄷ
④ ㄱ, ㄴ, ㄹ　　　⑤ ㄴ, ㄷ, ㄹ

06 다음 선언문에서 강조하는 내용으로 적절한 것만을 〈보기〉에서 고른 것은?

 제1조 문화 다양성은 인류의 공동 유산일 뿐만 아니라, 현재 세대와 미래 세대를 위해 인정되고 보장되어야 한다.
• **제3조** 발전을 위한 근간 중 하나인 문화 다양성을 단지 경제 성장의 관점이 아니라 좀 더 충분한 지적·감성적·윤리적·정신적 존재를 위한 수단으로 이해해야 한다.

┤ 보기 ├
ㄱ. 문화 다양성은 인류 모두의 유산이다.
ㄴ. 문화가 획일화되는 것은 자연스러운 현상이다.
ㄷ. 인간의 존엄성은 문화 다양성 보존을 위하여 제한될 수 있다.
ㄹ. 사회 발전을 위해 문화의 다양성을 보존하고 국제적으로 협력해야 한다.

① ㄱ, ㄴ　　　② ㄱ, ㄹ　　　③ ㄴ, ㄷ
④ ㄴ, ㄹ　　　⑤ ㄷ, ㄹ

07 그림의 강연자가 지지할 입장으로 적절하지 <u>않은</u> 것은?

범죄, 테러, 전쟁 등과 같은 직접적 폭력만이 사라진 소극적인 평화는 언제든지 깨질 수 있습니다. 진정한 평화를 이루기 위해서는 직접적 폭력뿐만 아니라 구조적·문화적 폭력이 모두 사라진 적극적인 평화를 실현해야 합니다.

① 문화적 폭력은 직접적·구조적 폭력을 정당화한다.
② 소극적 평화만으로는 진정한 평화가 실현될 수 없다.
③ 소극적 평화는 물리적 폭력이 제거된 상태를 말한다.
④ 진정한 평화는 문화적 폭력이 존재하더라도 가능하다.
⑤ 진정한 평화는 적극적 평화를 달성함으로써 이루어진다.

08 생성형 인공지능의 답변 중에서 옳지 <u>않은</u> 것은?

 안녕하세요. 생성형 인공지능(AI) 학습 챗봇 한끝샘입니다. 무엇을 알려 드릴까요?

소극적 평화와 적극적 평화의 공통점과 차이점을 알고 싶어요.

 네. 소극적 평화와 적극적 평화의 공통점과 차이점을 알려 드릴게요.

㉠ 적극적 평화를 실현하려면 사회 제도의 개선이 요구됩니다.
㉡ 소극적 평화는 적극적 평화와 달리 무력 충돌이 없는 상태를 포함합니다.
㉢ 적극적 평화의 실현은 소극적 평화의 실현과 달리 빈곤 문제의 해결을 보장합니다.
㉣ 적극적 평화는 소극적 평화와 달리 각종 억압과 차별이 사라진 상태를 포함합니다.
㉤ 소극적 평화와 적극적 평화 모두 물리적 폭력이 제거된 상태를 포함합니다.

＋　　　　　　　　　　　　　　　　　　전송

① ㉠　　② ㉡　　③ ㉢　　④ ㉣　　⑤ ㉤

09 ⊙과 관련된 국제 사회의 행위 주체에 대한 설명으로 옳은 것은?

> (⊙)이/가 시위대를 향해 실탄을 발포한 이란 당국을 규탄하였다. (⊙)은/는 이날 성명에서 "이란 당국이 시위대에 실탄을 포함한 불법적인 총기 사용을 했다."라고 지적하였다. 또한 "국제 연합 인권 이사회의 모든 회원국은 더 이상의 인명 손실을 막기 위해 지금 당장 결정적 조치를 취하고, 이란에 대한 특별 회의를 소집해야 한다."라고 강조하였다.

① 국가를 회원으로 한다.
② 세계 보건 기구(WHO), 국제 통화 기금(IMF)도 포함된다.
③ 시민사회의 영향력이 낮아짐에 따라 역할이 줄어들고 있다.
④ 세계 여러 국가에서 경제활동을 하며 국제 사회에서 영향력을 행사한다.
⑤ 환경 보호, 인권 보장, 보건과 같은 국제 사회의 보편적 가치를 중시한다.

10 밑줄 친 ⊙~@에 대한 옳은 설명만을 〈보기〉에서 고른 것은?

> **코로나바이러스감염증−19 확산, 국제 사회의 반응은?**
> 코로나바이러스감염증−19가 확산되면서 몇몇 ⊙ 국가들은 코로나바이러스감염증−19 백신에 대한 특허를 보유하지 않은 기업도 백신을 생산해야 한다고 주장하였다. 이에 대해 ⓒ 세계 보건 기구(WHO) 사무총장과 ⓒ 국제 연합(UN)의 회원국 일부는 긍정적인 반응을 보였으나, 백신 특허권을 보유한 @ 다국적 기업들은 반대하고 나섰다.

┤ 보기 ├
ㄱ. ⊙은 국제 사회의 기본적인 행위 주체이다.
ㄴ. ⓒ은 공익보다 사익을 추구한다.
ㄷ. @의 영향력은 세계화로 인해 증가하고 있다.
ㄹ. ⓒ은 ⓒ과 달리 개인이 회원으로 가입할 수 있다.

① ㄱ, ㄴ   ② ㄱ, ㄷ   ③ ㄴ, ㄷ
④ ㄴ, ㄹ   ⑤ ㄷ, ㄹ

11 ╋단원 통합
다음 수업 장면에서 교사의 질문에 적절한 대답을 한 학생만을 있는 대로 고른 것은?

① 갑, 병   ② 갑, 정   ③ 을, 정
④ 갑, 을, 병   ⑤ 을, 병, 정

12 밑줄 친 ⊙~◎ 중 옳지 않은 것은?

> ⊙ 제2차 세계 대전에서 일본의 패전 선언으로 우리나라는 광복을 맞이하게 되었다. 그러나 ⓒ 광복 후 한반도에는 북위 38도선을 경계로 미국과 소련의 군대가 남한과 북한에 각각 주둔하였으며, ⓒ 국내에서는 신탁 통치에 대한 찬반 논쟁이 일어났다. 이러한 배경 속에서 @ 미군과 남한 측의 거부로 북한만의 총선거가 실시되고 정부가 수립되었다. 이후 ◎ 1950년 북한의 남침으로 6·25 전쟁이 일어났고 오늘날까지 남북 분단이 고착화되었다.

① ⊙   ② ⓒ   ③ ⓒ   ④ @   ⑤ ◎

13 +단원 통합
다음 글의 저자가 긍정의 대답을 할 질문으로 가장 적절한 것은?

> 갈퉁의 평화 개념을 남북 분단의 현실에 적용해 보면, 한반도에서 소극적 평화가 실현되었다고 보기 어렵다. 한반도에서 공식적으로 전쟁이 종식되지 않았기 때문이다. 따라서 한반도에서 가장 시급하게 필요한 것은 전쟁의 가능성을 완전히 제거하는 것이다. 더 나아가 적극적 평화를 실현하기 위해서는 남북 대립을 강화하고 지속시키는 우리 사회의 구조가 변화해야 한다. 그리고 남북 사이의 대결을 심화시키는 담론도 사라져야 할 것이다.

① 평화 통일을 방해하는 문화적 폭력이 존재하는가?
② 한반도에서 직접적 폭력이 완전히 제거되었는가?
③ 진정한 평화는 전쟁의 종식으로 실현될 수 있는가?
④ 물리적 폭력을 없애면 적극적 평화가 자연스럽게 이어지는가?
⑤ 남북 분단 문제 해결을 위해서는 구조적 폭력의 제거가 가장 시급한가?

14 ㉠에 들어갈 내용으로 적절한 것은?

초청장

(㉠)을/를 주제로 개최되는 심포지엄에 여러분을 초대합니다.

〈분과별 주제〉

- 1분과: 중국의 동북 공정, 어떻게 대처할 것인가?
- 2분과: 일본의 역사 교과서 왜곡, 무엇이 문제인가?

① 남북 분단
② 지구 온난화
③ 세계 경제 위기
④ 동아시아의 역사 갈등
⑤ 냉전 체제에 따른 이념 대립

15 어느 학생이 수업 시간에 필기한 내용이다. (가)에 들어갈 내용으로 적절한 것만을 〈보기〉에서 고른 것은?

〈국제 사회의 평화에 기여하는 우리나라〉

1. 세계 속의 우리나라
(1) 지리적 측면: 유라시아 대륙과 태평양을 연결하는 지리적 요충지
(2) 경제적 측면: 1960년대 이후 추진된 정부 주도의 개발 정책으로 고도의 경제 발전을 이룸

2. 국제 평화를 위한 우리의 노력
(1) 국가 차원: 국제기구 활동 참여, 개발 도상국에 공적 개발 원조 확대
(2) 개인·민간 차원: _____ (가)

보기

ㄱ. 세계시민 의식 함양
ㄴ. 비정부 기구의 활동에 참여
ㄷ. 국제 연합의 평화 유지 활동에 파병
ㄹ. 테러 확산 방지를 위한 국제 협약 체결

① ㄱ, ㄴ ② ㄱ, ㄷ ③ ㄴ, ㄷ
④ ㄴ, ㄹ ⑤ ㄷ, ㄹ

16 대화의 (가)에 들어갈 적절한 내용만을 〈보기〉에서 고른 것은?

> - 갑: 일본이 독도 영유권을 끊임없이 주장하는 이유는 무엇일까요?
> - 을: 그것은 독도가 _____ (가) 있기 때문입니다.

보기

ㄱ. 풍부한 해양 자원을 가지고
ㄴ. 군사적으로 중요한 위치에
ㄷ. 경제적 가치에 비해 땅값이 싸다고 알려져
ㄹ. 모든 역사책에서 일본의 영토라고 표기되어

① ㄱ, ㄴ ② ㄱ, ㄷ ③ ㄴ, ㄷ
④ ㄴ, ㄹ ⑤ ㄷ, ㄹ

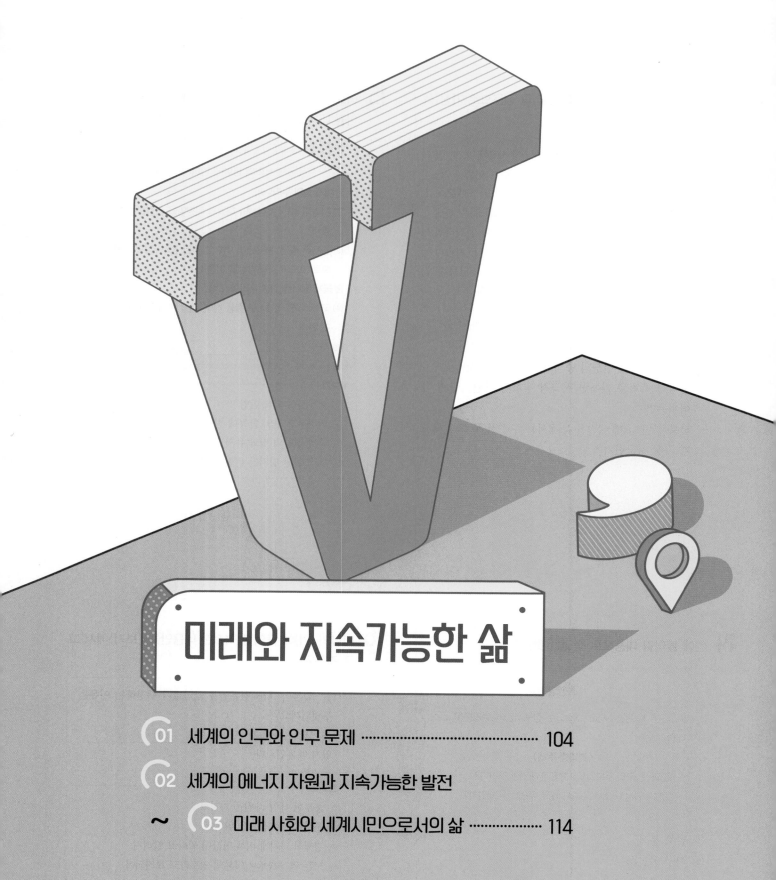

미래와 지속가능한 삶

✦ 무엇을 배울까?

중학교에서 배운 내용	
☑ **사회**	지역별 인구 특징 / 인구 문제 / 지속가능한 자원 개발
☑ **도덕**	지속가능한 발전을 위한 노력 / 세계시민으로서의 삶

이 단원에서 배울 내용

☑ 세계의 인구: 인구 분포와 인구 구조, 인구 문제와 해결 방안

☑ 지속가능한 발전: 에너지 자원의 분포와 소비, 기후변화와 대응 방안, 지속가능한 발전을 위한 노력

☑ 지속가능한 삶: 미래 사회의 모습, 세계시민으로서의 자신의 미래 방향

01 세계의 인구와 인구 문제

핵심 미리 보기
☑ 세계의 인구 분포와 구조, 인구이동의 특징 파악하기
☑ 개발 도상국과 선진국에서 발생하는 인구 문제 구분하기

한끝 더하기

❶ 식생
어떤 일정한 장소에 모여 사는 식물 집단으로, 기후 지역을 구분하는 대표적인 기준

❷ 인구 피라미드
인구의 성별, 연령별 구성을 피라미드 모양으로 나타낸 그래프

❸ 기대 수명
0세 출생자가 앞으로 생존할 것으로 기대되는 평균 생존 연수

❹ 중위 연령
전체 인구를 연령순으로 일렬로 세웠을 때 가운데 있는 사람의 나이

❺ 성비
여성 100명당 남성의 수로 성비가 100보다 크면 남초 현상, 100보다 작으면 여초 현상이 나타난다.

1 세계의 인구 현황

1. 인구 성장

(1) 세계의 인구 성장: 산업 혁명 이후 생활 환경 개선, 의료 기술 발달, 공공 위생 시설 개선 등의 영향 → 평균 수명 증가, 사망률 감소로 세계 인구가 급격히 증가함 (자료 ❶)

(2) 선진국과 개발 도상국의 인구 성장 (자료 ❷)

선진국	산업화가 일찍 시작되어 18세기 말에서 20세기 초까지 인구가 증가함 → 20세기 중반 이후 출생률 감소 및 인구 정체 또는 감소
개발 도상국	제2차 세계대전 이후인 20세기 중반부터 산업화가 진행되어 인구가 빠르게 증가함 → 사망률 감소, 높은 출생률 유지에 따라 인구 증가율이 높음

2. 인구 분포

(1) 세계의 인구 분포: 자연적 요인과 사회·경제적 요인에 따라 지구상에 불균등하게 분포, 전 세계 인구의 약 90% 이상이 북반구에 거주 (대표 자료)

(2) 인구 분포의 요인

자연적 요인	• 기후, 지형, 식생❶, 토양 등 자연환경 → 전통적인 인구 분포에 영향을 미침 • 인구 밀집 지역: 북반구 중위도의 냉·온대 기후 지역, 해발 고도가 낮은 하천 주변 평야 지역, 해안 지역 • 인구 희박 지역: 건조 및 한대 기후 지역과 산지 및 고원 지역
사회·경제적 요인	• 산업, 교통, 교육, 문화 등 인문환경 → 오늘날 인구 분포에 영향을 미침 • 인구 밀집 지역: 교통과 산업이 발달한 지역, 교육 여건과 문화 시설이 잘 갖추어진 지역, 공업이 발달하거나 일자리가 많은 대도시와 선진국 등

3. 인구 구조

(1) 인구 구조의 의미: 어떤 인구 집단의 연령별, 성별 인구 구성 상태 → 인구 피라미드❷를 통해 한눈에 파악할 수 있음

(2) 경제 수준에 따른 국가 간 인구 구조 차이 (자료 ❸)

선진국	• 결혼과 자녀에 대한 가치관 변화로 출생률이 낮음 • 상대적으로 생활 수준이 높고 의료 기술이 발달하여 사망률이 낮음 • 유소년층 인구 비율 낮고, 노년층 인구 비율 높음 → 기대 수명❸과 중위 연령❹ 높음, 노년 부양비 높음
개발 도상국	• 전통문화와 종교 등의 영향으로 출생률이 높음 • 상대적으로 생활 수준이 낮고 의료 기술이 발달하지 않아 사망률이 높음 • 유소년층 인구 비율 높고, 노년층 인구 비율 낮음 → 기대 수명과 중위 연령 낮음, 유소년 부양비 높음

(3) 산업 발달에 따른 인구 구조 차이

1차 산업이 발달한 촌락 지역	노년층 인구 비율이 높고, 중위 연령 높음
2·3차 산업이 발달한 도시 지역	청장년층 인구 비율이 높고, 중위 연령 낮음

(4) 성별 인구 구조가 다르게 나타나는 지역

① 남아 선호 사상이 남아 있는 국가에서 성비❺가 높게 나타남

② 중화학 공업, 광업이 발달한 지역에서 성비가 높게 나타남

• 대표 자료 • 세계의 인구 분포 특성 → 정보 활용 능력

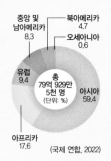

(미 항공 우주국 사회 경제적 데이터 응용 센터, 2023)

⬥ 세계의 인구 분포

⬥ 대륙별 인구 비율

세계의 인구 분포를 살펴보면 북반구에 있는 동아시아, 남부 아시아 지역은 계절풍의 영향으로 인구 부양력이 높은 벼농사가 발달하여 인구 밀도가 높은 편이다. 서유럽, 미국 북동부 지역은 산업 혁명 이후 공업이 발달하면서 인구가 집중하였다. 대륙별 인구 비율은 세계 인구의 절반 이상이 아시아에 살고 있으며, 그 뒤를 이어 아프리카, 유럽 등의 순으로 높게 나타난다.

• 시험에서는 이렇게 •

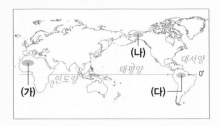

세계의 인구 분포를 자연환경과 연결 지을 수 있는지 묻는 자료이다. (가)는 건조 기후, (나)는 한대 기후, (다)는 열대 기후 지역으로 모두 인간 거주에 불리하다.

시험 준비 길잡이

인간 거주에 불리한 기후가 나타나는 지역과 산업이 발달하여 인구가 밀집한 지역을 구분해 두세요.

자료 ① 세계의 인구 성장

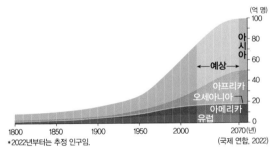

1800년대 약 10억 명이었던 세계 인구는 2000년대 들어서 약 70억 명을 넘어섰다. 이러한 추세라면 2070년에는 세계 인구가 100억 명을 넘을 것으로 전망된다.

◀ 대륙별 인구 성장

(국제 연합, 2022)

자료 ② 인구 변천 모형

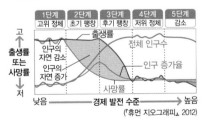

단계	특징
1단계	높은 출생률, 높은 사망률
2단계	경제 성장 → 사망률 감소
3단계	가족 계획 → 출생률 감소
4단계	낮은 출생률, 낮은 사망률
5단계	인구의 자연 감소

("휴먼 지오그래피』, 2012)

자료 ③ 선진국(프랑스)과 개발 도상국(가나)의 인구 구조

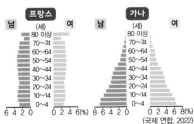

⬥ 프랑스와 가나의 인구 피라미드

인구 피라미드에는 전체 인구를 기준으로 연령별, 성별 비율이 나타나 그 지역의 인구 구성 상태를 알 수 있다. 선진국인 프랑스는 개발 도상국인 가나보다 노년층 인구 비율은 높고, 유소년층 인구 비율은 낮게 나타난다. 따라서 중위 연령과 노년 부양비도 높다는 것을 알 수 있다.

개념 확인하기

1 산업화가 일찍 시작되어 18세기 말에서 20세기 초까지 인구가 빠르게 증가한 이후, 20세기 중반 이후 인구가 정체 또는 감소하는 것은 (선진국, 개발 도상국)이다.

2 인구 분포에 영향을 미치는 자연적 요인과 사회·경제적 요인을 〈보기〉에서 기호를 골라 쓰시오.

| 보기 |
| ㄱ. 교통　　　　ㄴ. 기후 |
| ㄷ. 산업　　　　ㄹ. 지형 |

(1) 자연적 요인　　　　　　　(　)
(2) 사회·경제적 요인　　　　(　)

3 다음 설명이 맞으면 ○표, 틀리면 ×표를 하시오.

(1) 선진국은 유소년층 인구 비율이 낮고, 노년층 인구 비율이 높은 편이다. (　)
(2) 전 세계 인구의 약 90% 이상이 남반구에 거주하고 있다. (　)
(3) 남아 선호 사상이 남아 있는 국가에서는 성비가 낮게 나타난다. (　)

세계의 인구 변화와 인구 문제

❻ 난민
전쟁, 테러, 자연재해 등을 피해 다른 지역으로 이동한 사람

❼ 고령화
전체 인구에서 65세 이상인 노년층 인구가 차지하는 비율이 높아지는 현상

고령화 사회	전체 인구 중 노년층 인구가 7% 이상
고령 사회	전체 인구 중 노년층 인구가 14% 이상
초고령 사회	전체 인구 중 노년층 인구가 20% 이상

❽ 노년 부양비
노년층 인구를 청장년층 인구로 나눈 뒤 100을 곱한 값이다. 유소년 부양비는 유소년 인구를 청장년층 인구로 나눈 뒤 100을 곱한 값이며, 인구 부양비는 노년 부양비와 유소년 부양비를 합한 값이다.

❾ 세대 간 정의
현재 세대가 어떤 형태로 미래 세대에 대한 배려의 의무를 부담하게 하는 것으로, 세대 간의 형평성을 추구하는 것

---

4. 인구이동

(1) **오늘날 세계의 인구이동**: 교통·통신의 발달, 세계화로 인구이동이 활발해짐 대표 자료

(2) **인구이동의 요인**

경제적 이동	· 주로 개발 도상국에서 임금 수준이 높고 고용 기회가 많은 선진국으로 이동함 · 오늘날 국제 인구이동의 대부분임
비경제적 이동	· 정치적 이동: 정치적 탄압, 전쟁 등을 피해 다른 국가로 이주하는 난민❻의 이동 · 환경 난민(기후 난민): 기후변화에 따른 자연재해를 피해 다른 지역으로 이동

(3) **인구이동의 영향**

구분	긍정적 영향	부정적 영향
인구 유입국	노동력 확보에 따른 경제 활성화, 문화적 다양성 증대	기존 주민과 이주민 간 경제적·문화적 갈등
인구 유출국	외화 유입으로 국가 자본 확충	노동력 유출

❷ 세계의 인구 문제와 해결 방안

1. 개발 도상국의 인구 과잉 문제

(1) **인구 과잉**: 경제 성장보다 인구 증가의 속도가 빨라 인구 부양력에 비해 인구가 많아짐

(2) **인구 과잉 문제의 영향**

① 식량 및 자원 부족, 기아, 빈곤, 실업 문제 발생

② 일자리를 찾아 도시로 인구가 모이면서 주택 부족, 각종 시설 부족, 환경 오염 등 도시 문제 발생

2. 선진국의 저출생·고령화 문제 자료 ❹

구분	원인	영향
저출생 문제	결혼과 출산의 가치관 변화, 초혼 연령의 증가 등	출생률 감소에 따른 인구 정체 및 인구 감소 → 노동력 부족, 잠재 경제 성장률 하락, 경기 침체
고령화❼ 문제	의학 기술의 발달과 생활 수준 향상에 따른 사망률 감소	노년 부양비❽ 증가, 노년층을 위한 사회적 비용 증가 → 세대 간 갈등 문제 발생

3. 인구 문제의 해결 방안

인구 과잉	경제 발전과 식량 증산, 산아 제한 정책, 중소 도시 육성, 촌락의 생활 환경 개선 등
저출생· 고령화	· 저출생: 출산·육아 비용 지원, 출산 휴가 및 육아 휴직 보장 등 출산 장려 정책 · 고령화: 연금 제도 등 사회 보장 제도 강화, 일자리 확대와 정년 연장

4. 우리나라의 인구 문제와 해결 노력

(1) **우리나라의 인구 문제**

① 출생률이 급감하고 노인 인구가 늘면서 고령화가 매우 빠르게 진행됨

② 수도권에 인구가 과도하게 집중되고, 비도시 지역은 인구 유출로 고령화 현상이 심각함

(2) **인구 문제를 해결하기 위한 노력** 자료 ❺

① **정책 마련**: 각종 출산 장려 정책, 노인 복지 제도 정비, 지역 격차 완화 정책 등

② **가치관 변화**: 가족 친화적 가치관 형성, 양성평등 문화 확립, 세대 간 정의❾ 실현 등

대표 자료 · 세계의 인구이동 특성 · 정보 활용 능력

세계의 인구이동

인구 순 이동(인구 천 명당, 2017~2021년)
순 유입 □0~4명 □5~9명 □10명 이상 → 난민 → 노동자
순 유출 □0~4명 □5~9명 □10명 이상 (statista 자료, 2023 / 「하크 세계 지도」, 2022)

주요 이동 경로(2000~2019년)

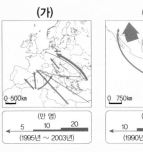

대륙별 인구 순 이동

※2010~2021년 기준
(국제 연합, 2022)

오늘날 세계의 인구이동은 대부분 경제적 이동으로, 북부 아프리카와 중앙 및 남아메리카, 아시아 등의 개발 도상국에서 유럽, 북아메리카의 선진국으로 이동하는 경우가 많다. 한편, 전쟁 등으로 인한 정치적 이동은 아프리카와 서남아시아 등지의 국가에서 주변국으로 이동하는 경우가 많다. 대륙별로는 경제 발전 수준이 비교적 낮은 아프리카, 아시아, 중앙 및 남아메리카에서 인구 순 유출이 많으며, 경제 발전 수준이 높은 유럽, 북아메리카, 오세아니아는 인구 순 유입이 많은 편이다.

시험에서는 이렇게

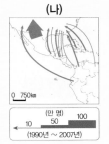

|(가)| (나)|

(가)는 아프리카와 서남아시아 등지에서 주변국으로 이동하는 정치적 이동이고, (나)는 중앙 및 남아메리카에서 북아메리카로 이동하는 경제적 이동이다.

시험 준비 길잡이

세계의 인구이동에서 뚜렷하게 드러나는 경향을 파악하여 유형을 구분할 수 있도록 정리해 두세요.

자료 ④ 국가별 합계 출산율과 노년층 인구 비율

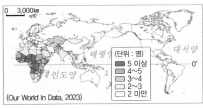

합계 출산율*(2021년)
(Our World In Data, 2023)
(단위: 명)
□ 5 이상 □4~5 □3~4 □2~3 □2 미만

노년층 인구 비율(2021년)
(국제 연합 인구 전망 보고서, 2022)
(단위: %)
□ 20이상 □14~20 □7~14 □7 미만

아프리카와 일부 아시아 국가들은 합계 출산율이 높은 편이다. 반면, 일찍 산업화를 이룬 북아메리카와 유럽은 합계 출산율이 낮은 편이다. 한편, 경제가 발달한 유럽과 북아메리카는 노년층 인구 비율이 높은 편이다. 반면, 아프리카와 서남아시아와 인도 등 일부 지역은 노년층 인구 비율이 상대적으로 낮은 편이다.

* 합계 출산율: 한 여성이 가임 기간(15~49세)에 낳을 것으로 예상되는 평균 출생아 수

자료 ⑤ 인구 문제 해결 노력

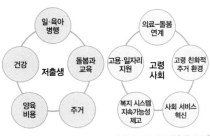

우리나라의 주요 인구 정책
(저출산 고령 사회 위원회, 2023)

우리나라는 저출생·고령화 문제에 대응하기 위해 다양한 정책을 추진하고 있다. 출산 장려 정책으로 출산 및 양육 지원금을 주거나 보육 시설, 육아 휴직 제도를 확충하는 등 자녀를 출산하고 키우기에 좋은 환경을 조성하기 위해 노력하고 있다. 또한, 노인 복지 제도를 정비하고 노년층의 일자리를 늘리기 위해 노력하는 등 노인들의 안정적인 노후를 보장하기 위해 노력하고 있다.

개념 확인하기

4 주로 개발 도상국에서 임금 수준이 높고 고용 기회가 많은 선진국으로 이동하는 인구이동은 (　　　) 이동이다.

5 다음 설명이 맞으면 ○표, 틀리면 ×표를 하시오.
(1) 선진국은 개발 도상국에 비해 출생률이 높은 편이다. (　　)
(2) 오늘날에는 교통·통신의 발달에 따른 세계화의 영향으로 국제적 인구이동이 빈번해지고 있다. (　　)
(3) 인구 문제를 해결하려면 국가의 정책적 방안뿐만 아니라 사회적 인식과 개인의 가치관 변화가 필요하다. (　　)

6 다음 국가군에서 주로 나타나는 인구 문제를 〈보기〉에서 골라 기호를 쓰시오.

| 보기 |
| ㄱ. 고령화　　　ㄴ. 저출생 |
| ㄷ. 인구 과잉　　ㄹ. 도시 과밀화 |

(1) 선진국 (　　)
(2) 개발 도상국 (　　)

[01~02] 그래프는 대륙별 인구 변화를 나타낸 것이다. 이를 보고 물음에 답하시오.

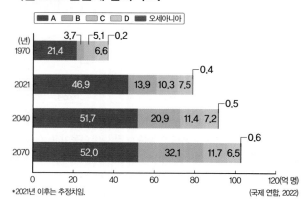

*2021년 이후는 추정치임.   (국제 연합, 2022)

01 A~D 지역을 옳게 연결한 것은?

	A	B	C	D
①	유럽	아시아	아프리카	아메리카
②	유럽	아프리카	아시아	아메리카
③	아시아	유럽	아메리카	아프리카
④	아시아	아프리카	아메리카	유럽
⑤	아프리카	아시아	유럽	아메리카

02 A~D 지역에 대한 옳은 설명만을 〈보기〉에서 있는 대로 고른 것은?

┤보기├
ㄱ. C는 북반구에만 위치한다.
ㄴ. A는 B보다 전체 인구수가 많다.
ㄷ. D는 A보다 고위도에 위치해 있는 국가가 많다.
ㄹ. D는 B보다 경제 발달 수준이 높다.

① ㄱ   ② ㄴ   ③ ㄴ, ㄷ
④ ㄷ, ㄹ   ⑤ ㄴ, ㄷ, ㄹ

03 지도는 세계 인구 분포를 나타낸 것이다. 이에 대한 설명으로 옳은 것은?

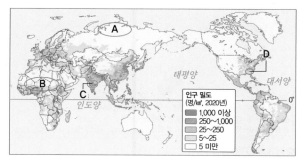

① 북반구보다 남반구에 인구가 많이 분포한다.
② A는 건조 기후로 인구가 희박하다.
③ B는 낮은 기온으로 인해 인구가 희박하다.
④ C는 세계적인 밀 농사 지역으로 인구 밀도가 높다.
⑤ D는 산업이 발달해 인구 밀도가 높다.

중요해 04 그래프는 두 국가의 인구 구조를 나타낸 것이다. (나) 국가와 비교한 (가) 국가의 상대적 특징을 그림의 A~E에서 고른 것은?

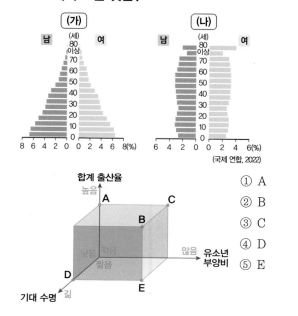

(국제 연합, 2022)

① A
② B
③ C
④ D
⑤ E

05 밑줄 친 ㉠~㉣에 대한 옳은 설명만을 〈보기〉에서 있는 대로 고른 것은?

> 오늘날 개인의 이동이 활발해지면서 ㉠ 전 지구적 범위에서 인구이동이 이루어지고 있다. 국제 인구이동은 경제·정치·환경·종교 등 다양한 요인으로 발생한다. 개발도상국에서 ㉡ 임금 수준이 높고 일자리가 많은 선진국으로 인구가 이동하는 경우가 많고, ㉢ 전쟁이나 분쟁 등을 피해 다른 국가로 이동하기도 한다. 오늘날에는 ㉣ 난민 증가가 국제적으로 문제가 되기도 한다.

┤ 보기 ├
ㄱ. ㉠의 배경 중 하나는 세계화이다.
ㄴ. ㉡으로 인해 정치적 이동이 발생한다.
ㄷ. ㉢으로 인해 경제적 이동이 발생한다.
ㄹ. ㉣의 경우 최근 기후변화로 발생하기도 한다.

① ㄱ   ② ㄴ   ③ ㄱ, ㄹ
④ ㄴ, ㄷ   ⑤ ㄱ, ㄷ, ㄹ

06 지도에 나타난 인구이동에 대한 설명으로 옳지 <u>않은</u> 것은?

① 정치적 요인에 의한 이동이다.
② 주변국으로 이동하는 경우가 많다.
③ 기후변화와 관련하여 발생하기도 한다.
④ 유입국의 임금 수준과 밀접한 관련이 있다.
⑤ 주로 분쟁이 잦은 지역에서 두드러지게 나타난다.

이 문제에서 나올 수 있는 모든 선택지 ✓

07 그래프는 지역별 유소년층과 노년층 인구 비율을 나타낸 것이다. 이에 대한 설명으로 옳은 것은? (단, (가), (나)는 각각 노년층, 유소년층 중 하나임.)

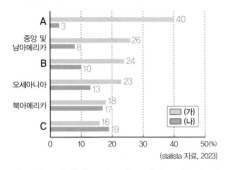

① A는 아시아, B는 아프리카, C는 유럽이다.
② A는 현재 저출생·고령화 문제가 심각하다.
③ C의 국가들은 대부분 피라미드형 인구 구조가 나타난다.
④ B는 C보다 전체 인구수가 적다.
⑤ (가)는 노년층, (나)는 유소년층이다.
⑥ (가)의 비율은 A가 C보다 높다.

중요해 ★
08 자료를 보고 미래 우리나라 인구 특성을 추론한 내용으로 적절하지 <u>않은</u> 것은?

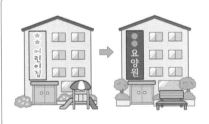

2023년 한 자료에 따르면 어린이집 열 곳 중 한 곳이 문을 닫고 요양원 같은 시설로 바뀌는 일이 증가하고 있다고 한다.

① 총부양비는 증가할 것이다.
② 중위 연령은 상승할 것이다.
③ 전체 인구는 감소할 것이다.
④ 노령화 지수는 감소할 것이다.
⑤ 노년 부양비는 증가할 것이다.

09 이 문제에서 나올 수 있는 **모든 선택지 ✓**

다음은 '우리나라의 인구 문제'와 관련하여 학생이 필기한 내용 중 일부이다. (가)에 들어갈 내용으로 적절하지 <u>않은</u> 것은?

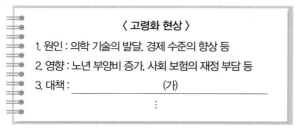

〈 고령화 현상 〉
1. 원인 : 의학 기술의 발달, 경제 수준의 향상 등
2. 영향 : 노년 부양비 증가, 사회 보험의 재정 부담 등
3. 대책 : ＿＿＿＿＿＿(가)＿＿＿＿＿＿
　　　　　⋮

① 고령 친화 도시 조성
② 노인 편의 시설 확대
③ 기업의 정년 단축 확대
④ 노인의 지역 사회 참여 강화
⑤ 노인의 경제활동 참여 확대 정책
⑥ 국민연금 등 공적 연금 제도 강화

10 다음은 두 국가의 인구 정책을 나타낸 글이다. (가), (나) 국가에 대한 옳은 설명만을 〈보기〉에서 있는 대로 고른 것은?

• 아프리카의 ○○, (가)국 등에서는 정부의 산아 제한 정책이 효과를 거두고 있다. 특히, (가)국은 산모의 건강 관리와 건강한 출산을 위해 '가족계획 정책'을 실시한 결과 출생률이 감소하였다.
• 저출생이라는 인구 문제에 직면한 (나)국은 "모든 아이는 국가가 키운다."라는 목표 아래 2세부터 공교육 과정을 받을 수 있도록 하고, 자녀 수에 따라 소득 공제액을 크게 늘렸다.

┤ 보기 ├
ㄱ. (가)는 (나)보다 1인당 국내 총생산이 많다.
ㄴ. (가)는 (나)보다 인구의 자연 증가율이 높다.
ㄷ. (나)는 (가)보다 중위 연령이 낮다.
ㄹ. (나)는 (가)보다 노령화 지수가 낮다.

① ㄱ　　　　② ㄴ　　　　③ ㄱ, ㄴ
④ ㄴ, ㄷ　　　　⑤ ㄴ, ㄷ, ㄹ

11 그래프는 난민 발생 상위 4개 국가를 나타낸 것이다. 이를 보고 물음에 답하시오. (단, ㉠, ㉡은 각각 유입국과 유출국 중 하나임.)

㉠
시리아 654 (만 명)
우크라이나 568
아프가니스탄 566
베네수엘라 볼리바르 545

㉡
튀르키예 357
이란 343
콜롬비아 246
독일 208 (국제 연합 난민 기구, 2023)

🔺 난민 유출국과 유입국(2022년)

(1) ㉠, ㉡에 들어갈 말을 쓰시오.

＿＿＿＿＿＿＿＿＿＿＿＿＿＿＿＿＿＿＿＿

(2) 난민이 주로 발생하는 지역과 이로 인한 인구이동의 지리적 특징을 서술하시오.

＿＿＿＿＿＿＿＿＿＿＿＿＿＿＿＿＿＿＿＿

＿＿＿＿＿＿＿＿＿＿＿＿＿＿＿＿＿＿＿＿

3단계 로 완성하기

12 그래프를 보고 니제르와 독일이 겪고 있을 인구 문제를 분석하고, 필요한 인구 정책을 유추해 서술하시오.

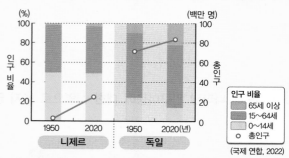

인구 비율 : 65세 이상 / 15~64세 / 0~14세 / ○ 총인구

1950 2020 니제르　　1950 2020(년) 독일
(국제 연합, 2022)

🔺 니제르와 독일의 인구 변화

1단계 니제르와 독일의 인구 변화를 분석해 보세요.

＿＿＿＿＿＿＿＿＿＿＿＿＿＿＿＿＿＿＿＿

2단계 니제르와 독일의 인구 문제를 정리해 보세요.

＿＿＿＿＿＿＿＿＿＿＿＿＿＿＿＿＿＿＿＿

3단계 1, 2단계에서 정리한 내용을 바탕으로 니제르와 독일에 필요한 인구 정책을 유추해 보세요.

＿＿＿＿＿＿＿＿＿＿＿＿＿＿＿＿＿＿＿＿

1등급 도전하기

01 그래프는 대륙별 합계 출산율의 변화를 나타낸 것이다. (가)~(다) 대륙에 대한 설명으로 옳은 것은?

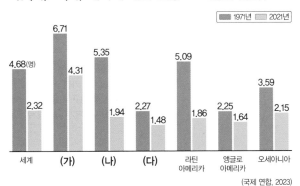

①1971년 ②2021년

4.68(명), 2.32 — 세계
6.71, 4.31 — (가)
5.35, 1.94 — (나)
2.27, 1.48 — (다)
5.09, 1.86 — 라틴 아메리카
2.25, 1.64 — 앵글로 아메리카
3.59, 2.15 — 오세아니아

(국제 연합, 2023)

① (가)는 인구 감소 문제가 심각하다.
② (나)는 가장 먼저 산업화가 시작되었다.
③ (다)는 (가)보다 도시 인구의 과밀화 문제가 심각하게 나타난다.
④ (다)는 (나)보다 노년 부양비가 높다.
⑤ 총인구는 (가)>(나)>(다) 순으로 많다.

02 (가), (나) 국가군에 대한 설명으로 옳은 것은?

국가군	합계 출산율(명)	기대 수명 (세)	유소년 부양비(%)
(가)	0.88	84.1	15.6
	1.04	84.3	16.2
(나)	6.05	60.6	91.9
	6.67	62.9	99.8

(국가 통계 포털, 2023)

① (가)는 (나)보다 노령화 지수가 낮다.
② (가)는 (나)보다 유소년 부양비가 낮다.
③ (가)는 (나)보다 1차 산업 종사자 비율이 높다.
④ (나)는 (가)보다 인구 순 유입이 많다.
⑤ (나)는 (가)보다 1인당 국내 총생산이 많다.

03 지도는 세계의 인구 순 유입과 순 유출을 나타낸 것이다. (가)~(다) 지역에 대한 옳은 설명만을 〈보기〉에서 있는 대로 고른 것은?

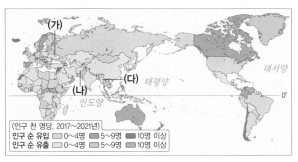

(인구 천 명당, 2017~2021년)
인구 순 유입 □0~4명 □5~9명 ■10명 이상
인구 순 유출 □0~4명 ■5~9명 ■10명 이상

┤보기├
ㄱ. (가)는 최근 러시아와의 전쟁으로 난민 수가 증가했다.
ㄴ. (나)는 기후변화의 영향으로 해수면 상승 문제를 겪고 있다.
ㄷ. (다)는 장기간의 내전으로 난민이 발생했다.
ㄹ. (가)~(다)에서는 경제적 요인의 인구이동만 발생한다.

① ㄱ ② ㄴ ③ ㄴ, ㄷ
④ ㄷ, ㄹ ⑤ ㄱ, ㄴ, ㄷ

04 [창의] [융합] 자료는 카드 뉴스로 본 우리나라의 인구 문제이다. 자료에 나타난 인구 문제를 해결하기 위한 옳은 방안만을 〈보기〉에서 있는 대로 고른 것은?

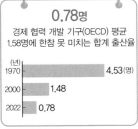

0.78명
경제 협력 개발 기구(OECD) 평균 1.58명에 한참 못 미치는 합계 출산율
(년)
1970 — 4.53(명)
2000 — 1.48
2022 — 0.78

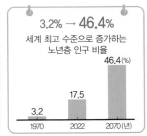

3.2% → 46.4%
세계 최고 수준으로 증가하는 노년층 인구 비율
46.4(%)
3.2, 17.5, 46.4
1970 2022 2070(년)

┤보기├
ㄱ. 가족 친화적 가치관의 확산이 필요하다.
ㄴ. 정책 추진 시 세대 간 정의 실현이 필요하다.
ㄷ. 노년층을 위한 경제활동 지원 정책이 필요하다.
ㄹ. 사회 구조적인 정책 지원보다는 아이를 낳으려는 개인의 노력이 필요하다.

① ㄱ ② ㄴ ③ ㄴ, ㄷ
④ ㄷ, ㄹ ⑤ ㄱ, ㄴ, ㄷ

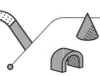

수능 준비하기

01 평가원 기출

23학년도 6월 모평 세계지리 12번

그래프는 세계 총인구 추이와 총인구의 지역(대륙)별 비율을 나타낸 것이다. (가)~(다)에 대한 설명으로 옳은 것만을 〈보기〉에서 고른 것은?

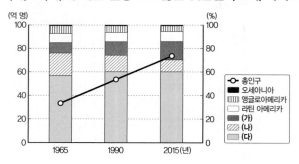

─┤ 보기 ├─

ㄱ. 2015년 (가)의 인구는 20억 명 이상이다.

ㄴ. (다)에서 인구가 가장 많은 국가는 중국이다.

ㄷ. (나)는 (가)보다 중위 연령이 높다.

ㄹ. (다)는 (나)보다 1인당 평균 소득이 높다.

① ㄱ, ㄴ   ② ㄱ, ㄷ   ③ ㄴ, ㄷ   ④ ㄴ, ㄹ   ⑤ ㄷ, ㄹ

◆ 수능 만점 한끝

1965년에서 2015년 사이 인구 비율이 증가한 지역(대륙)과 감소한 지역(대륙)을 구분하여 지역(대륙)을 구분한다.

● 이렇게도 출제될 수 있어요!

제시된 자료 중 가장 최근 통계만을 제시하고, 대륙별 인구 비율을 바탕으로 대륙을 추론하는 문제가 출제될 수 있어요.

02 교육청 기출 | 응용

23학년도 3월 고1 학평 12번 응용

자료는 인구이동의 사례이다. 이에 대한 설명으로 옳은 것은?

(가) 아프리카 소말리아에 살던 ㉠ 라흐마는 자기 집을 떠나야 했다. ㉡ 지속된 가뭄으로 강바닥이 드러나고 가축에게 먹일 풀이 말라 죽었기 때문이다. 난민촌에 거주하고 있는 그는 고향으로 돌아갈 날을 기다리고 있다.

(나) 베트남에 살던 응옥 뚜엔은 돈을 벌기 위해 ㉢ 싱가포르로 이주하였다. 그녀는 이곳에서 가사 도우미로 일하며 소득의 대부분을 베트남에 있는 가족에게 송금한다.

① ㉠은 기후변화의 영향으로 발생한 난민이다.

② ㉡의 주된 발생 원인은 인구 증가이다.

③ ㉢은 인구 유출이 인구 유입보다 활발하다.

④ (가)는 경제적 요인, (나)는 환경적 요인으로 발생하였다.

⑤ (가), (나) 모두 인구 유출국의 국가 자본을 확충할 것이다.

◆ 수능 만점 한끝

제시된 자료에 나타난 인구이동의 유형을 파악하고, 각 지역에서 발생하는 양상의 특징을 추론한다.

● 이렇게도 출제될 수 있어요!

제시된 자료로 인구이동의 주된 목적을 묻는 문제가 출제되거나 제시된 국가를 지도에서 고르는 문제가 출제될 수 있어요.

교육청 기출

03 다음 자료는 두 국가의 인구 정책에 관한 것이다. (가), (나) 국가에 대한 설명으로 옳은 것만을 〈보기〉에서 고른 것은? (단, (가), (나)는 각각 독일, 이집트 중 하나임.)

> (가) 자녀가 두 명 이하인 기혼 여성에게 매년 지원금을 적립하여 45세가 되면 누적된 금액을 지급할 계획이다. 하지만 셋째 아이를 출산한 여성의 경우 누적 금액을 청구할 권리를 잃게 된다.
>
> (나) 18세 이하의 모든 자녀에게 아동 수당을 지원하는데 넷째 이상의 자녀부터는 더 높은 금액을 지급한다. 이와 더불어 노동력 감소에 대응하기 위해 적극적인 이민자 유입 정책을 실시하고 있다.

┤ 보기 ├

ㄱ. (가)는 노년 부양비가 유소년 부양비보다 높다.
ㄴ. (나)는 유출 인구가 유입 인구보다 많다.
ㄷ. (가)는 (나)보다 인구의 자연 증가율이 높다.
ㄹ. (나)는 (가)보다 시간당 평균 임금 수준이 높다.

① ㄱ, ㄴ　　② ㄱ, ㄷ　　③ ㄴ, ㄷ　　④ ㄴ, ㄹ　　⑤ ㄷ, ㄹ

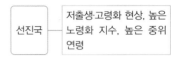

➕ 수능 만점 한끝

제시된 정책을 바탕으로 각 국가의 인구 문제를 파악하여 선진국인 국가와 개발 도상국인 국가를 구분한다.

• **문제의 핵심**

선진국	저출생·고령화 현상, 높은 노령화 지수, 높은 중위 연령
개발 도상국	인구 과잉 문제, 이촌 향도 현상, 피라미드형 인구 구조

수능 기출 | 응용

04 그래프는 지도에 표시된 세 지역군의 인구 구조를 나타낸 것이다. (가)~(다) 지역군에 대한 설명으로 옳은 것은?

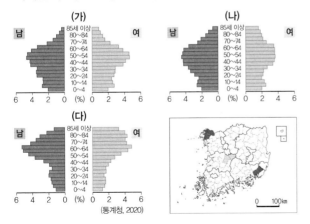

(통계청, 2020)

① (가)는 (가)~(다) 중 중위 연령이 가장 높다.
② (나)는 (가)~(다) 중 노년 부양비가 가장 높다.
③ (가)는 (나)보다 총부양비가 높다.
④ (나)는 (다)보다 성비가 높다.
⑤ (다)는 (가)보다 2차 산업 종사자 비율이 높다.

➕ 수능 만점 한끝

제시된 인구 피라미드를 분석하여 지역에 따른 인구 구조의 차이를 파악한다.

• **문제의 핵심**

산업 발달에 따른 인구 구조	· 촌락: 노년층 인구 비율이 높고, 중위 연령 높음 · 도시: 유소년층 인구 비율이 높고, 중위 연령 낮음

02-03 세계의 에너지 자원과 지속가능한 발전 ~ 미래 사회와 세계시민으로서의 삶

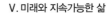

한끝 더하기

❶ 자원의 의미

기술적 의미	자연물 중 현재의 기술로 개발하여 사용할 수 있는 자원
경제적 의미	기술적 의미의 자원 중 경제성이 있어 상업적으로 이용할 수 있는 것

❷ 가채 연수
확인된 자원의 매장량을 연 생산량으로 나눈 값으로, 앞으로 자원을 몇 년간 더 채굴할 수 있는지를 나타낸다.

❸ 에너지 자원의 구분

화석 에너지	석탄, 석유, 천연가스 등
원자력 에너지	핵분열 또는 핵융합 과정에서 생산한 에너지
신·재생 에너지	수력, 태양광, 풍력, 지열, 수소 에너지 등

❹ 배사 구조
지층이 수평 방향으로 압력을 받아 만들어진 습곡에서 위로 볼록하게 솟은 부분이다. 밀도 차에 따라 아래부터 물, 석유(기름), 천연가스(기체) 순으로 분포한다.

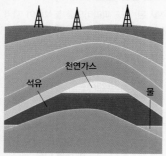

⬆ 유전의 모식도

❺ 냉동 액화 기술
기체 상태의 물질을 냉각하여 액체 상태로 변환하는 기술

1 에너지 자원의 분포와 소비

1. 자원의 의미와 특성

(1) **자원❶**: 자연에서 얻을 수 있는 것 중 인간에게 유용하면서 기술적·경제적으로 이용 가능한 것

(2) **자원의 특성**

유한성	매장량이 한정되어 있어 가채 연수❷에 도달하면 고갈됨
편재성	지구상에 고르게 분포하지 않고 특정 지역에 집중하여 분포함
가변성	과학기술의 발달과 사회적·문화적 배경에 따라 가치가 변화함

2. 에너지 자원의 분포와 소비

(1) **에너지 자원❸**: 자원 중 인간의 생활에 필요한 에너지를 생산할 수 있는 자원

(2) **주요 에너지 자원의 분포와 소비** `대표 자료`

① 석탄

분포	주로 고생대 지층에 매장되어 있으며, 석유에 비해 비교적 넓은 지역에 분포함 → 국제 이동량이 상대적으로 적음
특징	• 18세기 산업 혁명 시기 증기 기관의 연료로 사용되면서 소비가 증가함 • 주로 제철 공업의 원료 및 화력 발전의 연료로 이용됨
주요 생산 및 소비국	• 주요 생산국: 중국, 인도네시아, 인도, 오스트레일리아, 미국 등 • 주요 소비국: 중국, 인도, 미국, 일본 등

② 석유

분포	주로 신생대 3기 배사 구조❹에 매장되어 있으며, 세계 매장량의 절반 정도가 서남아시아의 페르시아만 주변에 분포하여 편재성이 큼 → 국제 이동량이 세계에서 가장 많음
특징	• 19세기 내연 기관의 발명과 자동차 보급으로 수요가 증가함 → 오늘날 세계 에너지 소비 구조에서 가장 큰 비중을 차지함 `자료 ❶` • 주로 각종 운송 수단의 연료 및 석유 화학 공업의 원료로 이용됨
주요 생산 및 소비국	• 주요 생산국: 미국, 러시아, 사우디아라비아, 캐나다, 이라크 등 • 주요 소비국: 미국, 중국, 인도, 러시아, 사우디아라비아 등

③ 천연가스

분포	주로 석유와 함께 매장되어 있음
특징	• 냉동 액화 기술❺의 발달, 수송관 건설로 운반이 편리해지면서 소비가 증가함 • 주로 가정용으로 많이 이용되며, 대기 오염 물질의 배출량이 비교적 적음
주요 생산 및 소비국	• 주요 생산국: 미국, 러시아, 이란, 중국, 카타르, 캐나다 등 • 주요 소비국: 미국, 러시아, 중국, 이란, 캐나다, 사우디아라비아 등

(4) **에너지 자원의 분포와 소비에 따른 문제**

① **자원 확보와 이동을 둘러싼 국가 간 갈등**: 화석 에너지의 생산지·소비지 불일치로 인한 국제 갈등, 자원 민족주의 확산, 국가 간 에너지 소비 격차 등

② **자원 소비량 증가에 따른 고갈 문제**: 인구 증가와 산업 발달에 따른 소비량 증가

③ **환경 오염 문제**: 대기·수질 오염, 온실가스 배출로 인한 기후변화 가속화 등

· 대표 자료 · 화석 에너지의 분포와 소비   ✦ 정보 활용 능력

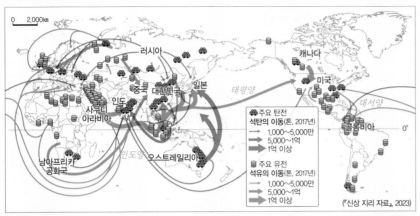

⬥ 석탄과 석유의 이동

석탄의 생산량(총 167.5EJ, 2021년)			
인도네시아 9.0	오스트레일리아 7.4		
중국 50.8(%)	인도 8.0	미국 7.0	기타 9.0
러시아 5.5 남아프리카 공화국 3.3			

석탄의 소비량(총 160.1EJ, 2021년)			
미국 6.6	남아프리카 공화국 2.2		
중국 53.8(%)	인도 12.5		기타 17.8
일본 3.0 러시아 2.1	인도네시아 2.0 (BP, 2022)		

⬥ 석탄의 생산·소비

석유의 생산량(총 42.2억 톤, 2021년)		
사우디아라비아 12.2	중국 4.7	
미국 러시아 16.8 12.7		기타 38.5(%)
캐나다 6.3 이라크 4.8	이란 4.0	

석유의 소비량(총 42.4억 톤, 2021년)		
러시아 3.6	일본 3.6	
미국 러시아 18.9 16.9		기타 45.3(%)
인도 5.2 사우디아라비아 3.6	대한민국 2.9 (BP, 2022)	

⬥ 석유의 생산·소비

천연가스의 생산량(총 145.3EJ, 2021년)		
이란 6.4	캐나다 4.3	
미국 러시아 중국 23.1 17.4 5.2		기타 35.6(%)
카타르 4.4 오스트레일리아 3.6		

천연가스의 소비량(총 145.3EJ, 2021년)		
이란 6.0	사우디아라비아 2.9	
미국 러시아 20.5 11.8		기타 43.8(%)
중국 9.4 캐나다 3.0	일본 2.6 (BP, 2022)	

⬥ 천연가스의 생산·소비

석탄은 중국의 소비가 많으며, 화력 발전의 비중이 높거나 제철 산업이 발달한 중국, 인도, 일본 등으로 이동이 많다. 석유는 미국, 중국 등 경제 규모가 큰 국가의 소비가 많으며, 사우디아라비아, 아랍 에미리트 등 서남아시아 국가들과 캐나다, 러시아의 수출이 많다. 천연가스는 미국, 러시아 등 주요 생산국이 소비도 많은 편이다.

· 시험에서는 이렇게 ·

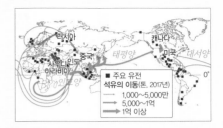

지도에 나타난 에너지 자원은 서남아시아의 페르시아만 주변에 주로 분포하는 석유이다.

〈 화석 에너지의 생산국 비율 〉

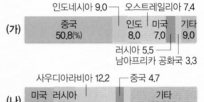

(가)는 생산국의 절반 이상이 중국인 석탄, (나)는 미국과 사우디아라비아 비율이 높은 석유이다.

· 시험 준비 길잡이

제시된 자료와 같이 석탄, 석유의 주요 생산지 분포나 생산 국가를 제시한 후 각 자원을 파악하는 문제가 자주 출제되고 있어요. 석유와 석탄뿐만 아니라 천연가스도 출제되므로 이에 대한 자료도 꼭 정리해 두세요.

자료 ① 세계 에너지 소비 구조의 특성

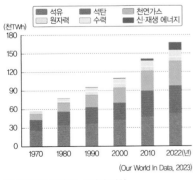

⬥ 세계 에너지원별 소비량 변화

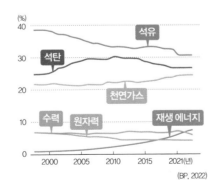

⬥ 세계 에너지원별 소비 비중 변화

전 세계적으로 인구가 증가하고 산업이 발달함에 따라 에너지 자원의 소비량은 지속적으로 증가하고 있다. 세계 에너지 자원의 소비 비중은 석유가 가장 높으며, 다음으로 석탄, 천연가스 순으로 화석 에너지의 소비 비중이 매우 높은 편이다. 한편, 오염 물질 배출량이 훨씬 적은 신·재생 에너지의 소비 비중도 높아지고 있다.

개념 확인하기

1 자원이 고르게 분포하지 않고, 특정 지역에 치우쳐 분포하는 특성을 자원의 (   )(이)라고 한다.

2 다음 설명에 해당하는 에너지 자원을 〈보기〉에서 골라 기호를 쓰시오.

| 보기 |
ㄱ. 석탄   ㄴ. 석유   ㄷ. 천연가스

(1) 냉동 액화 기술의 발달로 국제 이동량이 증가하였다.   (   )
(2) 전 세계 매장량의 절반 이상이 서남아시아에 분포한다.   (   )
(3) 주로 고생대 지층에 매장되어 있으며, 비교적 넓은 범위에 분포한다.   (   )

세계의 에너지 자원과 지속가능한 발전
~ 미래 사회와 세계시민으로서의 삶

❻ 공적 개발 원조(ODA)
개발 도상국의 빈곤 문제 해결과 경제·사회 발전, 복지 증진을 위해 경제 협력 개발 기구(OECD)에서 시행한다.

❼ 교토 의정서(1997)
온실가스 배출에 대한 절감 의무가 있는 국가들에 배출 할당량을 설정한 후, 국가 간 온실가스 배출 할당량을 사고팔도록 허용한 온실가스 배출 거래권 제도를 도입한 국제 협약

❽ 파리 협정(2015)
195개국이 지구 평균 기온 상승을 산업화 이전 대비 2℃ 이내로 제한하기 위하여 모든 국가에 온실가스 감축 의무를 부과한 국제 협약

❾ 윤리적 소비
소비자가 윤리적인 가치 판단에 따라 상품이나 서비스를 구매하는 것으로, 인간과 동물, 환경에 해를 가하지 않고 윤리적으로 생산된 상품을 구매하려는 자세 ⑩ 로컬 푸드 구매, 공정 무역 제품 이용 등

❿ 미래학
과거 또는 현재 상황을 바탕으로 미래 사회의 모습을 예측하고, 그 모델을 제공하는 학문

---

② 기후변화 대응과 지속가능한 발전

1. 기후변화 ⟨자료 ②⟩

의미	일정한 지역에서 나타나는 기후의 평균적인 상태가 장기간에 걸쳐 변화하는 것
발생 원인	• 자연적 원인: 태양 활동의 변화, 대규모 화산 활동, 태양과 지구의 위치 변화 등 • 인위적 원인: 화석 에너지 사용 증가에 따른 온실가스의 배출량이 과도하게 증가함
피해	• 태풍, 폭우, 가뭄, 폭설 등 기상 이변이 자주 발생함 • 빙하와 만년설이 녹아 해수면이 상승함 → 해안 저지대 침수 피해 증가, 생태계 급변

2. 지속가능한 발전 ⟨대표 자료⟩

(1) 지속가능한 발전의 의미: 미래 세대가 살아가는 데 필요한 자원을 낭비하거나 환경을 훼손하지 않으면서 현재 세대의 필요를 동시에 충족하는 것

(2) 지속가능한 발전을 위한 노력

국제적 차원	• 국제연합(UN): 기후변화에 관한 정부 간 협의체(IPCC) 조직 및 운영 • 경제 협력 개발 기구(OECD): 공적 개발 원조(ODA)❻ 실시 • 세계 각국: 기후변화 대응을 위한 협약 체결 ⑩ 교토 의정서❼, 파리 협정❽ 등 • 비정부 기구(NGO) 활동: 그린피스, 세계 자연 기금(WWF) 등
국가적 차원	「지속가능발전 기본법」 등의 법률 제정, 지속가능발전 위원회를 설치·운영하여 각종 법률과 정책 시행, 사회 취약 계층 지원 제도 실시 등
개인적 차원	자원 및 에너지 절약, 환경 보호를 위한 노력, 윤리적 소비❾ 실천 등

③ 미래 사회의 모습과 세계시민으로서의 삶

1. 미래학❿과 미래 사회 예측: 미래 사회는 더욱 복잡해지고 변화 속도가 빨라져 불확실성이 증가함 → 미래 사회를 예측하여 유연하게 대응하고 위험을 방지하고자 함

2. 미래 사회의 변화 양상

국가 간 갈등과 협력	• 국가 간 영토 분쟁, 자유 무역 확대에 따른 무역 경쟁으로 빈부 격차 심화, 난민, 기아 등 • 국제기구의 활동 및 국가 간 협력으로 갈등을 해결하고자 함
공간과 삶의 변화	• 자율 주행 자동차나 무인기(드론) 기술의 발달로 생활공간 범위 확장, 시공간의 제약 축소, 생명 공학과 유전 공학 발달로 인간 수명 연장 • 로봇 및 인공지능으로 인한 실업 문제 발생, 개인 정보 유출, 생명 공학의 발전 부작용으로 인한 윤리적 문제 발생
생태환경의 변화	자원 소비 증가로 자원 고갈, 지구 온난화 등 기후변화, 생물종 다양성 감소 → 과학기술을 활용한 친환경 교통수단, 신·재생 에너지 확대 등으로 생태환경 변화에 대응

3. 세계시민으로서의 삶

(1) 세계시민: 스스로 지역, 국가, 지구촌과 상호 연결되었음을 인식하는 사람 ⟨자료 ③⟩

(2) 세계시민의 자세

① 인류 전체의 보편적 이익을 우선시하고, 지속가능한 발전을 위한 적극적인 참여와 연대의 자세를 취함 → 전 지구적 수준의 문제를 공동으로 해결할 문제로 받아들임

② 다양한 문화와 배경을 가진 사람을 존중하는 개방적 태도와 관용적인 자세를 가져야 함

△ 지속가능한 발전의 개념

△ 지속가능발전 목표

지속가능한 발전이란, 경제 발전, 사회 안정과 통합, 환경 보전이 균형을 이루는 발전을 의미한다. 한편, 지속가능발전 목표(SDGs)는 2015년 국제 연합(UN) 정상 개발 회의에서 지속가능한 발전을 위해 제시되었으며, 2030년까지 모든 국가가 공동으로 추진해 나가기로 결의했다. 빈곤 퇴치, 경제·사회의 양극화, 각종 사회적 불평등 문제, 정의, 기후변화, 인권, 양성평등, 환경 지속성, 평화와 안보 등을 아우르는 목표를 제시하고 있다. 이를 위해 각국의 정부뿐만 아니라, 기업과 비영리 기구 등 다양한 개발 주체들의 협력도 강조하고 있다.

· 시험에서는 이렇게 ·

'지속가능발전' 개념을 알고 있는지 묻는 형태로 출제된 자료이다. 이후 2015년에 제시된 '지속가능발전 목표(SDGs)'도 같은 형태로 출제될 가능성이 높다.

시험 준비 길잡이

지속가능한 발전의 개념뿐만 아니라, 지속가능발전 목표(SDGs)의 17개 영역을 세부 목표와 관련된 문제가 출제될 수 있으니 그 의미를 파악해 두세요.

자료 ② 기후변화에 많은 영향을 주는 온실가스

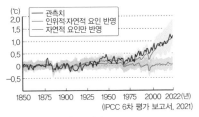

△ 지구 지표면 온도 변화

△ 이산화 탄소 누적 배출량 상위 10개국

산업화 이후, 지구의 지표면 온도는 꾸준히 상승해 왔다. 온실가스 배출은 이러한 기후변화에 가장 큰 영향을 미친 요인에 해당한다. 2023년 한 해 기준, 이산화 탄소를 가장 많이 배출한 국가는 중국이다. 하지만 산업화 이후 현재까지 화석 연료로 인한 이산화 탄소 누적 배출량은 미국, 러시아, 독일 등의 선진국이 많다.

자료 ③ 세계시민 의식 수준 자가 진단표

☐ 나는 국제 사회가 지역, 국가, 국제기구로 서로 연결되어 긴밀하게 상호 작용하고 있음을 알고 있다.

☐ 식량 부족, 지구 온난화, 난민 등 국제 사회 문제의 원인을 다양한 측면에서 설명할 수 있다.

☐ 나 자신을 세계 공동체의 일원이라고 생각한다.

☐ 인류의 다양한 문화 공존을 위해 나뿐만 아니라 많은 사람과 기관, 세계 여러 나라가 함께 노력해야 한다고 생각한다.

☐ 기회가 되면 내가 속한 공동체(지역, 국가, 국제 사회)의 문제를 해결하기 위한 활동에 참여하고 싶다.

– 한국 교육과정 평가원, 「세계시민 교육의 측정 지표 개발 및 국제적 확산 지원 방안 탐색」, 2016

개념 확인하기

3 ( )(이)란 일정한 지역에서 나타나는 기후의 평균적인 상태가 장기간에 걸쳐 변화하는 것을 말한다.

4 다음 설명이 맞으면 ○표, 틀리면 ✕표를 하시오.

(1) 지속가능한 발전은 미래 세대보다 현재 세대의 필요를 중요하게 여긴다. ( )
(2) 기후변화는 인위적인 요인에 의해서만 발생한다. ( )
(3) 세계시민으로서의 삶을 위해서는 개방성과 관용의 정신을 바탕으로 비판적 사고력을 갖춰야 한다. ( )

5 미래 사회의 변화 양상에 해당하는 사례를 〈보기〉에서 골라 기호를 쓰시오.

┌ 보기 ┐
ㄱ. 기후변화
ㄴ. 자유 무역 확대
ㄷ. 자율 주행 자동차 상용화
└────────┘

(1) 국가 간 갈등 ( )
(2) 생태환경의 변화 ( )
(3) 공간과 삶의 변화 ( )

[01~02] (가)~(다)는 자원의 서로 다른 특성이다. 이를 읽고 물음에 답하시오.

> (가) 우리가 일상에서 사용하는 대부분의 자원은 매장량이 한정되어 있어 언젠가는 고갈된다.
> (나) 자원은 지구상에 고르게 분포하지 않고 특정 지역에 집중하여 분포해 국제적 이동이 발생한다.
> (다) 자원은 가치가 고정되어 있지 않고 과학기술의 발달이나 사회적·문화적 배경 등에 따라 변화하기도 한다.

01 (가)~(다)에 해당하는 자원의 특성을 옳게 연결한 것은?

	(가)	(나)	(다)
①	가변성	유한성	편재성
②	가변성	편재성	유한성
③	유한성	가변성	편재성
④	유한성	편재성	가변성
⑤	편재성	유한성	가변성

02 (가)~(다)에 대한 옳은 설명만을 <보기>에서 있는 대로 고른 것은?

┤ 보기 ├
ㄱ. 인도에서 소고기의 소비량이 적은 이유는 (가)와 관련 있다.
ㄴ. (나)는 석유가 석탄보다 큰 편이다.
ㄷ. (다)는 자원 민족주의와 관련 있다.
ㄹ. 신·재생 에너지의 개발 및 상용화는 (가)보다 (나)와 관련이 깊다.

① ㄱ   ② ㄴ   ③ ㄴ, ㄷ
④ ㄷ, ㄹ   ⑤ ㄱ, ㄷ, ㄹ

---

03 이 문제에서 나올 수 있는 **모든 선택지 ✓** ㉠~㉤에 대한 설명으로 옳은 것은?

> 자원이란 인간이 자연에서 얻을 수 있는 것 중 인간에게 유용하고 (㉠)(으)로 이용 가치가 있는 것을 의미한다. 특히 인간이 기본적인 생활을 유지하고 생산 활동을 하는 데 필요한 동력 공급의 원료가 되는 것을 화석 에너지라고 한다. 화석 에너지에는 ㉡ 석탄, ㉢ 석유, ㉣ 천연가스 등이 있다. 최근 환경 문제를 고려하여 (㉤)을/를 배출하는 화석 에너지 자원의 사용량을 줄이기 위해 노력하고 있다.

① ㉠에는 '문화적'이 들어갈 수 있다.
② ㉤에는 '프레온 가스'가 들어갈 수 있다.
③ ㉡은 ㉣보다 전 세계 소비량이 적다.
④ ㉢은 ㉡에 비해 국제 이동량이 적다.
⑤ ㉣은 ㉡에 비해 대기 오염 물질 배출량이 적다.
⑥ ㉡, ㉢, ㉣ 모두 최근 신·재생 에너지로 인해 소비량이 감소하고 있다.

04 중요해 ★ 그래프는 (가) 에너지 자원의 생산량과 소비량이다. (가) 에너지 자원에 대한 설명으로 옳은 것은?

(가)의 생산량(총 145.3EJ, 2021년)

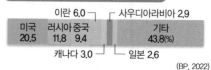

(가)의 소비량(총 145.3EJ, 2021년)

(BP, 2022)

① 화학 공업의 원료로 이용된다.
② 냉동 액화 기술 발달로 소비가 증가하였다.
③ 국제 이동량이 가장 많은 에너지 자원이다.
④ 18세기 산업 혁명 시 주요 에너지 자원이었다.
⑤ 화석 에너지 자원 중 가장 먼저 상용화되었다.

[05~06] (가), (나)는 서로 다른 에너지 자원의 분포와 이동을 나타낸 지도이다. 이를 보고 물음에 답하시오.

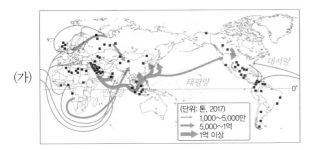

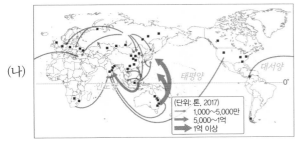

05 (가), (나)에 해당하는 에너지 자원을 옳게 연결한 것은?

	(가)	(나)		(가)	(나)
①	석유	석탄	②	석유	천연가스
③	석탄	석유	④	석탄	천연가스
⑤	천연가스	석탄			

중요해

06 (가), (나) 에너지 자원에 대한 옳은 설명만을 〈보기〉에서 있는 대로 고른 것은?

┤ 보기 ├
ㄱ. (가)는 주로 고생대 지층에 매장되어 있다.
ㄴ. (나)는 현재 제철 공업이나 화력 발전 등에 이용된다.
ㄷ. (가)는 (나)보다 편재성이 크다.
ㄹ. (나)는 (가)보다 상용화된 시기가 늦다.

① ㄱ   ② ㄴ   ③ ㄴ, ㄷ
④ ㄷ, ㄹ   ⑤ ㄱ, ㄷ, ㄹ

대표 자료 링크

07 ㉠에 대한 옳은 설명만을 〈보기〉에서 있는 대로 고른 것은?

(㉠) 목표(SDGs)는 2015년 국제 연합(UN) 정상 개발 회의에서 (㉠)을/를 위해 제시한 것으로, 2030년까지 모든 국가가 공동으로 추진해 나가기로 결의했다.

┤ 보기 ├
ㄱ. ㉠은 환경 보전에 한정된 개념이다.
ㄴ. ㉠에는 '지속가능발전'이 들어갈 수 있다.
ㄷ. ㉠을 위해 사회 취약 계층에 대한 지원이 필요하다.
ㄹ. ㉠을 위해 에너지 자원 소비 절약 및 감소가 필요하다.

① ㄱ   ② ㄴ   ③ ㄱ, ㄷ
④ ㄷ, ㄹ   ⑤ ㄴ, ㄷ, ㄹ

08 다음은 수업 시간에 정리한 노트 중 일부이다. 내용 중 옳지 않은 것은?

□ **지속가능한 발전의 필요성**: 산업 발달과 인구 증가로 인한 생태환경 파괴와 자원 고갈 문제 ┈┈┈ ㉠

□ **지속가능한 발전을 위한 노력**
① 국제적 · 국가적 차원
 • 선진국과 개발 도상국 모두에게 온실가스 감축 의무를 부과한 교토 의정서 체결 ┈┈┈ ㉡
 • 각종 법률 제정 및 취약 계층 지원을 위한 제도 실시 ┈┈ ㉢
② 개인적 차원
 • 친환경적인 생활 습관 실천 ┈┈┈ ㉣
 • 로컬 푸드 구매, 공정 무역 제품 이용 ┈┈┈ ㉤

① ㉠   ② ㉡   ③ ㉢   ④ ㉣   ⑤ ㉤

09 교사의 질문에 답한 내용으로 적절하지 않은 것은?

> 우리가 살아갈 미래 사회의 변화 양상을 한 가지씩 발표해 볼까요?

① 갑: 자유 무역이 확대될 것입니다.
② 을: 국가 간 빈부 격차가 커질 것입니다.
③ 병: 국가 간 협력이 증대되면서 영토 분쟁이 사라질 것입니다.
④ 정: 로봇이 발달하고 기계가 인간의 일부 일자리를 대신할 것입니다.
⑤ 무: 자율 주행 자동차나 무인기와 같은 운송 수단으로 삶의 질이 향상될 것입니다.

이 문제에서 나올 수 있는 모든 선택지 ✓

10 ㉠~㉰에 대한 설명으로 옳지 않은 것은?

> 우리는 전 세계에서 발생하는 문제를 해결해야 할 공동의 문제로 받아들이는 (㉠) 의식을 함양해야 한다. 이를 바탕으로 우리는 ㉡ 다양한 차원의 공동체 구성원으로서 살아가야 한다. 또 ㉢ 인류 보편적 가치의 이해를 바탕으로 지속가능한 발전을 이룰 수 있는 자세를 지녀야 하며, 참여와 연대를 통해 ㉣ 인류 공동의 문제에 대응해야 한다. 문화와 가치의 ㉤ 다양성을 존중하며 서로의 차이를 이해해야 한다. 이 외에도 직업을 선택할 때에는 자신의 흥미와 적성뿐 아니라 ㉥ 다양한 요소를 고려해야 한다.

① ㉠에는 '세계시민'이 들어갈 수 있다.
② ㉡은 개인, 지역, 국민 등으로 확대될 수 있다.
③ ㉢을 위해서 지역의 특수한 가치는 배제해야 한다.
④ ㉣에는 기후변화, 빈곤 등이 있다.
⑤ ㉤을 위해서는 개방적 태도가 필요하다.
⑥ ㉥에는 지구촌의 미래에 기여할 수 있는 방법 등이 있다.

11 그래프를 보고 지구 온난화의 주된 책임이 누구에게 있는지 쓰고, 그렇게 생각한 이유를 서술하시오.

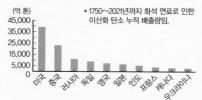

* 1750~2021년까지 화석 연료로 인한 이산화 탄소 누적 배출량임.

(글로벌 탄소 프로젝트, 2023)

⬆ 이산화 탄소 누적 배출량

_____

_____

3단계 로 완성하기

12 자료는 화석 에너지 자원의 가채 연수에 대한 것이다. 자료에 나타난 자원 문제를 파악하고, 그에 대한 국가적, 개인적 차원의 대책을 서술하시오.

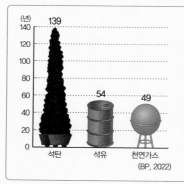

(BP, 2022)

> 가채 연수는 현재 확인된 자원의 매장량을 연간 생산량으로 나눈 것으로, 향후 몇 년 간 자원을 생산할 수 있는지를 나타내는 지표이다.

1단계 자료에 나타난 자원의 특성을 분석해 보세요.

_____

2단계 위 특성과 관련된 자원 문제를 써 보세요.

_____

3단계 1, 2단계를 토대로 국가적·개인적 차원에서의 자원 문제 대책을 서술해 보세요.

_____

1등급 도전하기

01 그래프는 (가), (나) 에너지 자원의 국가별 소비량을 나타낸 것이다. (가), (나) 자원에 대한 옳은 설명만을 〈보기〉에서 있는 대로 고른 것은?

(가)의 소비량(총 42.4억 톤, 2021년)

| 미국 18.9 | 중국 16.9 | 인도 5.2 | | 기타 45.3(%) |

러시아 3.6 · 일본 3.6
사우디아라비아 3.6 · 대한민국 2.9

(나)의 소비량(총 160.1EJ, 2021년)

| 중국 53.8 | 인도 12.5 | 미국 6.6 | 기타 17.8(%) |

일본 3.0 · 러시아 2.1
남아프리카 공화국 2.2
인도네시아 2.0 (BP, 2022)

┤ 보기 ├
ㄱ. (나)는 산업 혁명의 원동력이 되었다.
ㄴ. (가)는 (나)보다 산업용으로 사용되는 비중이 크다.
ㄷ. (나)는 (가)보다 국제 이동량이 많다.
ㄹ. (나)는 (가)보다 세계 에너지 소비량에서 차지하는 비중이 크다.

① ㄱ   ② ㄴ   ③ ㄴ, ㄷ
④ ㄴ, ㄹ   ⑤ ㄱ, ㄷ, ㄹ

02 다음 사례들에 나타난 국제 갈등의 공통적인 원인으로 적절한 것은?

- 북극해에는 전 세계 석유의 13%, 천연가스의 30% 가량이 매장되어 있다. 이전에는 얼음에 덮여 경제적 가치가 없었으나, 기후변화로 얼음이 녹으면서 탐사 및 개발이 가능해졌다. 이에 따라 북극해를 둘러싸고 러시아, 미국, 캐나다, 노르웨이, 덴마크가 서로 북극해 영유권을 주장하고 있다.
- 페르시아만 연안의 아부무사섬은 면적이 매우 좁지만 원유가 많이 매장되어 있다. 이 섬의 영유권을 두고 이란과 아랍 에미리트가 오랜 기간 대립해 왔다. 현재 이 섬은 이란이 실효적으로 지배하고 있는 상태이나, 아랍 에미리트는 이란에게 반환을 요구하고 있다.

① 기후변화 문제   ② 자원 확보 문제
③ 환경 오염 문제   ④ 자원 민족주의 문제
⑤ 에너지 소비 격차 문제

03 ★창의 융합 다음은 수업 장면의 일부이다. 교사의 질문에 옳게 대답한 학생만을 있는 대로 고른 것은?

〈지구 표면 온도의 변화〉

그래프를 보고 기후 변화에 대해 이야기 해 볼까요?

(나)는 인위적·자연적 요인을 반영한 온도 변화입니다.

오늘날 기후변화는 (가)와 양상이 비슷합니다.

(가)는 자연적 요인만 반영한 온도 변화입니다.

(IPCC 6차 평가 보고서, 2021)

① 갑   ② 병   ③ 갑, 을
④ 을, 병   ⑤ 갑, 을, 병

04 다음 글에 나타난 시설을 만든 이유로 가장 적절한 것은?

북극에는 세계의 식물 종자들을 보관하는 국제 종자 저장고가 있다. 지하 약 120m 깊이에 있는 이 저장고는 지진이나 핵폭발에도 견딜 만큼 견고하다.

① 해수면 상승을 피하기 위해
② 신·재생 에너지 보급 확대를 위해
③ 농경지 부족 문제를 해결하기 위해
④ 인간의 정체성과 가치관 혼란을 막기 위해
⑤ 핵전쟁, 테러 등의 예측할 수 없는 미래 상황에 대비하기 위해

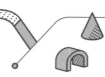

01   24학년도 수능 세계지리 18번

다음 자료는 1차 에너지원별 주요 생산국의 생산 비율을 나타낸 것이다. (가)~(다)에 대한 설명으로 옳은 것은? (단, (가)~(다)는 각각 석유, 석탄, 천연가스 중 하나임.)

(가)   (나)   (다)

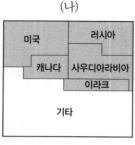 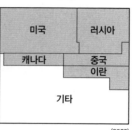

(2022)

① (가)는 최대 생산국과 최대 수출국이 동일하다.
② (나)는 산업용보다 수송용으로 소비되는 비율이 높다.
③ (가)는 (나)보다 세계 1차 에너지 소비량에서 차지하는 비율이 높다.
④ (나)는 (다)보다 상용화된 시기가 늦다.
⑤ (가)~(다) 중 (다)는 연소 시 대기 오염 물질 배출량이 가장 많다.

수능 만점 한끝
제시된 자료를 통해 각 자원을 도출한 후 자원의 특징을 파악한다.

이렇게도 출제될 수 있어요!
각 자원의 생산 비율이 아닌, 각 국가의 에너지원별 생산 또는 소비 비율을 제시하여 해당 자원을 도출하는 문제가 출제될 수 있어요.

02   21학년도 6월 모평 세계지리 17번

그래프의 A, B에 대한 옳은 설명만을 〈보기〉에서 고른 것은? (단, A, B는 각각 석유, 석탄 중 하나임.)

〈A, B 전 세계 소비량에서 인구 규모 상위 3개국이 차지하는 비율〉

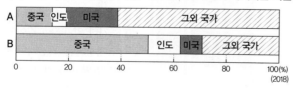

(2018)

┤ 보기 ├
ㄱ. A는 세계 1차 에너지 소비에서 차지하는 비율이 가장 높다.
ㄴ. B를 가장 많이 생산하는 국가는 미국이다.
ㄷ. A는 B보다 상용화된 시기가 늦다.
ㄹ. B는 A보다 수송용으로 이용되는 비율이 높다.

① ㄱ, ㄴ   ② ㄱ, ㄷ   ③ ㄴ, ㄷ   ④ ㄴ, ㄹ   ⑤ ㄷ, ㄹ

수능 만점 한끝
제시된 석유와 석탄의 소비량을 통해 자원을 파악하고, 각 자원의 특징을 분석한다.

문제의 핵심
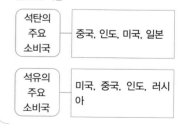

03 **교육청 기출 | 응용** (가)에 해당하는 미래 사회의 문제에 대한 설명으로 옳지 <u>않은</u> 것은?

> (가) (으)로 사라질지도 모르는 여행지
>
>
>
> 이탈리아 항구 도시 베네치아가 | (가) | (으)로 인한 해수면 상승으로 홍수 위험에 자주 노출되고 있다. 이 같은 현상이 지속된 다면 베네치아는 앞으로 100년 안에 물에 잠겨 사라질지도 모른다.
>
> 오스트레일리아 대보초 해안의 산호초가 백화 현상으로 사라지고 있다. 백화 현상이란 산호초가 하얗게 죽어가는 것을 말하는데, | (가) | (으)로 인한 수온 상승이 주된 요인으로 꼽힌다.

① 지구 온난화이다.

② 전 지구적 차원의 문제이다.

③ 인류의 생존을 위협할 수 있다.

④ 기후변화의 대표적인 사례이다.

⑤ 자원의 소비가 감소하면서 심화되고 있다.

● **수능 만점** 한끝

제시된 내용을 분석하여 (가)에 해당하는 문제가 무엇인지 도출하고, 이 문제로 인해 미래 사회에 나타날 영향을 구분한다.

● **이렇게도 출제될 수 있어요!**

기후변화로 나타나는 다른 현상을 제시하고, 우리나라의 지속가능성과 연결지어 묻는 형태로 출제될 수 있어요.

---

04 **교육청 기출** 다음을 주장한 사상가가 부정의 대답을 할 질문으로 가장 적절한 것은?

> • 책임의 범위를 현세대로 한정하는 기존의 전통적 윤리관으로는 과학기술 시대에 발생하는 문제를 해결하는 데 한계가 있다. 새롭게 요구되는 윤리는 과학기술로 인한 상황을 적극적으로 반성하는 책임 윤리로서 두려움, 절제 등의 덕목들이다.
>
> • 새로운 윤리는 인간적 삶의 전 지구적 조건과 종(種)의 먼 미래와 실존을 고려해야만 한다. 새로운 윤리는 인간의 선(善)은 물론 인간 이외의 존재와 자연의 선을 탐구해야 하며, 미래 세대의 삶의 조건에 대해서도 책임져야 함을 강조한다.

① 현세대는 미래 세대에 대해 일방적인 책임을 져야 하는가?

② 현세대는 과학기술이 가져올 부정적 영향에 주목해야 하는가?

③ 책임의 범위는 자연 전체가 아닌 인간으로 한정되어야 하는가?

④ 현세대는 미래 세대의 생존 가능성을 파괴하지 말아야 하는가?

⑤ 책임의 범위에는 과학기술로 인해 발생하는 예견되지 않은 결과도 포함되어야 하는가?

● **수능 만점** 한끝

제시문의 주제를 파악하고, 주제와 관련된, 또는 관련 없는 내용을 구분하는 문제이다.

● **문제의 핵심**

세계시민의 자세	인류 전체의 보편적 이익을 우선시하고, 지속가능한 발전을 위한 적극적인 참여와 연대의 자세를 취함

[01~02] 그래프는 인구 변천 모형을 나타낸 것이다. 이를 보고 물음에 답하시오.

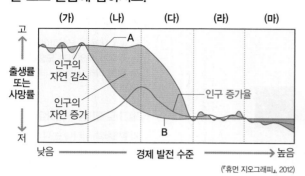

『휴먼 지오그래피』, 2012）

01 위 그래프에 대한 설명으로 옳은 것은?

① A는 사망률, B는 출생률이다.
② (다) 단계에서는 출산 장려 정책을 실시한다.
③ (마) 단계에서는 인구의 자연 감소가 발생한다.
④ (가)는 (나) 단계보다 인구가 급격하게 증가한다.
⑤ (가)는 (라) 단계보다 기대 수명이 높다.

02 (나) 단계와 비교한 (라) 단계의 상대적 특징을 그림의 A~E에서 고른 것은?

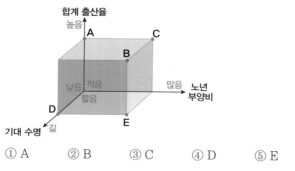

① A　　② B　　③ C　　④ D　　⑤ E

03 다음 교사의 질문에 옳게 답변한 학생만을 〈보기〉에서 있는 대로 고른 것은?

다음 인구 성장 그래프를 통해 세계 인구 성장의 특징에 대해 이야기해 볼까요?

┤ 보기 ├

갑: 인구는 세계에 균등하게 분포합니다.
을: 세계 인구는 지속적으로 증가하고 있습니다.
병: 2000년 이후에는 선진국이 세계 인구 성장을 주도할 것입니다.
정: 2070년 세계 인구의 절반은 아프리카에 분포할 것으로 예상됩니다.

① 갑　　　　② 을　　　　③ 을, 병
④ 병, 정　　　⑤ 갑, 을, 정

04 세계 인구 분포에 대한 옳은 설명만을 〈보기〉에서 있는 대로 고른 것은?

┤ 보기 ├

ㄱ. 남반구에 세계 인구의 90% 정도가 거주한다.
ㄴ. 오스트레일리아는 내륙보다 해안에 인구가 많다.
ㄷ. 2024년 현재 세계에서 인구가 가장 많은 대륙은 아프리카이다.
ㄹ. 현대 사회에서는 자연적 요인뿐만 아니라 사회·경제적 요인도 인구 분포에 많은 영향을 준다.

① ㄱ　　　　② ㄴ　　　　③ ㄴ, ㄹ
④ ㄷ, ㄹ　　　⑤ ㄱ, ㄷ, ㄹ

[05~06] 그래프는 지역별 인구 순 이동*을 나타낸 것이다. 이를 보고 물음에 답하시오.

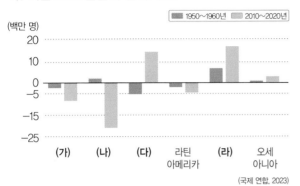

(국제 연합, 2023)

* 인구 순 이동은 유입 인구에서 유출 인구를 뺀 값이다.

05 (가)~(라) 지역을 옳게 연결한 것은?

	(가)	(나)	(다)	(라)
①	아시아	아프리카	유럽	앵글로아메리카
②	아시아	아프리카	앵글로아메리카	유럽
③	아프리카	유럽	앵글로아메리카	아시아
④	아프리카	아시아	유럽	앵글로아메리카
⑤	앵글로아메리카	아시아	유럽	아프리카

06 (가)~(라) 지역에 대한 설명으로 옳은 것은?

① 2010~2020년 (나)는 유출 인구보다 유입 인구가 많다.
② 2024년 총인구는 (나)보다 (라)가 많다.
③ (나)는 (다)보다 3차 산업 종사자 비율이 높다.
④ (다)는 (가)보다 1인당 지역 내 총생산이 많다.
⑤ (라)의 국가 수는 (다)의 국가 수보다 많다.

07 + 단원 통합
우리나라 (가), (나) 지역의 인구 피라미드이다. 이에 대한 옳은 설명만을 〈보기〉에서 있는 대로 고른 것은? (단, (가), (나)는 각각 충북 옥천과 충남 천안 중 하나임.)

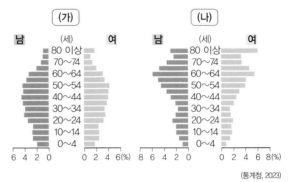

(통계청, 2023)

┤보기├
ㄱ. (가)는 (나)보다 중위 연령이 높다.
ㄴ. (가)보다 (나)에서 고령화 문제가 심하다.
ㄷ. (가)는 군(郡) 지역이며, (나)는 시(市) 지역이다.
ㄹ. (가)는 (나)보다 1차 산업 종사자 비율이 높을 것이다.

① ㄱ ② ㄴ ③ ㄴ, ㄹ
④ ㄷ, ㄹ ⑤ ㄱ, ㄷ, ㄹ

08 다음 그림에 나타난 인구 문제에 대한 해결책으로 적절한 것만을 〈보기〉에서 있는 대로 고른 것은?

일을 그만두어야 할지도 모른다는 생각에 아이 낳을 생각을 하지 못하고 있어요. 집안 일에 육아까지 하려면 너무 힘들 것 같아요.

┤보기├
ㄱ. 육아기 단축 근무 기간 연장
ㄴ. 재택 근무제 운영 기업 세금 감면
ㄷ. 아이 돌봄 서비스 제공 기준 완화
ㄹ. 노인 인력 채용 기업에 지원금 제공

① ㄱ ② ㄴ ③ ㄴ, ㄹ
④ ㄷ, ㄹ ⑤ ㄱ, ㄴ, ㄷ

[09~10] 그래프는 세계 에너지원별 소비 비중 변화를 나타낸 것이다. 물음에 답하시오.

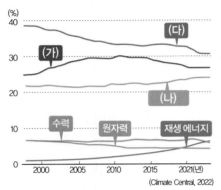

(Climate Central, 2022)

09 (가)~(다) 자원을 옳게 연결한 것은?

	(가)	(나)	(다)
①	석탄	석유	천연가스
②	석탄	천연가스	석유
③	석유	석탄	천연가스
④	석유	천연가스	석탄
⑤	천연가스	석탄	석유

10 교사의 질문에 옳게 답변한 학생을 고른 것은?

- 교사: 위 그래프의 (가) ~ (다) 자원에 대해 한 가지씩 발표해 볼까요?
- 갑: (가)는 냉동 액화 기술의 발달로 소비가 증가했습니다.
- 을: (나)는 주로 고생대 지층에 매장되어 있습니다.
- 병: (다)는 산업 혁명기의 주요 에너지원입니다.
- 정: (나)는 (다)보다 국제 이동량이 많습니다.
- 무: (다)는 (가)보다 수송용으로 이용되는 비중이 높습니다.

① 갑 　② 을 　③ 병 　④ 정 　⑤ 무

11 그림의 A~C에 해당하는 에너지 자원을 옳게 연결한 것은?

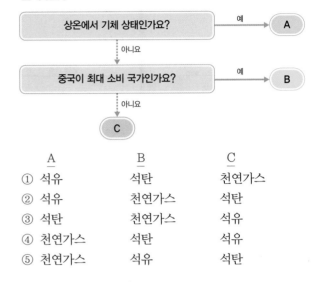

	A	B	C
①	석유	석탄	천연가스
②	석유	천연가스	석탄
③	석탄	천연가스	석유
④	천연가스	석탄	석유
⑤	천연가스	석유	석탄

12 밑줄 친 ㉠~㉤에 대한 설명으로 옳은 것은?

> ㉠ 자원은 자연으로부터 얻을 수 있는 것 중에서 인간의 일상생활과 경제활동에 유용한 것을 의미한다. 자원은 ㉡ 가변성이 있기 때문에 시대에 따라 중요한 자원이 다르다. 또한 자원은 ㉢ 유한성과 ㉣ 편재성을 가지고 있다. 화석 에너지는 ㉤ 생산지와 소비지가 일치하지 않아 갈등이 발생하고 있다.

① ㉠은 기술적으로 개발 가능한 것만을 의미한다.
② ㉡은 반드시 과학기술이 발달해야 달라진다.
③ ㉢의 예로 건조 문화권에서 돼지고기 소비가 적은 것이 있다.
④ ㉣은 석유보다 석탄이 더 크다.
⑤ ㉤과 관련한 현상으로 자원 민족주의가 있다.

13 다음 자료의 (가)~(다)에 들어갈 내용으로 옳은 것만을 〈보기〉에서 있는 대로 고른 것은?

- **조사 주제**: 지속가능한 발전을 위한 노력
- **조사 내용**
  - 국제적 차원:

    | (가) |

  - 국가적 차원:

    | (나) |

  - 개인적 차원:

    | (다) |

┌ 보기 ┐
ㄱ. (가) – 기후변화에 대응하기 위한 국제 협약을 체결한다.
ㄴ. (나) – 윤리적 소비를 실천하기 위해 노력한다.
ㄷ. (다) – 지속가능발전을 위한 법률을 제정한다.

① ㄱ　　　　② ㄴ　　　　③ ㄱ, ㄴ
④ ㄱ, ㄷ　　　⑤ ㄴ, ㄷ

14 다음은 자원의 개발과 확보를 둘러싼 분쟁 사례이다. 밑줄 친 '이곳'을 지도에서 고르면?

한반도 면적보다 약 70배나 넓은 이곳은 세계 석유의 약 13%, 천연가스의 약 30% 정도가 매장되어 있다. 최근 지구 온난화로 빙하 면적이 줄어들면서 많은 양의 심해 자원의 개발 가능성이 주목받고 있다.

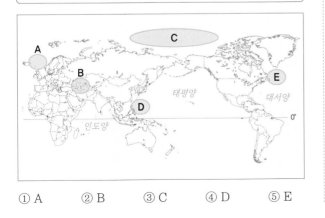

① A　　② B　　③ C　　④ D　　⑤ E

15 ㉠~㉣에 대한 설명으로 옳지 않은 것은?

전 지구에 영향을 미치는 ㉠ 기후변화에 대응하고자 각종 국제 협약을 맺고 있다. 대표적인 사례로 ㉡ 온실가스 배출 거래권 제도를 도입한 (㉢)이/가 있다. 또한 선진국과 개발 도상국 모두에게 온실가스 감축 의무를 부과한 (㉣) 이/가 있다.

① ㉠은 기후변화에 대응하고 지속가능한 발전을 위한 국제적 노력에 해당한다.
② ㉡은 국가들에게 배출 할당량을 설정한 후, 국가 간 온실가스 배출 할당량을 사고팔도록 허용한 제도이다.
③ ㉢에는 교토 의정서가 들어갈 수 있다.
④ ㉣에는 파리 협정이 들어갈 수 있다.
⑤ ㉢보다 ㉣이 체결된 시기가 이르다.

16 (가)에 들어갈 내용으로 가장 적절한 것은?

오늘날에는 지구 전체를 지구촌이라고 말할 정도로 전 세계가 하나의 공동체 여겨지고 있다. 다른 지역이나 국가에서 일어난 일이 우리에게 영향을 미치기도 한다. 반대로 내가 사는 지역에서 일어난 일이 다른 지역이나 국가에 영향을 주기도 한다. 따라서 우리는 미래 사회에 대비하려면 _____(가)_____

① 빈부 격차를 줄이기 위해 공동체 의식을 함양해야 한다.
② 내가 살고 있는 지역의 이익을 최우선으로 주장해야 한다.
③ 전 지구적 수준의 문제는 국제적 차원에서 해결하도록 간섭하지 말아야 한다.
④ 과학기술의 힘을 믿고 사회문제들을 기술로 극복할 수 있다는 믿음을 가져야 한다.
⑤ 비판적 사고로 인해 발생하는 부정적 감정을 줄이기 위해 모든 상황을 긍정적으로 사고해야 한다.

MEMO

한 권으로 끝내기!
필수 개념과 시험 대비를
한 권으로 끝!

통합사회 공부,
한 권으로 이미 끝!

한끝

정답과
해설

고등
통합
사회2

visang

ABOVE IMAGINATION

우리는 남다른 상상과 혁신으로
교육 문화의 새로운 전형을 만들어
모든 이의 행복한 경험과 성장에 기여한다

정답과
해설

고등 **통합사회2**

본 책

I 인권 보장과 헌법

01 인권의 의미와 발전 과정

개념 확인하기 　　　　　　　　　　　　9쪽

1 참정권 **2** (1) × (2) ○ (3) × **3** ㄴ, ㄷ

실력 다지기 　　　　　　　　　　○ 10~12쪽

01 ② **02** ③ **03** ② **04** ② **05** ④ **06** ⑤ **07** ④ **08** ③
09 ⑤ **10** ② **11** (1) 사회권 (2) 해설 참조 **12** 해설 참조

01 '이것'은 인권이다. ㄱ, ㄹ. 인권은 보편적이며 천부적인 권리이다.
　선택지 바로잡기 ㄴ. 인권은 헌법에 명시되어 있지 않아도 보장받을 수 있다. ㄷ. 인권은 국가나 다른 사람이 함부로 침해할 수 없다.

02 ③ 시민 혁명 이후에도 선거권이 제한되자 노동자, 여성, 흑인 등이 참정권 확대 운동을 전개하였다.

03 ② 프랑스 혁명의 결과로 채택된 인간과 시민의 권리 선언은 제2조에서 인권의 불가침성을 강조하고 있다.
　선택지 바로잡기 ①, ④ 사회권을 최초로 명시하고, 사회문제 해결을 위해 국가의 적극적인 개입을 강조한 것은 독일 바이마르 헌법이다. ③ 세계 인권 선언에는 저항권이 명시되지 않았다. ⑤ 인간과 시민의 권리 선언 제1조와 세계 인권 선언 제1조에는 모두 천부 인권 사상이 나타나 있다.

04 ② 독일 바이마르 헌법은 소유권의 사회적 의무성과 모든 국민의 인간다운 삶을 보장하는 사회권을 최초로 규정하였다.

05 미국 독립 선언에는 천부 인권 사상과 인간의 존엄성이 나타나 있으며, 국가에 대한 저항권이 명시되어 있다.
　선택지 바로잡기 ㄹ. 미국 독립 선언에는 국민의 인간다운 생활을 보장하는 사회권에 관한 내용이 명시되어 있지 않다.

06 ⑤ 1948년 국제 연합(UN) 총회에서 인류 전체의 인권 보장을 위한 국제 사회의 협력을 강조하는 세계 인권 선언이 채택되었다.
　선택지 바로잡기 ① 절대 왕정 시기에 시민들은 자유권과 평등권을 보장받지 못하였다. ② 보통 선거 제도가 확립된 것은 20세기 이후이다. ③ 사회권이 강조된 것은 (라) 시기부터이다. ④ (가) 시기에 천부 인권 사상과 계몽사상이 확대되면서 시민 혁명이 발생하였다.

07 3세대 인권인 연대권은 구성원 간 연대를 통해 인권을 보호하고 전 지구적 차원의 문제에 대응하기 위해 강조되고 있다.

　선택지 바로잡기 ④ 사회 보장을 받을 권리는 근로의 권리, 교육에 대한 권리 등과 함께 2세대 인권에 해당한다.

08 현대 사회에 새롭게 등장한 인권에는 주거권, 안전권, 환경권, 문화권 등이 있다.
　선택지 바로잡기 ③ 국가 권력의 간섭에서 벗어나 자유롭게 생활할 수 있는 권리인 자유권은 근대 시민 혁명 이후 보장되었다.

09 ㉠은 문화권이다. ⑤ 문화권은 문화 활동에 자유롭게 참여하고 문화를 누릴 권리로, 각자의 고유한 언어와 생활양식을 보장받을 권리를 포함한다.

10 ㄱ, ㄷ. 잊힐 권리는 정보 사회에서 새롭게 등장한 권리로, 개인이 인터넷상에서 자신과 관련된 각종 정보에 대한 수정이나 영구적인 삭제를 요청할 수 있는 권리이다.
　선택지 바로잡기 ㄴ. 문화적 정체성을 유지할 권리는 문화권에 포함된다. ㄹ. 참정권에 대한 설명이다.

11 (2) **예시 답안** 산업 혁명 이후 자본주의가 급격히 발전하면서 열악한 노동 환경과 빈부 격차 등으로 사회적 불평등이 심화됨에 따라 등장하게 되었다.

채점 기준	
상	사회적 불평등 심화와 그 원인을 구체적으로 서술한 경우
하	사회적 불평등이 심화하였다고만 서술한 경우

12 **예시 답안** ·1단계: 청년과 신혼부부의 안정적인 주거 생활을 보장하기 위해서이다.
·2단계: 청년, 신혼부부의 주거권을 보장하고자 하였다. 주거권은 쾌적하고 안정적인 주거 환경에서 인간다운 주거 생활을 할 권리이다.
·3단계: 제시된 사례에 나타난 인권은 주거권으로, 쾌적하고 안정적인 환경에서 인간다운 주거 생활을 할 권리를 의미한다. 국가는 주거비를 일정 수준으로 조정하거나 주거 환경을 개선하는 등의 노력을 통해 국민의 주거권을 보장해야 한다.

채점 기준	
상	㉠의 목적, 주거권의 의미, 국가의 역할을 모두 서술한 경우
중	㉠의 목적, 주거권의 의미만 서술한 경우
하	㉠의 목적 또는 주거권만 서술한 경우

1등급 도전하기 　　　　　　　　　　○ 13쪽
01 ③ **02** ④ **03** ③ **04** ②

01 ③ (가)는 17~18세기 시민 혁명, (다)는 19세기 중반 영국의 차티스트 운동, (라)는 1919년 독일 바이마르 헌법, (나)는 1948년 국제 연합(UN)의 세계 인권 선언 발표에 대한 설명이다.

02 ① 시민 혁명 이후에도 노동자, 농민, 여성 등은 참정권을 보장 받지 못하였다. ② 시민 혁명은 봉건제, 신분제와 같은 사회 구조적 모순을 철폐하는 계기가 되었다.
│ **선택지 바로잡기** │ ④ 차티스트 운동의 결과로 선거권이 확대되었지만, 보통 선거 제도가 확립된 것은 20세기 이후이다.

03 ③ 여성 참정권 운동과 흑인 민권 운동 사례를 통해 많은 사람이 부당한 차별에 맞서 인권의 보장 범위를 넓히기 위해 노력하였음을 알 수 있다.
│ **선택지 바로잡기** │ ① 인권은 사회와 인간의 가치관 변화에 따라 끊임 없이 변화하고 그 범위가 확장된다. ④ 근대 이전 서구 사회에서는 대다수의 사회 구성원이 왕과 소수의 귀족에게 부당한 억압과 차별을 받았다. ⑤ 근대 시민 혁명 이후에도 노동자, 농민, 여성 등은 여전히 참정권을 보장받지 못하였다.

04 A는 주거권, B는 안전권이다. ② 주거권은 쾌적하고 안정적인 주거 환경에서 인간다운 주거 생활을 할 권리이다.
│ **선택지 바로잡기** │ ③ 우리나라 헌법은 안전권을 보장하기 위해 국가의 재해 예방 의무를 명시하고 있다. ④ 모든 국민의 최소한의 인간다운 생활을 보장하는 권리는 사회권이다. ⑤ 우리나라 헌법은 문화권을 보장하기 위해 문화 발전에 대한 국가 의무를 명시하고 있다.

수능 준비하기
14~15쪽
01 ③ **02** ④ **03** ④ **04** ①

01 인권은 인간이라면 누구나 가지는 보편적 권리, 태어나면서부터 당연히 가지는 천부적 권리, 국가나 다른 사람이 침해할 수 없는 불가침의 권리이다.
│ **선택지 바로잡기** │ (나) 인권은 영구히 보장되는 항구적인 권리이다. (라) 인권은 남에게 양도할 수 없다.

02 ㄴ. 인간은 태어날 때부터 자유롭고 평등함을 명시하고 있다. ㄹ. 천부 인권 사상과 국민 주권 사상이 반영되어 있다.
│ **선택지 바로잡기** │ ㄱ. 사유 재산 제도를 인정한다. ㄷ. 자유권을 중심의 인권을 강조한다.

03 갑, 을, 병. 오늘날 지구 온난화에 따른 기후변화와 대기 및 수질 오염 등 다양한 환경 문제가 발생하고 있다. 이에 국민의 안전하고 행복한 삶을 위해 환경권이 강조되고 있다.
│ **선택지 바로잡기** │ 정. 환경권은 건강하고 쾌적한 환경에서 살 권리로, 모든 국민이 최소한의 인간다운 생활을 보장받을 권리인 사회권에 해당하는 권리이다.

04 ㉠은 문화권이다. ㄱ, ㄴ. 문화권은 사회의 다양성 확대와 개인의 문화적 정체성 확립에 도움을 주는 권리이다.
│ **선택지 바로잡기** │ ㄷ. 쾌적한 주거 환경 조성을 강조하는 권리는 주거권이다. ㄹ. 전염병으로부터 안전을 보장해 주는 권리는 안전권이다.

02 인권 보장을 위한 헌법의 역할과 시민 참여

개념 확인하기
17쪽
1 기본권 **2** (1) ㄹ (2) ㄴ **3** (1) × (2) ○

실력 다지기
18~20쪽
01 ④ **02** ② **03** ④ **04** ① **05** ④ **06** ⑤ **07** ⑤ **08** ③
09 ⑤ **10** ③ **11** 해설 참조 **12** 해설 참조

01 헌법 제10조에서 규정하고 있는 인간의 존엄과 가치, 행복 추구권은 헌법이 추구하는 궁극의 가치이며 모든 기본권의 근간이자 국가 권력 행사의 기준이 된다.
│ **선택지 바로잡기** │ ㄹ. 국민의 기본권 보장 및 제한에 대한 내용을 규정하고 있는 조항은 헌법 제37조이다.

02 ② 입헌주의는 헌법을 통해 국민의 자유와 권리를 명확히 규정하고, 국민의 자유와 권리가 국가 권력에 의해 부당하게 침해당하지 않도록 국가 권력을 제한하는 정치 원리를 의미한다.
│ **선택지 바로잡기** │ ① 법치주의는 국민의 대표 기관인 의회에서 제정한 법률에 따라 통치해야 한다는 원리이다.

03 신체의 자유, 주거의 자유, 사생활의 비밀과 자유를 침해받지 않을 권리는 자유권에 해당한다. ④ 자유권은 국가 권력에 의한 간섭이나 침해를 받지 않을 권리이다.
│ **선택지 바로잡기** │ ①, ⑥은 청구권, ②는 사회권, ③은 참정권, ⑤는 평등권에 대한 설명이다.

04 A는 사회권, B는 자유권, C는 청구권이다. ① 근로의 권리는 사회권, 종교의 자유는 자유권, 청원권은 청구권에 해당한다.
│ **선택지 바로잡기** │ ②, ③, ④, ⑤ 신체의 자유는 자유권, 재판 청구권은 청구권, 선거권은 참정권, 교육받을 권리는 사회권에 해당한다.

05 신체의 자유는 자유권에 해당하고, 선거권은 참정권에 해당하므로 ㉠은 자유권, ㉡은 참정권이다. ④ 자유권은 국가 권력에 의한 간섭이나 침해를 배제하는 소극적·방어적 권리이다.
│ **선택지 바로잡기** │ ①은 참정권, ②, ⑥은 사회권, ⑤은 평등권이다. ③ 모든 기본권은 법률에 의해 제한될 수 있다.

06 A는 헌법재판소, ㉠은 헌법 소원 심판이다. ㄹ. 헌법재판소는 지휘관의 조치가 자유와 권리의 본질적 내용을 침해하였다고 보아 위헌 결정을 내렸다.
│ **선택지 바로잡기** │ ㄱ. 헌법 소원 심판은 헌법재판소에 청구할 수 있다. ㄴ. 청구권에 대한 설명이다. 갑은 자유권을 침해받았다.

07 우리나라 헌법에서는 법치주의, 복수 정당 제도, 국민 주권의 원리, 권력 분립 제도 등으로 국민의 인권을 보장하고 있다.

| 선택지 바로잡기 | ⑤ 법률이 헌법에 보장된 국민의 기본적 인권을 침해하는지 여부를 판단하는 기관은 헌법재판소이다.

08 ③ 제시된 사례를 통해 시민 참여는 국가 권력에 의한 시민의 권리 침해를 막는 역할을 수행함을 알 수 있다.

09 시민 참여는 시민이 참여 의식을 가지고 정치과정이나 사회문제 해결에 적극적으로 개입하는 것이다. 그 방법으로는 선거, 시위, 서명 운동, 정당 활동 등의 합법적인 방법과 시민불복종이 있다.
| 선택지 바로잡기 | ⑤ 시민불복종을 포함한 시민 참여를 통해 대의 민주주의의 한계를 보완할 수 있다.

10 시민불복종은 의도적으로 법을 위반하는 행위로, 행위 목적의 정당성, 비폭력성, 최후 수단성을 갖추고 위법 행위에 대한 처벌을 감수해야 한다.

11 **예시답안** (가)는 국회, (나)는 정부, (다)는 법원이다. 권력 분립 제도는 국가 권력의 남용으로부터 국민의 기본적 인권을 보호함을 목적으로 한다.

채점 기준	
상	(가)~(다)의 명칭을 쓰고, 권력 분립 제도의 목적을 서술한 경우
하	(가)~(다)의 명칭만 쓴 경우

12 **예시답안** • 1단계: 헌법재판소
• 2단계: 갑은 선거에 참여하지 못해 참정권을 침해당하였으며, 선거에 참여하지 못함으로써 선거에 참여한 다른 사람들과 달리 차별을 받았으므로 평등권을 침해당하였다고 주장하였다.
• 3단계: 갑은 「공직 선거법」 제17조에 의해 자신의 기본권 중 참정권과 평등권을 침해당하였다고 판단하였고, 이에 대한 구제를 받기 위해 헌법재판소에 헌법 소원 심판을 청구하였다.

채점 기준	
상	헌법재판소를 쓰고, 갑이 침해를 주장하는 기본권 두 가지와 헌법 소원 심판 청구 이유를 서술한 경우
중	헌법재판소를 쓰고, 갑이 침해를 주장하는 기본권을 두 가지 서술한 경우
하	헌법재판소만 쓴 경우

1등급 도전하기 ○ 21쪽
01 ⑤ **02** ③ **03** ④ **04** ⑤

01 A는 참정권이다. ⑤ (가)에 '소극적 권리인가?'가 들어가면 C는 사회권이다. 교육받을 권리는 사회권에 해당한다.
| 선택지 바로잡기 | ② 근로의 권리는 사회권에 해당하므로 B는 사회권, C는 자유권이다. 모든 기본권은 법률로써 제한될 수 있다. ③ C가 사회권이면 B는 자유권이다. 인간다운 생활의 보장을 요구할 수 있는 권리는 사회권이므로 해당 질문은 들어갈 수 없다. ④ 다른 기본권을 보장하기 위한 수단적 권리는 청구권이므로 해당 질문은 들어갈 수 없다.

02 ③ 위헌 법률 심판 제청권은 사법부가 입법부를, 국정 감사권은 입법부가 행정부를, 대법원장 임명권은 행정부가 사법부를 견제하는 수단이다.

03 캠페인 활동, 민원 제기는 모두 시민 참여의 한 방법이다. ㄴ, ㄹ. 시민 참여는 대의 민주주의를 보완하고, 인간의 존엄성이 보장되는 정의로운 사회를 만드는 데 이바지한다.
| 선택지 바로잡기 | ㄱ, ㄴ. 시민 참여는 국가 권력의 남용을 막고, 공동체의 이익을 증진한다.

04 간디의 소금 행진은 시민불복종의 대표적인 사례이다.
| 선택지 바로잡기 | ㄱ. 시민불복종이 정당화되려면 폭력적인 방법을 사용해서는 안 된다.

수능 준비하기 ○ 22~23쪽
01 ② **02** ① **03** ① **04** ⑤

01 (가)는 환경 영향 평가 제도, (나)는 탄소 배출권 거래 제도이다. 두 제도가 공통으로 보장하고자 하는 기본권은 사회권이다. ② 사회권은 국가에 인간다운 삶의 보장을 요구할 수 있는 권리이다.
| 선택지 바로잡기 | ① 사회권은 비교적 최근에 등장한 권리이다. ③은 참정권, ④는 자유권, ⑤는 청구권이다.

02 A는 자유권, B는 사회권이다. ① 자유권은 구체적인 내용이 헌법에 명시되지 않아도 보장되는 포괄적 성격의 권리이다.
| 선택지 바로잡기 | ②는 참정권, ④는 사회권, ⑤는 청구권이다. ③ 자유권과 사회권은 모두 인간의 존엄과 가치를 보장하기 위한 권리이다.

03 ㄱ. ㉠을 통해 시민의 의견이 실제 정책에 반영되면 정치적 효능감이 향상될 수 있다. ㄴ. ㉢을 통해 정치권력을 감시하고 견제함으로써 권력의 남용을 막을 수 있다.
| 선택지 바로잡기 | ㄷ. 대부분의 현대 민주 국가는 대의 민주주의를 채택하고 있다. ㉠과 같은 시민 참여는 이러한 대의 민주주의의 한계를 보완하는 역할을 한다. ㄹ. 선거, 청원은 모두 개별적 정치 참여 방법이다.

04 시민불복종이 정당화되려면 행위 목적의 정당성, 최후 수단성, 비폭력성을 갖추고 위법 행위에 대한 처벌을 감수해야 한다.
| 선택지 바로잡기 | ㄴ. 시민불복종은 부당한 법이나 정책을 바로잡기 위해 의도적으로 법에 대한 복종을 거부하는 행위이다.

03 인권 문제 해결을 위한 노력

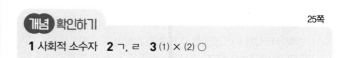

개념 확인하기 25쪽
1 사회적 소수자 **2** ㄱ, ㄹ **3** (1) × (2) ○

실력 다지기

○ 26~27쪽

01 ① 02 ④ 03 ⑤ 04 ③ 05 ① 06 ⑤ 07 해설 참조
08 해설 참조

01 사회적 소수자는 스스로 차별받는 집단에 속해 있다고 인식하는 사람들로, 주류 집단에 비해 사회적 자원의 획득에서 불리한 위치에 있다. 사회적 소수자에 해당하는 집단은 시대와 사회에 따라 상대적이며, 사회적 소수자에 대한 부당한 차별은 사회적 갈등을 유발하여 사회 통합을 저해한다.

02 사회적 소수자는 시·공간에 따라 상대적으로 규정되므로 처한 상황에 따라 누구나 사회적 소수자로 분류되어 편견과 차별의 대상이 될 수 있다.

| **선택지 바로잡기** | ㄷ. 사회적 소수자는 구성원의 수가 아니라 다른 집단과 구별되어 차별받는 대상인지 아닌지로 구분된다.

03 ①, ② 임금은 통화로 매월 1회 이상 일정한 날짜에 직접 본인에게 전액을 지급해야 한다. ③ 청소년 노동권을 보장받기 위해 반드시 근로 계약서를 작성해야 한다. ④ 연소 근로자도 최저 임금의 적용을 받는다.

| **선택지 바로잡기** | ⑤ 사용자는 근로 시간이 4시간인 경우 30분 이상, 8시간인 경우 1시간 이상의 휴게 시간을 근로 시간 도중에 주어야 한다.

04 ③ 카카오 농장에서 강제 노동에 종사하는 아동들은 장시간 무급 노동에 시달리는 등 인권을 침해받고 있다.

05 오늘날에는 인권 의식이 향상되고 인권을 보장하기 위한 여러 제도적 장치가 마련되었지만, 여전히 세계 곳곳에서는 다양한 인권 문제가 발생하고 있다.

| **선택지 바로잡기** | ㉢ 빈곤 및 기아 문제는 선진국에서도 발생할 수 있다. ㉣ 국제기구는 인권 보장에 관한 의제를 다루거나 인권 문제 발생 국가에 권고안을 제시하는 등 인권 문제 해결을 위해 노력을 하고 있다.

06 ⑤ 지도에서 색이 녹색에 가까울수록 언론 자유도가 높은 지역이고, 빨간색에 가까울수록 언론 자유도가 낮은 지역이다.

| **선택지 바로잡기** | ①, ④ 세계 언론 자유 지수는 세계 각국의 언론 자유 정도를 나타내는 인권 지수이다. ② 소수의 국가만이 언론 자유도가 좋음에 해당한다. ③ 우리나라는 언론 자유도가 양호함에 해당한다.

07 **예시 답안** 근로 시간 부분에서 노동권이 침해되었다. 「근로 기준법」에 따르면 15세 이상 18세 미만인 연소 근로자의 근로 시간은 원칙적으로 1일 7시간, 1주 35시간을 초과해서는 안 되는데, 근로 시간이 휴게 시간을 제외하고 1일 8시간, 1주 40시간이므로 「근로 기준법」을 위반하여 노동권을 침해하였다.

채점 기준	
상	노동권이 침해된 부분을 쓰고, 그 이유를 서술한 경우
하	노동권이 침해된 부분만 쓴 경우

08 **예시 답안** • 1단계: △△ 종교 신자들이다.
• 2단계: ○○ 종교 신자들이다. 현재 △△ 종교의 신자들이 갑국 사회 대다수의 권력을 차지하는 지배 세력이기 때문이다.
• 3단계: 100년 전 갑국의 사회적 소수자는 △△ 종교 신자들이고, 현재 갑국의 사회적 소수자는 ○○ 종교 신자들이다. 이를 통해 사회적 소수자에 해당하는 구성원은 시대에 따라 상대적일 수 있으며, 사회적 소수자가 반드시 수적으로 적은 사람들을 의미하는 것은 아님을 알 수 있다.

채점 기준	
상	갑국의 사회적 소수자 변화 양상과 이를 통해 알 수 있는 사회적 소수자의 특징을 두 가지 모두 서술한 경우
중	갑국의 사회적 소수자 변화 양상과 이를 통해 알 수 있는 사회적 소수자의 특징을 한 가지만 서술한 경우
하	갑국의 사회적 소수자 변화 양상만 서술한 경우

1등급 도전하기

○ 28쪽

01 ② 02 ⑤ 03 ③ 04 ②

01 ㄱ. 성별은 선천적 요인이다. ㄹ. 을은 여성 할당제를 시행하면 오히려 능력 있는 남성에 대한 역차별이 발생할 수 있다고 보았다.

| **선택지 바로잡기** | ㄴ. 갑이 제기한 문제는 여성이 남성에 비해 사회적 자원의 획득에서 불리한 위치에 있기 때문에 발생하였다. ㄷ. 을은 능력 있는 남성이 공천을 받지 못할 수 있음을 우려하였다.

02 A국은 인구 대부분이 흑인이지만, 흑인들은 백인들과 피부색이 다르다는 이유만으로 정치적·경제적으로 차별받고 있다.

| **선택지 바로잡기** | ⑤ 사회적 소수자는 시대, 장소, 사회에 따라 상대적으로 결정된다.

03 근로 계약을 체결할 때는 임금, 휴일, 소정 근로 시간, 연차 유급 휴가 등의 근로 조건을 근로 계약서에 명시해야 한다.

| **선택지 바로잡기** | ③ 연소 근로자가 근로 계약을 할 때 친권자 또는 후견인 등 법정 대리인 동의가 있어야 하지만 친권자나 후견인이 미성년자의 근로 계약을 대리할 수는 없다.

04 ② 제시된 글을 통해 세계 인권 문제를 해결하기 위해서는 개별 국가뿐만 아니라 국제기구의 노력도 필요함을 알 수 있다.

수능 준비하기

○ 29쪽

01 ⑤ 02 ②

01 ⑤ A는 나이, B는 민족과 인종이라는 귀속적 특성으로 인해 차별받았다.

| **선택지 바로잡기** | ① 사회적 소수자 집단은 권력의 열세로 인해 차별받는 집단이다. ② B는 민족, 인종의 두 가지 측면에서 사회적 소수자

집단에 속해 있다. ③ A, B는 모두 고정 관념으로 인해 차별의 대상이 되었다. ④ 연령, 민족, 인종 모두 식별이 가능한 특성이다.

02 ㄱ, ㄷ. 영양 부족 등 세계 인권 문제를 해결하려면 개인은 세계 시민 의식과 공동체 의식을 함양해야 하며, 국제 연합(UN)이나 비정부 기구(국제 비정부 기구)를 통해 해당 국가에 경제적 지원을 해야 한다.

| **선택지 바로잡기** | ㄴ. 세계 인권 문제를 해결하려면 국제 사회의 지속적인 관심과 노력이 필요하다. ㄹ. 국제 형사 재판소는 집단 살해죄, 전쟁 범죄, 반인도적 범죄를 저지른 개인을 처벌하는 상설 국제 법정이다.

대단원 마무리하기   30~33쪽

| 01 ② | 02 ① | 03 ② | 04 ⑤ | 05 ⑤ | 06 ① | 07 ② | 08 ① |
| 09 ④ | 10 ④ | 11 ⑤ | 12 ② | 13 ④ | 14 ④ | 15 ① | 16 ④ |

01 ② 영국 명예혁명 이후 의회와 국민의 권리를 강조한 권리 장전이 승인되고 의회 중심의 입헌 군주제가 등장하였다.

02 천부 인권 사상과 계몽사상이 확산되면서 시민의 자유와 권리 보장을 요구하는 미국 독립 혁명과 프랑스 혁명이 발생하였다.

| **선택지 바로잡기** | ㄷ. 사회권이 보장된 것은 바이마르 헌법 제정 이후부터이다. ㄹ. 보통 선거권이 확립된 것은 20세기 이후이다.

03 ② 사회권은 산업 혁명 이후 열악한 노동 환경과 빈부 격차 등으로 사회 불평등이 심화되면서 등장하였다.

04 ㉠은 환경권이다. ⑤ 각종 위험으로부터 안전을 보호받을 권리는 안전권이므로, 해당 내용은 (가)에 들어갈 수 있다.

| **선택지 바로잡기** | ①, ②는 문화권, ③은 주거권, ④는 잊힐 권리에 대한 설명이다.

05 제시된 사례에서 정부가 청년과 저소득층을 위한 임대 주택을 제공하여 보장하고자 하는 인권은 주거권이다.

06 ㉠은 인권, ㉡은 기본권이다. ① 인권은 인간이 태어나면서부터 가지는 천부적 권리이다.

| **선택지 바로잡기** | ② 국내에 거주하는 외국인도 인권을 보장받을 수 있다. ③ 기본권은 통치자나 국가 기관이 권력을 남용하여 국민의 권리를 부당하게 침해할 수 없도록 하는 권리이다. ④ 우리 헌법은 인권을 기본권의 형태로 규정하고 있다. ⑤ 인권, 기본권 모두 국가나 다른 사람이 함부로 침해할 수 없는 권리이다.

07 A는 사회권, B는 자유권, C는 청구권이다. ② 자유권은 국가 권력의 간섭이나 침해를 받지 않을 소극적 권리이다.

| **선택지 바로잡기** | ①은 청구권, ③은 참정권이다. ④ 자유권과 사회권은 모두 외국인에게도 보장될 수 있다. ⑤ 자유권은 헌법에 명시되지 않아도 보장되는 포괄적 권리이다.

08 ㉠ 공권력에 의해 기본권을 침해받은 경우 헌법재판소에 헌법 소원 심판을 등을 청구하여 구제받을 수 있다. ㉡ 직업 활동의 자유는 자유권에 해당한다.

09 A는 평등권, B는 자유권, C는 참정권이다. ④ 평등권은 다른 기본권을 보장하기 위한 전제 조건이 된다.

| **선택지 바로잡기** | ①은 참정권, ②는 청구권이다. ③ 재판 청구권은 청구권에 해당한다. ⑤ 모든 기본권은 국가의 안전 보장과 질서 유지 또는 공공복리를 위하여 필요한 경우에 한하여 법률로써 제한할 수 있다.

10 ㄴ. 권력 분립 제도의 목적은 국가 권력의 남용으로 인한 인권 침해를 막는 것이다. ㄹ. 헌법재판소는 재판 중인 사건에서 다루는 법률이 헌법에 위반되는지 여부를 심판하는 위헌 법률 심판을 관장한다.

| **선택지 바로잡기** | ㄱ. 고문 금지와 영장주의는 자유권 보장을 위한 제도적 장치이다. ㄷ. 법률안 거부권은 대통령의 국회 견제 장치이다.

11 ⑤ 시민 참여를 통해 대의 민주주의의 한계를 보완할 수 있다.

| **선택지 바로잡기** | ② 인터넷을 통한 시민 참여는 시·공간적 제약을 완화할 수 있다. ③ 시민 단체는 공익을 추구하지만, 이익 집단은 공익보다는 사익을 추구한다. ④ 청원, 시민 단체 활동, 캠페인 활동이 이익 집단 활동, 민원 제기보다 정책의 정당성을 부여한다고 보기 어렵다.

12 ㄱ. 병은 흉악 범죄의 증가로 불안을 느껴 안전권을 보장받고자 민원을 제기하였다. ㄷ. 인터넷을 통한 시민 참여는 시·공간적 제약을 완화할 수 있다.

| **선택지 바로잡기** | ㄴ. 시민 단체 활동은 대의 민주주의의 한계를 보완할 수 있는 시민 참여 방법이다. ㄹ. 갑은 환경권, 을은 주거권을 보장받고자 하였고, 두 인권은 모두 현대 사회에서 새롭게 등장하였다.

13 ㉠은 시민불복종이다. 시민불복종은 사회 정의를 훼손한 법 또는 정책을 대상으로 해야 하며, 시민불복종이 정당화되려면 행위 목적의 정당성, 최후 수단성, 비폭력성을 갖추고 위법 행위에 대한 처벌을 감수해야 한다.

14 ④ 갑과 을은 모두 주류 집단에 비해 적은 임금을 받고 있다.

| **선택지 바로잡기** | ① 사회적 소수자는 반드시 수적으로 적은 수를 의미하는 것은 아니지만, (가)를 통해서는 알 수 없다. ② (나)를 통해 사회적 소수자의 기준은 상대적임을 알 수 있다. ③ (나)에서 을은 종교와 국적 두 가지 측면에서 사회적 소수자에 해당된다. ⑤ 사회적 소수자에 대한 차별은 사회 통합을 저해한다.

15 청소년은 성인이 보장받는 노동 조건에 대한 권리를 동일하게 보장받을 수 있으며, 「근로 기준법」은 청소년 노동권 보호를 위한 여러 규정을 명시하고 있다.

| **선택지 바로잡기** | ① 연소 근로자의 경우에도 당사자 간 합의가 있다면 1일 1시간, 1주 5시간 이내로 연장 근로를 할 수 있다.

16 오늘날에는 국제 인권 협약 등 여러 제도적 장치가 마련되었고

시민들의 인권 의식도 성장하였지만, 난민 문제, 아동 인권 침해 문제, 성차별 문제 등 다양한 세계 인권 문제가 발생하고 있다.

| 선택지 바로잡기 | ④ 개인은 세계시민 의식을 바탕으로 세계 인권 문제에 관심을 가지고 인간의 존엄성을 보장하고자 노력해야 한다.

Ⅱ 사회 정의와 불평등

01~ 정의의 의미와 실질적 기준 ~
02 다양한 정의관의 비교 및 적용

개념 확인하기
37, 39쪽

1 교정적 **2** ㄱ, ㄴ, ㄹ **3** (1) ○ (2) ○ (3) × **4** 공동체주의
5 (1) × (2) × (3) ○ **6** ㄱ, ㄹ

실력 다지기
40~42쪽

01 ④ **02** ④ **03** ④ **04** ⑤ **05** ① **06** ③ **07** ① **08** ③
09 ① **10** ④ **11** (1) 필요에 따른 분배 (2) 해설 참조 **12** 해설 참조

01 정의란 각자에게 그의 몫을 주는 것을 의미하며, 사회 제도가 추구해야 할 가치로서 사회 통합에 중요한 역할을 한다.

| 선택지 바로잡기 | 정. 개인의 좋은 삶과 공동체의 좋은 삶은 서로 조화를 이루며 균형을 이루어야 한다. 따라서 사익과 공익은 어느 한쪽을 희생하여 실현시키는 것이 아니다.

02 제시된 글은 교정적 정의의 실현을 위한 형벌을 응보주의의 관점에서 바라본 칸트의 주장이다.

| 선택지 바로잡기 | ① 칸트는 응보주의의 입장에서 형벌을 바라본다. ② 칸트의 주장은 교정적 정의와 관련된다. ③ 칸트는 형벌을 수단으로 보지 않는다. ⑤, ⑥ 공리주의자인 베카리아의 입장이다.

03 ① 일반적 정의는 공동선의 실현을 위해 법을 잘 준수하는 것이다. ② 특수적 정의는 특정한 상황에 적용되는 정의이다. ③ 교정적 정의는 타인에게 해악을 끼쳤을 때 그만큼 보상하게 하는 것으로, 처벌 문제와 관련이 깊다. ⑤ 교환적 정의는 가치가 같은 것끼리 교환될 수 있게 하여 정의를 실현하는 것이다.

| 선택지 바로잡기 | ④ 아리스토텔레스는 분배적 정의의 실질적인 기준들에 대해서는 구체적으로 제시하지 않았다.

04 갑은 능력에 따른 분배를, 을은 업적에 따른 분배를, 병은 필요에 따른 분배를 강조하고 있다. ⑤ 능력과 업적에 따른 분배는 분배에 있어 경제적 불평등을 야기할 수 있다.

| 선택지 바로잡기 | ①, ④ 병의 입장은 경제적 효율성을 떨어뜨리고 성취 동기를 약화시킬 수 있다. ② 경쟁의 과열로 비인간화를 조장할 수 있는 것은 을의 입장에 해당한다. ③ 갑의 입장은 사회주의적 정의관과 관련이 없다.

05 갑은 업적에 따른 분배를, 을은 필요에 따른 분배를 강조하고 있다. 따라서 성취에 따른 분배에는 갑만 찬성할 것이다.

| 선택지 바로잡기 | ②, ⑤ 갑이 부정, 을이 긍정의 대답을 할 질문에 해당한다. ③, ④, ⑥ 모두 갑, 을의 대답을 단정하기 어려운 질문이다.

06 갑은 매킨타이어, 을은 롤스이다. 롤스는 공정으로서의 정의를 강조하는 입장으로, 공정한 절차를 통해 합의된 것이라면 그에 따른 결과도 공정하다고 본다.

| 선택지 바로잡기 | ① 을의 입장에 해당한다. ② 을은 정의의 제1 원칙으로 평등한 자유의 원칙을 제시하였다. ④ 갑은 개인은 공동체의 영향을 받으며 자신의 정체성과 삶을 구성해 간다고 보았다. ⑤ 갑과 을 모두 관점의 차이는 있지만, 정의로운 사회를 추구한다.

07 갑은 공동체주의적 정의관의 입장이고, 을은 자유주의적 정의관의 입장이다. ㄱ. 갑의 입장은 개인선의 실현보다 공동선의 실현을 강조한다. ㄴ. 갑의 입장은 개인의 정체성이 공동체의 맥락 속에서 형성된다고 보며, 연고적 자아를 강조한다.

| 선택지 바로잡기 | ㄷ. 을의 입장에 해당하므로 C에 적절한 진술이다. ㄹ. 자유주의적 정의관의 입장도 개인의 자유 실현이 타인의 권리를 침해하지 않는 한에서 이루어져야 한다고 본다.

08 갑은 공정으로서의 정의를 강조하는 롤스, 을은 소유권으로서의 정의를 강조하는 노직이다. ① 갑은 평등한 자유의 보장이 가장 우선해야 한다고 본다.

| 선택지 바로잡기 | ③ 을은 사회적 약자를 위한 재분배 정책은 개인의 자유와 소유권을 훼손하는 것이라고 본다.

09 갑은 노직으로 자유주의적 정의관의 입장이고, 을은 매킨타이어로 공동체주의적 정의관의 입장이다. 따라서 갑은 을에 비해 공동선의 실현을 강조하는 정도가 낮고, 무연고적 자아를 강조하는 정도가 높으며, 개인을 독립적 개체로 보는 정도가 높은 ㉠에 해당한다.

10 제시된 글의 사상가는 롤스이다. 롤스는 자유주의적 정의관의 입장으로, 자유가 정의로운 사회를 만드는 데 가장 최우선으로 추구해야 할 가치라고 본다. 또한, 자유로운 경제활동을 허용해야 하며, 그 결과로 발생하는 불평등은 허용될 수 있다고 본다.

| 선택지 바로잡기 | ㄱ. 롤스는 정의로운 사회에서도 자유로운 이익 추구 활동의 결과로 사회적·경제적 불평등이 발생할 수 있다고 본다.

11 (2) **예시 답안** 인간다운 삶을 위한 기본적 욕구의 충족이 어려운 사회적 약자에게 우선적으로 재화나 가치를 분배하는 것이다.

채점 기준	
상	사회적 약자의 특징을 포함하여 의미를 서술한 경우
하	사회적 약자의 특징을 포함하지 않고 의미를 서술한 경우

12 **예시 답안** ・1단계: 자유주의적 정의관의 관점에서는 사익을 부당하게 침해하는 정책이므로 정의롭지 않지만, 공동체주의적 정의관의 관점에서는 공익을 실현하기 위한 정책이므로 정의롭다.
・2단계: 자유주의적 정의관의 관점에서만 평가하면 공익을 실현하기 어려울 수 있고, 공동체주의적 정의관의 관점에서만 평가하면 사익을 침해할 수 있다.
・3단계: 자유주의적 정의관과 공동체주의적 정의관을 상호 보완적으로 적용함으로써 사익과 공익 간에 조화를 실현하고자 노력해야 한다.

채점 기준	
상	정의관의 상호 보완적 적용, 사익과 공익의 조화를 모두 포함하여 서술한 경우
중	정의관의 상호 보완적 적용, 사익과 공익의 조화 중 한 가지만 포함하여 서술한 경우
하	정의관의 상호 보완적 적용, 사익과 공익의 조화를 포함하지 않고 서술한 경우

1등급 도전하기
○ 43쪽

01 ① **02** ② **03** ② **04** ①

01 갑은 칸트, 을은 베카리아이다. 갑은 응보주의의 관점에서 형벌은 오직 범죄를 저질렀기 때문에 가해지는 것이라고 본다. 을은 공리주의의 관점에서 형벌의 범죄 예방 효과를 강조하며, 사형 제도는 범죄 예방 효과가 크지 않다고 보아 반대한다.
| 선택지 바로잡기 | ②, ③ 베카리아가 긍정의 대답을 할 수 있는 질문이다. ④, ⑤ 칸트는 형벌에 있어 범죄 예방 효과를 고려하지 않는다.

02 A 은행은 개인의 성과, 즉 업적에 따라 연봉을 책정하고 있다. ㄴ, ㄹ 업적에 따른 분배가 가져올 수 있는 문제이다.
| 선택지 바로잡기 | ㄱ, ㄷ 업적에 따른 분배는 경제적 효율성, 개인의 성취동기와 창의성을 높일 수 있다.

03 마을 사람들은 자유주의적 정의관을 지나치게 추구하여 결과적으로 타인의 자유와 권리, 마을 전체의 공익을 침해하였다.
| 선택지 바로잡기 | ① 자유주의적 정의관을 지나치게 강조하였다. ③ 개인의 사익 추구를 전혀 제한하지 않았다. ④, ⑤ 공동체주의적 정의관이 지나치게 강조될 경우에 나타날 수 있는 현상이다.

04 갑은 공동체주의적 정의관의 입장이고, 을은 자유주의적 정의관의 입장이다. 공동체주의적 정의관은 연고적 자아를 강조하며, 지나칠 경우 개인의 자유가 위축될 수 있다.
| 선택지 바로잡기 | ㄷ, ㄹ 모두 갑의 입장에 대한 설명이다.

수능 준비하기
○ 44~45쪽

01 ⑤ **02** ④ **03** ② **04** ③

01 갑은 칸트, 을은 베카리아이다. 갑은 응보주의 관점에서 응보적 형벌이 범죄자의 인격성을 존중하는 것이라고 보고, 을은 공리주의 관점에서 형벌은 공익을 증진시키는 방향으로 이루어져야 한다고 본다.
| 선택지 바로잡기 | ⑤ 을과는 관련이 없는 내용이다.

02 갑은 자유주의적 정의관, 을은 공동체주의적 정의관이다. 을은 공동체주의적 입장에서 갑이 공동체가 개인의 정체성 형성에 중요한 영향을 미치는 점을 간과한다고 비판할 것이다.
| 선택지 바로잡기 | ①, ③은 을이 갑에게, ⑤는 갑이 을에게 제기할 수 있는 비판이다. ② 갑, 을 모두에 해당하지 않는 내용이다.

03 (가)는 자유주의 사상, (나)는 공동체주의 사상에 해당한다. (가)는 개인의 자유와 권리 보장을 강조하며, (나)는 공동체의 발전을 위한 개인의 책무와 공동선의 추구를 강조한다.
| 선택지 바로잡기 | ㄴ. (나)에 해당하는 내용이다. ㄹ. (가), (나) 모두 개인의 이익과 공동체의 이익이 항상 배타적이라고 보지 않는다.

04 갑은 롤스, 을은 노직이다. 갑은 사회적・경제적 불평등을 허용하는 조건으로 기회 균등의 원칙과 차등의 원칙을 제시한다. 을은 국가는 국방, 치안 유지 등 최소한의 역할만 해야 한다고 본다.
| 선택지 바로잡기 | ㄱ. 갑, 을 모두 국가는 국민의 자유를 보호하기 위해 존재한다고 본다. ㄷ. 평등한 분배를 위해 차등의 원칙이 지켜져야 한다고 보는 것은 갑이다.

03 불평등 해결과 정의의 실현

개념 확인하기
47쪽

1 공간 불평등 **2** (1) ○ (2) × (3) × **3** ㄱ, ㄷ

실력 다지기
○ 48~50쪽

01 ③ **02** ④ **03** ① **04** ④ **05** ① **06** ④ **07** ② **08** ③ **09** ③ **10** ② **11** (1) 공간 불평등 현상 (2) 해설 참조 **12** 해설 참조

01 제시된 글에서 밑줄 친 '이것'은 사회 불평등 현상이다. ①은 공간 불평등, ②, ⑤는 사회적 약자에 대한 차별, ④는 사회 계층의 양극화로 모두 사회 불평등 현상에 해당한다.
| 선택지 바로잡기 | ③ 장애인 고용 제도는 사회 불평등 현상을 완화하기 위한 사회적 노력에 해당한다.

02 ㄱ. 사회 불평등 현상이 심화되면 사회 이동이 어려워지고, 계층 간 갈등이 커진다. ㄴ. 사회 불평등 현상은 주거, 교육, 의료 등 다양한 영역에서 나타난다. ㄷ. 경제적 영역에서의 사회 불평등 은 다양한 영역에서의 불평등으로 이어진다.

| **선택지 바로잡기** | ㄹ. 사회 불평등 현상은 사회적 약자들이 주류 집단 과 다르다고 생각하는 비합리적인 이유로 나타난다.

03 제시된 자료에는 소득 수준 하위 20%와 소득 수준 상위 20%의 격차가 점차 커지고 있는 상황이 나타나 있다. 이러한 현상이 지 속될 경우 사회 불평등 현상이 심화된다.

| **선택지 바로잡기** | ② 사회 계층 이동이 어려워질 것이다. ③ 중산층의 인구 비율이 감소할 것이다. ④ 세대 간 대물림 현상이 증가할 것이다. ⑤ 계층 간 갈등과 사회적 차별이 심화될 수 있다.

04 부모의 소득이 높을수록 자녀의 고등 교육 기관 진학 비율이 높 게 나타나고 있는 상황으로, 이러한 현상이 지속될 경우 사회 계 층의 양극화가 심화되고 사회 통합이 어려워질 수 있다.

| **선택지 바로잡기** | ④ 사회 계층 간 이동이 어려워질 수 있다.

05 제시된 자료에는 수도권에 인구와 주요 기업 등 각종 기반 시설 이 집중되어 있는 공간 불평등이 나타나고 있다.

| **선택지 바로잡기** | ① 성장 위주의 지역 개발에 따른 공간 불평등 현상 은 사회 통합을 저해할 수 있다.

06 제시된 글에서 지적하는 사회 불평등 현상은 공간 불평등이다. 공간 불평등 현상은 투자의 형평성보다 효율성을 강조한 지역 개발로 인한 결과이며, 지역 격차를 심화시킬 수 있다.

| **선택지 바로잡기** | ㄱ. 공간 불평등은 수도권과 비수도권 지역의 격차를 심화시킨다. ㄹ. 공간 불평등은 투자의 효율성을 강조하는 성장 거점 개 발 방식을 사용한 결과로 나타난 현상이다.

07 공공 기관을 지방으로 이전하는 이유는 수도권의 과밀화 현상을 해소하고, 국토의 균형 발전을 추진하기 위해서이다.

| **선택지 바로잡기** | ㄱ. 성장 거점 개발이 아니라 균형 개발을 추진하기 위해서이다. ㄹ. 적극적 평등 실현 조치와는 직접적인 관련이 없다.

08 공간 불평등을 완화하기 위해서는 공공 기관 지방 이전, 지역 경 제 활성화, 주거 안정 정책 실시, 도시 기반 시설 확충, 도시 환 경 정비 사업 실시 등이 이루어져야 한다.

| **선택지 바로잡기** | ③ 여성에게 공직 진출의 혜택을 제공하는 것은 적 극적 우대 조치에 해당하는 제도이다.

09 적극적 평등 실현 조치의 사례로는 여성 할당제, 장애인 의무 고 용 제도, 다양한 대입 특별 전형 등이 있다.

| **선택지 바로잡기** | ③ 산업 재해 보상 보험 제도는 사회 복지 제도 중 사회 보험에 속한다.

10 사회 보험에는 국민연금, 국민 건강 보험, 고용 보험 등이 있고, 공공 부조에는 국민 기초 생활 보장 제도, 기초 연금, 의료 급여

등이 있다. 사회 서비스에는 노인 돌봄 서비스, 장애인 활동 지 원 등이 있다.

11 (2) **예시 답안** 수도권과 비수도권 간 공간 불평등은 경제 성장을 위한 정부의 성장 거점 개발 정책이 주된 원인으로 작용하였고, 이러한 공간 불평등은 수도권 기능의 지방 분산, 지역의 자립 기 반 구축 등 국토의 균형 발전을 위한 노력을 통해 해결할 수 있다.

채점 기준	
상	원인과 해결 방안을 모두 서술한 경우
하	원인과 해결 방안 중 한 가지만 서술한 경우

13 **예시 답안** • 1단계: 노인, 어린이, 장애인, 빈곤층 등과 같이 사회 적 약자인 여성에 대한 차별이다.
• 2단계: 여성의 사회·공직 진출을 위해 여성에게 일정 비율 이상 의 자리를 할당하는 여성 할당제를 실시한다.
• 3단계: 사회적 약자에게 기회의 평등을 보장하여 정의로운 사 회를 만들 수 있다. 하지만 혜택의 정도가 지나칠 경우에는 역차 별이 발생할 수 있다는 한계가 있다.

채점 기준	
상	적극적 평등 실현 조치의 의미, 효과, 한계를 모두 서술한 경우
중	적극적 평등 실현 조치의 의미, 효과, 한계 중 두 가지만 서술한 경우
하	적극적 평등 실현 조치의 의미, 효과, 한계 중 한 가지만 서술한 경우

1등급 도전하기 51쪽

01 ① **02** ⑤ **03** ④ **04** ①

01 소득 분위 상위 20%와 하위 20%의 소득 격차가 증가한 것을 통 해 소득 불평등 현상이 심화되었음을 알 수 있다.

| **선택지 바로잡기** | ② 불균등한 소득 분배가 이루어지고 있다. ③ 경제 성장이 균형 있게 이루어지지 않고 있을 가능성이 크다. ④ 제시된 자 료로 경제 성장률의 상황을 파악하기는 어렵다. ⑤ 사회 계층의 양극화 현상이 심화되고 있는 상황으로 하층에서 중층으로 이동하는 현상이 감소할 것이다.

02 공간 불평등 문제를 해결하기 위한 방안에는 공공 기관의 지방 이전, 균형 개발 정책, 지역 경쟁력 강화 정책 등이 있다.

| **선택지 바로잡기** | ㄴ. 공간 불평등 문제를 해결하려면 수도권 지역에 밀집되어 있는 공공 기관, 편의 시설, 산업 시설 등을 비수도권 지역으 로 이전하는 노력이 필요하다.

03 ㉠은 공공 부조, ㉡은 사회 서비스이다. 공공 부조와 사회 서비 스는 모두 인간다운 삶을 보장하기 위한 사회 복지 제도이다.

| **선택지 바로잡기** | ④ ㉠, ㉡ 모두 국가가 지원하는 형태로, 납부자와 수 혜자가 일치하지 않는 사회 복지 제도이다.

04 제시된 글에서는 소수 인종 우대 정책의 한계를 다루고 있다. 따라서 대학 입시에서 개개인의 역량이 아닌 인종을 기준으로 선발할 경우 생기는 역차별의 문제를 추론할 수 있다.

| 선택지 바로잡기 | ㄷ. 적극적 평등 실현 조치의 기능을 하지 못한다고 주장하는 것은 아니다. ㄹ. 특별 전형의 문제점을 지적하고 있다.

수능 준비하기 ○─ 52~53쪽

01 ⑤ **02** ① **03** ⑤ **04** ⑤

01 성장 거점 개발은 수도권과 비수도권의 격차를 심화시키고 공간 불평등을 일으킨 원인으로 지적된다.

| 선택지 바로잡기 | ㄱ. 성장 거점 개발은 지역 간 형평성보다 투자의 효율성을 강조한다.

02 제시된 글은 성장 중심의 개발로 인해 발생한 수도권과 비수도권의 공간 불평등 현상을 완화하기 위해 정부가 추진하고 있는 공공 기관의 지방 이전 정책에 대한 내용을 담고 있다.

03 C와 E는 모두 사회적 소수자의 불리한 위치를 개선하기 위한 정책, 즉 적극적 우대 조치의 적용을 받았다.

| 선택지 바로잡기 | ① A, B는 모두 한 개인이 여러 사회적 소수자 집단에 속할 수 있음을 보여 준다. ② A는 선천적 요인뿐 아니라 후천적 요인으로도 차별받았고, C는 후천적 요인으로 차별받았다. ③ D는 사회적 소수자 집단이 아니라는 이유로 역차별을 받았다고 주장하였다. ④ 사회적 소수자에 대한 차별을 제도적으로 해결하고자 한 것은 A이다.

04 갑은 적극적 우대 정책에 찬성하고, 을은 반대한다. 따라서 갑은 을이 적극적 우대 정책이 갖는 사회적 다양성의 증진, 공동선 실현 등의 이점을 간과하고 있다고 반론할 것이다.

| 선택지 바로잡기 | ① 적극적 우대 정책은 업적주의에 근거한 제도가 아니다. ② 적극적 우대 정책은 사회 불평등을 완화시키고자 하는 노력이다. ③, ④ 을의 입장에서 갑의 입장에 대해 제기할 수 있는 비판이다.

대단원 마무리하기 ○─ 54~57쪽

01 ⑤ **02** ③ **03** ⑤ **04** ④ **05** ⑤ **06** ⑤ **07** ④ **08** ④
09 ⑤ **10** ④ **11** ⑤ **12** ⑤ **13** ② **14** ⑤ **15** ⑤ **16** ④

01 정의는 일반적으로 옳음이나 공정함을 의미하지만, 동양과 서양의 사상가들은 정의의 구체적인 의미를 다양하게 해석해 왔다.

| 선택지 바로잡기 | ㄴ. 정의의 의미와 가치, 기준은 시대와 공동체에 따라 다르게 나타날 수 있다.

02 분배적 정의는 각자 자신이 받아야 할 몫을 공정하게 받도록 하는 것으로, 사회적 자원의 공정한 분배 원칙과 관련된다.

| 선택지 바로잡기 | ①은 교환적 정의, ②, ⑤는 교정적 정의, ④는 일반적 정의에 대한 설명이다.

03 제시된 자료에서는 전반적으로 불공정에 대한 인식의 정도가 높은 편이다. 정의가 실현되지 않으면 사회 구성원이 서로 신뢰하지 못하게 되어 사회 통합을 이루기 어렵다.

| 선택지 바로잡기 | ⑤ 권력이 불공정하게 분배되고 있다는 인식과 법 집행에 대한 불공정 인식의 정도가 모두 높은 편이다. 따라서 권력이 불공정하게 분배되어 법 앞의 정의가 실현되지 않고 있을 것이다.

04 갑은 기본적인 욕구를 충족시키기 어려운 사람들에게 재화나 가치를 분배해야 한다고 보는 입장으로 필요에 따른 분배를 강조한다. 이에 비해 을은 개인이 능력과 노력을 발휘하여 성취한 업적을 기준으로 분배해야 한다는 입장이다.

05 필요에 따른 분배는 기본적인 욕구 충족이 어려운 사람에게 재화를 분배하고자 하는 방식으로, 최대한 많은 사람들이 인간다운 삶을 누리도록 할 수 있다는 장점이 있다.

| 선택지 바로잡기 | ①, ②, ③ 필요에 따른 분배는 생산 의욕과 성취동기를 감소시키고, 경제적 효율성을 떨어뜨린다. ④ 필요에 따라 분배가 이루어진다고 해서 모든 사람의 필요를 충족할 수 있는 것은 아니다.

06 갑은 롤스, 을은 노직이다. 롤스는 사회적·경제적 불평등이 허용되려면 차등의 원칙과 기회 균등의 원칙이 지켜져야 한다고 본다. 반면, 노직은 국가가 적극적으로 개입하여 사회적·경제적 불평등 현상을 개선하는 것에 부정적인 입장이다.

| 선택지 바로잡기 | ①, ③ 갑, 을 모두 부정의 대답을 할 질문이다. ②, ④ 을이 긍정의 대답을 할 질문이다.

07 제시된 글과 같이 주장한 사상가는 왈처이다. 왈처는 경제 영역의 성취로 다른 영역까지 침범하는 것은 정의롭지 않다고 본다.

| 선택지 바로잡기 | ① 왈처는 개인 소유권의 배타적 권리보다 공동선의 실현을 중시한다. ②, ③ 왈처의 주장으로 적절하지 않다. ⑤ 왈처는 서로 다른 사회적 가치들은 서로 다른 원칙에 따라 분배되어야 한다고 본다.

08 제시된 글은 매킨타이어의 주장이다. 매킨타이어는 공동체주의적 정의관의 입장에서 개인의 정체성은 공동체의 문화적·역사적 배경 안에서 형성된다고 본다.

| 선택지 바로잡기 | ①, ②, ③, ⑤ 자유주의적 정의관의 입장이다.

09 제시된 자료를 통해 교육 격차가 소득 격차를 초래하고, 다시 소득 격차가 교육 격차를 초래함으로써 계층 대물림이 나타날 수 있다는 것을 알 수 있다.

| 선택지 바로잡기 | ⑤ 계층 간의 위화감이 조성되어 사회 발전의 동력이 약화될 수 있다.

10 ㄴ. 소득 불평등 현상은 경제적 영역뿐만 아니라 다른 영역에서의 불평등으로 이어질 수 있다. ㄷ. 소득 불평등 현상이 지속될수록 계층 양극화 현상이 심화될 수 있다.

| 선택지 바로잡기 | ㄱ. 경제 성장 속도와 소득 불평등의 관계는 반드시 비례 관계에 있다고 볼 수 없다. ㄹ. 소득 불평등은 중산층의 비중이 낮아지고 사회 이동이 어려워지는 현상과 관련이 깊다.

11 제시된 글에서는 성장 거점 개발의 진행 과정에서 나타난 공간 불평등 현상에 대해 설명하고 있다.

12 공간 불평등을 해결하려면 공공 기관과 기업을 지방으로 이전하고, 비수도권 지역, 낙후된 지역의 경쟁력을 높일 수 있는 균형 개발 정책을 추진해야 한다.
| 선택지 바로잡기 | ㄱ. 수도권을 성장 거점으로 파급 효과를 노리는 개발 방식은 수도권과 비수도권 지역의 격차를 높이고, 공간 불평등을 심화시킬 수 있다.

13 사회 복지 제도는 소득 재분배 효과를 발휘할 수 있고, 공공 부조는 생활 유지 능력이 없거나 생활 형편이 어려운 사람들에게 국가가 전액 지원하여 빈곤을 해결하기 위한 사회 복지 제도이다.
| 선택지 바로잡기 | 두 번째 문항. 국민의 최저 생활을 보장하는 제도는 공공 부조이다. 네 번째 문항. 국민에게 발생하는 사회적 위험을 국가적으로 대비해 주는 것은 사회 보험이다.

14 제시된 자료에서 밑줄 친 '이것'은 고용 보험이다. 고용 보험은 소득이 있는 개인과 기업, 정부가 분담하여 만든 공적 보험으로, 사회적 위험을 보험의 방식으로 대처하는 제도이다.

15 대입 특별 전형, 장애인 의무 고용 제도, 여성 할당제 등은 사회적 약자에게 실질적인 기회의 평등을 보장하기 위해 제공되는 혜택의 사례에 해당한다.

16 (가)에는 사회적 약자에 대한 차별이 나타나 있고, (나)에는 분배적 정의의 기준이 나타나 있다.
| 선택지 바로잡기 | ④ 기업과 근로자 간의 관계에 정부가 적극적으로 개입하여 사회적 약자인 근로자에 대한 차별을 해결해야 한다.

Ⅲ 시장경제와 지속가능발전

01 자본주의의 전개 과정과 경제 체제

개념 확인하기
61쪽
1 자본주의 2 (1) ㄷ (2) ㄴ (3) ㄱ (4) ㄹ 3 (1) × (2) ○ (3) ×

실력 다지기
62~64쪽
01 ① 02 ③ 03 ③ 04 ② 05 ③ 06 ④ 07 ④ 08 ①
09 ④ 10 ① 11 (1) 신자유주의 (2) 해설 참조 12 해설 참조

01 자본주의는 시장경제 체제와 결합하는 경제 체제로, 개인의 이익

추구와 경제활동의 자유가 보장되어 능력과 창의력을 발휘할 수 있고 성취동기가 촉진된다.
| 선택지 바로잡기 | ㄷ. 자본주의는 빈부 격차가 커질 수 있다는 한계가 있으므로 국민 전체의 복지 증진이 자연스럽게 이루어진다고 보기 어렵다. ㄹ. 자본가와 노동자 간의 이해관계가 다르므로 이들 간에 상호 협력이 잘 이루어진다고 보기 어렵다.

02 (가)는 산업 자본주의, (나)는 수정 자본주의, (다)는 신자유주의이다.
| 선택지 바로잡기 | ① 케인스는 수정 자본주의를 이론적으로 뒷받침하였다. ② 신자유주의는 경제 정책의 형평성보다는 효율성을 중시하였다고 볼 수 있다. ④ 석유 파동과 스태그플레이션의 발생은 신자유주의가 등장한 배경이다. ⑤ 1929년의 대공황은 수정 자본주의의 등장 배경이다.

03 A는 산업 자본주의, B는 수정 자본주의, C는 신자유주의이다. ㄱ은 수정 자본주의, ㄴ은 자유방임주의, ㄷ은 신자유주의의 주장이다.

04 ① 산업 자본주의는 자유방임주의를 기초로 하며, 자유방임주의는 '보이지 않는 손'에 의해 시장의 가격이 조절된다고 본다. ③ 신자유주의는 공기업의 민영화와 규제 완화를 지향한다. ④ 산업 자본주의는 작은 정부를 추구하고, 수정 자본주의는 큰 정부를 추구한다. ⑤ 수정 자본주의는 국가의 경제 개입을 가장 강조하였다. ⑥ 신자유주의는 복지 축소를 주장하였다.
| 선택지 바로잡기 | ② 수정 자본주의는 시장 실패로 대공황이 발생하였으므로 정부의 경제 개입이 필요하다고 보았다. 그러나 사유 재산권을 인정하였기 때문에 시장 실패가 발생하였다고 본 것은 아니다.

05 제시된 글에서는 수정 자본주의의 등장 배경을 설명하고 있다. ③ 수정 자본주의는 정부가 시장에 개입하여 시장 실패를 해결해야 함을 강조한다.
| 선택지 바로잡기 | ①, ②, ④, ⑤ 모두 신자유주의에서 강조한다.

06 ④ 뉴딜 정책은 시장 실패를 보완하려면 정부의 적극적인 개입이 필요하다는 수정 자본주의에 근거하여 시행되었다.
| 선택지 바로잡기 | ①, ⑤는 산업 자본주의, ③은 신자유주의이다. ② 수정 자본주의라고 해서 성장보다는 분배 위주의 정책이 경제 문제 해결의 바탕이라고 보는 것은 아니다.

07 ㄱ은 신자유주의이다. ④ 신자유주의는 정부의 지나친 시장 개입을 비판하고 시장에 의한 경제 문제 해결을 옹호하였으며, 노동 시장의 유연성 강화 정책 등을 추진하였다.

08 ㄱ. 시장을 중심으로 경제가 작동하는 것은 시장경제 체제이다. ㄴ. 시장경제 체제에서는 생산 수단의 사적 소유를 인정하지만 계획경제 체제에서는 인정하지 않는다.
| 선택지 바로잡기 | ㄷ. 시장경제 체제에서는 정부의 경제적 개입을 최소화하려고 하며, 시장의 자율적인 역할을 중시한다. ㄹ. 자원 배분 과정에서 '보이지 않는 손'을 강조하는 체제는 시장경제 체제이다.

09 우리나라는 혼합 경제 체제를 운용하고 있다. ㄴ, ㄹ. 제시된 글에 나타난 문제를 방지하기 위해 헌법에 재산권의 행사는 공공복리에 적합하도록 해야 하며, 국가는 경제 주체 간 조화를 위해 경제에 관한 규제와 조정을 할 수 있음을 규정하고 있다.

10 제시된 경제 정책의 추진 목적은 개별 경제 주체의 자율성을 확대하여 경제적 효율성을 증대시키기 위해서이다.

11 (2) **예시 답안** 1970년대 두 차례에 걸친 석유 파동 이후 물가 상승과 실업 문제가 나타났으나, 정부가 이를 해결하지 못하자 정부의 지나친 개입이 오히려 경제에 부정적 영향을 미친다는 주장이 나타났다. 이에 따라 정부의 개입을 비판하고 시장의 자유로운 경제활동을 지지하는 신자유주의가 등장하였다.

채점 기준	
상	신자유주의의 등장 배경과 주장을 모두 서술한 경우
하	신자유주의의 등장 배경과 주장 중 한 가지만 서술한 경우

12 **예시 답안** • 1단계: 사람들이 의욕적으로 일하려 하지 않는다.
• 2단계: A국의 경제 체제는 계획경제 체제이다. 계획경제 체제는 정부가 경제 전반을 통합적으로 관리하며, 사유 재산권을 부정하고 개별 경제 주체의 경제활동의 자유를 제한한다.
• 3단계: A국의 경제 체제는 계획경제 체제로, 정부가 직장 및 생산량을 정해 주는 등 경제 전반을 통합적으로 관리한다. 이에 따라 A국 사람들은 개인의 소유권 및 선택권이 제한되고, 열심히 일해도 그만큼 보상이 주어지지 않아 경제적 유인이 약하기 때문에 근로 의욕이 저하된 것이다.

채점 기준	
상	문제의 원인을 계획경제 체제의 특징과 관련지어 서술한 경우
하	문제의 원인을 계획경제 체제의 특징과 관계없이 서술한 경우

1등급 도전하기 ○ 65쪽
01 ② **02** ⑤ **03** ② **04** ④

01 (가)는 마르크스의 사회주의, (나)는 케인스의 수정 자본주의, (다)는 애덤 스미스의 자유방임주의 사상이다.
│ 선택지 바로잡기 │ ② 수정 자본주의는 시장 실패에 대응하기 위해 정부의 경제적 개입을 강조하였다.

02 1929년 대공황이 발생하자 케인스는 시장 실패를 극복하려면 정부가 시장에 개입해야 한다는 수정 자본주의를 주장하였다. 1930년대 미국 정부는 이러한 케인스의 주장에 근거하여 뉴딜 정책을 시행하였다.
│ 선택지 바로잡기 │ ⑤ 정부 실패를 최소화하려는 노력이 강조된 것은 신자유주의이다.

03 갑과 을의 점수가 모두 4점이므로 두 학생은 모두 (2)번 문항을

옳게 답하였고, 해당 문항은 옳은 내용임을 알 수 있다. 따라서 A는 계획경제 체제, B는 시장경제 체제이다.
│ 선택지 바로잡기 │ ①, ③ 희소성에 따른 경제 문제와 기본적인 경제 문제는 시장경제 체제와 계획경제 체제 모두에서 발생한다. ④ 시장경제 체제에서는 분배의 형평성보다는 경제적 효율성을 강조한다. ⑤ 을은 (1)번 문항은 틀리고 (2)번과 (3)번 문항은 옳게 답하였으므로 (가)에는 틀린 내용이 들어가야 한다. 정부의 계획과 명령에 의한 자원 배분을 중시하는 것은 계획경제 체제이므로 (가)에 들어갈 수 있다.

04 교사가 설명하는 경제 체제는 계획경제 체제이다. ④ 계획경제 체제에서는 개인의 소유권과 선택권을 제한하므로 개인의 성취 동기가 저하되어 노동 생산성이 떨어진다.
│ 선택지 바로잡기 │ ①, ②, ③, ⑤ 실업의 증대, 사용자에 의한 노동력 착취, 빈부 격차 심화, 잦은 경기 변동 등은 시장경제 체제에서 나타날 수 있는 문제이다.

수능 준비하기 ○ 66~67쪽
01 ② **02** ③ **03** ① **04** ③

01 갑은 신자유주의를 강조한 프리드먼, 을은 수정 자본주의를 주장한 케인스이다. ② 케인스는 시장 실패를 극복하기 위해 정부의 경제 개입을 주장하였으므로 공기업의 민영화를 반대할 것이다.
│ 선택지 바로잡기 │ ① 정부의 적극적인 시장 개입이 필요하다고 본 학자는 케인스이다. ③ 프리드먼은 자원 배분에 있어 형평성보다 효율성을 추구한다. ④ 프리드먼과 케인스는 모두 경제활동의 자유를 인정한다. ⑤ 프리드먼은 사회 보장 제도의 축소를 주장하고, 케인스는 사회 보장 제도의 확대를 주장할 것이다.

02 ㄴ. 산업 자본주의에서는 자유방임주의에 근거하여 민간의 자율적인 경제활동을 장려하고, 정부의 시장 개입 최소화를 추구하였다. ㄷ. 수정 자본주의에서는 정부 지출 확대를 통해 시장 실패를 극복하려는 뉴딜 정책이 추진되었다.
│ 선택지 바로잡기 │ ㄱ. 상업 자본주의는 수출을 장려하고 수입을 억제하여 자국 산업을 보호하는 무역 정책을 펼쳤다. ㄹ. 신자유주의에서는 정부의 지나친 시장 개입을 비판하고 시장에 의한 경제 문제 해결을 강조하였다.

03 A는 계획경제 체제, B는 시장경제 체제이다. ① 계획경제 체제에서는 정부의 결정과 통제에 의한 경제 문제 해결을 강조한다.
│ 선택지 바로잡기 │ ② 계획경제 체제에 대한 설명이다. ③ 시장경제 체제에 대한 설명이다. ④ 계획경제 체제에서는 시장경제 체제에 비해 경제 문제 해결 과정에서 형평성을 중시한다. ⑤ 계획경제 체제와 시장경제 체제에서는 모두 자원의 희소성으로 인한 경제 문제가 발생한다.

04 A는 시장경제 체제, B는 계획경제 체제이다. ③ 계획경제 체제에서는 정부가 생산 수단의 대부분을 소유한 채 경제활동 전반을 통제하며, 정부의 계획과 명령에 따라 경제 문제를 해결한다.

| 선택지 바로잡기 | ① 시장경제 체제에서는 형평성보다 효율성을 강조한다. ② 시장경제 체제에서는 '보이지 않는 손'의 기능을 중시한다. ⑤ 시장경제 체제에서는 자유로운 경쟁을 통한 이윤 추구를 보장하고, 계획경제 체제에서는 국가가 개별 경제 주체의 경제활동을 제약한다.

02 합리적 선택과 경제 주체의 역할

개념 확인하기
69쪽

1 합리적 선택 **2** (1) × (2) ○ (3) ○ **3** ㄱ, ㄷ

실력 다지기
70~72쪽

01 ③ **02** ③ **03** ④ **04** ④ **05** ③ **06** ② **07** ④ **08** ①
09 ④ **10** ⑥ **11** (1) 매몰 비용 (2) 해설 참조 **12** 해설 참조

01 합리적 선택이란 편익에서 기회비용을 뺀 순편익이 가장 큰 대안을 선택하는 것이다.

| 선택지 바로잡기 | 갑. 시장경제 체제에서는 개인이 사익을 추구하는 과정에서 효율적 자원 배분이 이루어지고 사회 전체의 이익도 증가한다고 본다. 정. 합리적 선택을 할 때는 명시적 비용과 암묵적 비용을 합친 기회비용을 고려해야 한다.

02 ㄴ. 공연 관람의 암묵적 비용은 하루 임금 10만 원이다. ㄷ. 갑이 공연을 봄으로써 얻은 편익은 20만 원이고, 기회비용은 25만 원이다. 따라서 공연 관람에 따른 순편익은 -5만 원이다.

| 선택지 바로잡기 | ㄱ. 공연 관람의 기회비용은 명시적 비용 15만 원과 암묵적 비용 10만 원을 합한 25만 원이다. ㄹ. 공연을 보러 간 갑의 선택은 편익보다 기회비용이 큰 선택이므로 합리적 선택이라고 볼 수 없다.

03 갑과 을이 여행 경비로 각각 지불할 100만 원은 명시적 비용이다. 갑의 암묵적 비용은 4일간의 휴업으로 포기해야 하는 미용실의 순수익 200만 원이다. 을은 4일간 일하지 않아도 월급이 유지되므로 암묵적 비용은 발생하지 않는다. 따라서 해외여행에 대한 기회비용은 갑이 300만 원, 을이 100만 원이다.

04 공공재는 사람들이 대가를 지불하지 않아도 그 소비를 배제시킬 수 없어 무임승차가 가능하다. 이러한 특성 때문에 공공재 공급을 시장에 맡기면 사회적으로 필요한 양보다 적게 생산된다.

05 ①, ②, ④, ⑤ 백화점, 기업, 건설회사, 공장 등 경제 주체가 효율성만을 추구하여 인근 도로 이용자, 소비자, 인근 주민 등 사회 구성원들에게 부정적인 결과를 가져오는 사례이다.

| 선택지 바로잡기 | ③ 적자가 계속되면 문을 닫는 것이 합리적인 선택이다. 효율성보다는 공공성을 추구하기 때문에 적자를 감수하면서도 병원을 운영하는 것이다.

06 (가)는 부정적 외부 효과, (나)는 긍정적 외부 효과의 사례이다.

| 선택지 바로잡기 | ② 부정적 외부 효과를 유발하는 재화나 서비스는 사회적 최적 수준보다 많이 생산되므로 벌금이나 세금을 부과하여 생산을 줄이도록 유도해야 한다.

07 ㄴ. (나)는 부정적 외부 효과의 개선을 목적으로 하는 제도이다. ㄹ. (가), (나)는 모두 자원의 효율적 배분을 추구하기 위해 정부가 시행하는 제도이다.

| 선택지 바로잡기 | ㄱ. (가)는 독과점 규제를 통한 공정한 경쟁 체제 확립을 목적으로 하는 제도이다. ㄷ. 독과점 규제와 부정적 외부 효과 개선은 모두 자원의 비효율적인 배분을 가져오는 시장 실패 현상을 극복하기 위해 정부가 시장에 적극적인 개입을 하는 제도이므로 큰 정부의 필요성을 보여 주는 사례이다.

08 ① A사는 도전 정신을 바탕으로 새로운 상품 및 기술 개발에 과감하게 투자하는 기업가 정신을 발휘하여 성장하였다.

09 ④ 노동자는 사용자보다 상대적으로 약자의 위치에 있다. 따라서 우리 헌법에서는 근로의 권리, 노동 3권을 규정하여 노동자의 권익을 보장하고 있다.

10 제시된 사례에서 갑은 친환경 인증 제품, 텀블러 사용 등으로 윤리적 소비의 실천을 위해 노력하고 있다. 따라서 ㄱ은 윤리적 소비이다.

| 선택지 바로잡기 | ⑥ 윤리적 소비는 상품을 선택할 때 경제적 효율성뿐만 아니라 환경과 공동체 등을 고려하는 소비 행위이다.

11 (2) **예시 답안** 신소재 개발 비용 300억 원은 이미 지출하여 회수할 수 없는 매몰 비용으로 고려해서는 안 된다. A사가 신소재 개발을 계속할 경우 편익은 600억 원이고, 기회비용은 200억 원이므로 순편익은 400억 원이다. 따라서 A사가 신소재 개발을 계속하는 것은 합리적 선택이다.

채점 기준	
상	매몰 비용, 편익, 기회비용 개념을 활용하여 합리적 선택인지 여부를 옳게 서술한 경우
하	매몰 비용 개념을 활용하였으나 합리적 선택인지 여부를 옳지 않게 서술한 경우

12 **예시 답안** • 1단계: 흡연자는 담배 소비를 통해 제3자에게 피해를 주지만, 그 피해에 대한 대가를 지불하지 않는다.
• 2단계: 흡연자의 담배 소비 행위가 제3자에게 의도하지 않은 피해를 주는데도 그에 대한 보상을 하지 않는 상태이므로 부정적 외부 효과에 해당한다.
• 3단계: 흡연자의 담배 소비 행위는 다른 사람에게 피해를 주는데도 아무런 대가를 지불하지 않는 부정적 외부 효과를 유발한다. 이를 그대로 방치할 경우 흡연하는 사람들이 늘어나고 피해자도 늘게 된다. 따라서 정부는 담배에 세금을 더 많이 부과하거나, 흡연 구역을 제한하고 이를 어길 경우 과태료를 부과하는 등의 규제를 통해 담배 소비를 줄이도록 유도해야 한다.

1등급 도전하기

73쪽

01 ② **02** ① **03** ④ **04** ⑤

01 ㄱ. A 선택에 따른 암묵적 비용 20만 원은 A를 선택했을 때 포기하는 B의 가치를 말한다. B의 가치는 B의 편익에서 명시적 비용인 가격을 뺀 것이므로 ㉠은 60만 원이다. ㄷ. B 선택에 따른 편익은 60만 원, 기회비용은 50만 원이므로 순편익은 10만 원이다.

│선택지 바로잡기│ ㄴ. 갑이 A를 선택할 경우 순편익은 -10만 원, B를 선택할 경우 순편익은 10만 원이므로, 갑은 B를 선택할 것이다. ㄹ. A 선택의 기회비용과 B 선택의 기회비용은 50만 원으로 같다.

02 (가)는 공공재 공급 부족 문제, (나)는 독과점 문제의 사례로, 모두 시장에서 자원이 비효율적으로 배분되는 시장 실패에 해당한다. ① 공공재는 비배제성으로 무임승차자 문제가 나타난다.

│선택지 바로잡기│ ② A사가 생산량을 줄여 보조 배터리가 과소 공급된다. ③ 독과점 시장에서는 불완전한 경쟁의 문제점이 나타난다.

03 ④ 갑은 동료들과의 잦은 다툼으로 근무 분위기를 나쁘게 만들었다는 이유로 해고되었으며, 법원도 정당한 해고라고 판단하였다. 이를 통해 노동자는 근로 계약에 따라 자신의 업무를 성실히 수행해야 함을 알 수 있다.

04 ⑤ 무는 저개발국 아동의 인권 개선을 고려하여 소비하였으므로 윤리적 소비를 실천하였다.

│선택지 바로잡기│ ① 갑은 다른 사람을 따라서 소비하였다. ② 을은 비용을 고려하여 소비하였다. ③ 병은 자신의 편익을 고려하여 소비하였다. ④ 정은 다른 사람과 차별성을 추구하는 소비를 하였다.

수능 준비하기

74~75쪽

01 ③ **02** ④ **03** ① **04** ⑤

01 ㄴ. 갑은 순편익이 큰 A를 선택하는 것이 합리적이다. ㄷ. 을이 A를 선택할 때 암묵적 비용은 40만 원이다.

│선택지 바로잡기│ ㄱ. 갑이 A를 선택할 때 기회비용은 명시적 비용 100만 원과 암묵적 비용 20만 원을 합한 120만 원이다. ㄹ. ㉠이 140보다 클 경우 을은 순편익이 큰 A를 선택한다.

02 ④ 기능성 장갑 개발로 전환할 경우의 명시적 비용은 5억 원, 암묵적 비용은 2억 원으로, 명시적 비용이 더 크다.

│선택지 바로잡기│ ① 기능성 마스크 개발에 투입된 3억 원은 어떤 선택을 해도 회수할 수 없는 매몰 비용이다. ②, ③ 기능성 마스크 개발을 지속할 경우의 명시적 비용은 4억 원이고, 순편익은 -3억 원으로 음(-)의 값이다. ⑤ 기능성 장갑 개발로 전환할 경우 기회비용은 7억 원이고, 기능성 마스크 개발을 지속할 경우 기회비용은 9억 원으로, 기능성 마스크 개발을 지속할 경우의 기회비용이 더 크다.

03 ㄱ. (가)는 긍정적 외부 효과, (나)는 부정적 외부 효과의 사례에 해당한다. ㄴ. (가)는 사회적 최적 수준보다 적게 소비된다.

│선택지 바로잡기│ ㄷ. (가)는 보조금 지급, (나)는 세금 부과 등의 경제적 유인을 통해 해결할 수 있다. ㄹ. (가), (나) 모두 자원이 비효율적으로 배분된 상황이다.

04 (가)의 A 기업은 온실가스 배출을 줄이기 위해 노력하고 있으며, (나)의 B 기업은 해양 폐기물을 재활용하고 플라스틱 사용을 줄이기 위해 노력하고 있다. 두 기업은 모두 친환경적인 생산을 통해 환경을 보호하는 데 기여하고 있다.

│선택지 바로잡기│ ①, ②, ③, ④ (가), (나)를 통해 도출하기는 어렵다.

03 자산 관리와 금융 생활

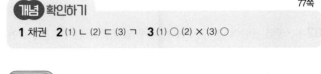

개념 확인하기

77쪽

1 채권 **2** (1) ㄴ (2) ㄷ (3) ㄱ **3** (1) ○ (2) × (3) ○

실력 다지기

78~79쪽

01 ② **02** ⑤ **03** ⑤ **04** ⑤ **05** ③ **06** ⑤
07 (1) A. 주식, B. 예금 (2) 해설 참조 **08** 해설 참조

01 (가)는 주식, (나)는 채권이다. ㄱ. 주식은 채권보다 수익성이 높다. ㄷ. 채권은 이자 수익을 기대할 수 있다.

│선택지 바로잡기│ ㄴ. 예금자 보호 제도의 적용을 받는 것은 예금이다. 주식과 채권은 모두 예금자 보호 제도의 적용을 받지 않는다. ㄹ. 투자자에게 배당금을 지급하는 것은 주식이다.

02 A는 주식이다. ⑤ (가)에 '발행 주체가 빌린 돈을 갚기로 약속한 증서인가?'가 들어가면 B는 채권, C는 정기 예금이다. 채권은 일반적으로 예금보다 안전성이 낮다.

│선택지 바로잡기│ ① 주식은 회사의 실적에 따라 배당 수익을 얻을 수 있다. ② 정기 예금과 채권은 모두 만기가 있는 금융 자산이므로 해당 질문은 (가)에 들어갈 수 없다. ③ 정기 예금과 채권 모두 이자 수익을 기대할 수 있는 금융 자산이므로 해당 질문은 (가)에 들어갈 수 없다. ④ 정기 예금은 예금자 보호 제도의 적용을 받는 금융 자산이므로 해당 질문은 (가)에 들어갈 수 없다.

03 ① 연금은 노후 생활에 대비하기 위한 금융 자산이다. ② 갑은 정기 예금보다 주식과 펀드에 더 많은 돈을 투자하고 있으므로 안전성보다 수익성을 중시하고 있다. ③ 갑은 ○○사의 주식을 보유하고 있으므로 주주의 지위를 가지고 있다. ④ 펀드는 간접 투자 상품이다. ⑥ 이자 수익과 시세 차익을 모두 얻을 수 있는 금융 자산은 채권이다. 갑은 현재 채권을 보유하고 있지 않다.

| **선택지 바로잡기** | ⑤ 미래의 다양한 위험에 대비할 수 있는 금융 자산은 보험이다. 갑은 현재 보험 상품을 보유하고 있지 않은 상태이다.

04 ㉠은 수익성, ㉡은 안전성이다. 일반적으로 채권은 예금보다 수익성이 높고, 안전성이 낮다.

| **선택지 바로잡기** | ① 수익성은 투자한 자산의 가치 상승이나 이자 수익 등을 기대할 수 있는 정도이다. ② 일반적으로 예금은 주식보다 수익성이 낮다. ③ 안전성은 투자한 자산의 가치가 보전될 수 있는 정도이다. ④ 수익성과 안전성은 상충 관계이다. 일반적으로 수익성이 높은 금융 자산은 안전성이 낮다.

05 ㄴ. A는 저축이다. 저축한 돈이 많을수록 퇴직 이후의 생활이 안정적이다. ㄷ. B는 수입보다 지출이 많으므로 부채이다.

| **선택지 바로잡기** | ㄱ. 지출은 수입의 변화와 관계없이 대체로 일정하다. ㄹ. 퇴직이 늦어지면 소득이 계속 발생하므로 A 면적이 넓어진다.

06 (가)는 환율 하락에 따른 경기 침체 상황, (나)는 경기 과열에 따른 물가 상승 상황이다. ⑤ (나) 상황에서 한국은행은 물가 하락을 유도하기 위해 기준 금리를 인상할 것이다.

| **선택지 바로잡기** | ① 경기 침체 상황에서 기업은 고용을 포함한 투자를 줄일 것이다. ② 환율의 하락은 외화의 가치 하락, 자국 화폐의 가치 상승을 의미하므로 해외여행을 가는 사람이 증가할 것이다. ③ 환율이 하락하면 원화로 환산한 수익이 줄어들기 때문에 외국 주식을 보유한 사람들은 손해를 볼 것이다. ④ 물가가 급격히 상승할 때 가계가 물건을 더 많이 구입할 경우 물가는 더욱 상승하게 된다.

07 (2) **예시 답안** 주식은 기업이 파산하거나 주가가 하락하면 원금을 잃을 수도 있고, 예금은 이자율이 높지 않아 다른 금융 자산에 비해 큰 수익을 기대하기는 어렵다.

채점 기준	
상	주식과 예금의 한계를 옳게 서술한 경우
하	주식과 예금 중 한 가지의 한계만 옳게 서술한 경우

08 **예시 답안** • 1단계: 갑은 주식을 가장 많이 보유하고 있다.
• 2단계: 주식은 일반적으로 예금에 비해 수익성이 높지만, 기업의 파산, 주가 하락으로 원금을 잃을 수 있어 안전성이 낮다.
• 3단계: 갑은 예금보다 채권을, 채권보다 주식을 더 많이 보유하고 있다. 주식은 일반적으로 예금에 비해 수익성이 높지만, 기업이 파산하거나 주가가 하락하면 원금을 잃을 수 있어 안전성이 낮다. 이를 통해 갑은 투자할 때 안전성보다는 수익성을 추구하는 성향임을 알 수 있다.

채점 기준	
상	갑이 보유한 자산의 비중을 쓰고, 안전성과 수익성을 고려하여 갑의 투자 성향을 분석한 경우
중	갑이 보유한 자산의 비중을 쓰고, 안전성과 수익성 중 한 가지만 고려하여 갑의 투자 성향을 분석한 경우
하	갑이 보유한 자산의 비중만 쓴 경우

1등급 도전하기 ○ 80쪽

01 ② **02** ③ **03** ③ **04** ⑤

01 A는 정기 예금이다. 이자 수익은 예금과 채권에서 나오므로 C는 채권, B는 주식이다. ② 주식은 정기 예금보다 안전성이 낮다.

| **선택지 바로잡기** | ① 정기 예금이 주식보다 유동성이 높다. ③ 주식은 채권보다 안전성이 낮다. ④ 정기 예금과 채권은 모두 만기가 있다. ⑤ (가)에는 주식에만 해당하는 특징이 들어가야 한다. 주식과 채권은 모두 시세 차익을 얻을 수 있다.

02 ③ 을은 예금과 주식에 투자하면서 주식에 큰 비중을 두었지만, 병은 예금, 주식, 채권에 분산하여 투자하였으므로 포트폴리오 투자 원칙에 더 충실하다.

| **선택지 바로잡기** | ① 갑이 만기 시에 받을 수 있는 이자는 35만 원이다. ② 요구불 예금보다 주식에 더 많이 투자하고 있으므로 안전성보다 수익성을 중시한다. ④ 입금과 출금이 자유로운 요구불 예금을 가장 선호하는 사람은 병이다. ⑤ 예금자 보호 제도의 적용 대상은 예금이고, 세 사람이 보유한 예금의 금액은 모두 다르다.

03 ① (가)에서 갑은 주택 마련이라는 재무 목표를 설정하였다. ② 재무 상태 분석 단계에서는 소득과 보유 자산뿐만 아니라 지출 상황도 점검해야 한다. ④ (라)에서 갑은 주택 자금 마련을 위해 수립한 계획을 실행하였다. ⑤ (마)에서 갑은 목표 달성 정도를 점검하고, 투자 계획을 수정하였다.

| **선택지 바로잡기** | ③ 갑은 주식에 더 많은 금액을 투자하고 있으므로 수익성을 중시하는 투자 전략을 세웠다고 볼 수 있다.

04 ⑤ 전쟁 등으로 정치적 상황이 불안해지면 경제 주체들은 유동성이 높은 자산에 투자할 가능성이 높다.

| **선택지 바로잡기** | ①, ②, ③, ④ 경제적·정치적·사회적 상황이 불안정해지면 경제 주체들은 수익성보다는 안전성과 유동성에 초점을 두고 금융 의사 결정을 하므로 주식, 채권보다 예금에 투자할 가능성이 높다.

수능 준비하기 ○ 81쪽

01 ④ **02** ④

01 입출금이 자유로운 상품의 비율은 변함이 없으므로 A는 요구불 예금이다. 이자 수익을 기대할 수 있는 상품의 비율이 80%가

되었으므로 B와 C는 각각 정기 예금과 채권 중 하나이다. 시세 차익을 기대할 수 있는 상품만 비율이 모두 높아졌으므로 C와 D는 각각 주식과 채권 중 하나이다. 따라서 B는 정기 예금, C는 채권, D는 주식이다. ④ 배당 수익을 기대할 수 있는 상품은 주식으로, 그 총액은 10만 원에서 20만 원으로 커졌다.

| **선택지 바로잡기** | ① 요구불 예금은 채권에 비해 유동성이 높다. ② 주식은 정기 예금에 비해 안전성이 낮다. ③ 만기가 있는 상품은 정기 예금과 채권으로, 그 총액은 줄어들었다. ⑤ 예금자 보호 제도의 적용을 받는 상품은 요구불 예금과 정기 예금으로, 그 총액은 줄어들었다.

02 어떤 국가로의 여행 경비 부담 감소는 환율 하락을, 여행 경비 부담 증가는 환율 상승을 의미한다. ㄴ. 원/유로 환율이 하락하였으므로 우리나라 기업의 유로화 표시 외채 상환 부담은 감소한다. ㄹ. 원/위안 환율이 상승하였으므로 중국으로부터 원자재를 수입하는 우리나라 기업의 비용 부담은 증가한다.

| **선택지 바로잡기** | ㄷ. 원/달러 환율이 상승하였으므로 미국에서 유학 중인 자녀를 둔 우리나라 학부모의 학비 부담은 증가한다.

04 국제 무역과 지속가능발전

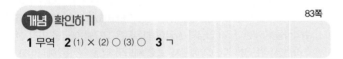

개념 확인하기   83쪽

1 무역 **2** (1) ✕ (2) ○ (3) ○ **3** ㄱ

실력 다지기   ○ 84~85쪽

01 ⑤ **02** ④ **03** ⑤ **04** ④ **05** ⑤ **06** ③
07 (1) 공정 무역 (2) 해설 참조 **08** 해설 참조

01 A국은 자연조건이, B국은 자연조건과 생산비가, C국은 기술 수준이, D국은 부존자원이 다른 나라에 비해 유리하다.

02 자원, 노동, 자본 등의 생산 요소는 지역에 따라 분포의 차이가 있기 때문에 나라마다 생산하기에 적합한 상품이 다르다. 따라서 각 나라는 비교 우위에 있는 상품에 특화하여 생산하는 국제 분업과 무역을 통해 서로 이익을 얻을 수 있다.

| **선택지 바로잡기** | ④ 비교 우위는 한 나라가 다른 나라보다 상품 생산의 기회비용이 상대적으로 작은 것이다.

03 우리나라는 노동 집약적 품목의 비중이 줄고 기술 집약적 품목의 비중이 늘고 있으며, 반도체, 컴퓨터, 자동차 등 첨단 산업 부문의 국제 경쟁력이 높아지고 있다.

04 ③, ⑤ 을국은 쌀과 밀 생산에 모두 절대 우위를 갖지만, 갑국보다 밀 1톤 생산의 기회비용이 크다. 따라서 갑국은 밀 생산에, 을국은 쌀 생산에 대해 비교 우위를 가진다.

| **선택지 바로잡기** | ④ 을국의 밀 1톤 생산의 기회비용은 쌀 3톤이다.

05 ㄷ. 을국은 갑국에 비해 노트북 생산의 기회비용이 작으므로 노트북에 특화해야 유리하다. ㄹ. 운동화 생산의 기회비용은 갑국이 을국보다 작다.

| **선택지 바로잡기** | ㄱ. 갑국의 운동화 1단위 생산의 기회비용은 노트북 3/4단위이다. ㄴ. 갑국은 운동화와 노트북 생산비가 모두 을국보다 많으므로 두 재화에 대해 모두 절대 열위를 가진다.

06 무역과 국제 분업이 확대되면서 다양한 경제 주체가 이익을 얻을 수 있지만, 불공정한 무역 구조로 경제적 불평등이 심화되거나 상품의 대량 생산 및 유통 과정에서 자원이 남용되고 환경이 오염되는 등의 문제가 발생할 수 있다.

| **선택지 바로잡기** | ③ 무역과 국제 분업의 확대로 기업은 상품을 대량으로 생산하면서 많은 이윤을 얻을 수 있지만, 대량 생산 과정에서 자원이 고갈되는 문제가 발생하기도 한다.

07 (2) **예시 답안** 무역과 국제 분업 과정에서 공정 무역이 활성화되면 무역 이익이 생산자와 노동자에게 돌아가게 함으로써 무역과 국제 분업 확대로 나타난 경제적 불평등을 해소하고 지속가능발전을 실현할 수 있다.

채점 기준	
상	공정 무역을 쓰고, 경제적 불평등 해소와 지속가능발전 실현을 모두 서술한 경우
중	공정 무역을 쓰고, 경제적 불평등 해소와 지속가능발전 실현 중 한 가지만 서술한 경우
하	공정 무역만 쓴 경우

08 **예시 답안** • 1단계: 우리나라는 섬유와 반도체 생산에 대해 모두 절대 우위를 가진다.
• 2단계: 우리나라가 비교 우위에 있는 상품인 반도체를 특화하여 전문적으로 생산한다는 것이다.
• 3단계: 우리나라는 반도체 생산의 기회비용이 섬유 생산의 기회비용보다 작아 반도체 생산에 비교 우위가 있다. 반면, A국은 섬유 생산의 기회비용이 반도체 생산의 기회비용보다 작아 섬유 생산에 비교 우위가 있다. 따라서 우리나라는 반도체 생산, A국은 섬유 생산에 특화하여 무역하는 것이 양국 모두에 이익이 된다.

채점 기준	
상	비교 우위, 기회비용, 특화 개념을 모두 활용하여 주장의 근거를 서술한 경우
중	비교 우위, 기회비용, 특화 개념 중 두 가지만 활용하여 주장의 근거를 서술한 경우
하	비교 우위, 기회비용, 특화 개념 중 한 가지만 활용하여 주장의 근거를 서술한 경우

1등급 도전하기   ○ 86쪽

01 ④ **02** ② **03** ② **04** ④

01 ㉠은 국제 분업이다. 나라마다 기술 수준, 부존자원의 양, 제품의 공급과 수요, 보유하고 있는 노동과 자본의 양과 질이 다르기 때문에 국제 분업이 발생하였다.

| 선택지 바로잡기 | ④ 생산비가 작은 상품을 특화하여 생산하는 국제 분업을 통해 당사국 모두가 이익을 얻을 수 있다.

02 베트남은 노동 집약적 산업이 발전하였고, 우리나라와 베트남은 각각 생산에 기회비용이 적게 드는 품목을 수출하고, 기회비용이 많이 드는 품목을 수입하고 있을 것이다.

| 선택지 바로잡기 | ② 우리나라가 베트남에 수출하는 상품 중 2위가 반도체이고, 베트남에서 수입하는 상품 중 3위가 반도체이다. 따라서 베트남이 반도체 생산에 대해 절대 우위를 가진다고 보기 어렵다.

03 ㄱ. 갑은 물고기 1마리 생산의 기회비용이 을보다 작으므로 물고기 생산에 비교 우위가 있다. ㄷ. 조개 1kg 생산의 기회비용은 갑이 물고기 6마리, 을이 물고기 2마리로 갑이 을의 3배이다.

| 선택지 바로잡기 | ㄴ. 을은 물고기와 조개 생산에서 모두 절대 열위에 있다. ㄹ. 비교 우위론에 따르면 조개 1kg을 생산하기 위해 포기해야 하는 물고기 수가 적은 을이 조개를 채취하는 것이 현명하다.

04 ㄱ, ㄴ, ㄷ. 지속가능발전을 실현하려면 국제 무역 과정에서 환경친화적 상품 생산 및 교역, 대체 에너지 사용을 통해 환경을 보호하고, 노동자의 권리와 적정 임금을 보장함으로써 국제 무역 이익을 공정하게 분배해야 한다.

| 선택지 바로잡기 | ㄹ. 규모의 경제를 실현하면 많은 이윤을 얻을 수 있지만 지속가능발전을 위한 국제 무역 방안으로 보기는 어렵다.

수능 준비하기 ○ 87쪽

01 ③ **02** ④

01 제시된 글은 비교 우위에 관한 내용이다. 한 나라가 다른 나라에 비해 모든 상품의 생산에서 절대 우위에 있다고 하더라도 비교 우위에 있는 상품을 특화하여 생산하고 무역을 하면 무역 당사국 모두에게 이익이 된다.

| 선택지 바로잡기 | ③ 비교 우위에 있는 상품을 특화하여 무역을 하여도 무역의 이득이 사회 구성원에서 균등하게 분배되지는 않는다.

02 ㄴ. 갑국의 물고기 1단위 생산의 기회비용은 쌀 2단위이다. ㄹ. 쌀 1단위 생산의 기회비용은 갑국이 물고기 1/2단위, 을국이 물고기 1단위이므로 갑국이 쌀 생산에 대해 비교 우위를 가진다.

| 선택지 바로잡기 | ㄱ. 쌀과 물고기 생산에 모두 절대 우위를 가지는 나라는 갑국이다. ㄷ. 물고기 1단위 생산의 기회비용은 갑국이 쌀 2단위, 을국이 쌀 1단위로서 갑국이 을국보다 크다.

대단원 마무리하기 ○ 88~91쪽

01 ⑤ **02** ③ **03** ① **04** ② **05** ④ **06** ② **07** ④ **08** ③
09 ② **10** ③ **11** ④ **12** ② **13** ② **14** ⑤ **15** ① **16** ①

01 A는 상업 자본주의, B는 산업 자본주의, C는 수정 자본주의, D는 신자유주의이다. ⑤ 스태그플레이션은 1970년대 석유 파동으로 자주 발생하였다.

| 선택지 바로잡기 | ① 상업 자본주의는 상품의 유통 과정에서 이윤을 추구한다. ② 산업 자본주의는 애덤 스미스의 자유방임주의에 바탕을 두고 있다. ③ 수정 자본주의에서는 정부가 시장에 적극적으로 개입하여 시장 실패를 해결해야 한다고 주장하였다. ④ 신자유주의는 정부의 시장 개입을 비판하고, 자유로운 경제활동을 강조하였다.

02 ㄴ. 갑의 주장은 수정 자본주의에 가깝다. ㄷ. 을은 시장의 자율성을 강조하므로 '보이지 않는 손'의 역할을 중시할 것이다.

| 선택지 바로잡기 | ㄱ. 갑과 을은 모두 자본주의를 전제로 하고 있으므로 경제활동의 자유를 부정하지 않을 것이다. ㄹ. 갑은 을과 달리 정부의 개입을 통한 시장 실패 극복을 강조할 것이다.

03 A는 시장경제 체제, B는 계획경제 체제이다. ① 시장경제 체제에서는 민간 경제 주체 간 자유로운 경쟁을 보장한다.

| 선택지 바로잡기 | ②는 계획경제 체제, ③, ⑤는 시장경제 체제에 대한 설명이다. ④ 자원의 희소성으로 인한 경제 문제는 시장경제 체제와 계획경제 체제 모두에서 발생한다.

04 우리나라는 시장경제 체제를 바탕으로 한 혼합 경제 체제를 채택하고 있다. ㄱ. 재산권 보장과 재산권 행사의 공공복리 적합 의무를 규정하여 사익과 공익의 조화를 추구한다.

| 선택지 바로잡기 | ㄴ. 필요한 경우 경제에 관한 규제와 조정을 하는 등 시장에 개입할 수 있다. ㄹ. 시장경제 체제를 기본으로 경제 주체의 자유로운 경제활동을 중시한다.

05 ④ C 선택에 따른 기회비용은 21,000원, 편익은 20,000원으로 기회비용이 편익보다 1,000원 크다.

| 선택지 바로잡기 | ① A 선택에 따른 암묵적 비용은 3,000원이다. ② B 선택에 따른 기회비용은 18,000원이다. ③ 갑은 편익이 기회비용보다 큰 A를 선택하는 것이 합리적이다. ⑤ B와 C 선택에 따른 암묵적 비용은 4,000원으로 같다.

06 양식장을 만드는 데 지출한 1,000만 원은 매몰 비용이므로 고려해서는 안 된다. 전복 채취 비용 200만 원과 편익 500만 원을 고려하였을 때 순편익이 300만 원이므로 전복을 채취하는 것이 합리적 선택이라고 할 수 있다.

07 ㄱ. 우리나라는 독과점 방지를 위해 「독점 규제 및 공정 거래에 관한 법률」을 두고 있다. ㄴ. 공공재는 비배제성으로 무임승차자 문제가 나타난다. ㄹ. 독과점, 공공재 공급 부족, 부정적 외부 효과는 모두 시장 실패의 유형으로, 비효율적 자원 배분을 초래한다.

| 선택지 바로잡기 | ㄷ. 부정적 외부 효과를 유발하는 상품은 시장에 맡겨 두면 사회적 최적 수준보다 많이 생산된다.

08 갑은 환경·사회·투명(ESG) 경영을, 을은 기업의 이윤 추구를 강조하고 있다. ③ 갑은 을이 기업의 사회적 책임 실천 의무를 간과하고 있다고 비판할 수 있다.

09 ㄴ. 주식의 소유자는 주주로서 회사 경영에 관한 주요 의사 결정에 참여할 권리를 가진다.
| 선택지 바로잡기 | ㄱ. 채권은 예금보다 안전성은 낮지만, 수익성은 높다. ㄷ. 주식과 채권은 모두 시세 차익을 기대할 수 있다. ㄹ. 주식은 배당 수익, 채권은 이자 수익을 기대할 수 있다.

10 ③ 미래의 위험에 대비할 수 있는 금융 자산은 보험이다. 보험의 비중은 지속적으로 증가하였다.
| 선택지 바로잡기 | ① 시세 차익을 기대할 수 있는 금융 자산은 주식과 채권이다. t기에 갑은 주식과 채권을 보유하고 있었다. ② 주식과 채권의 비중은 t+1기가 70%로 가장 많다. ④ 예금자 보호 제도의 적용을 받는 금융 자산은 예금이다. 저축성 예금의 비중은 t+1기에 감소하였고, t+2기에 증가하였다. ⑤ t+1기에는 수익성이 높은 주식의 비중이 많았으나 t+2기에는 주식의 비중이 크게 줄었고, 안전성이 높은 저축성 예금의 비중이 늘어났다.

11 ㄴ. (가)는 수입보다 지출이 많으므로 부채에 해당한다. ㄹ. (나)는 저축, (다)는 부채이다. (나)의 면적이 (다)보다 커야 안정적으로 노후를 대비할 수 있다.
| 선택지 바로잡기 | ㄱ. ㉠은 수입 곡선, ㉡은 지출 곡선이다. ㄷ. 정년이 연장될수록 수입이 늘어나므로 (나)의 면적이 커진다.

12 ② 노후 대비를 위해 보유하고 있는 보험이나 연금 상황을 수시로 점검하고 필요시 재무 계획을 수정하거나 보완해야 한다.
| 선택지 바로잡기 | ①, ③, ④, ⑤ 안정적인 노후 생활을 위해서는 저축액을 늘리고, 안전성이 높은 자산에 투자하는 것이 바람직하다.

13 ○○사가 스마트폰의 부품을 수입하는 이유는 각국이 보유한 기술 수준 또는 자원 분포의 차이가 있거나 무역에 유리한 상품을 특화하여 생산하기 때문이다.
| 선택지 바로잡기 | ② 독일이 가속도계를 독점 생산하고 있어서 ○○사가 가속도계를 독일로부터 수입한다는 근거는 찾을 수 없다.

14 갑국은 Y재 1단위 생산의 기회비용이 을국보다 작으므로 Y재에 비교 우위가 있다. 을국은 X재 1단위 생산의 기회비용이 갑국보다 작으므로 X재에 비교 우위가 있다. ⑤ 갑국은 Y재, 을국은 X재를 특화하는 것이 좋다.
| 선택지 바로잡기 | ① X재 1단위 생산의 기회비용이 을국이 갑국보다 작으므로 을국은 X재에 비교 우위가 있다. ② 갑국의 X재 1단위 생산의 기회비용은 Y재 6/5단위이다. ③ 갑국은 Y재 생산에 대해 절대 우위를 가진다. ④ Y재 1단위 생산의 기회비용은 갑국이 X재 5/6 단위, 을국이 5/3 단위로, 갑국이 을국보다 작다.

15 한국과 아랍에미리트가 포괄적 경제 동반자 협정을 체결함으로써 양국 간 주요 수출품에 대한 관세가 철폐되고 다양한 시장이 개방된다. 이에 따라 양국 소비자의 상품 선택의 폭이 확대되며, 다양한 교류가 이루어질 것이다. 그러나 한국 자동차의 가격 경쟁력 강화로 아랍에미리트의 자동차 제조사는 경쟁력이 약화될 수 있다.
| 선택지 바로잡기 | ① 포괄적 경제 동반자 협정을 통해 양국 간 경제적 격차가 사라진다고 보기는 어렵다.

16 '이것'은 공정 무역이다. 공정 무역은 저임금 노동자의 인권을 보장함으로써 국가 간 경제적 불평등 해소에 이바지할 수 있다. 또한, 빈곤과 환경 파괴 문제를 해소하고 국제 무역 과정에서 공정성을 실현할 수 있다.
| 선택지 바로잡기 | ① 합리적 소비는 비용과 편익을 고려하여 순편익을 극대화하는 소비로, 공정 무역이 합리적 소비를 촉진한다고 보기는 어렵다.

Ⅳ 세계화와 평화

01 세계화의 양상과 문제

개념 확인하기
95쪽

1 세계화 **2** (1) ○ (2) × **3** (1) ㄴ (2) ㄱ (3) ㄷ

실력 다지기
96~98쪽

01 ⑤ **02** ④ **03** ① **04** ⑤ **05** ⑤ **06** ④ **07** ③ **08** ⑤
09 ③ **10** ① **11** (1) 지역화 전략 (2) 해설 참조 **12** 해설 참조

01 (가)에 들어갈 내용은 세계화의 등장 배경이다. ㄱ, ㄷ, ㄹ. 세계화는 교통수단의 발달, 정보 통신 기술의 발전, 세계 무역 기구(WTO)의 출범, 자유 무역의 확대, 상품 및 생산 요소의 활발한 교류 등에 의해 등장하고 가속화되게 되었다.
| 선택지 바로잡기 | ㄴ. 세계화는 상품, 자본, 기술, 문화, 가치 등이 국경을 넘어 자유롭게 이동하는 자유 무역이 확대되면서 등장하였다.

02 제시된 사례는 일본 삿포로 지역에서 눈이 많이 내리는 자연환경 특성을 살려 삿포로 눈 축제를 개최하고 있다는 내용이다. 갑, 병, 정. 삿포로 눈 축제는 그 지역의 경쟁력을 확보하려는 노력이며, 이를 통해 전 세계 사람들이 눈 축제를 즐기러 삿포로를 방문하므로 지역화 전략이 세계적 차원에서 가치를 지니며 지역 경제 활성화에도 이바지하였다는 것을 보여 준다.
| 선택지 바로잡기 | 을. 세계화와 지역화가 동시에 이루어지는 사례이다.

03 ① 제시된 신문 기사에는 우리나라의 충청남도 보령에서 서해안의 갯벌을 활용하여 머드 축제를 개최하고, 지역이 지닌 가치를 세계적인 가치로 성장시키려는 노력이 나타나 있다.

04 A는 영국의 런던, B는 일본의 도쿄, C는 미국의 뉴욕으로, 모두 세계도시이다. ㄷ. 세계도시에는 회계, 법률, 광고 등 전문화된 생산자 서비스 기능이 집중되어 있어 지구촌 경제에 큰 영향력을 행사한다. ㄹ. 세계도시는 정치·경제·정보 등 다양한 분야에서 세계의 중심지 역할을 한다.

| **선택지 바로잡기** | ㄱ. 뉴욕은 미국의 수도가 아니다. ㄴ. 세계도시에는 국제 금융 업무 기능과 다국적 기업의 본사 등이 집중되어 있으므로 고급 기술을 가진 전문 인력이 풍부하다.

05 ⑤ 제시된 글을 통해 지난 10년 동안 중국 제조업 근로자들의 연간 소득이 3배나 증가하였으며, 세계적인 다국적 기업들이 생산 공장을 중국에서 베트남, 인도 등으로 옮기고 있다는 것을 알 수 있다. 이는 베트남의 인건비가 중국보다 싸 저임금 노동력을 확보하는 데 유리하기 때문이다.

06 제시된 지도는 다국적 기업의 공간적 분업을 나타낸다. ㄱ, ㄴ, ㄹ. 다국적 기업은 교통과 통신의 발달로, 기획 및 관리, 연구, 생산 및 판매 등의 시설과 기능을 공간적으로 분리한다.

| **선택지 바로잡기** | ㄷ. 제시된 지도에서 연구소와 생산 공장은 서로 인접하여 위치하지 않는다.

07 문화의 획일화에 대처하기 위해서는 자문화의 정체성을 유지하면서 외래문화를 능동적으로 수용해야 하며, 문화 다양성을 높이고자 노력해야 한다. 따라서 학생은 (2), (3), (5)번 문항만 답안을 제대로 표시했으므로, 학생이 받을 점수는 6점이다.

08 제시된 그래프를 통해 국가 간 빈부 격차가 심화되고 있음을 알 수 있다. 세계화에 따른 자유 무역의 확대로 국가 간 무역이 활발해지면서 세계 전체의 부는 증대하고 있지만, 증대한 부가 자본과 기술력이 풍부한 선진국에 집중되면서 선진국과 개발 도상국 간 빈부 격차가 커지고 있다.

| **선택지 바로잡기** | ⑤ 국가 간 빈부 격차 문제를 해결하기 위해서는 선진국과 국제기구가 공적 개발 원조·기술 이전 등을 통해 개발 도상국을 지원해야 한다.

09 ㉠은 세계화이다. ㄴ. 갑은 세계화가 문화적 측면에서 미치는 긍정적인 영향에 대해 설명하고 있다. ㄷ. 을은 문화적 영향력이 큰 선진국이 자국의 문화를 상품화하여 수출하는 과정에서 약소국이나 원주민의 고유한 문화가 사라지는 것을 우려하고 있다.

10 제시된 글은 인간의 존엄성, 인권 등과 같은 보편 윤리와 이슬람 관습법이라는 특수 윤리 간의 갈등을 나타내는 사례이다. ① 인권 단체가 태형을 반대하는 이유는 인간의 존엄성, 인권 등과 같은 보편 윤리를 강조하기 때문이다.

11 (2) **예시 답안** 우리나라에서는 제주 한라봉을 지리적 표시제에 등록하여 한라봉이 제주 지역의 독특한 특성에서 비롯된 생산품임을 인정하고 있다. / 미국 뉴욕에서는 지역 자체에 'I♥NY'라는 고유한 상표를 부여하여 지역을 널리 알리고 있다.

채점 기준	
상	지역화 전략의 사례를 두 가지 이상 서술한 경우
하	지역화 전략의 사례를 한 가지만 서술한 경우

12 **예시 답안** • 1단계: 공간적 분업
• 2단계: △△ 나라가 ㅁㅁ 나라에 비해 안정적인 노동력 확보가 가능하고 판매 시장이 넓기 때문이다.
• 3단계: 다국적 기업의 산업 시설이 들어선 지역은 일자리가 늘어나고 지역 경제가 활성화되지만, 다국적 기업의 시설이 빠져나간 지역은 실업자가 증가하여 지역 경제가 침체될 수 있다.

채점 기준	
상	다국적 기업이 생산 공장을 옮긴 까닭과 이것이 각 지역에 미치는 영향을 모두 서술한 경우
하	다국적 기업이 생산 공장을 옮긴 까닭, 이것이 각 지역에 미치는 영향 중 한 가지만 서술한 경우

1등급 도전하기
99쪽

01 ④ **02** ② **03** ⑤ **04** ③

01 제시된 자료에는 우리나라 전주 지역의 고유한 음식인 비빔밥을 전 세계적으로 홍보하기 위한 내용이 나타나 있다. ④ 이는 세계화 시대에 전주 지역의 비빔밥을 상품화하여 경쟁력을 높이기 위한 지역화 전략에 해당한다.

02 △△ 기업은 세계적으로 생산과 판매 활동을 하는 다국적 기업으로, 이윤을 극대화하기 위해 기업의 시설과 기능을 공간적으로 분리한다. ㄱ. △△ 기업은 다국적 기업으로 공간적 분업이 나타나고 있다. ㄷ. A 지역은 다국적 기업의 본사가 위치해 있는 세계도시로, 생산자 서비스업이 발달해 있다.

| **선택지 바로잡기** | ㄴ. A 지역은 다국적 기업의 본사가 위치한 곳으로 B 지역보다 전체 산업 종사자의 평균 임금이 높을 것이다. ㄹ. B와 C 지역의 생산 공장은 생산비 절감을 위해 저임금 노동력이 풍부한 개발 도상국에 입지하였으므로, 세계도시로 이전될 가능성이 낮다.

03 ⑤ 여성 차별과 관련한 문화 갈등은 인권 존중이라는 보편 윤리와 특정 사회가 가진 규범인 특수 윤리 간의 갈등 사례에 해당한다.

| **선택지 바로잡기** | ① 세계화로 교통과 통신이 발달함에 따라 경제활동의 시·공간적 제약이 줄어들었다. ② ㉡에는 '상품의 선택 기회 확대', '넓은 소비 시장 확보' 등이 들어갈 수 있다. ③ ㉢ 세계화에 따라 주로 선진국 문화를 중심으로 전 세계의 문화가 획일화되는 경향이 나타난다. ④ ㉣의 '국가 간 빈부 격차 심화'는 선진국과 다국적 기업 중심의 불평등한 무역 구조에 의해 발생하였다.

04 '이것'은 공정 무역이다. ㄱ, ㄴ. 공정 무역은 생산자에게 더 많은 이익이 돌아갈 수 있도록 유통 구조를 단순화하여 생산자의 경제적 자립과 지속가능발전을 돕는 무역 형태이며, 생산지 환경의 지속가능발전을 추구한다.

| 선택지 바로잡기 | ㄷ, ㄹ. 공정 무역은 생산자에게 정당한 이윤이 돌아가도록 하기 위해 유통 구조를 단순화한 무역 형태이다.

수능 **준비하기** ○─── 100~101쪽

01 ⑤ **02** ③ **03** ③ **04** ⑤

01 'Porto.'는 지역 브랜드화의 사례이며, '모차렐라 디 부팔라 캄파냐(Mozzarella di Bufala Campana)'는 지리적 표시제에 등록된 상품이다. 따라서 (가)는 지역 브랜드화, (나)는 지리적 표시제이다. 지역 브랜드화는 지역의 상품, 서비스, 축제 등을 브랜드로 인식시켜 지역 이미지를 높이고 지역의 경제를 활성화하는 전략이다. 지리적 표시제는 특정 지역의 지리적 특성을 반영한 우수한 상품이 그 지역에서 생산·가공되었음을 증명하고 표시하는 제도이다.

| 선택지 바로잡기 | ①, ②, ③, ④ 다국적 기업은 각 지역의 특성에 맞는 메뉴를 개발하여 지역 특화 상품을 판매하기도 하는데 이것이 다국적 기업의 현지화에 대한 사례이다.

02 ㄴ. 세계도시에는 다국적 기업의 본사가 많이 입지하여 생산자 서비스업이 발달해 있다. ㄷ. 세계도시 체계는 도시 간 상호 작용을 통해 계층 구조를 파악한다. 이를 확인하는 지표로는 도시 간 국제 항공편 운항 횟수, 물류 이동량, 데이터 통화량, 자본 이동량 등을 활용할 수 있다.

| 선택지 바로잡기 | ㄱ. 모든 세계도시가 인구 천만 명 이상의 기준을 충족시켜야 하는 것은 아니다. ㄹ. 하위 세계도시에서 최상위 세계도시로 갈수록 도시 수는 적어지지만, 기능이 많아지고 영향력은 커지며, 동일 계층의 도시 간 평균 거리는 멀어진다.

03 A 시설은 미국과 멕시코에 각각 5개가 입지하고 있고, B 시설은 미국에만 입지하고 있다. 특히 B 시설은 모두 미국의 주요 도시에 입지하고 있다. 을. 지도를 보면 B에 해당하는 ▲가 미국에만 표시되어 있다는 것으로 볼 때 A는 생산 공장이고, B는 연구소이다. 병. 생산 공장은 연구소에 비해 값싼 노동력을 확보하는 것이 중요하다.

| 선택지 바로잡기 | 갑. A는 미국의 동부 지역과 멕시코에 위치해 있기 때문에 생산 공장이고, B는 미국의 실리콘벨리에 주로 위치해 있으므로 연구소이다. 정. 연구소는 고급 인력이 필요한 선진국에 입지하므로 개발 도상국의 일자리를 창출하는 데 기여한다고 보기 어렵다.

04 ⑤ 세계화에 따라 전 세계 문화가 선진국 문화를 중심으로 획일화되기 때문에 소수 민족이나 약소국의 고유한 문화가 사라질 위험에 처해 있다.

| 선택지 바로잡기 | ① 교통과 통신의 발달에 따라 경제활동의 시·공간적 제약이 줄어들어 국제 교역량이 증가하였다. ② 다국적 기업은 경영의 효율성을 높이고 이윤을 극대화하기 위해 공간적 분업을 한다. ③ 세계화와 함께 지역화도 동시에 이루어지는 경우가 많으며, 지역화 전략 중 하나인 지역 축제는 지역의 정체성과 지역 경제 활성화에 기여한다. ④ 세계화에 따른 문제점을 해결하기 위해서는 개발 도상국이나 저개발 국가의 생산자에게 정당한 대가를 지불하는 공정 무역을 실시하여 국제적 차원에서 분배적 정의를 실현해야 한다.

02 평화를 위한 국제 사회의 노력

개념 **확인하기** 103쪽

1 (1) 소 (2) 적 **2** (1) – ⓒ (2) – ㉠ **3** 세계시민

실력 **다지기** ○─── 104~105쪽

01 ② **02** ⑤ **03** ③ **04** ② **05** ① **06** ③
07 (1) ㉠ 국제기구, ⓒ 비정부 기구 (2) 해설 참조 **08** 해설 참조

01 ㉠은 소극적 평화, ⓒ은 적극적 평화이다. ㄱ. 소극적 평화는 국내외적으로 전쟁, 분쟁, 테러 등이 발생하지 않은 상태이다. ㄷ. 적극적 평화는 직접적·물리적 폭력뿐만 아니라 빈곤, 정치적 억압, 경제적 착취와 같은 구조적 폭력과 종교와 사상, 언어와 예술 등에 존재하는 문화적 폭력까지 제거된 상태이다.

| 선택지 바로잡기 | ㄴ. 빈곤 및 기아 문제 등이 해결되기 위해서는 구조적 폭력이 제거된 적극적 평화 상태여야 한다. ㄹ. 적극적 평화는 직접적 폭력뿐만 아니라 간접적 폭력도 모두 제거된 상태를 말한다. 적극적 평화가 실현될 때 비로소 모든 사회 구성원이 인간의 존엄성을 보장받으며, 인간다운 삶을 누릴 수 있다.

02 제시된 글에서는 군사적 위협 외에도 빈곤, 차별, 환경 오염 등과 같이 인간에게 위협이 되는 것으로부터 인간을 보호해야 한다는 인간 안보를 통해 난민 문제를 해결할 수 있다는 내용이 나와 있다. ⑤ '인간 안보'는 소극적 평화를 넘어 적극적 평화를 강조하며, 물리적 폭력뿐만 아니라 구조적 폭력과 문화적 폭력이 모두 제거된 상태일 때 난민 문제를 해결할 수 있다고 본다.

03 ㉠은 국제 분쟁 사례의 발생 원인이다. ③ 사례 1, 사례 2는 모두 영토를 확보하기 위한 국제 분쟁의 사례이다.

04 (가)는 B 에스파냐 – 바스크 분리주의 운동이다. 에스파냐 내 바스크 민족이 자치를 요구하며 분리주의 운동을 진행하였다. (나)는 C 이스라엘 – 팔레스타인 분쟁이다. 팔레스타인 지역을 둘러싸고 이스라엘과 팔레스타인이 분쟁하고 있다.

05 (가)는 비정부 기구, (나)는 국제기구이다. ㄱ. 비정부 기구는 개인이나 민간단체를 중심으로 구성된 조직으로, 개별 국가의 이해관계와 상관없이 인권, 환경 등 인류 공통의 문제에 관심을 두고 활동한다. ㄹ. 비정부 기구와 국제기구는 모두 한 국가의 범위를 넘어서 활동하며 국제적인 영향력을 발휘한다.

| **선택지 바로잡기** | ㄴ. 비정부 기구는 정치, 경제, 사회, 문화 등 다양한 분야에서 영향력을 행사한다. ㄷ. 국가에 대한 설명이다.

06 ③ 세계시민은 국제 갈등이나 분쟁을 해결하기 위해 긴급 구호 활동에 참여하거나 재난 지역에 가서 자원봉사를 하는 등 책임감을 가지고 지구촌 갈등 문제를 해결하려고 적극적으로 노력해야 한다.

| **선택지 바로잡기** | 갑, 정. 난민 문제, 환경 문제 등 전 세계적으로 일어나는 문제들에 관심을 두고, 이를 해결하는 일에 앞장서야 한다.

07 (2) **예시 답안** ㉠ 국제기구는 주권을 가진 국가들로 결성되어 있으며, 국제 사회의 평화 유지와 경제적·사회적 협력을 목적으로 한다. ㉡ 비정부 기구는 개인이나 민간단체를 중심으로 구성된 조직으로, 인권, 보건, 환경 등 인류 공통의 문제에 관심을 두고 활동한다.

채점 기준	
상	국제기구와 비정부 기구의 차이점을 구성원을 중심으로 서술한 경우
하	국제기구 또는 비정부 기구 각각의 특징만을 서술한 경우

08 **예시 답안** • 1단계: 시리아에 전쟁이 발발하여 소극적 평화가 지켜지지 않았기 때문에 시리아를 떠났다.
• 2단계: 평화가 실현되지 못하여 A 자매를 포함한 많은 사람이 생명을 위협받았으며, 자아실현의 기회도 얻지 못하였다.
• 3단계: 생존의 위협과 폭력의 공포에서 벗어나 모두가 안전하게 살아갈 수 있는 환경을 조성하려면 반드시 평화가 실현되어야 한다.

채점 기준	
상	소극적 평화가 지켜지지 않아서 A 자매가 겪은 어려움을 분석하여 서술한 경우
하	소극적 평화가 지켜지지 않아 A 자매가 시리아를 떠났다고만 서술한 경우

1등급 도전하기 ○ 106쪽

01 ③ **02** ① **03** ① **04** ④

01 자료에 제시된 내용을 주장한 사상가는 평화학자인 갈퉁이다. ③ 갈퉁은 진정한 평화를 이루기 위해서는 직접적 폭력만이 사라진 소극적 평화뿐만 아니라 더 나아가 구조적 폭력과 문화적 폭력까지 제거된 적극적 평화를 실현해야 한다고 보았다.

02 평화를 통해 인류의 생존과 안전 보장, 인류의 삶의 질 향상, 인류의 축적된 지혜와 문화유산 보존 등을 실현할 수 있다.

| **선택지 바로잡기** | 갑. 힘의 논리는 국가 간 경제적·정치적 힘의 차이로 나타나 국제 사회의 갈등을 유발할 수 있다.

03 ① 국제 연합(UN)은 국제기구로, 국가 간 이해관계를 조정하고 국제 규범을 정립할 뿐만 아니라 국제 분쟁 지역에서 평화 유지 활동 및 분쟁 지역의 치안 유지 등을 수행하고 있다.

04 ① 그린피스는 환경 보호를 목적으로 시민들의 자발적 참여를 통해 조직 및 운영되는 비정부 기구이다. ② 국가는 국제 사회의 기본적인 행위 주체이다. ③ 오늘날 사람들은 세계시민으로 다양한 지구촌 문제에 관심을 가지고 이를 해결하고자 적극적으로 노력한다. ⑤ 세계적으로 유명한 배우들은 국제적 영향력이 큰 개인으로, 비정부 기구인 그린피스, 국제기구인 국제 연합(UN)과 같이 국제 사회의 행위 주체이다.

| **선택지 바로잡기** | ④ 그린피스와 국제 연합(UN)은 모두 인류의 보편적 가치를 추구하며 국제 사회의 평화를 위해 유기적으로 협력한다.

수능 준비하기 ○ 107쪽

01 ③ **02** ①

01 갑은 칸트, 을은 갈퉁이다. 칸트는 평화를 유지하기 위해서는 국가 간 신뢰를 정착시키는 게 중요하다고 보고, 갈퉁은 간접적 폭력 외에도 구조적 폭력을 정당화하는 데 사용되는 문화적 폭력까지 제거될 때 진정한 평화인 적극적 평화가 실현될 수 있다고 본다. ㄴ. 갈퉁은 적극적 평화를 실현하기 위해서는 경제적 착취를 해결하여 구조적 폭력을 제거해야 한다고 보았다. ㄷ. 갈퉁은 진정한 평화를 위해서는 문화적 폭력도 제거되어야 한다고 주장한다.

| **선택지 바로잡기** | ㄱ. 칸트의 주장이다. ㄹ. 갈퉁은 어떠한 경우에도 폭력의 사용은 허용될 수 없고, 평화를 실현하는 과정에서도 평화적인 수단이 사용되어야 한다고 주장한다.

02 〈자료 1〉의 [가로 열쇠]에서 ㉡은 국가, ㉢은 비정부 기구임을, [세로 열쇠]에서 ㉣은 국제 연합임을 알 수 있다. 한편, 〈자료 2〉에서 ㉠은 다국적 기업임을 알 수 있으며, 그린피스, 국경없는 의사회는 비정부 기구의 사례이다.

03 남북 분단 및 동아시아 역사 갈등과 세계 평화

개념 확인하기 109쪽

1 (1) – ㉡ (2) – ㉠ **2** (1) 영유권 (2) 동북 공정 **3** (1) ○ (2) ×

01 ④   **02** ⑤   **03** ④   **04** ②   **05** ①   **06** ③   **07** 해설 참조
08 해설 참조

01 제시된 글은 남북 분단의 국제적 배경을 이야기하고 있다. ㄱ, ㄴ, ㄹ. 남북 분단의 국제적 배경으로는 국제 사회의 냉전 체제 심화, 한반도의 지정학적 위치의 중요성을 들 수 있다.

| 선택지 바로잡기 | ㄷ. 민족 내부의 이념적 갈등은 남북 분단의 국내적 배경에 해당한다.

02 남북 분단 과정에서 (가) 시기에는 미국과 소련의 남북 분할 점령, 남한만의 5·10 총선거 실시(1948), 북한의 남침으로 인한 6·25 전쟁 발발(1950) 등의 사건이 있었다. ⑤ 6·25 전쟁으로 인해 많은 사람이 희생되었다.

| 선택지 바로잡기 | ① 제2차 세계 대전에서 일본의 패배로, 일본이 항복을 선언하면서 1945년 8월 15일 우리나라는 광복을 이루었다. ② 1948년 남한에서만 5·10 총선거가 실시되었고, 그 결과 대한민국 정부가 수립되었다. ③ 미국과 소련은 북위 38도선을 경계로 남과 북에 각각 군대를 주둔하고 군정을 실시하였다. ④ 6·25 전쟁으로 각종 산업 시설이 파괴되어 복구에 많은 시간과 노력이 들었다.

03 ④ 제시된 글에서는 통일이 되면 군사 대립으로 소모되는 비용을 줄여 경제 발전을 이룰 수 있음을 강조한다. 이를 통해 통일은 남북한의 국가 경쟁력을 강화하고 국토를 효율적으로 사용할 수 있으므로 필요하다는 것을 알 수 있다.

04 갑, 병, 정, 무. 남북한의 평화통일을 위해서는 남북 정상 회담, 이산가족 상봉 등 남북한 간의 평화적 교류와 협력을 지속적으로 추진해야 한다. 또한 국제 사회가 남북한 통일에 힘이 될 수 있도록 우호적인 환경을 조성해야 한다.

| 선택지 바로잡기 | 을. 남북한의 군사력 증가는 평화적 통일을 위한 적절한 방향에 해당하지 않는다.

05 ① 제시된 글에 나타난 동아시아 역사 갈등 문제는 일본군 '위안부' 관련 내용의 축소·은폐, 독도 영유권 주장, 일제 강점기 징용·징병의 강제성 누락, 고대 일본의 한반도 남부 지역 지배 등 일본의 역사 교과서 왜곡이다.

06 (가)에는 우리나라가 세계 평화 실현을 위해 해야하는 내용이 들어가야 한다. ㄱ, ㄴ, ㄷ. 우리나라는 높아진 국제적 위상에 맞게 평화 유지군을 파견하고, 북한과 평화적으로 교류하여 남북 간 긴장을 완화하며, 중국 및 일본과의 역사 갈등 문제도 원만하게 해결하는 등 세계 평화 실현을 위해 다양한 역할을 해야 한다.

07 **예시 답안** 한반도의 평화와 통일을 이루려면 이산가족 상봉, 겨레말 큰 사전 편찬, 남북 예술단 합동 공연 개최 등의 문화·예술·체육 교류, 남북 교역 및 정상 회담 등 다양한 분야에서 남북한 간의 교류를 확대해야 한다.

채점 기준

상	남북 통일 시 필요한 노력을 두 가지 이상 서술한 경우
중	남북 통일 시 필요한 노력을 한 가지만 서술한 경우
하	남북 통일 시 다양한 노력을 해야한다고만 서술한 경우

08 **예시 답안** ·1단계: 당시 일본 정부 최고 행정 기관인 태정관에서도 울릉도와 독도가 일본 영토가 아님을 분명히 하였다.
·2단계: 수많은 역사적 문헌과 자료들이 독도가 우리나라의 영토임을 뒷받침하고 있다.
·3단계: 우리나라 정부는 2006년 동북아 역사 재단을 설립하여 일본과 중국의 역사 왜곡에 대응하기 위한 연구를 지원하고 있으며, 공동 역사 연구 및 공동 역사 교재 발간을 통한 역사 인식의 차이 극복하기 위해 노력하고 있다.

채점 기준

상	독도에 관해 우리나라와 일본 간 역사적 갈등이 발생하고 있으며, 그 문제를 해결하기 위한 방안을 구체적으로 서술한 경우
중	독도에 관해 우리나라와 일본 간의 역사적 갈등이 발생하고 있다고 서술한 경우
하	독도와 관련 있는 자료라고만 서술한 경우

01 ④   **02** ⑤   **03** ③   **04** ②

01 두 사진 모두 남북한이 한반도의 평화와 통일에 관심을 가지고 소통하는 모습이다.

02 A는 쿠릴 열도, B는 센카쿠 열도, C는 시사 군도, D는 난사 군도이다. 동아시아의 여러 주변 국가들은 역사적 배경과 해양 자원을 둘러싼 경쟁 등을 이유로 해양 영토 분쟁을 겪고 있다.

| 선택지 바로잡기 | ㄱ. 쿠릴 열도는 일본과 러시아의 분쟁 지역이다. ㄴ. 동북 공정은 중국이 우리나라의 역사를 중국 역사라고 왜곡된 주장을 하는 것이므로, B에 해당하지 않는다.

03 중국이 한반도 북부와 만주에서 활동하던 고조선, 고구려, 발해 등의 역사와 문화가 모두 자신들의 것이라고 왜곡하는 것은 중국의 동북 공정이다. ③ 동북 공정이 추진되었던 지역은 중국 동북 3성에 해당하므로 지도상에서는 C에 해당한다.

04 ① 우리나라는 지리적으로 유라시아 대륙과 태평양을 연결하는 지리적 요충지에 위치하고 있다. ③ 우리나라는 각종 국제기구에 가입하여 활동하고 있으며, 국제 연합의 일원으로 평화 유지 활동에도 파병하고 있다. ④ 한류 열풍으로 드라마, 케이팝 (K-Pop) 등이 세계로 확산되고 있다. ⑤ 우리나라는 석굴암과 불국사, 해인사 장경판전 등을 보유하고 있다.

| 선택지 바로잡기 | ② 우리나라는 1960년대 이후부터 추진된 정부 주도의 경제 개발 정책에 따라 고도의 경제 발전을 이루었다.

○ 113쪽

01 ③   **02** ②

01 제시된 글은 독일의 통일 사례를 통해 우리가 남북 통일을 위해 어떤 노력을 해야 하는지를 보여 준다. 오랜 기간 서로 다른 이념과 체제에서 살아온 서독과 동독의 주민들이 서로의 이질성을 줄이지 못해 어려움을 겪었던 예를 통해 남북한의 내적인 통합을 이루기 위해서는 장기적 대책이 필요하다고 본다.

| 선택지 바로잡기 | ①, ②, ④, ⑤ 제시된 글에서는 교류와 협력을 통해 내적인 통합을 이루어가야 하며, 민족의 동질성 회복은 단기간에 달성할 수 있는 쉬운 문제가 아니므로 통일을 위해 계속 노력해야 한다고 본다.

02 한국, 일본, 중국은 각기 다른 역사 인식을 가지고 있어 이를 조율하는 과정이 쉽지 않다. 그렇지만 세 나라는 한·중·일 공동 역사 교재를 집필하는 등 역사적 사실 관계를 객관적으로 규명하는 작업을 바탕으로 역사 갈등 문제를 해결하고, 동아시아의 평화와 번영을 이루기 위해 함께 다양한 노력을 하고 있다.

○ 114~117쪽

01 ④   **02** ①   **03** ⑤   **04** ③   **05** ③   **06** ②   **07** ④   **08** ②
09 ⑤   **10** ②   **11** ④   **12** ④   **13** ①   **14** ④   **15** ①   **16** ①

01 (가)는 세계화, (나)는 지역화이다. 지역화란 특정 지역이 그 지역의 고유한 전통이나 특성을 살려 세계적인 경쟁력을 갖추려고 노력하는 과정을 의미한다.

| 선택지 바로잡기 | ④ 오늘날에는 세계화로 지역 간 경쟁이 치열해짐에 따라 지역화의 필요성이 더욱 커지고 있다.

02 뉴욕은 정치·경제·문화 등에서 세계적인 중심지 역할을 하므로 ㉠에 들어갈 용어는 세계도시이고, 'I♥NY'와 같은 지역 브랜드화를 통해 지역 경제를 활성화하고 있으므로 ㉡에 들어갈 용어는 지역화 전략이다.

03 자동차의 디자인 및 설계 등의 부서가 있는 (가) 지역에 비해 부품 조립 공장이 있는 (나) 지역은 저임금 노동력의 비중이 높지만 연구 개발 수준이나 생산자 서비스업 발달 수준은 낮은 편이다. 이러한 경향을 나타낸 것이 그래프의 E에 해당한다.

04 ㄴ. 세계화에 따른 자유 무역의 확대로 세계 전체의 부는 증대하고 있지만, 증대한 부가 자본과 기술력이 풍부한 선진국에 집중되면서 선진국과 개발 도상국 간 빈부 격차가 커지고 있다. ㄷ. 세계화로 문화 다양성이 넓어지고 있지만, 문화적 영향력이 큰 선진국이 자국의 문화를 상품화하여 수출하는 과정에서 약소국이나 소수 민족의 고유한 문화가 사라질 수 있다.

05 세계화를 통해 음식, 드라마, 영화, 스포츠 등의 문화 교류가 활발해져 세계의 여러 문화를 직접 경험할 수 있게 되었다.

| 선택지 바로잡기 | ㄹ. 뉴욕 증권 시장의 주가 변동이 다른 국가의 주가에 영향을 미치는 것은 세계도시들이 경제적으로 상호 연관된 사례이다.

06 제시된 선언문은 2001년 유네스코(UNESCO)가 채택한 문화 다양성 선언으로, 세계화에 따른 문제점을 해결하고 문화의 고유성과 다양성을 보존하기 위한 국제적 협력의 사례이다.

07 제시된 그림의 강연자는 진정한 평화를 이루기 위해서는 소극적 평화뿐만 아니라 구조적 폭력과 문화적 폭력까지 제거된 적극적 평화를 실현해야 한다고 보고 있다.

| 선택지 바로잡기 | ④ 구조적인 폭력과 이를 정당화하는 문화적인 폭력이 존재하는 상태에서는 물리적인 폭력이 없다고 하더라도 진정한 평화가 실현되었다고 볼 수 없다고 본다.

08 ㉡ 소극적 평화는 직접적·물리적 폭력이 없는 상태, 적극적 평화는 직접적 폭력뿐만 아니라 간접적인 폭력까지 모두 제거되어 인간다운 삶을 영위할 수 있는 상태를 말한다.

| 선택지 바로잡기 | ㉠, ㉣ 적극적 평화가 실현되면 빈곤과 기아 등 억압과 차별이 사라지며 이를 위해서는 사회 제도와 법률 등의 개선이 필요하다. ㉢ 적극적 평화는 소극적 평화와 달리 빈곤, 인권 침해 등에 의한 고통을 설명하기 어렵다. ㉤ 소극적 평화와 적극적 평화 모두 물리적 폭력이 없는 상태를 포함한다.

09 ㉠에 들어갈 단체 국제 사면 위원회이다. ⑤ 국제 사면 위원회는 국제 사회의 보편적 가치를 중시하며 국제적 협력이 필요한 문제를 해결하고자 노력한다.

| 선택지 바로잡기 | ①, ② 국제 사면 위원회는 대표적인 비정부 기구이다. 비정부 기구는 개인이나 민간단체를 회원으로 하며 시민 사회의 영향력이 강화됨에 따라 역할도 확대되고 있다. ④ 다국적 기업에 대한 설명이다.

10 ㄱ. 국가는 일정한 영토와 국민을 바탕으로 주권을 행사하는 가장 기본적인 행위 주체이다. ㄷ. 다국적 기업은 세계화로 국가 간 상호 의존성이 높아짐에 따라 영향력이 확대되고 있다.

| 선택지 바로잡기 | ㄴ. 세계 보건 기구(WHO)는 비정부 기구로 보건·위생 분야의 협력을 위하여 설립된 유엔 체제하의 기관이다. ㄹ. 국제 연합(UN)과 세계 보건 기구(WHO)는 모두 정부를 회원으로 한다.

11 갑, 을, 병. 세계시민으로서 대지진과 같은 자연재해로 인해 발생한 문제는 해당 국가가 단독으로 해결하는 것이 아니라 전 인류가 협력하여 인도주의적 의무를 다해야 해결할 수 있다.

12 1945년 8월 15일 우리 민족은 광복을 맞이했지만, 미국과 소련이 한반도를 분할 점령하면서 남북이 분단되고, 1948년 남한만의 단독 총선거 실시로 대한민국 정부가 수립되었다. 그리고 6·25 전쟁 이후 오늘날까지 분단이 이어지고 있다.

13 ① 제시된 글의 '남북 사이의 대결을 심화시키는 담론'은 문화적 폭력에 해당하고, 그러한 폭력이 사라져야 한다는 주장을 통해 한반도의 평화통일을 방해하는 문화적 폭력이 존재하고 있음을 추론할 수 있다.

14 중국은 동북 공정을 통해 고구려, 발해 등의 역사를 자국의 역사로 편입시키려 하고 있다. 한편 일본은 과거의 침략 행위에 대해 반성하는 태도를 보이지 않고 있다. ④ 중국의 동북 공정 및 일본의 역사 교과서 왜곡 등은 역사 갈등을 야기하고 있다.

15 ㄱ, ㄴ. 개인이나 민간단체는 세계 평화와 발전을 위해 다양한 노력을 하고 있다. 이들은 비정부 기구에 가입하여 세계 평화를 위한 운동을 펼치기도 하며, 어려움을 겪고 있는 국가에 식량이나 구호 물품을 직접 보내기도 한다.

┃ **선택지 바로잡기** ┃ ㄷ, ㄹ. 국가 차원의 노력에 해당한다.

16 ㄱ, ㄴ. 일본이 지속적으로 독도 영유권을 주장하고 있는 것은 독도와 그 주변을 군사적 거점으로 획득하고, 해양 자원을 선점하기 위해서이다.

┃ **선택지 바로잡기** ┃ ㄷ. 독도가 경제적 가치에 비해 땅 값이 싼 것은 사실이지만 일본의 독도 영유권 도발의 이유는 아니다. ㄹ. 우리나라의 삼국사기나 세종실록 등에 독도가 우리나라의 영토라고 제시되어 있다.

Ⅴ 미래와 지속가능한 삶

01 세계의 인구와 인구 문제

┃ **개념 확인하기** ┃ 121, 123쪽

1 선진국 **2** (1) ㄴ, ㄹ (2) ㄱ, ㄷ **3** (1) ○ (2) × (3) ×
4 경제적 **5** (1) × (2) ○ (3) ○ **6** (1) ㄱ, ㄴ (2) ㄷ, ㄹ

┃ **실력 다지기** ┃ 124~126쪽

01 ④ **02** ⑤ **03** ⑤ **04** ③ **05** ③ **06** ④ **07** ⑥ **08** ④
09 ③ **10** ② **11** (1) ㉠ 유출국, ㉡ 유입국 (2) 해설 참조
12 해설 참조

01 1970년과 2021년 사이 가장 인구가 많이 증가한 지역인 A는 아시아이며, 아시아 다음으로 인구가 많은 B는 아프리카이다. A~D 중 인구가 가장 적으며, 1970년과 큰 차이가 없는 D는 유럽이며, 나머지 C는 아메리카임을 알 수 있다. 따라서 A는 아시아, B는 아프리카, C는 아메리카, D는 유럽이다. 한편, 오세아니아는 모든 시기에서 인구가 가장 적다.

02 ㄴ. 모든 시기에 A가 B보다 인구수가 많다. ㄷ. 유럽은 아시아보다 대체적으로 위도가 높은 지역에 있다. ㄹ. 유럽은 아프리카보다 경제 발전 수준이 높은 편이다.

┃ **선택지 바로잡기** ┃ ㄱ. 아메리카는 북반구에 위치한 앵글로아메리카와 적도를 포함하여 남반구에 위치한 라틴 아메리카가 있다.

03 지도의 A는 한대 기후 지역인 시베리아, B는 건조 기후 지역인 사하라 사막, C는 세계적인 쌀농사 지역으로 인구 밀도가 높은 인도 남부, D는 일찍부터 공업이 발달한 미국 북동부이다.

┃ **선택지 바로잡기** ┃ ① 세계 인구는 남반구보다 북반구에 더 많이 분포한다. ② 시베리아(A)는 한대 기후 지역이다. ③ 사하라 사막(B)은 건조 기후 지역으로, 강수량이 매우 적어 인구가 희박하다. ④ 인도 남부(C)는 세계적인 쌀농사 지역이다.

04 (가)는 피라미드형 인구 피라미드가 나타나는 개발 도상국, (나)는 방추형 인구 피라미드가 나타나는 선진국이다. 선진국에 비해 개발 도상국은 합계 출산율은 높으며, 기대 수명은 낮은 편이다. 또한 유소년층 인구 비율이 높기 때문에 유소년 부양비는 높은 편이다.

05 ㄱ. 오늘날 세계화의 영향으로 인구의 국제적인 인구이동이 활발하게 이루어지고 있다. ㄴ. 난민은 정치적 이동이나 자연재해, 기후변화 등 환경에 의한 이동이 일어나기도 한다.

06 지도에 나타난 인구이동은 난민이다. ④ 유입국의 임금 수준과 밀접한 관련이 있는 것은 경제적 이동이다.

07 개발 도상국이 많은 중앙 및 남아메리카에서 (가)의 비율이 (나)에 비해 매우 높게 나타나는 것으로 보아 (가)는 유소년층, (나)는 노년층임을 알 수 있다. 제시된 지역 중 유소년층 인구 비율이 가장 높고, 노년층의 인구 비율이 가장 낮은 A는 아프리카이다. 유소년층 인구 비율보다 노년층 인구 비율이 높은 C는 유럽이며, B는 아시아이다.

┃ **선택지 바로잡기** ┃ ① A는 아프리카, B는 아시아, C는 유럽이다. ② 저출생·고령화 문제가 심각한 지역은 선진국이 많은 지역이다. ③ 유럽(C)은 선진국이 많은 대륙으로, 대부분 종형(방추형) 인구 구조가 나타난다. ④ 아시아(B)는 아프리카(A)보다 전체 인구수가 많다. ⑤ (가)는 유소년층, (나)는 노년층이다.

08 제시된 자료는 어린이집이 노인 복지 시설로 변화하고 있다는 내용이다. 이는 저출생과 고령화 현상의 심화로 어린이집의 수요는 줄고 노인 복지 시설의 수요가 늘어 나타나는 현상이다.

┃ **선택지 바로잡기** ┃ ④ 노령화 지수는 유소년층 인구 100명에 대한 노년층 인구 비율로 유소년층 인구 비율이 감소하고 노년층 인구 비율이 증가할 경우 노령화 지수는 증가한다.

09 고령화 현상의 영향으로는 노년 부양비 증가, 국민연금, 건강 보험 등 사회 보험의 재정 부담 등이 있다. 이에 대한 대책으로는

노년층의 일자리 확대와 정년 연장, 안정적인 노후 생활을 위한 연금 제도 확대 등이 있다.

| 선택지 바로잡기 | ③ 노년층의 경제활동을 보장할 수 있는 적정한 수준의 정년 연장이 필요하다.

10 (가)국은 출생률을 줄이고자 산아 제한 정책을 실시한 아프리카의 국가라는 것으로 보아 개발 도상국임을 알 수 있다. (나)국은 저출생 문제를 해결하고자 어린이에 대한 복지 정책, 소득 공제 등을 실시하는 것으로 보아 선진국임을 알 수 있다.

11 (2) **예시 답안** 난민이 발생하는 국가들은 주로 전쟁 등 정치적 상황이 불안정한 국가이다. 또한, 이동에 필요한 자본이 부족한 난민들은 주로 자신이 거주하는 나라 인근으로 이동한다.

채점 기준	
상	난민 발생 지역과 인구이동의 지리적 특징을 모두 서술한 경우
하	난민 이동의 지리적 특징만 서술한 경우

12 **예시 답안** • 1단계: 니제르는 인구의 자연 증가율이 매우 높으며, 1950~2020년 사이 인구가 급격히 증가하였다. 독일은 저출생 현상으로 인구 증가 수준이 낮다.

• 2단계: 니제르는 인구가 늘어 식량 및 자원 부족 문제가 발생하고 있다. 독일은 저출생·고령화로 노동력 부족, 복지 비용 증가 등의 문제가 발생하고 있다.

• 3단계: 니제르는 경제 발전과 식량 증산, 산아 제한 정책, 중소 도시 육성, 촌락 생활 개선 등이 필요하며, 독일은 출산·육아 비용 지원, 출산 휴가 및 육아 휴직 보장 등 출산 장려 정책, 연금 제도 등 사회 보장 제도 강화, 정년 연장 등이 필요하다.

채점 기준	
상	독일과 니제르에 필요한 인구 정책을 모두 정확하게 서술한 경우
하	독일과 니제르 중 한 가지만 정확하게 서술한 경우

1등급 도전하기 ○ 127쪽
01 ④ **02** ② **03** ① **04** ⑤

01 1971년과 2021년 합계 출산율이 가장 높은 (가)는 아프리카이며, 1971년과 2021년 모두 합계 출산율이 가장 낮은 (다)는 유럽이다. 따라서 (나)는 아시아이다.

| 선택지 바로잡기 | ① 아프리카는 합계 출산율이 매우 높아 인구 증가 수준이 높다. ② 가장 먼저 산업화가 시작된 곳은 유럽이다. ③ 도시 인구의 과밀화는 아프리카가 유럽보다 심하다. ⑤ 총인구는 (나)>(가)>(다) 순으로 많다.

02 (가) 국가군은 합계 출산율이 매우 낮으며, 기대 수명이 높은 것으로 보아 저출생, 고령화 현상이 나타나는 선진국이다. (나) 국가군은 합계 출산율이 매우 높고, 기대 수명이 낮은 것으로 보아 개발 도상국이다.

03 지도의 (가)는 우크라이나, (나)는 아프가니스탄, (다)는 미얀마로, 모두 인구의 순 유출이 나타나고 있다. ㄱ. 우크라이나는 최근 러시아와의 전쟁으로 난민의 수가 급격히 증가하고 있다.

| 선택지 바로잡기 | ㄴ. (나)는 아프가니스탄으로 장기간의 내전으로 난민이 발생하고 있는 지역이다. ㄷ. (다)는 미얀마로 이슬람교를 믿는 소수 민족인 로힝야족에 대한 미얀마 정부의 탄압으로 난민이 발생하고 있다. ㄹ. (가)~(다)는 정치적 요인에 의한 인구이동이 발생하고 있다.

04 제시된 카드 뉴스는 우리나라의 저출생·고령화 현상을 나타낸다. 이에 대한 대책으로는 가족 친화적 가치관의 확산 등이 필요하다. 또한, 고령화 현상에 따른 노동력 부족 등을 해결하기 위해 노년층을 위한 정책 및 일자리 확충이 필요하다.

수능 준비하기 ○ 128~129쪽
01 ③ **02** ① **03** ⑤ **04** ④

01 1965년에서 2015년 사이 인구 비율이 계속해서 증가하고 있는 (가)는 아프리카, 인구 비율이 감소하고 있는 (나)는 유럽, 총인구 비율이 가장 높은 (다)는 아시아이다. ㄴ. 아시아에서 인구가 가장 많은 국가는 중국이며, ㄷ. 인구의 고령화가 많이 진행된 유럽은 아프리카보다 중위 연령이 높다.

| 선택지 바로잡기 | ㄱ. 2015년 기준 (가)의 인구는 약 70억 명의 20% 미만에 해당한다. 따라서 20억 명 미만이다. ㄹ. (다) 아시아는 (나) 유럽보다 1인당 평균 소득이 낮다.

02 (가)에서 가뭄 때문에 난민촌으로 가게 된 것은 환경적 요인에 의한 이동으로 강제적 이동이다. (나)는 돈을 벌기 위해 이루어진 경제적 이동이다.

| 선택지 바로잡기 | ② 가뭄의 주된 발생 원인은 기후변화에 따른 강수량 감소 및 과도한 방목 등이다. ③ 싱가포르는 경제가 발달한 국가로 인구 유출보다 인구 유입이 많다. ④ (가)는 환경적 요인, (나)는 경제적 요인으로 발생하였다. ⑤ (가)는 강제적 이동, (나)는 자발적 이동이다.

03 (가)는 산아 제한 정책을 실시하는 개발 도상국으로 이집트이고, (나)는 출산 장려 정책을 실시하는 선진국으로 독일이다. 이집트는 독일에 비해 유소년 부양비가 높고, 인구의 자연 증가율이 높다. 유출 인구는 비교적 많은 편이며, 독일에 비해 시간당 평균 임금 수준이 낮다.

| 선택지 바로잡기 | ㄱ. 개발 도상국인 이집트는 노년 부양비가 유소년 부양비보다 낮다. ㄴ. 선진국인 독일은 유출 인구가 유입 인구보다 적다.

04 (다)는 유소년층 인구 비율이 낮고 노년층 인구 비율이 가장 높은 촌락이다. 반면에 (가)와 (나)는 청장년층의 인구 비율이 높은 도시이다. 또한 (나)는 (가)에 비해 청장년층 인구에서 남성의 인구 비중이 높은 것으로 보아, 중화학 공업이 발달하거나 군부대가 많은 지역임을 알 수 있다. ④ 성비는 여성 100명 당 남성의 수를 의미하므로 (나)는 (다)보다 성비가 높다.

| 선택지 바로잡기 | ①, ② 노년층 인구 비율이 가장 높은 (다)의 중위 연령과 노년 부양비가 가장 높다. ③ 총부양비는 청장년층 인구 비율이 높을수록 낮다. ⑤ 촌락은 제조업 발달이 미약하므로 (다)는 (가)보다 2차 산업 종사자 비율이 낮다.

02~03 세계의 에너지 자원과 지속가능한 발전 ~ 미래 사회와 세계시민으로서의 삶

개념 확인하기
131, 133쪽

1 편재성   **2** (1) ㄷ (2) ㄴ (3) ㄱ
3 기후변화   **4** (1) × (2) × (3) ○   **5** (1) ㄴ (2) ㄱ (3) ㄷ

실력 다지기
134~136쪽

01 ④   **02** ②   **03** ⑤   **04** ②   **05** ①   **06** ③   **07** ⑤   **08** ②
09 ③   **10** ③   **11** 해설 참조   **12** 해설 참조

01 (가)는 자원의 유한성, (나)는 자원의 편재성, (다) 자원의 가변성이다.

02 ㄴ. 석유는 전 세계 매장량의 약 절반 정도가 서남아시아의 페르시아만 지역에 매장되어 있을 정도로 편재성이 크다. 석탄은 석유에 비해 전 세계에 골고루 분포하는 편이다.
| 선택지 바로잡기 | ㄱ. 인도에는 힌두교 신자가 많다. 힌두교는 소를 신성시하여 소고기를 식량 자원으로 쓰지 않으므로 자원의 가변성과 관련 있다. ㄷ. 자원 민족주의는 자원을 보유한 국가가 자원을 전략적 무기로 이용하는 것을 말하며, 자원의 편재성과 관련 있다. ㄹ. 신·재생 에너지는 화석 에너지를 대체하기 위해 개발 및 보급되었으며, 이는 화석 에너지 자원의 유한성과 관련 있다.

03 ⑤ 주요 화석 에너지 자원인 석탄, 석유, 천연가스 중 천연가스는 상대적으로 대기 오염 물질의 배출량이 적은 편이다.
| 선택지 바로잡기 | ① 인간이 자연에서 얻을 수 있는 것 중 인간에게 유용하고 기술적, 경제적으로 이용 가치가 있는 것을 자원이라고 한다. ② 오늘날 국제 협약에 따라 화석 에너지 자원의 사용량을 줄여 온실가스 배출량을 줄이려고 노력하고 있다. ③ 세계 에너지원별 소비량은 석유, 석탄, 천연가스 순으로 많다. ④ 화석 에너지 자원 중 석유의 국제 이동량이 가장 많다. ⑥ 전체 화석 에너지 자원의 소비량이 감소하고 있지는 않다.

04 (가)는 미국, 러시아, 이란, 중국, 카타르 순으로 생산량이 많으며, 생산량이 가장 많은 미국과 러시아에서 소비량도 많은 천연가스이다. ② 천연가스는 냉동 액화 기술의 발달로 운반, 저장, 이용이 편리해지면서 사용량이 증가하였다.
| 선택지 바로잡기 | ①, ③은 석유, ④, ⑤는 석탄에 대한 설명이다.

05 석탄은 석유에 비해 비교적 고르게 매장되어 있어 석유에 비해 국제 이동량이 적다. 석유는 생산지와 소비지 차이가 커 국제 이동량이 많다. 천연가스는 석유가 매장된 지역에서 생산되는 경우가 많으며, 미국과 러시아의 수출량이 많은 편이다.

06 ㄴ. 석탄은 제철 공업과 화력 발전의 비중이 높은 국가에서 사용량이 많다. ㄷ. 편재성은 석유가 석탄보다 크다.
| 선택지 바로잡기 | ㄱ. 석유는 신생대 제3기층 배사 구조에 매장되어 있으며, 고생대 지층에 주로 매장되어 있는 에너지 자원은 석탄이다. ㄹ. 상용화된 시기는 석탄이 석유보다 이르다.

07 ㉠에는 '지속가능발전'이 들어갈 수 있다. 지속가능발전은 경제, 환경, 사회를 포괄하는 것으로 지구의 다양한 문제를 해결하기 위해 꼭 필요한 개념이다.

08 교토 의정서는 온실가스 감축을 위한 온실가스 배출 거래권 제도를 도입했다. 선진국과 개발 도상국 모두에게 온실가스 감축 의무를 부과한 것은 파리 협정이다.

09 ③ 미래 사회에서는 자유 무역의 확대로 국가 간 경쟁이 치열해짐에 따라 경제적 갈등이 정치적 갈등으로 번지면서 국가 간 영토 분쟁과 문화적 갈등이 심해질 것으로 보인다.

10 우리는 세계시민으로서 지구촌 문제에 대해 적극적 참여와 연대의 자세를 가져야 한다. 또한, 다양한 문화와 배경을 가진 사람을 존중하는 개방적 태도와 관용적인 자세를 가져야 한다.

11 **예시 답안** 18세기 중반 이후 누적된 이산화 탄소 배출량은 대부분 선진국인 미국, 독일, 영국, 일본, 프랑스 등의 국가들의 양이 많다. 따라서 현재 지구 온난화의 주된 책임은 선진국에게 있다고 할 수 있다.

채점 기준	
상	주된 책임 국가 집단과 이유를 모두 정확하게 서술한 경우
중	주된 책임 국가 집단은 적었으나, 이유를 부족하게 서술한 경우
하	주된 책임 국가 집단만 서술한 경우

12 **예시 답안** • **1단계:** 자원마다 가채 연수가 있는 것으로 보아, 자원은 매장량이 한정되어 있어 가채 연수에 도달하면 고갈되는 유한성이 있다.
• **2단계:** 자원의 유한성으로 자원이 고갈될 경우에 대비하지 않으면 자원 부족 문제가 나타날 수 있다.
• **3단계:** 국가적 차원의 해결책으로 화석 에너지 자원을 대체할 수 있는 신·재생 에너지에 대한 투자와 기술을 개발하며, 자원 절약형 산업을 육성해야 한다. 개인적 차원의 해결책으로는 에너지 자원을 절약할 수 있는 생활 방식을 실천해야 한다.

채점 기준	
상	국가적, 개인적 차원의 해결책을 모두 옳게 서술한 경우
하	국가적, 개인적 차원의 해결책 중 한 가지만 옳게 서술한 경우

1등급 도전하기

137쪽

01 ① **02** ② **03** ② **04** ⑤

01 (가)는 미국과 중국, 인도, 러시아 등 경제 규모가 크고 석유 생산량이 많은 국가에서 소비량이 많은 석유이다. (나)는 중국이 전세계 소비량의 절반 정도를 차지하는 석탄이다. ㄱ. 석탄은 산업 혁명 시기 증기 기관의 주요 연료로 사용되면서 주요 에너지 자원이 되었다.

| **선택지 바로잡기** | ㄴ. 석탄은 석유보다 국제 이동량이 적다. ㄷ. 세계 에너지 소비량은 석유, 석탄, 천연가스 순으로 많다. ㄹ. 석유는 석탄보다 수송용으로 사용되는 비중이 크다.

02 첫 번째 사례는 북극해에 매장된 석유와 천연가스를 둘러싼 러시아, 미국, 캐나다, 노르웨이, 덴마크의 자원 확보 문제이다. 두 번째 사례는 아부무사섬 인근에 매장된 원유를 둘러싼 이란과 아랍 에미리트의 자원 확보 문제이다.

03 그래프의 (가)는 인위적·자연적 요인을 반영한 온도 변화, (나) 자연적 요인만 반영한 온도 변화이다. 병. 오늘날 기후변화는 자연적 요인만의 영향보다는 인위적·자연적 요인 모두의 영향을 받았다.

| **선택지 바로잡기** | 갑. 자연적 요인과 인위적 요인이 모두 반영된 온도 변화이다. 을. (나)는 (가)에 비해 온도 변화가 낮은 것으로 자연적 요인만 반영된 온도 변화이다.

04 제시된 글의 시설은 '스발바르 국제 종자 저장고'이다. 인류는 예측할 수 없는 미래에 대비하여 식량을 보존할 수 있도록 국제 종자 저장고에 많은 종의 씨앗을 보관하고 있다.

수능 준비하기

138~139쪽

01 ② **02** ② **03** ⑤ **04** ③

01 (가)는 석탄, (나)는 석유, (다)는 천연가스이다. ② 석유는 산업용보다 교통수단의 수송용으로 소비되는 비율이 더 높다.

| **선택지 바로잡기** | ① 중국은 석탄의 최대 생산국이자 최대 소비국이다. ③ 세계 1차 에너지 소비량에서 차지하는 비율은 석유가 가장 높다. ④ 상용화된 시기는 석유가 천연가스보다 이르다. ⑤ 천연가스는 (가)~(다) 중 연소 시 대기 오염 물질 배출량이 가장 적다.

02 A는 중국의 소비 비율이 낮으므로 석유, B는 중국의 소비 비율이 높으므로 석탄이다. ㄱ. 세계 1차 에너지 소비에서 차지하는 비율은 석유가 가장 높고 그 다음이 석탄이다. ㄷ. 상용화된 시기는 석탄이 석유보다 이르다.

03 (가)는 지구 온난화이다. ⑤ 지구 온난화는 자원의 소비가 증가하면서 심화되는 문제이다.

04 제시된 글에서는 현세대가 미래 세대와 자연에 대해 책임을 져야 한다고 주장하고 있다. '전 지구적인 조건'의 먼 미래와 실존을 고려해야만 한다고 주장하고 있으므로, 책임의 범위는 인간뿐만 아니라 자연 전체를 포함한다.

대단원 마무리하기

140~143쪽

01 ③ **02** ⑤ **03** ② **04** ③ **05** ④ **06** ④ **07** ② **08** ⑤
09 ② **10** ⑤ **11** ④ **12** ⑤ **13** ① **14** ③ **15** ⑤ **16** ①

01 (가) 단계는 고위 정체 1단계, (나) 단계는 초기 팽창 2단계, (다) 단계는 후기 팽창 3단계, (라) 단계는 저위 정체 4단계, (마) 단계는 인구 자연 감소의 5단계이다.

| **선택지 바로잡기** | ① A는 출생률, B는 사망률이다. ② 출산 장려 정책은 (라) 단계와 (마) 단계에서 실시된다. ④ 인구의 자연 증가량은 (나) 단계가 (가) 단계보다 많다. ⑤ 기대 수명은 경제 발전 수준이 높은 (라) 단계가 (가) 단계보다 높다.

02 (라)는 출생률과 사망률이 모두 낮은 저위 정체기이다. (나)는 2단계로 출생률은 높고 사망률이 낮아지는 초기 팽창기이다. 따라서 (나)에 비해 (라)에서는 저출생, 고령화가 심화되어 합계 출산율은 낮고, 기대 수명은 길며, 노년 부양비는 높다.

03 제시된 그래프로 세계의 인구가 지속적으로 증가할 것을 추론할 수 있다.

| **선택지 바로잡기** | 갑. 세계 인구는 지역적으로 불균등하게 분포한다. 병. 2000년 이후 세계 인구 성장을 주도하는 지역은 출생률이 높은 개발 도상국으로 예상된다. 정. 2070년 세계 인구의 절반 정도를 차지하는 지역은 아시아이다.

04 ㄴ. 오스트레일리아는 인구 대부분이 온대 기후가 나타나는 남서부와 남동부 해안 지역에 집중 분포한다. ㄹ. 자연적 요인은 전통적으로 인구 분포에 큰 영향을 미쳤다. 하지만 오늘날에는 산업, 교통, 등 사회·경제적 요인도 많은 영향을 미친다.

05 인구 순 유출은 (나) 아시아가 가장 많고, (가) 아프리카가 두 번째로 많다. (다)와 (라)는 인구 순 유입인 유럽과 앵글로아메리카이다. 이 중에서 1950~1960년 사이 인구 순 유출이 많은 (다)는 세계 대전의 영향을 크게 받은 유럽이다.

06 ④ (가)는 아프리카, (나)는 아시아, (다)는 유럽, (라)는 앵글로아메리카이다. 경제가 발달한 국가들이 많은 유럽은 아프리카보다 1인당 지역 내 총생산이 많다.

| **선택지 바로잡기** | ① 2010~2020년 아시아는 순유출이 나타나고 있다. ② 2024년 총인구는 아시아가 앵글로아메리카보다 많다. ③ 3차 산업 종사자 비율은 유럽이 아시아보다 높다. ⑤ 앵글로아메리카는 미국과 캐나다 두 국가로, 유럽의 국가 수가 훨씬 많다.

07 (가)는 청장년층 인구 비율이 높으므로 도시 지역인 천안이다. (나)는 노년층 인구 비율이 높으므로 촌락 지역인 옥천이다.

| **선택지 바로잡기** | ㄱ. 노년층의 비중이 높은 (나)가 (가)보다 중위 연령이 높다. ㄷ. (가)는 천안시, (나)는 옥천군이다. ㄹ. 1차 산업은 상대적으로 촌락 지역이 도시 지역보다 높으므로 옥천이 천안보다 높다.

08 제시된 글은 저출생 현상과 관련이 있다. 이를 해결하려면 원격 근무제, 육아와 보육 지원 등 다양한 정책이 필요하다.

| **선택지 바로잡기** | ㄹ. 고령화 현상과 관련된 정책이다.

09 세계적으로 화석 에너지의 소비 비중은 매우 높은 수준이며, 세계 에너지 소비량은 석유>석탄>천연가스 순으로 많다. 따라서 (가)는 석탄, (나)는 천연가스, (다)는 석유이다.

10 (가)는 석탄, (나)는 천연가스, (다)는 석유이다. 석유는 화석 에너지 자원 중 국제 이동량이 가장 많으며, 수송용으로 이용되는 비중이 높다.

| **선택지 바로잡기** | ① 냉동 액화 기술 발달로 운반이 용이해져 소비가 증가한 것은 천연가스이다. ②, ③ 석탄은 주로 고생대 지층에 매장되어 있으며, 산업 혁명기의 주요 에너지원이었다. ④ 국제 이동량은 생산지와 소비지의 차이가 크고, 자원의 편재성이 큰 석유가 천연가스보다 많다.

11 천연가스는 미국과 러시아의 생산량과 소비량이 많다. 석탄은 중국이 세계 생산량과 소비량에서 큰 부분을 차지하고 있다. 따라서 A는 천연가스, B는 석탄, C는 석유이다.

12 ⑤ 생산지와 소비지가 일치하지 않아 갈등이 발생하며, 자원이 많은 국가들의 자원 민족주의로 갈등이 발생하기도 한다.

| **선택지 바로잡기** | ① 자원은 기술적·경제적으로 개발 가능한 것을 의미한다. ② 자원의 가변성은 과학기술의 발달과 문화적 배경 등에 따라 달라진다. ③ 건조 문화권은 주로 이슬람교 신자 수가 많다. 이슬람교는 돼지고기를 금기시해 돼지고기 소비량이 적다. 이것은 자원의 가변성과 관련 있다. ④ 자원의 편재성은 석탄보다 석유가 큰 편이다.

13 지속가능한 발전을 위한 노력으로 국제적 차원에서는 기후변화에 대응하기 위한 국제 협약을 체결할 수 있다.

14 지도의 A는 북해, B는 카스피해, C는 북극해, D는 남중국해, E는 미국의 북동부 연안 지역이다. 밑줄 친 이곳은 러시아, 미국, 캐나다, 노르웨이, 덴마크 등의 5개 국가가 서로 영유권을 주장하면서 갈등이 발생하고 있는 북극해이다.

15 기후변화를 해결하기 위한 국제 협약에는 온실가스 배출 거래권 제도를 도입한 교토 의정서와 선진국과 개발 도상국 모두에게 온실가스 감축 의무를 부과한 파리 협정이 있다.

16 ① 제시된 글은 지구촌 단위의 공동체 의식을 갖고, 지역, 국가, 세계적 차원의 상호 보완적 측면을 강조한다. 따라서 국가 간, 계층 간 빈부 격차를 줄이기 위한 공동체 의식이 필요하다.

시험 대비 문제집

I 인권 보장과 헌법 ────────

01 인권의 의미와 발전

핵심 한끝   2쪽

❶ 시민 혁명 ❷ 권리 장전 ❸ 차티스트 ❹ 사회권 ❺ 연대권
❻ 안전권 ❼ 문화권 ❽ 주거권 ❾ 환경권

미리 보는 학교 시험 ──○ 2~3쪽

01 ④ **02** ① **03** ⑤ **04** ④ **05** ② **06** (1) 안전권 (2) 해설 참조

01 제시된 글에 나타난 역사적 사건은 시민 혁명이다. ㄱ. 계몽사상, 사회 계약설 등은 시민 혁명에 영향을 주었다. ㄴ. 시민 혁명 이후 미국의 독립 선언, 프랑스의 인간과 시민의 권리 선언 등에 천부 인권 사상이 명시되었다. ㄷ. 영국 명예혁명의 결과로 권리 장전이 승인되면서 의회 중심의 입헌 군주제가 등장하였다.

| **선택지 바로잡기** | ㄹ. 모든 국민의 인간다운 생활을 보장을 요구할 권리인 사회권은 독일 바이마르 헌법에서 처음으로 규정되었다.

02 차티스트 운동, 여성 참정권 운동과 공통으로 관련된 인권은 참정권이다. ① 참정권은 정치에 참여할 수 있는 권리이다.

| **선택지 바로잡기** | ②는 사회권, ③은 안전권, ⑤는 연대권이다. ④ 참정권 등의 기본권은 국가 안전 보장·질서 유지 또는 공공복리를 위하여 필요한 경우에 한하여 법률로써 제한할 수 있다.

03 제시된 문서는 독일 바이마르 헌법이다. 바이마르 헌법은 인간다운 생활의 보장을 요구할 수 있는 권리인 사회권을 최초로 규정한 헌법이다. ⑤ 사회권은 국가의 적극적 노력이 있어야 보장될 수 있는 권리이다.

| **선택지 바로잡기** | ① 1세대 인권은 자유권 중심의 인권이다. ②는 자유권과 평등권, ④는 평등권이다. ③ 정보 사회로 이행함에 따라 정보의 접근 및 통제에 관한 새로운 권리가 강조되었다.

04 2세대 인권은 사회권 중심의 인권이다. ④ 재난 구제를 받을 권리는 3세대 인권에 해당한다.

05 밑줄 친 '이 법'은 「환경 정책 기본법」으로, 환경권을 보장하고자 하는 법이다. ② 환경권은 사회권적 성격의 인권으로, 국가가 적극적으로 나서야 보장될 수 있다.

| **선택지 바로잡기** | ① 환경권은 현대 사회에서 새롭게 등장한 인권이다. ③ 정보 사회로 이행함에 따라 개인 정보 자기 결정권, 잊힐 권리 등이 등장하였다. ④는 안전권, ⑤는 주거권에 대한 설명이다.

06 (2) **예시 답안** 각종 위험으로부터 안전을 보호받을 권리이다. 자연재해뿐만 아니라 과학기술의 발전으로 인위적 위험이 급증하면서 각종 위험으로부터 안전을 보호받고자 하는 인식이 확대됨에 따라 등장하게 되었다.

채점 기준

상	안전권의 의미와 등장 배경을 모두 서술한 경우
하	안전권의 의미와 등장 배경 중 한 가지만 서술한 경우

⑫ 인권 보장을 위한 헌법의 역할과 시민 참여

핵심 한끝
4쪽

❶ 자유권 ❷ 인간다운 ❸ 견제 ❹ 시민불복종 ❺ 기본권
❻ 입헌주의

미리 보는 학교 시험
4~5쪽

01 ⑤ **02** ② **03** ② **04** ③ **05** ④ **06** 해설 참조

01 ㉠은 자유권이다. ⑤ 자유권은 국가 권력의 간섭을 받지 않고 자유롭게 생활할 수 있는 권리이다.
│ 선택지 바로잡기 │ ① 다른 기본권 보장을 위한 수단적 권리는 청구권이다. ② 국민이 국가 기관 구성에 참여할 수 있는 권리는 참정권이다. ③ 최소한의 인간다운 생활을 보장받기 위한 권리는 사회권이다. ④ 국민의 모든 자유와 권리는 국가 안전 보장·질서 유지 또는 공공복리를 위하여 필요한 경우에 한하여 법률로써 제한할 수 있다.

02 A는 참정권, B는 청구권, C는 사회권이다. ② 청구권은 다른 기본권을 보장하기 위한 수단적 성격의 권리이다.
│ 선택지 바로잡기 │ ①은 사회권, ③은 자유권, ④는 청구권, 사회권, ⑤는 평등권에 대한 설명이다.

03 ② 우리나라는 헌법에 입법권은 국회가, 행정권은 정부가, 사법권은 법원이 각각 담당하도록 하는 권력 분립 제도를 규정하여 국가 권력의 남용으로 국민의 인권이 침해되는 것을 막고 있다.

04 A는 헌법재판소이다. ㄱ. 위헌 법률 심판은 헌법재판소가 국회를 견제할 수 있는 제도이다. ㄹ. 공무 담임권은 참정권에 해당하는 권리이다.
│ 선택지 바로잡기 │ ㄴ. 재판 중인 사건에서 다루는 법률이 헌법에 위배될 경우 구제받을 수 있는 제도는 위헌 법률 심판이다. ㄷ. 소극적 성격의 권리는 자유권이다.

05 ㉠은 시민불복종이다. 시민불복종이 정당화되기 위해서는 행위 목적의 정당성, 비폭력성, 최후 수단성을 갖추고, 위법 행위에 대한 처벌을 감수해야 한다.

│ 선택지 바로잡기 │ ④ 시민불복종은 공익을 수호하고자 하는 목적으로 행해야 한다.

06 **예시 답안** 시민 참여란 시민이 참여 의식을 가지고 정치과정이나 사회문제 해결에 적극적으로 개입하는 것을 말한다. 시민은 이러한 정치 참여를 통해 국가 권력을 견제하고 감시함으로써 국가의 권력 남용을 방지하고, 모든 사회 구성원의 권익과 인간의 존엄성을 보장하는 정의로운 사회를 만들 수 있다. 따라서 시민은 정치에 참여하여야 한다.

채점 기준

상	시민 참여의 의미, 필요성을 모두 포함하여 반론을 서술한 경우
하	시민 참여의 의미, 필요성 중 한 가지만 포함하여 반론을 서술한 경우

⑬ 인권 문제 해결을 위한 노력

핵심 한끝
6쪽

❶ 사회적 소수자 ❷ 다양성 ❸ 근로 계약서 ❹ 국제 연합(UN)
❺ 빈곤 ❻ 세계시민

미리 보는 학교 시험
6~7쪽

01 ③ **02** ③ **03** ② **04** ③ **05** ⑤ **06** 해설 참조

01 ③ (가)의 갑은 종교와 성별, (나)의 을은 민족과 학력이라는 두 가지 측면에서 사회적 소수자에 속한다.
│ 선택지 바로잡기 │ ① 갑의 직장에서 여성은 소수가 아니지만, 갑은 여성이라는 이유로 사회적 소수자가 되었다. ② 갑은 종교, 을은 학력 등 후천적 요인으로 사회적 소수자가 되었다. ④, ⑤ 제시된 사례를 통해 추론할 수 없다.

02 제시된 글을 통해 사회적 소수자 문제를 해결하기 위해서는 사회적 소수자에 대한 편견을 버리고 다양성을 존중하는 태도를 가져야 함을 알 수 있다.

03 갑. 15세 미만인 사람은 원칙적으로 근로자로 고용할 수 없다. 병. 임금은 통화로 매월 1회 이상 일정한 날짜에 직접 근로자에게 전액을 지급해야 한다. 정. 당사자 간 합의에 따라 1일 1시간, 1주 5시간을 한도로 연장 근로를 할 수 있다. 무. 근로 시간이 4시간인 경우에는 30분 이상의 휴게 시간을 근로 시간 도중에 주어야 한다.
│ 선택지 바로잡기 │ 을. 연소 근로자도 근로 계약은 본인이 직접 해야 한다.

04 ㄴ. 18세 미만인 사람의 근로 계약은 친권자나 후견인의 동의가 있어야 한다. ㄷ. 근로 시간이 4시간인 경우 30분 이상, 8시간인 경우 1시간 이상의 휴게 시간을 근로 시간 도중에 주어야 한다.

| 선택지 바로잡기 | ㄱ. 15세 미만인 자는 원칙적으로 근로자로 사용할 수 없다. 갑은 16세이므로 근로 계약을 체결할 수 있다. ㄹ. 근로 계약 전체가 아니라 최저 임금 미만으로 임금을 설정한 부분에 대해서만 무효가 된다.

05 국제 연합(UN)에서 A국에 여성 인권 개선을 촉구하는 권고안을 제시하여 A국이 자국의 문제를 스스로 문제를 해결하도록 유도하는 것이 바람직하다.

06 **예시 답안** 사례에는 인종이 다르다는 이유로 원주민을 차별하는 문제가 나타난다. 개인은 세계시민 의식을 바탕으로 인종 차별 문제에 관심을 가지고 이를 해결하기 위해 노력해야 한다.

채점 기준	
상	인종 차별 문제를 쓰고, 세계시민 의식 개념을 활용하여 개인적 차원의 해결 방안을 서술한 경우
중	인종 차별 문제를 쓰고, 세계시민 의식 개념을 활용하지 않고 개인적 차원의 해결 방안을 서술한 경우
하	인종 차별 문제만 쓴 경우

Ⅱ 사회 정의와 불평등

01~ 정의의 의미와 실질적 기준 ~
02 다양한 정의관의 비교 및 적용

핵심 한끝
8쪽

① 공정 **②** 성취동기 **③** 필요 **④** 자유주의 **⑤** 공동체주의
⑥ 의무 **⑦** 공익

미리 보는 학교 시험
8~10쪽

01 ② **02** ③ **03** ② **04** ③ **05** ④ **06** ③ **07** ② **08** ①
09 ③ **10** 해설 참조

01 정의는 개인과 사회가 모두 지켜야 하는 올바르고 공정한 도리로서, 사회 구성원에게 기본적 권리를 보장하는 바탕이 됨으로써 인간다운 삶의 실현에 기여할 수 있다.

| 선택지 바로잡기 | ㄴ. 동양과 서양의 사상가들은 정의의 다양한 의미를 주장해 왔다. ㄹ. 정의의 실현을 통해 사회 갈등을 해결하고 사회 통합의 기반을 마련할 수 있다.

02 아리스토텔레스는 정의를 일반적 정의와 특수적 정의로 구분하고, 특수적 정의를 다시 교정적 정의, 분배적 정의, 교환적 정의로 구분하였다.

| 선택지 바로잡기 | ③ 공동선의 실현을 위해 법을 준수하는 것은 일반적 정의에 대한 설명이다. 교정적 정의는 불공정한 행위나 잘못된 행동을 바로잡는 것으로, 잘못에 대한 공정이 공정한지를 다룬다.

03 갑은 칸트, 을은 베카리아이다. ② 베카리아는 공리주의적 관점에서 사형은 범죄 예방 효과가 낮기 때문에 유용하지도 필요하지도 않은 형벌이라고 본다.

04 제시된 글은 분배적 정의의 기준 중에서 업적에 따른 분배에 대한 설명이다. 업적에 따른 분배는 업적을 달성하기 어려운 여건에 처한 사회적 약자를 배려하기 어렵고, 더 많은 업적을 달성하기 위해 경쟁이 과열되면서 갈등을 초래할 수 있다는 한계가 있다.

| 선택지 바로잡기 | ㄴ. 각자가 달성한 결과를 객관화·수량화할 수 있는 것은 업적에 따른 분배의 장점에 해당한다. ㄷ. 업적에 따른 분배는 개인의 성취동기와 생산 효율성을 높일 수 있다.

05 제시된 채용 공고에 적용된 분배의 기준은 '능력'이다. 능력에 따른 분배는 개인이 갖춘 신체적·정신적 능력을 기준으로 분배하는 것을 정의롭다고 본다.

06 제시된 사례에서는 자연재해로 인해 어려움에 빠진 사람들에게 사회적 가치를 우선적으로 배분하고 있으므로 필요에 따른 분배에 해당한다. 필요에 따른 분배는 최대한 많은 사람들의 인간다운 삶을 보장함으로써 실질적인 평등을 실현할 수 있지만, 성취동기와 생산 의욕을 감소시키고 경제적 효율성을 떨어뜨릴 수 있다.

| 선택지 바로잡기 | ③ 선천적·우연적 요소가 개입되기 쉬운 분배 방식은 능력에 따른 분배이다.

07 갑은 노직, 을은 롤스이다. ㄴ. 노직은 최소 국가보다 포괄적인 국가, 즉 적극적인 국가는 개인의 권리를 침해할 수 있다고 본다. 국가는 치안, 국방, 소유권 보호 등의 최소한의 역할만 해야 한다고 주장한다.

| 선택지 바로잡기 | ㄱ. 갑, 을은 모두 자유주의적 정의관의 입장에서 자유가 최우선으로 추구되어야 할 가치라고 본다. ㄷ. 사회적 약자를 위해 국가가 적극적으로 재분배 정책을 실시해야 한다고 보는 것은 을이다. 갑은 적극적인 재분배 정책이 개인의 소유권을 침해할 수 있다고 본다. ㄹ. 사회적·경제적 불평등이 최소 수혜자에게 최대 이익이 될 때 정당화될 수 있다고 보는 것은 차등의 원칙으로, 을이 주장하는 정의의 제2 원칙에 해당한다.

08 제시된 글은 공동체주의 사상가인 샌델의 주장이다. 샌델은 개인이 공동체와 분리될 수 없으며, 공동체는 개인에게 좋은 삶의 기준을 제시할 수 있다고 본다.

| 선택지 바로잡기 | ① 샌델은 공동체주의적 정의관의 입장으로 공동체 안에서 정체성을 형성해 가는 연고적 자아로서의 개인을 강조한다. 무연고적 자아로서의 개인을 강조하는 것은 개인을 공동체의 전통이나 가치로부터 독립하여 스스로 선택할 수 있는 자율적 존재로 보는 자유주의적 정의관의 입장이다.

09 제시된 글의 사상가는 왈처이다. 왈처는 각각의 사회적 가치들이 자신의 고유한 영역에 머무름으로써 다원적 평등을 실현해야 한다고 주장한다.

10 예시 답안 공유지의 비극은 개인들이 자신의 이익만을 지나치게 추구하면서 발생한다. 이러한 현상은 지나친 사적 이익의 추구를 제도적으로 방지하고, 공동체에 대한 연대와 책임감을 함양함으로써 개선할 수 있다.

채점 기준	
상	원인과 해결 방안을 모두 서술한 경우
하	원인과 해결 방안 중 한 가지만 서술한 경우

03 불평등 해결과 정의의 실현

핵심 한끝
11쪽

❶ 서열화 ❷ 양극화 ❸ 공간 불평등 ❹ 사회적 약자
❺ 사회 보험 ❻ 역차별 ❼ 사회 복지 제도

미리 보는 학교 시험
11~12쪽

01 ③ **02** ③ **03** ③ **04** ② **05** ② **06** 해설 참조

01 제시된 글은 사회 계층의 양극화 현상의 한 단면을 보여 준다. 이러한 불평등 현상이 심화되면 계층 간 격차가 벌어지고, 계층 간 위화감이 심화될 수 있다. 경제적 영역에서의 불평등은 삶의 다른 영역으로까지 이어질 수 있다.
선택지 바로잡기 ㄴ. 사회 계층 이동이 어려워질 수 있다. ㄷ. 양극화 현상이 심화될 수 있다.

02 제시된 글에서는 여성이 사회적 약자로서 차별받는 '유리 천장'에 대해 설명하고 있다. 여성에 대한 사회적 차별은 여성이 남성보다 가사 노동에 적합하고 직장 생활에는 적합하지 않다는 편견, 여성에 대한 사회적 진출 기회를 제약하는 불평등한 사회 구조 및 제도 등에서 비롯된다.
선택지 바로잡기 ③ 성별, 신체적 능력 등에 따른 사회적 약자에 대한 차별은 비합리적인 이유에 근거한 차별이다.

03 성장 거점 지역을 선정하여 집중적으로 투자하고, 이에 따른 파급 효과를 기대하는 개발 방식은 성장 거점 개발이고, 정체 지역이나 낙후 지역을 우선 투자하여 지역 간 격차를 완화하고자 하는 개발 방식은 균형 개발이다.

04 오늘날 대부분의 국가는 사회 계층의 양극화를 해소하고, 사회적 약자를 비롯한 모든 사회 구성원의 인간다운 생활을 보장하고자

사회 보장 제도를 갖추고 있다. 우리나라의 다양한 사회 복지 제도 중에서 (가)는 사회 보험, (나)는 공공 부조, (다)는 사회 서비스이다. (가)는 납부자와 수혜자가 일치하는 반면, (나), (다)는 납부자와 수혜자가 일치하지 않는다.
선택지 바로잡기 ② (가)와 (나)는 모두 금전적 방법으로 지원이 이루어지는 사회 복지 제도이다.

05 제시된 글에서는 우리나라가 법률로 규정하여 실시하고 있는 장애인 의무 고용 제도에 대해 설명하고 있다. 장애인 의무 고용 제도는 적극적 평등 실현 조치로 사회적 약자에게 기회의 평등을 보장하고, 사회적 약자에 대한 차별과 불평등 문제를 해결하고자 한다.
선택지 바로잡기 ㄴ, ㄹ. 장애인 의무 고용 제도는 비효율성 문제와 관련이 적고, 국가가 고용 문제에 개입하여 사회적 약자를 배려하려는 것이다.

06 예시 답안 여성에게 실질적인 기회의 평등을 보장해 준다. 사회적 약자에 대한 불평등 문제를 개선할 수 있다.

채점 기준	
상	여성 공천 할당제의 긍정적인 효과를 두 가지 서술한 경우
하	여성 공천 할당제의 긍정적인 효과를 한 가지만 서술한 경우

Ⅲ 시장경제와 지속가능발전

01 자본주의의 전개 과정과 경제 체제

핵심 한끝
13쪽

❶ 시장 ❷ 사유 재산권 ❸ 자유방임주의 ❹ 수정 자본주의
❺ 시장경제 체제 ❻ 계획경제 체제 ❼ 신자유주의

미리 보는 학교 시험
13~14쪽

01 ② **02** ④ **03** ② **04** ④ **05** ⑤ **06** (1) 혼합 경제 체제 (2) 해설 참조

01 자본주의는 사유 재산권을 법적으로 보장하며, 생산 수단의 국유 또는 공유를 기본으로 하는 것이 아닌 시장경제 체제와 결합하여 경제활동의 자유를 보장하고 사적 이익을 인정하는 경제 체제이다. 따라서 학생은 (1), (2)번만 옳게 작성하였다.

02 (가)는 상업 자본주의, (나)는 산업 자본주의, (다)는 수정 자본주의, (라)는 신자유주의이다.

선택지 바로잡기 ④ 신자유주의는 정부 실패를 극복하기 위해 시장의 자율성을 중시하였고, 공기업의 민영화를 지향하였다.

03 애덤 스미스는 자유방임주의를 주장하며, 개인의 자유로운 경제 활동과 시장에 의한 자원의 효율적 배분을 중시하였다.

04 ㉠은 산업 자본주의, ㉡은 수정 자본주의, ㉢은 신자유주의이다.

선택지 바로잡기 ④ 수정 자본주의는 시장 실패를 극복하기 위해 정부의 경제 개입을 강조하였고, 신자유주의는 정부 실패를 극복하기 위해 시장의 자율성을 강조하였다.

05 (가)는 계획경제 체제, (나)는 시장경제 체제이다. 시장경제 체제는 계획경제 체제와 달리 일반적으로 자본주의와 결합하며, 각 경제 주체가 시장 가격에 기초하여 자유롭게 의사 결정을 할 수 있도록 보장하므로 이를 바탕으로 개인의 능력과 창의성을 발휘할 수 있다.

선택지 바로잡기 ⑤ 자원을 모든 구성원에게 균등하게 분배하는 것은 계획경제 체제의 특징이다.

06 (2) **예시 답안** 시장경제 체제와 계획경제 체제의 요소를 결합하여 시장과 정부의 상호 보완적인 관계를 형성함으로써 경제 문제를 효과적으로 해결하기 위해서이다.

채점 기준	
상	채택 이유를 시장과 정부의 상호 보완적인 관계에 대한 내용을 포함하여 서술한 경우
하	채택 이유를 경제 문제의 효과적 해결이라고만 서술한 경우

02 합리적 선택과 경제 주체의 역할

핵심 한끝 　　　　　　　　　　　　　　15쪽

❶ 암묵적 비용　❷ 기회비용　❸ 매몰 비용　❹ 독과점
❺ 비배제성　❻ 윤리적　❼ 외부 효과　❽ 보조금

미리 보는 학교 시험 ────○ 15~16쪽

01 ③　**02** ④　**03** ④　**04** ⑤　**05** ②　**06** 해설 참조

01 ㉠, ㉡과 관련된 경제 개념은 기회비용이다. 자원의 희소성으로 인해 합리적 선택이 필요하며, 모든 선택의 상황에서는 포기하는 것이 있으므로 기회비용이 발생한다.

선택지 바로잡기 ③ 합리적 선택은 선택에 따른 편익에서 기회비용을 뺀 순편익이 가장 큰 대안을 선택하는 것이다.

02 ④ 학원 수입액 9,000만 원은 갑이 학원을 개업함으로써 얻은 이득이므로 편익에 해당한다.

선택지 바로잡기 ①, ②, ③, ⑤ 학원 개업에 따른 명시적 비용은 7,000만 원, 암묵적 비용은 회사에 다니면 받을 수 있는 연봉 4,000만 원으로, 기회비용은 1억 1,000만 원이다. 따라서 편익이 기회비용보다 작으므로 갑의 선택은 합리적 선택이라고 할 수 없다.

03 ④ 마케팅 투자 비용과 뷔페식당 이용 요금은 회수할 수 없는 매몰 비용이다. 매몰 비용에 집착하면 비합리적인 선택을 하게 된다.

04 (가)는 공공재 공급 부족, (나)는 부정적 외부 효과, (다)는 독과점 문제이다. ㄷ. 시장에 맡겨 두면 부정적 외부 효과를 유발하는 상품은 사회의 최적 수준보다 많이 생산된다. ㄹ. (가), (나), (다)는 모두 시장 실패의 사례로, 정부 개입의 근거가 된다.

선택지 바로잡기 ㄱ. (가)는 공급재 공급 부족 문제이다. ㄴ. (가), (나), (다) 모두 자원의 비효율적인 배분을 초래한다.

05 갑은 로컬 푸드인 착한 빵을 구매하였고, 갑이 이 빵을 구매함으로써 아동 복지 시설에 빵이 기부된다. 따라서 갑의 소비 행위는 환경과 공동체를 고려하는 윤리적 소비이다.

선택지 바로잡기 ①, ④, ⑤ 제시된 글을 통해 알 수 없는 내용이다. ③ 상품의 비용과 편익을 고려하는 소비는 합리적 소비이다.

06 **예시 답안** A사는 협력사 대금을 조기 지급하고 수익의 일부를 기부하기로 결정함으로써 노동자의 권리를 존중하고 사회 공동체를 배려하는 경영 방식을 실천하였다. 이를 통해 A사가 기업의 역할 중 사회적 책임을 실천하였음을 알 수 있다. 사회적 책임 실천은 기업 윤리 및 관련 법규를 준수하고, 공정한 경쟁을 추구하며, 소비자의 권리를 존중하고, 환경·사회·투명(ESG) 경영 방식을 채택하는 것을 의미한다.

채점 기준	
상	기업의 사회적 책임의 의미를 구체적으로 서술한 경우
하	사회적 책임의 실천 외에 기업의 다른 역할을 서술한 경우

03 자산 관리와 금융 생활

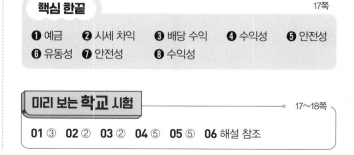

핵심 한끝 　　　　　　　　　　　　　　17쪽

❶ 예금　❷ 시세 차익　❸ 배당 수익　❹ 수익성　❺ 안전성
❻ 유동성　❼ 안전성　❽ 수익성

미리 보는 학교 시험 ────○ 17~18쪽

01 ③　**02** ②　**03** ②　**04** ⑤　**05** ⑤　**06** 해설 참조

01 ⊙은 예금이고, A는 요구불 예금, B는 저축성 예금이다. ③ 요구불 예금은 현금이 필요할 때는 언제든지 인출이 가능하므로 유동성이 크다. 그러나 저축성 예금은 정해진 기간 동안에는 인출할 수 없는 것이 원칙이다.

| 선택지 바로잡기 | ① 예금은 주식에 비해 안전성이 높다. ② 은퇴 후에 매달 일정액을 받는 금융 상품은 연금이다. ④ 요구불 예금과 저축성 예금은 모두 예금자 보호 제도의 적용을 받는다. ⑤ 정기 예금, 정기 적금은 모두 저축성 예금에 해당한다.

02 ㄷ. 병은 자산을 현금으로 쉽게 바꿀 수 있는 정도인 유동성을 가장 중시하고 있다.

| 선택지 바로잡기 | ㄱ. 갑은 수익성을 중시하므로 요구불 예금을 선호하지 않을 것이다. ㄴ. 을은 안전성을 중시하므로 주식보다 예금을 선호할 것이다. ㄹ. 안전성과 유동성을 모두 갖춘 금융 자산은 예금이다.

03 ② 을은 금융 자산의 60%를 주식으로 보유하고 있으며, 주식은 수익성이 높으나 안전성이 낮은 금융 자산이다.

| 선택지 바로잡기 | ① 갑의 금융 자산 중 60%가 요구불 예금이므로 수익성보다는 유동성을 중시한다. ③ 배당 수익을 기대할 수 있는 금융 자산은 주식이다. 을은 갑보다 주식의 비중이 크다. ④ 이자 수익을 기대할 수 있는 금융 자산은 예금과 채권이다. 예금과 채권의 비중은 갑이 병보다 크다. ⑤ 시세 차익을 기대할 수 있는 금융 자산은 주식과 채권이다. 주식과 채권의 비중은 갑, 을, 병이 모두 다르다.

04 ㄷ. A~B 시기는 청년기이다. 취업을 하여 소득이 처음 발생하는 청년기에는 결혼 및 주택 자금 마련 등으로 적자가 심한 편이다. ㄹ. B~D 시기는 중장년기이다. 중장년기에 저축을 많이 할수록 노년기를 안정적으로 보낼 수 있다.

| 선택지 바로잡기 | ㄱ. 지출은 일생에 걸쳐 항상 존재하지만 수입은 일정한 시기에만 존재하므로 지출의 크기가 현재의 수입에 비례한다고 볼 수 없다. ㄴ. 일반적으로 누적 저축액은 D 시기에 가장 많다.

05 ⑤ 경제 성장률 하락, 수출 악화, 원유 수입 차질 등과 같이 경기가 침체된 상황에서 개인은 수익성보다 안전성과 유동성에 초점을 두고 금융 의사 결정을 할 가능성이 높아진다.

| 선택지 바로잡기 | ① 개인은 소비를 줄일 것이다. ②, ④ 기업은 고용을 줄이고 투자를 줄일 것이다. ③ 중앙은행은 기업의 투자를 유도하기 위해 금리를 인하할 것이다.

06 예시답안 재산 중 35%는 수익성이 높은 자산에 투자하고, 나머지 65%는 안전성이 높은 자산에 투자해야 합니다. 그 이유는 나이가 들수록 상대적으로 투자 위험에 대한 충격이 크고, 갑작스러운 가격 변동에 대처하기 어렵기 때문입니다.

채점 기준	
상	100-나이 법칙에 따라 근거를 들어 금융 자산 투자에 관한 조언을 구체적으로 서술한 경우
하	100-나이 법칙이 아닌 다른 근거를 들어 금융 자산 투자에 관한 조언을 서술한 경우

04 국제 무역과 지속가능발전

핵심 한끝
19쪽

❶ 국제 분업   ❷ 생산 요소   ❸ 생산비   ❹ 비교 우위   ❺ 불공정
❻ 지속가능   ❼ 공정 무역

미리 보는 학교 시험
19~20쪽

01 ④   **02** ④   **03** ③   **04** ④   **05** ③   **06** 해설 참조

01 세계 각국은 생산 요소의 분포가 달라 생산비에 차이가 있다.

02 ④ 갑은 을보다 경영 업무와 문서 작업 모두 더 잘할 수 있지만, 갑은 경영 업무, 을은 문서 작업에 대해 비교 우위를 가지므로 분업을 하면 더 큰 이익을 얻을 수 있다.

| 선택지 바로잡기 | ② 갑은 경영과 문서 작업 모두 절대 우위에 있다. ⑤ 갑과 을의 분업은 생산 비용의 상대적 차이 때문에 가능하다.

03 ① 갑국은 X재, Y재 생산에 필요한 노동자의 수가 모두 을국보다 적으므로 절대 우위를 가진다. ② 갑국의 X재 1단위 생산의 기회비용은 Y재 3/4단위이다. ④ 을국은 X재 1단위 생산의 기회비용이 Y재 6/5단위, Y재 1단위 생산의 기회비용이 X재 5/6단위이므로 X재 1단위 생산의 기회비용이 더 크다. ⑤ Y재 1단위 생산의 기회비용은 갑국이 을국보다 크다.

| 선택지 바로잡기 | ③ X재 1단위 생산의 기회비용은 갑국이 을국보다 작으므로 갑국은 X재 생산에 비교 우위가 있다.

04 제시된 글을 통해 유통 질서 및 환경과 관련된 국제 협약의 이행, 선진국의 개발 도상국 지원, 국제적 경쟁력을 높일 수 있는 국내 산업의 육성, 환경에 미치는 영향 최소화 등을 추론할 수 있다.

| 선택지 바로잡기 | ④ 국가 간 무역 규모를 줄이기보다 공정 무역을 통해 국가 간 경제 격차를 해소하려고 노력해야 한다.

05 제시된 내용은 공정 무역의 원칙이다.

| 선택지 바로잡기 | ③ 국제 무역에서 자유로운 경쟁을 우선할 경우 경제적 불평등 심화, 환경 오염 등의 문제를 해결하기 어렵다.

06 예시답안 무역과 국제 분업이 발생하는 이유는 각국의 자연환경과 사회적 상황의 차이로 생산 요소의 분포가 달라 같은 상품을 생산하더라도 생산비의 차이가 발생하고, 상대적으로 기회비용이 작아 비교 우위에 있는 상품이 다르기 때문이다.

채점 기준	
상	생산비와 비교 우위를 모두 포함하여 무역과 국제 분업의 발생 이유를 서술한 경우
하	생산비와 비교 우위 중 한 가지만 포함하여 무역과 국제 분업의 발생 이유를 서술한 경우

Ⅳ 세계화와 평화

01 세계화의 양상과 문제

핵심 한끝 21쪽

❶ 세계 무역 기구 ❷ 지역화 전략 ❸ 국제기구 ❹ 선진국
❺ 특수 윤리 ❻ 다국적 기업 ❼ 획일화

미리 보는 학교 시험 21~22쪽

01 ④ **02** ② **03** ① **04** ⑤ **05** ⑤ **06** (1) 세계도시 (2) 해설 참조

01 ④ 제시된 보고서는 프랑스에서 생산되는 햄, 미국에서 재배되는 감자에 대해 생산지의 이름을 상표권으로 인정하고 있다는 것이다. 따라서 (가)에 들어갈 내용은 '지리적 표시제'이다.

02 을, 병. 세계도시는 뉴욕, 런던, 도쿄, 파리 등과 같이 정치, 경제, 문화 등 여러 분야에서 세계적 영향력을 행사하는 도시이다.
┃**선택지 바로잡기**┃ 갑. 세계도시는 경제력이 커서 많은 자본이 집중되고 축적되는 도시이다. 정. 세계도시는 국제 금융 업무 기능과 생산자 서비스 기능, 다국적 기업의 본사 등이 집중되어 지구촌 경제에 큰 영향력을 행사하고 있다.

03 다국적 기업은 경영의 효율성과 경쟁력을 확보하고 이윤을 극대화하기 위해서 공간적 분업을 추진하고 있다. ① 다국적 기업의 본사는 주로 본국의 대도시, 연구소는 우수한 연구 인력 확보에 유리한 선진국, 생산 공장은 값싼 노동력이 풍부한 지역 등 다국적 기업의 각 기능은 수행하기에 가장 적합한 지역에 입지한다.

04 ㄷ, ㄹ. 세계화의 문제점으로는 선진국 중심의 문화 획일화, 국가 간 경제적 격차 심화, 보편 윤리와 특수 윤리 간 갈등 등이 있다.
┃**선택지 바로잡기**┃ ㄱ. 세계화에 따라 다국적 기업의 경쟁력은 강화되고 있다. ㄴ. 세계화로 인해 전 세계의 문화는 선진국 중심의 문화로 획일화되고 있다.

05 제시된 사례를 통해 문화의 획일화 현상이 나타나고 있음을 알 수 있다. ⑤ 문화의 획일화 문제를 해결하려면 자국 문화의 정체성을 유지하면서 외래문화를 능동적으로 수용해야 한다.

06 (2) **예시 답안** 세계도시의 특징은 국제기구 본부, 다국적 기업의 본사 등이 밀집해 있고, 회계·법률 광고 등의 생산자 서비스업이 발달하여 전 세계의 자본과 정보가 집중되어 있다는 것이다. 또한 세계도시는 상호 유기적 관계를 맺고 있어, 어느 한 세계도시에서 일어나는 변화는 연쇄적으로 다른 세계도시에 영향을 준다.

채점 기준

상	세계도시의 특징을 두 가지 이상 서술한 경우
하	세계도시의 특징을 한 가지만 서술한 경우

02 평화를 위한 국제 사회의 노력

핵심 한끝 23쪽

❶ 소극적 평화 ❷ 간접적 ❸ 협력 ❹ 국가
❺ 비정부 기구 ❻ 세계시민 ❼ 적극적

미리 보는 학교 시험 23~24쪽

01 ③ **02** ④ **03** ① **04** ③ **05** ③ **06** (1) ㉠ 소극적 평화, ㉡ 적극적 평화 (2) 해설 참조

01 ㄴ. 적극적 평화는 정치적 억압과 경제적 빈곤 등과 같은 구조적 폭력이 제거된 상태를 포함한다. ㄷ. 진정한 평화는 물리적·직접적 폭력뿐만 아니라 구조적 폭력과 문화적 폭력까지 사라진 상태를 지향한다.
┃**선택지 바로잡기**┃ ㄱ. 소극적 평화는 직접적 폭력만 제거된 상태이다. ㄹ. 진정한 평화는 소극적 평화와 적극적 평화가 모두 이루어져야 한다. 적극적 평화가 실현될 때 비로소 모든 사회 구성원이 인간의 존엄성을 보장받으며, 인간다운 삶을 누릴 수 있을 것이다.

02 ④ 나일강 주변의 국가들 간에 수자원을 확보하기 위한 분쟁, 페르시아만 연안의 국가들 간에 석유 자원을 확보하기 위한 갈등은 공통적으로 자원 확보를 위한 것이다.

03 ① 유럽 연합의 회원국들이 난민 문제를 할당제로 해결하고자 한다. 이를 통해 지구촌 문제 해결을 위해서는 국가 간 상호 협력을 통한 해결책이 필요하다는 시사점을 얻을 수 있다.

04 국제 사회의 행위 주체에는 국가, 국제기구, 비정부 기구, 개인 등이 있다. 국제기구는 회원 자격에 따라 국제기구와 비정부 기구로 나뉘는데, 비정부 기구는 국가가 아니라 개인과 민간 단체를 회원으로 한다.
┃**선택지 바로잡기**┃ ③ 국제 연합(UN)은 각 나라의 정부를 회원으로 하므로 국제기구에 해당한다.

05 (가)는 자유 무역을 확대하기 위한 세계 무역 기구이고, (나)는 지역 공동체로서 최초로 노벨 평화상 수상, 다수의 회원국이 단일 통화를 사용하고 있으므로 유럽 연합이다.

06 (2) **예시 답안** 소극적 평화는 폭행, 범죄, 테러, 전쟁 등과 같이 직접적이고 물리적인 폭력이 없는 상태이고, 적극적 평화는 직접적·물리적 폭력뿐만 아니라 한 사회의 구조나 문화에 의해 발생하는 간접적인 폭력까지 모두 제거된 상태를 말한다.

채점 기준

상	소극적 평화와 적극적 평화의 의미를 직접적 폭력, 간접적 폭력을 활용하여 비교한 경우
하	소극적 평화와 적극적 평화의 의미만 서술한 경우

03 남북 분단 및 동아시아 역사 갈등과 세계 평화

핵심 한끝
25쪽

❶ 냉전 ❷ 6·25 전쟁 ❸ 신탁 통치 ❹ 분단 비용 ❺ 동북 공정
❻ 독도 ❼ 광복

미리 보는 **학교 시험**
25~26쪽

01 ④ **02** ⑤ **03** ③ **04** ⑤ **05** ⑤ **06** 해설 참조

01 ㄴ, ㄹ. 우리나라는 광복 이후 남과 북에 미군과 소련군이 주둔하면서 분단이 시작되었다. 1945년 모스크바에서 개최된 3국 외무 장관 회의에서 한반도에 대한 신탁 통치를 결정하였다. 이후 1948년 남한에서만 총선거가 실시되어 대한민국 정부가 수립되었고, 6·25 전쟁 발발로 분단이 고착화되었다.

02 분단 이후 50여 년이 흐르면서 남북한의 언어와 문화가 서로 달라지고, 이산가족 문제가 발생하였으며, 남북한 군사 대립으로 국방비가 낭비되고 있다. 남북한 주민들은 분단과 서로 간의 대립으로 많은 부분에서 제약받고 있다. ⑤ 통일을 이룸으로써 남한과 북한의 문화가 어우러진 새로운 민족 문화를 창조할 수 있다.

03 제시된 질문들은 모두 남북이 통일되었을 때 한반도의 국내 경제에 어떤 영향을 미칠지, 한반도의 국가 경쟁력은 어떻게 달라질지에 관한 질문이다. ③ 제시된 질문을 바탕으로 국내 경제의 활성화, 국가 경쟁력 향상 등 경제적 관점에서 통일의 필요성을 탐구할 수 있다.

04 병, 정. 동북 공정은 중국이 추진하고 있는 역사 연구로, 우리의 역사인 만주 지역을 중국의 역사로 만들고, 중국 내 소수 민족의 독립을 막아 현재 영토를 확고히 하기 위해서이다.
| 선택지 바로잡기 | 갑. 중국은 한족과 소수 민족으로 이루어진 다민족 국가이다. 을. 일본은 역사 교과서 왜곡 등을 통해서 제국주의 시대의 침략 전쟁과 식민 지배를 정당화하고 있다.

05 동아시아 역사 갈등을 해결하려면 역사 왜곡과 관련한 법령을 정비하고, 역사 왜곡에 대응하는 연구를 지원해야 한다. 공동 역사 연구를 통해 역사 인식의 차이를 극복하려고 노력해야 한다.
| 선택지 바로잡기 | ⑤ 자국의 실리를 중시하는 역사 교육 실시는 동아시아의 역사 갈등을 더욱 심화시킬 수 있다.

06 예시답안 군사 대립으로 소모되는 분단 비용을 줄여 이를 경제 발전과 복지 사회 건설을 위해 사용할 수 있다. 또한 유라시아 대륙과 태평양을 연결하여 동아시아 번영을 이끌 수 있다.

채점 기준
상	평화 통일의 필요성을 경제적 측면에서 두 가지 서술한 경우
하	평화 통일의 필요성을 경제적 측면에서 한 가지만 서술한 경우

V 미래와 지속가능한 삶

01 세계의 인구와 인구 문제

핵심 한끝
27쪽

❶ 선진국 ❷ 높은 ❸ 자연적 ❹ 사회·경제적
❺ 기대 수명 ❻ 유소년 부양비 ❼ 저출생 ❽ 고령화
❾ 북반구 ❿ 저출생 ⓫ 인구 과잉

미리 보는 **학교 시험**
27~28쪽

01 ③ **02** ① **03** ④ **04** ⑤ **05** ⑤ **06** 해설 참조

01 (가)는 아프리카, (나)는 유럽, (다)는 아시아이다. ㄴ. 유럽은 산업 혁명이 발생하여 일찍 산업화가 이루어졌다. ㄷ. 아시아 국가 중 중국과 인도의 인구수가 10억 명 이상이다.
| 선택지 바로잡기 | ㄱ. 아프리카는 합계 출생율이 높은 편이다. ㄹ. 유럽은 아프리카와 아시아에 비해 1인당 GDP가 높은 편이다.

02 (가)는 유소년층의 인구 구성 비중이 작고 노년층의 인구 구성 비중이 큰 반면, (나)는 유소년층 인구 구성 비중이 크고, 노년층 인구 구성 비중이 작다. 따라서 (가)는 프랑스, (나)는 개발 도상국인 가나이며, 기대 수명은 프랑스가 가나보다 높다.
| 선택지 바로잡기 | ㄴ. 중위 연령은 노년층의 비중이 높은 (가)가 (나)보다 높다. ㄷ. 유소년층의 비중이 높은 (나)가 (가)보다 유소년 부양비가 높다. ㄹ. (가)는 프랑스, (나)는 가나이다.

03 ④ 산업화와 도시화가 진행 중인 아프리카와 일부 아시아 국가들은 합계 출산율이 높은 편이다. 반면, 선진국이 많은 북아메리카와 유럽은 합계 출산율이 상대적으로 낮은 편이다.

04 그래프에서 유소년층 인구의 비중이 꾸준히 감소하고 65세 이상 노년층 인구의 비중은 꾸준히 증가할 것으로 예상된다.

05 ⑤ 정부는 저출산·고령 사회 기본 계획을 통해 저출생·고령화 현상에 대응하고 있다. '함께 일하고 돌보는 사회 조성'에는 아동 돌봄의 사회적 책임 강화가 들어갈 수 있다.

06 예시답안 저출생·고령화 현상으로 청장년층 인구 비중이 감소해 총부양비는 증가하고 총인구도 감소할 것이다. 이를 해결하기 위한 정책 방안으로는 출산 장려 정책, 사회 보장 제도 강화, 노인 복지 시설 확충 등이 있으며, 가치관 측면에서는 양성평등 문화 확입, 세대 간 정의 실현 등의 가치관 변화가 필요하다.

채점 기준
상	인구 문제, 정책적 측면, 가치관 측면 모두 옳게 서술한 경우
하	정책적 측면과 가치관 측면의 해결 방안만 옳게 서술한 경우

핵심 한끝
29쪽

① 고생대 지층 **②** 편재성 **③** 수송용 **④** 냉동 액화 **⑤** 온실가스 **⑥** 미래 세대 **⑦** 윤리적 **⑧** 화석 에너지 **⑨** 기후변화 **⑩** 지속가능한

미리 보는 학교 시험
29~31쪽

01 ③ **02** ⑤ **03** ① **04** ② **05** ④ **06** ① **07** ③ **08** ②
09 ④ **10** 해설 참조

01 ③ 가채 연수는 향후 몇 년간 자원을 생산할 수 있는지 나타내는 지표이다. 이는 자원의 특성 중 유한성과 관련 있다.

02 ⑤ 신·재생 에너지는 화석 에너지에 비해 오염 물질을 적게 배출하고 재생이 가능하여 지속가능한 에너지 자원으로 주목받고 있다. 하지만 아직 에너지 효율이 낮고 지형이나 기후 등의 자연적 제약 조건이 크다는 단점이 있다.

03 ① 석탄은 중국의 생산량과 소비량이 많은 자원으로 중국이 전세계의 석탄 생산량과 소비량에서 각각 절반을 차지하고 있다. 석유는 오늘날 세계에서 가장 많이 사용되는 에너지 자원이다. 주요 생산국은 미국, 러시아, 사우디아라비아 등이며, 미국, 중국 등이 주요 소비 국가이다.

04 ② (가)는 석탄, (나)는 석유이다. 석탄은 18세기 산업 혁명 시기에 상용화되었으며, 석유는 19세기 내연 기관의 발명 이후 자동차 보급과 함께 상용화되었다. 세계 소비량은 석유가 가장 많으며, 국제 이동량 또한 석유가 많다.

05 ④ 세계 에너지 소비량은 석유>석탄>천연가스 순으로 많다. 따라서 A는 천연가스, B는 석탄, C는 석유이다.

06 자원을 둘러싸고 많은 국가들 간 분쟁과 갈등이 발생하고 있는데, 그 원인 중 하나가 자원 민족주의이다. 자원 민족주의는 자원을 보유한 국가가 자국의 경제적·정치적 이익을 위해 자원을 전략적 무기로 이용하는 것을 의미한다.

07 교토 의정서는 온실가스 배출에 대한 절감 의무가 있는 국가들에 배출 할당량을 설정한 후, 온실가스 배출 거래권 제도를 도입한 국제 협약이다. 파리 협정은 195개국 모든 국가에 온실가스 감축 의무를 부과한 국제 협약이다.

08 세계시민으로서 우리는 인류 전체의 보편적 이익을 우선시하고, 전 지구적 수준의 문제를 공동으로 해결할 문제로 받아들여야 한다. 또한, 다양한 문화를 존중하는 개방적 태도를 가져야 한다.

09 ④ 전 지구적 차원의 협력을 강화하여 온실가스 배출을 줄이는 것은 생태환경 변화에 따른 문제를 해결하기 위한 방안과 관련 있는 내용이다.

10 **예시 답안** (가)에 들어갈 용어는 자원 민족주의이다. 자원으로 인한 갈등을 해결하기 위해서는 각 국가 간의 경제 협력을 통해 공동의 이익을 추구해야 하며, 자원을 효율적으로 함께 이용할 수 있는 국가 간의 노력이 필요하다. 또한, 화석 연료를 대체할 신·재생 에너지 기술을 개발하는 데 노력해야 한다.

채점 기준	
상	자원 민족주의를 쓰고, 해결 방안을 두 가지 서술한 경우
중	자원 민족주의를 쓰고, 해결 방안을 한 가지만 서술한 경우
하	자원 민족주의만 쓴 경우

중간고사
32~37쪽

01 ④ **02** ② **03** ① **04** ③ **05** ⑤ **06** ⑤ **07** ② **08** ⑤
09 ① **10** ② **11** ④ **12** ⑤ **13** ④ **14** ① **15** ② **16** ①
17 ③ **18** ① **19** ④ **20** ③ **21** ㉠ 천부적, ㉡ 보편적
22 시민불복종 **23** ㉠ 7, ㉡ 35 **24** 교정
25 공동체주의적 정의관 **26** 양극화 **27** 신자유주의
28 외부 효과 **29** (1) 자유권 (2) 해설 참조 **30** 해설 참조

01 ④ 산업 혁명 이후 자본주의의 발달에 따라 사회 불평등이 심화되자 국가가 사회적 약자를 보호해야 한다는 인식이 커졌고, 모든 국민의 인간다운 생활을 보장받을 권리인 사회권이 등장하였다.
| 선택지 바로잡기 | ①, ② 영국 명예혁명의 결과로 권리 장전이 승인되고 의회 중심의 입헌 군주제가 등장하였다. ③ 보통 선거는 20세기 이후에 확립되었다. ⑤ 연대권은 두 차례의 세계 대전 이후에 강조되었다.

02 (가)는 영국의 권리 장전, (나)는 독일 바이마르 헌법이다. ② 바이마르 헌법은 사회권을 최초로 명시한 헌법이다.
| 선택지 바로잡기 | ① 인류 전체의 인권 보장을 위한 국제적 협력을 강조한 것은 연대권이다. ③, ⑤는 권리 장전, ④는 바이마르 헌법에 대한 설명이다.

03 A는 문화권, B는 주거권이다. ① 문화권은 누구나 문화 활동에 참여하고 문화를 누릴 권리이다.
| 선택지 바로잡기 | ②는 환경권, ③은 자유권, ④는 안전권, ⑤는 주거권과 관련된다.

04 A는 청구권, B는 사회권, C는 자유권이다. ③ 자유권은 국가 권력의 간섭을 받지 않을 권리이다.
| 선택지 바로잡기 | ①, ④는 사회권, ②는 참정권, ⑤는 평등권이다.

05 ⑤ 재판 중인 사건에서 다루는 법률이 헌법에 위반되는지 여부를 심판하는 것은 헌법재판소의 위헌 법률 심판이다.

| 선택지 바로잡기 | ① 국회 및 대통령이 법원을 견제하는 수단이다. ② 국회가 정부를 견제하기 위해 국정 감사 및 조사권을 행사할 수 있다. ③ 법원이 정부를 견제하는 수단이다. ④ 국회에 대한 견제 수단이다.

06 간디의 소금법 거부 운동과 미국 앨라배마주의 버스 승차 거부 운동은 시민불복종의 대표적인 사례이다. 시민불복종은 공익 수호의 목적에서 행해져야 하며, 비폭력적 방법을 사용하고, 위법 행위에 대한 처벌을 감수해야 한다.

| 선택지 바로잡기 | ㄱ. 시민불복종은 부당한 법이나 정책을 바로잡기 위해 의도적으로 법에 대한 복종을 거부하는 행위이다.

07 갑. 근무 시간이 4시간인 경우 30분, 8시간인 경우 1시간 이상의 휴게 시간을 근로 시간 도중에 주어야 한다. 병. 임금은 매월 1회 이상 일정한 날짜를 정하여 지급해야 한다.

| 선택지 바로잡기 | 을. 연소 근로자도 성인 근로자와 동일하게 최저 임금을 적용해야 한다. 정. 임금은 통화(通貨)로 직접 근로자에게 그 전액을 지급해야 한다.

08 ⑤ 독재 국가의 공권력에 의한 국민의 기본권 침해 문제는 세계 인권 문제로, 국제기구 등 여러 행위 주체가 적극적으로 관심을 가지고 노력할 때 해결할 수 있다.

09 아리스토텔레스는 각자가 처한 상황에 따라 공정한 몫을 주는 것을 정의라고 보았다. ㄱ, ㄴ. 소득이나 장애 유무는 분배를 결정하는 정당한 기준이 될 수 있다.

| 선택지 바로잡기 | ㄷ, ㄹ. 연령이나 과거의 업적은 분배를 결정하는 정당한 기준이라고 보기 어렵다.

10 (가)는 능력에 따른 분배, (나)는 업적에 따른 분배, (다)는 필요에 따른 분배에 해당한다.

| 선택지 바로잡기 | ② 업적에 따른 분배는 서로 다른 영역의 업적을 비교 및 평가하기 어렵다는 한계가 있다.

11 갑은 공동체주의적 정의관의 입장의 입장이고, 을은 자유주의적 정의관의 입장에 해당한다. 갑은 연고적 자아를 강조하고, 을은 무연고적 자아를 강조한다. 따라서 갑은 을에게 개인의 정체성은 공동체 안에서 형성되는 연고적 자아임을 간과하고 있다고 비판할 것이다.

| 선택지 바로잡기 | ①, ② 을이 갑에게 제기할 비판이다. ③ 갑, 을 모두 개인의 자유를 위해 타인의 권리를 침해할 수 있다고 보지 않는다. ⑤ 갑의 입장이 가진 한계에 해당한다.

12 갑은 공동체주의적 정의관의 입장, 을은 자유주의적 정의관의 입장이다. ㄷ, ㄹ. 을은 공동체가 개인이 모여 있는 단순한 집합체라고 보며, 이러한 입장이 지나치면 극단적 이기주의가 나타날 수 있다.

| 선택지 바로잡기 | ㄱ. 갑은 개인선보다 공동선의 추구를 강조한다. ㄴ. 갑은 개인이 공동체 속에서 자아 정체성을 형성해 가는 연고적 자아임을 강조한다.

13 사회 계층의 양극화 현상은 중층의 비중이 정체 또는 감소하고, 양 극단의 계층이 증가하는 현상이다. 이러한 현상이 심화되면 사회 계층 이동이 어려워지고, 계층 간 위화감이 커지며, 사회 발전의 원동력이 줄어들고 사회 통합이 어려워진다.

| 선택지 바로잡기 | ④ 사회 계층의 양극화 현상은 경제적 측면에 한정되지 않고 문화, 정치, 교육, 의료 등 다양한 영역에서의 격차로 이어지게 된다.

14 제시된 표에서 (가)는 지역 간 불평등 현상이고, (나)는 지역 내 불평등 현상이다.

| 선택지 바로잡기 | ① 지역 간 불평등 현상을 해결하기 위해서는 비수도권 지역의 경쟁력 강화를 통한 균형 개발 전략을 세워야 한다. 수도권 중심의 지역 개발 전략을 세우면 지역 간 불평등 현상이 더욱 심화될 수 있다.

15 생활 능력이 없거나 생활이 어려운 국민에게 국가가 전액 지원하여 최저 생활을 보장하는 사회 복지 제도는 공공 부조이다.

| 선택지 바로잡기 | ①, ③ 국민에게 발생할 수 있는 질병, 장애, 노령, 실업, 사망 등과 같은 사회적 위험을 보험의 방식으로 대처하는 제도를 사회 보험이라고 한다. 국민연금은 사회 보험의 대표적인 사례이다. ④ 여성, 어린이, 노인, 장애인 등 도움과 보호가 필요한 국민에게 상담, 재활, 돌봄, 복지 시설 이용 등의 각종 서비스를 제공하는 제도를 사회 서비스라고 한다. ⑤ 실질적인 평등이 보장되는 정의로운 사회를 실현하기 위해 사회적으로 불리한 위치에 있는 사회적 약자에게 일정한 혜택을 제공하는 것을 적극적 평등 실현 조치라고 한다.

16 대입 특별 전형은 적극적 평등 실현 조치의 일환으로 사회적 약자에게 실질적인 기회의 평등을 보장할 수 있다. 다만, 혜택의 정도가 과도할 경우 역차별이 생길 수 있다.

| 선택지 바로잡기 | ㄷ. 제시된 글에 나타난 제도에는 농어촌 지역 학생들을 배려한 특별 전형도 포함되어 있기 때문에 지역 간 격차를 심화시킨다고 볼 수 없다. ㄹ. 적극적 평등 실현 조치가 양극화를 심화시킨다고 보기는 어렵다.

17 (가) 자본주의는 사유 재산 제도를 바탕으로 한다. (나) 자본주의는 자유로운 경쟁과 사적 이익을 보장한다. (다) 자본주의에서는 대부분의 경제활동이 시장에서 수요자와 공급자 간에 이루어진다.

| 선택지 바로잡기 | (라) 자본주의에서 경제 주체는 형평성보다 효율성을 추구한다. (마) 자본주의에서는 시장에서 다양한 경제 주체가 자유롭게 경쟁하는 과정에서 가격이 결정되고 거래가 이루어진다.

18 ㄱ. 애덤 스미스는 자유방임주의를 주장하였다. ㄴ. 케인스는 수정 자본주의를 주장하였다.

| 선택지 바로잡기 | ㄷ. 자본주의는 기본적으로 사유 재산권을 인정한다. ㄹ. 수정 자본주의는 시장 실패를 극복하고자 등장하였다.

19 ④ 암묵적 비용은 어떤 것을 선택할 때 포기한 대안의 가치 중 가장 큰 가치이다. A를 선택할 때와 B를 선택할 때의 암묵적 비용은 모두 C의 가치인 7만 원이다.

| 선택지 바로잡기 | ① C를 선택하는 것이 합리적이다. ② B 선택에 따른 편익은 28만 원, 기회비용은 33만 원으로, 편익이 기회비용보다 작다. ③ C를 선택할 때의 기회비용은 29만 원이다. ⑤ A 선택의 기회비용은 32만 원, C 선택의 기회비용은 29만 원이다.

20 제지업체들은 이윤을 올리기 위해 담합하였다. 이는 효율성을 추구하는 행위이지만, 기업 윤리와 관련 법규를 준수하지 않은 불공정한 경쟁 행위로, 소비자의 권익 등 공익을 해칠 수 있다.

29 (2) 예시답안 자유권은 국가 권력의 간섭을 받지 않고 자유롭게 생활할 수 있는 권리로, 소극적 성격의 권리이다.

채점 기준	
6점	자유권의 의미와 성격을 모두 서술한 경우
3점	자유권의 의미와 성격 중 한 가지만 서술한 경우

30 예시답안 개인의 자유를 최우선으로 존중하여 각자 원하는 자리에 앉을 수 있게 선택할 기회를 주어야 합니다.

채점 기준	
6점	자유의 존중, 개인의 선택을 모두 포함하여 서술한 경우
3점	자유의 존중, 개인의 선택 중 한 가지만 포함하여 서술한 경우
1점	자유의 존중, 개인의 선택을 포함하지 않고 서술한 경우

논술형 수행 평가

01 기본권 구제 제도 분석하기

조건 풀이   38쪽

(가)에서 갑이 침해받았다고 주장하는 집회의 자유가 자유권에 해당하는 권리임을 파악한다.

⌄

(나)에서 헌법재판소가 헌법 불합치 결정과 입법자가 개선 입법을 해야 한다는 판결을 내린 이유를 파악한다.

⌄

(나)에 나타난 헌법재판소의 판결을 토대로 헌법 소원 심판의 목적을 추론하여 논술한다.

예시답안 갑이 침해받았다고 주장하는 집회의 자유는 자유권에 해당하는 권리이며, 자유권은 국가 권력의 간섭을 받지 않고 자유롭게 생활할 수 있는 권리를 의미한다. 갑은 헌법재판소에 헌법 소원 심판을 청구하였고, 헌법재판소는「집회 및 시위에 관한 법률」의 집회 금지 장소 관련 조항이 갑의 집회의 자유를 침해한다고 판단하여 헌법 불합치 결정을 내렸다. 또한, 입법자가 해당 법률에 대해 개선 입법을 해야 한다고 판결하였다. 이러한 헌법재판소의 판결을 통해 헌법 소원 심판은 국민이 국가 권력이나 법률에 의해 국민의 기본적 인권을 침해받았을 때 그에 대한 구제를 받을 수 있는 제도임을 알 수 있다.

02 능력주의의 장단점 이해하기

조건 풀이   39쪽

(가)는 능력주의에 입각한 보상 체제가 공직 사회를 더 공정하게 만들 수 있다고 보는 반면, (나)는 능력주의가 공동체 의식을 감소시킨다고 생각하여 오직 개인의 능력으로 이룬 성과라고 말하기 어려운 지점이 존재한다고 본다.

⌄

(가), (나)의 자료를 토대로 능력주의에 대한 자신의 입장을 정한 후 (다) 자료를 분석한다.

⌄

(다)는 우리 사회가 능력 및 노력에 따른 보상을 선호한다는 것을 보여 주고 있다. 능력주의에 대한 자신의 입장을 정리한 후, (다)와 같은 현상을 어떻게 생각하는지 근거를 들어 논술한다.

예시답안 (가)는 능력주의에 입각한 승진 기회 부여와 보상 체제가 공직 사회의 공정성을 강화하고, 개인의 능력을 마음껏 펼칠 수 있는 기회의 장을 마련하게 될 것이라고 기대하고 있다. 반면, (나)는 능력주의에 기반한 분배 방식이 개인에게 지나친 부담감을 주며, 시민적 감수성과 공동체 의식을 감소시킨다고 본다. 따라서 개인의 능력에 따른 성취가 오직 개인의 노력과 능력의 결과로 얻은 것이라고 말할 수 없는 복합적 요인이 존재한다는 입장이다. (다)를 통해 우리 사회가 능력 및 노력에 따른 보상에 대해 강한 선호를 보이고 있음을 알 수 있다. 이에 대해 나는 (가)의 입장에서 긍정적인 현상이라고 생각한다. 능력과 노력에 따른 성취를 인정해 주는 사회가 될 때 성취동기를 높일 수 있고, 공정한 사회가 될 수 있기 때문이다.

기말고사   40~45쪽

01 ④ **02** ③ **03** ④ **04** ③ **05** ④ **06** ② **07** ④ **08** ②
09 ② **10** ② **11** ④ **12** ④ **13** ③ **14** ① **15** ④ **16** ④
17 ③ **18** ① **19** ③ **20** ③ **21** 채권
22 ㉠ 특화, ㉡ 국제 분업 **23** 세계화
24 ㉠ 국제기구, ㉡ 비정부 기구 **25** 일본 **26** 노년 부양비
27 편재성 **28** 세계시민 **29** 해설 참조 **30** 해설 참조

01 A는 주식, B는 채권, C는 정기 예금이다. ④ 주식과 채권은 모두 시세 차익을 기대할 수 있다.

| 선택지 바로잡기 | ① 주식은 만기가 없다. ② 주식을 보유하면 주주로서의 지위를 가진다. ③ 채권과 정기 예금은 모두 이자 수익을 얻을 수 있다. ⑤ 간접 금융 상품의 형태로 거래되는 것은 펀드이다.

02 ③ ㉡은 수입이 지출보다 많은 영역으로 저축에 해당한다. 미래를 위한 금융 생활 설계를 통해 구체적인 저축 및 투자 계획을 세우면 중장년기에 저축액이 커질 수 있다.

| 선택지 바로잡기 | ① 일반적으로 누적 저축액이 가장 많은 시기는 B이다. ② ㉠은 부채에 해당한다. A 시기는 수입이 지출보다 많아지면서 저축을 할 수 있는 시기이다. 따라서 A 시기가 늦어지면 부채는 증가한다. ④ ㉡은 부채에 해당한다. 노년기에 국민 연금 혜택이 증가하면 수입이 증가하므로 부채가 감소한다. ⑤ 정년이 연장되면 저축 영역이 증가하고 부채 영역이 감소한다.

03 ㄱ. 갑은 고기만두와 김치만두를 만드는 데 절대 우위를 가진다. ㄴ. 갑은 고기만두, 을은 김치만두를 만드는 데 비교 우위를 가진다. ㄹ. 고기만두 생산의 기회비용은 갑국이 김치만두 3/4개, 을국이 김치만두 5/6개로 갑국이 을국보다 작다.

| 선택지 바로잡기 | ㄷ. 갑은 김치만두 1개를 만들기 위해 고기만두 4/3개를 포기해야 한다.

04 공정 무역의 원칙은 개발 도상국의 생산자와 노동자를 보호하여 공정한 무역 구조를 만들고, 환경을 보호해야 함을 명시함으로써 국제 무역이 지속가능발전에 이바지하는 방향으로 이루어져야 함을 강조하고 있다.

05 밑줄 친 '이것'은 세계도시이다. 세계도시는 세계화 시대에 국가의 경계를 넘어 세계적인 중심지로, 생산자 서비스 기능이 집중되어 있다. 또한 세계 자본이 집중·축적되며 세계의 다양한 정보·문화가 생산되고 전달되며, 다양한 국제회의가 개최되어 국제 사회의 주요 문제에 대한 논의와 의사 결정이 이루어진다.

| 선택지 바로잡기 | ④ 세계도시에는 다국적 기업의 본사가 주로 밀집해 있으며, 다국적 기업의 생산 공장은 저렴한 노동력이 풍부한 개발 도상국에 주로 입지한다.

06 ② 다국적 기업은 교통·통신 수단의 발달 및 자유 무역의 확대로 인해 성장하며, 경영의 효율성과 경쟁력을 높여 이윤을 극대화하기 위해 공간적 분업을 추진하고 있다.

07 ㄴ. 교통·통신의 발달, 자유 무역의 확산 등으로 인해 세계화가 급속히 진행되면서 세계도시가 형성되었다. ㄹ. 빈부 격차 심화를 해소하려면 공정 무역, 공정 여행 등 세계화의 성과가 일부 선진국이나 기업에 지나치게 집중되지 않도록 해야 한다.

| 선택지 바로잡기 | ㄱ. 다국적 기업의 연구소는 주로 고급 인력이 풍부한 선진국에 입지한다. ㄷ. 문화의 획일화로 인해 각 지역 고유문화의 정체성이 약화될 우려가 있다.

08 ② 제시된 내용과 같이 주장한 사상가는 갈퉁이다. 그는 직접적 폭력을 제거한 소극적 평화뿐만 아니라 불합리한 사회 구조와 제도, 종교, 사상, 언어 등에 이루어지는 간접적 폭력도 모두 사라진 적극적 평화를 이루어야 한다고 주장하였다.

09 국제 연합은 국제기구이고, 국경 없는 의사회는 비정부 기구이다. ㄱ. 국제 연합에는 국가 간의 분쟁을 해결하기 위한 사법 기관인 국제 사법 재판소가 있다. ㄷ. 국제 연합은 각국의 정부를 회원으로 하며 전 세계 국가가 대부분 참여하여 활동하고 있다.

10 (가)~(다)는 종교 및 영토를 둘러싼 갈등 사례이다. ② (가)~(다)의 분쟁은 국가 간 상호 의존성이 높아지면서 전 세계에 영향을 미치고 있으며, 이러한 국제 갈등은 국가 간 협력을 통해 해결될 수 있다.

11 ㄴ, ㄹ. 우리나라는 광복 이후 남과 북에 미군과 소련군이 주둔하면서 분단이 시작되었다. 1945년 모스크바에서 개최된 3국(미국, 영국, 소련) 외무 장관 회의에서 한반도에 대한 신탁 통치를 결정하였다. 이후 1948년 남한에서만 총선거가 실시되어 대한민국 정부가 수립되었고, 6·25 전쟁 발발로 분단이 고착화되었다.

| 선택지 바로잡기 | ㄱ. 우리나라는 1945년 8월에 광복을 맞았지만, 우리 민족의 의사와 상관없이 국토가 남북으로 분할되었다. ㄷ. 6·25 전쟁은 북한의 남침으로 시작되었으며, 이후 3년 간 지속되었다.

12 을, 병. 역사 갈등을 해결하기 위해서는 공동 역사 연구를 통해 공동의 역사 인식을 확립할 뿐만 아니라 각국 학교, 시민 단체 등 민간단체의 교류 확대를 통해 상호 이해의 폭을 확대해 나가야 한다.

| 선택지 바로잡기 | 갑. 자국의 이해관계를 강조하는 역사 교육, 각국의 주관적 관점이 담긴 역사 교과서는 오히려 역사 갈등을 심화할 수 있다.

13 전 세계에서 인구가 가장 많은 대륙은 아시아이며, 다음은 아프리카이다. 그 다음으로 인구가 많은 대륙은 유럽이며, 가장 적은 대륙은 오세아니아이다.

14 정치적 요인에 의한 인구이동은 전쟁 등의 영향으로 인구가 이동하는 것을 말한다. ① 우크라이나 난민은 전쟁으로 인해 발생하였으므로 정치적 인구이동이다.

| 선택지 바로잡기 | ②, ④, ⑤는 경제적 요인에 의한 이동이다. ③관광을 위한 일시적 이동이다.

15 인구 변천 모형은 출생률과 사망률의 변화를 바탕으로 인구 성장 단계를 나타낸 것으로 경제 발전 수준에 따른 인구의 변화 양상을 파악할 수 있다. A는 출생률, B는 사망률이다. (가) 단계에서 (라) 단계까지 인구는 계속해서 증가하나, (마) 단계에서는 인구가 감소한다.

16 (가)는 개발 도상국인 가나의 인구 피라미드, (나)는 선진국인 프랑스의 인구 피라미드이다. 가나에서는 높은 출생률로 인구 증가율이 높게 나타나며, 유소년 부양비가 높게 나타난다. 프랑스에서는 저출생·고령화 현상으로 인해 생산 연령 인구가 감소하여 노동력 부족 문제가 나타난다.

| 선택지 바로잡기 | ㄱ. (가)의 인구 피라미드에서 남성과 여성 인구의 불균형 문제가 크게 나타나지는 않는다. ㄷ. 높은 출생률로 인한 인구 부양비 상승은 (가)에서 나타나는 문제이다.

17 자원은 매장량이 한정되어 언젠가는 고갈되는 유한성, 특정 지역에 집중 분포하는 편재성, 과학기술과 사회, 문화적 배경에 따라 가치가 변화하는 가변성을 가지고 있다.

18 ① 재생 에너지는 온실가스를 거의 배출하지 않아 환경 오염 문제를 해결하는 데 도움을 준다.

19 지도에 나타난 에너지 자원은 석유이다. ㄴ, ㄷ. 석유는 수송용 연료로 사용되는 비중이 크고, 오늘날 전 세계에서 가장 많이 소비되는 에너지 자원이다.

| 선택지 바로잡기 | ㄱ. 석유는 주로 신생대 지층에 매장되어 있다. ㄹ. 주요 수출국은 사우디아라비아, 미국, 러시아, 아랍에미리트 등이다.

20 오늘날 다른 지역이나 국가에서 일어난 일이 우리에게 영향을 미치기도 하고 우리 지역에서 일어난 일이 다른 지역이나 국가에 영향을 주기도 한다. 따라서 우리는 세계시민 의식을 가지고 살아가야 한다.

29 **예시 답안** 은행의 예금 금리와 대출 금리가 상승하였고, 주식 시장은 내림세를 유지하고 있다. 따라서 개인은 수익성이 높지만 안전성이 낮은 주식에 대한 투자는 줄이고, 안전성이 높은 은행 예금에 대한 투자를 늘릴 것이다. 또한, 대출 시 이자 부담이 커졌으므로 은행 대출을 줄일 것이다.

채점 기준	
8점	예금과 주식의 안전성이 개인의 금융 의사 결정에 미치는 영향을 모두 정확하게 예측하여 서술한 경우
4점	개인의 금융 의사 결정에 미치는 영향을 예금과 주식의 안전성 중 한 가지만 활용하여 예측한 경우

30 **예시 답안** 정부 차원에서는 역사 왜곡에 대해 외교적으로 대처하고 관계 법령을 정비하는 한편 역사 왜곡에 대응하는 연구를 지원하고 있다. 민간 차원에서는 공동 역사 연구를 통해 역사 인식의 차이를 극복하고자 하며, 국제 연대와 교류를 통해 상호 간의 이해를 확대하기 위해 노력하고 있다.

채점 기준	
5점	정부와 민간 차원의 노력을 모두 정확하게 서술한 경우
3점	정부와 민간 차원의 노력 중 한 가지만을 서술한 경우

논술형 수행 평가

01 지속가능발전을 위한 국제 무역의 방향 이해하기

조건 풀이   46쪽

(가)에서 경제적 불평등 문제, 자원 남용 및 환경 오염 문제가 나타났음을 찾아낸다.

▼

(가)에 나타난 문제는 국제 무역의 확대에 따라 나타난 것임을 분석한다.

▼

(나)에서 공정 무역의 의미와 필요성을 파악하고 이를 활용하여 지속가능발전에 이바지하는 국제 무역의 방향을 논술한다.

예시 답안 (가)에는 장미 무역의 확대로 케냐의 장미 농장 소유주는 큰 이익을 얻지만, 장미 농장의 노동자들은 열악한 노동 환경에서 적은 임금을 받으며 빈곤에 시달리는 경제적 불평등 문제가 나타나 있다. 또한, 장미 농장에서 많은 양의 물을 사용하면서 케냐의 물이 고갈되고, 장미를 키우기 위해 사용하는 화학 물질 때문에 환경이 오염되는 문제도 발생하였다. 이러한 문제를 해결하기 위해서는 국제 무역 과정에서 공정 무역을 활성화하고, (나)의 공정 무역 원칙을 준수해야 한다. 공정 무역은 생산자와 노동자에게 정당한 대가를 지불하여 불평등을 해소하려는 무역이다. 공정 무역을 통해 무역 이익이 개발 도상국의 생산자와 노동자에게 돌아가게 하고, 노동자의 권익과 환경을 보호하여 국제 무역 과정에서 지속가능발전을 꾀할 수 있다.

02 세계화로 인한 문화의 획일화 문제 해결하기

조건 풀이   47쪽

(가)의 '송끄란 축제'는 타이의 기후, 벼농사, 불교 문화 등이 반영된 것으로, (나)에 제시된 지역화 전략 중 '장소 마케팅'의 사례이다.

(나)에는 세계화의 흐름 속에서 지역의 정체성을 나타내기 위하여 지리적 표시제, 장소 마케팅, 지역 브랜드 등과 같은 지역화 전략이 나타나 있다.

▼

(다)에 제시된 세계화에 따른 문화의 획일화 문제를 해결하고 각 지역의 지역 문화의 정체성을 유지하는 방안을 (나)의 지역화 전략을 활용하여 논술한다.

예시 답안 (가)에 나타난 타이의 '송끄란 축제'는 (나)에 제시된 지역화 전략 중에서 장소 마케팅에 해당한다. 장소 마케팅이란 특정 장소가 가지고 있는 자연환경이나 역사적·문화적 특성을 드러내어 해당 장소를 매력적인 상품으로 개발하여 이를 판매하려는 홍보 전략이다. 타이의 '송끄란 축제'는 타이의 열대 기후와 벼농사 발달, 불교 문화 등의 지역적인 특성이 드러난 축제로서 상품으로 개발되어 전 세계에서 많은 관광객들이 참가하고 있다. 세계화로 인한 문화의 획일화를 해결하기 위해서는 밑줄 친 ㉠과 같이 지역 문화의 정체성을 유지하는 방안이 있다. 지역 문화의 정체성을 유지하기 위해서는 지리적 표시제, 장소 마케팅, 지역 브랜드와 같은 지역화 전략을 세울 수 있다. 지리적 표시제를 통해 해당 지역의 특산품을 선진국으로부터 보호하고, 상품의 브랜드를 통해 지역을 홍보할 수 있다. 장소 마케팅을 통해서는 (가)의 사례처럼 해당 지역 특성이 가진 가치를 매력적인 상품으로 판매하고 홍보함으로써 지역의 독특한 정체성을 세계에 알릴 수 있다. 지역 브랜드를 통해서는 지역의 상품, 축제 등을 로고나 슬로건, 캐릭터로 만들어 지역의 정체성을 보존하고 더 나아가 지역의 경쟁력을 높일 수 있다.

기출로 다지는 필수 유형서

유형만렙

다양한 유형 문제로 가득 찬(滿)
고등 필수 유형서

- 학교 기출, 교육청, 평가원 기출 문제를 분석 및 엄선하여 **풍부한 문제 수록**
- **3단계 수준별 유형 학습**으로 수학 실력 향상
- 단원별 기출 문제를 모은 **'기출북'**으로 실전 대비

공통수학1, 공통수학2, 대수, 미적분Ⅰ, 확률과 통계
※대수, 미적분Ⅰ, 확률과 통계는 2024년 말부터 순차 발간 예정

한·끝·시·리·즈 필수 개념과 시험 대비를 한 권으로 끝! 통합사회 공부의 진리입니다.

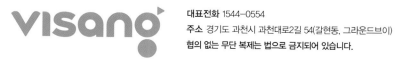

대표전화 1544-0554
주소 경기도 과천시 과천대로2길 54(갈현동, 그라운드브이)
협의 없는 무단 복제는 법으로 금지되어 있습니다.

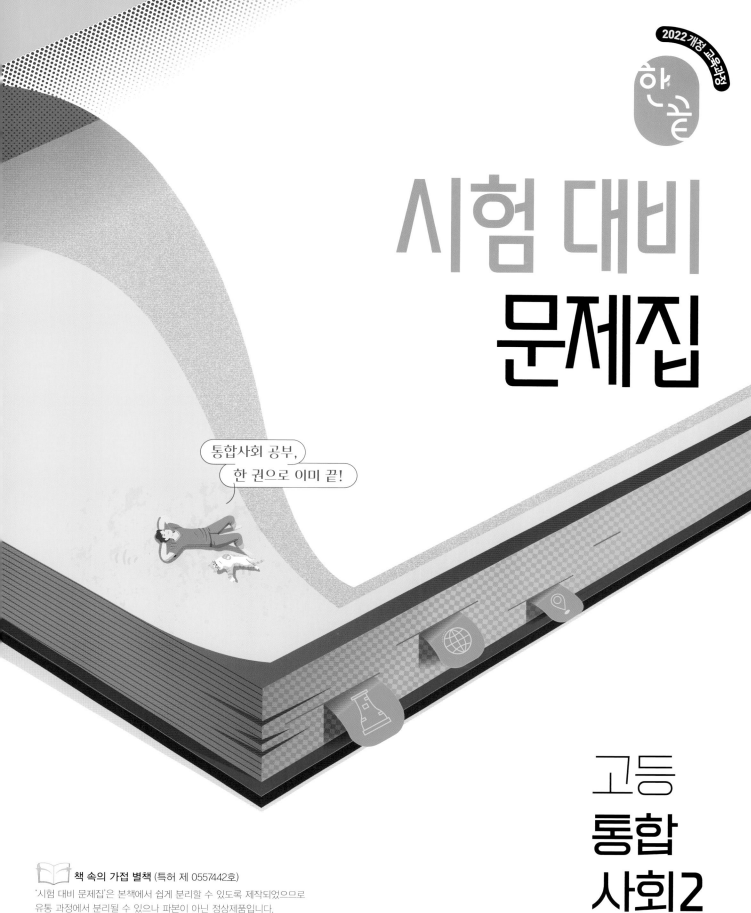

2022 개정 교육과정

한끝

시험 대비
문제집

통합사회 공부,
한 권으로 이미 끝!

고등
통합
사회2

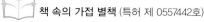
책 속의 가접 별책 (특허 제 0557442호)
'시험 대비 문제집'은 본책에서 쉽게 분리할 수 있도록 제작되었으므로
유통 과정에서 분리될 수 있으나 파본이 아닌 정상제품입니다.

ABOVE IMAGINATION

우리는 남다른 상상과 혁신으로
교육 문화의 새로운 전형을 만들어
모든 이의 행복한 경험과 성장에 기여한다

시험 대비 문제집

고등 통합사회 2

01 인권의 의미와 발전 과정

핵심 한끝

✖ 인권 보장의 역사

근대 이전	대다수의 사회 구성원이 왕과 소수 귀족에게 부당한 억압과 차별을 받음
근대 (❶)	• 발생 배경: 천부 인권 사상, 계몽사상의 확산으로 시민이 자유와 권리 보장을 요구함 • 영국 명예혁명: (❷)이/가 승인되어 의회 중심의 입헌 군주제 등장 • 미국 독립 혁명, 프랑스 혁명: 미국 독립 선언(1776), 인간과 시민의 권리 선언(1789)에 인간은 태어날 때부터 자유롭고 평등함을 명시
참정권 확대 운동	• 발생 배경: 근대 시민 혁명 이후에도 재산, 직업, 성별 등에 따라 선거권이 제한 • 참정권 확대를 요구하는 영국 노동자들의 (❸) 운동, 여성 참정권 운동, 흑인 민권 운동 발생
사회권과 연대권 등장	• (❹): 모든 국민이 최소한의 인간다운 생활을 보장받을 권리 → 사회 불평등의 심화로 국가가 사회적 약자를 보호해야 한다는 인식이 확산하면서 등장 • (❺): 전 세계적인 문제에 대응하기 위해 국제적으로 연대·협력할 수 있는 권리 → 세계 대전에 따른 인권 문제 해결을 위한 공동의 노력이 필요하다는 공감대가 형성되며 등장

✖ 현대 사회에서 새롭게 등장한 인권

주거권	쾌적하고 안정적인 주거 환경에서 인간다운 주거 생활을 할 권리
(❻)	각종 위험으로부터 안전을 보호받을 권리
환경권	건강하고 쾌적한 환경에서 살 권리
(❼)	성별, 인종, 종교, 사회적 신분 등과 관계없이 문화 활동에 자유롭게 참여하고 문화를 누릴 권리
기타	정보 접근권 및 정보 공개 청구권(알권리), 개인 정보 자기 결정권, 잊힐 권리 등

✦ 이 단원의 핵심 문장 완성하기

현대 사회가 급변하면서 새로운 문제가 등장하였고, 이에 따라 인권이 여러 영역으로 확장되었다. 현대 사회에서 새롭게 등장한 인권으로는 쾌적하고 안정적인 주거 환경에서 인간다운 주거 생활을 할 권리인 (❽   ), 안전권, 건강하고 쾌적한 환경에서 살 권리인 (❾   ), 문화권 등이 있다.

미리 보는 학교 시험

01 다음 글에 나타난 역사적 사건에 대한 옳은 설명만을 〈보기〉에서 있는 대로 고른 것은?

> 대다수의 사람들이 엄격한 신분 제도에 의해 왕과 소수 귀족에게 부당한 차별을 받았고, 이에 시민 계급이 중심이 되어 절대 왕정을 타파하고 자유롭고 평등한 사회를 건설하기 위한 저항과 투쟁을 펼쳐 나갔다.

┤ 보기 ├
ㄱ. 계몽사상, 사회 계약설 등의 영향을 받았다.
ㄴ. 천부 인권 사상이 문서에 명시되는 계기가 되었다.
ㄷ. 의회 중심의 입헌 군주제가 등장하는 계기가 되었다.
ㄹ. 모든 국민의 인간다운 생활이 보장되는 계기가 되었다.

① ㄱ, ㄴ   ② ㄱ, ㄹ   ③ ㄷ, ㄹ
④ ㄱ, ㄴ, ㄷ   ⑤ ㄴ, ㄷ, ㄹ

02 그림에서 ㉠에 들어갈 인권에 대한 설명으로 옳은 것은?

> (㉠) 확대 운동 사례
> • 선거법 개정 이후에도 선거권을 얻지 못한 영국의 노동자들은 차티스트 운동을 전개하였다.
> • 시민 혁명 이후에도 국가의 의사 결정 과정에서 배제된 여성들은 남성들과 동등한 권리 보장을 요구하는 운동을 전개하였다.

① 정치에 참여할 수 있는 권리이다.
② 독일 바이마르 헌법에서 최초로 규정되었다.
③ 각종 위험으로부터 안전을 보호받을 권리이다.
④ 법률에 의해서도 제한될 수 없는 절대적 권리이다.
⑤ 국가와 개인의 관계를 넘어선 전 지구적 차원의 권리이다.

03 다음 문서에서 강조하는 인권에 대한 설명으로 옳은 것은?

> • 제151조 ① 경제생활의 질서는 모든 사람에게 인간다운 생활을 보장할 것을 목적으로 하는 정의의 원칙에 기초하여야 한다.
> • 제163조 ② 모든 국민은 노동할 수 있는 기회가 주어진다. 적절한 일자리를 제공받지 못한 국민은 필요한 생계비를 지원받을 수 있다.

① 1세대 인권의 성격을 지닌다.
② 시민 혁명의 결과로 등장하였다.
③ 정보 사회로 이행하면서 강조되었다.
④ 모든 국민을 원칙적으로 평등하게 대우하는 권리이다.
⑤ 국가의 적극적 노력이 있어야 보장될 수 있는 권리이다.

04 표는 인권의 확장 과정을 나타낸 것이다. (가)에 들어갈 인권의 내용으로 옳지 않은 것은?

1세대 인권	2세대 인권	3세대 인권
신체의 자유, 종교의 자유, 표현의 자유 등	(가)	자결권, 발전의 권리, 평화의 권리 등

① 근로의 권리
② 교육에 대한 권리
③ 사회 보장을 받을 권리
④ 재난 구제를 받을 권리
⑤ 인간다운 생활을 할 권리

05 밑줄 친 '이 법'을 통해 보장하고자 하는 인권에 대한 설명으로 옳은 것은?

> 이 법은 환경 보전에 관한 국민의 권리·의무와 국가의 책무를 명확히 하고 환경 정책의 기본 사항을 정하여 환경 오염과 환경 훼손을 예방하고 환경을 적정하고 지속가능하게 관리·보전함으로써 모든 국민이 건강하고 쾌적한 삶을 누릴 수 있도록 함을 목적으로 한다.

① 시민 혁명 직후 강조되었다.
② 국가의 적극적 역할을 필요로 한다.
③ 정보 사회로 이행함에 따라 새롭게 등장한 권리이다.
④ 시민들이 안전 의식을 확립하고자 노력해야 보장될 수 있다.
⑤ 쾌적하고 안정적인 주거 환경에서 인간다운 주거 생활을 할 권리이다.

서술형 문제

06 다음 글을 읽고 물음에 답하시오.

> 오늘날에는 자연재해뿐만 아니라 과학기술의 발전과 같이 사회의 변화에 따른 인위적 위험이 증가하면서 시민의 삶이 위협받고 있다. 이러한 상황에서 다수를 대상으로 하는 흉악 범죄가 증가하자 일부 지방 자치 단체에서는 도시에 주거하는 시민의 (㉠)을/를 보장하고자 안심 귀가 스카우트 제도를 운영하여 시민들이 심야 시간에 안심하고 귀가할 수 있도록 돕고 있다.

(1) 현대 사회에 새롭게 등장한 인권 중 ㉠에 들어갈 권리를 쓰시오.

_____

(2) (1)의 의미와 등장 배경을 각각 서술하시오.

_____

02 인권 보장을 위한 헌법의 역할과 시민 참여

핵심 한끝

✖ 헌법과 인권

(1) **인권과 기본권**: 헌법은 국민의 인권을 기본권의 형태로 규정하고 있음

(2) **우리 헌법에 보장된 기본권**

(❶)	국가 권력의 간섭을 받지 않고 자유롭게 생활할 수 있는 권리
평등권	모든 국민이 차별받지 않고 동등하게 대우받을 권리
참정권	국민이 국가의 의사 결정에 참여할 수 있는 권리
사회권	국가에 (❷) 생활의 보장을 요구할 수 있는 권리
청구권	다른 기본권이 침해되었을 때 이의 구제를 요구할 수 있는 권리

✖ 인권 보장을 위한 헌법상의 제도적 장치

국민 주권의 원리	주권이 국민에게 있다는 원리
법치주의	국민의 대표 기관인 의회에서 제정한 법률에 따라 국가를 운영해야 한다는 원리
권력 분립 제도	국가 권력을 나누어 각각 다른 기관이 담당하게 하여 상호 (❸)과/와 균형을 이루도록 하는 제도
복수 정당 제도	두 개 이상의 정당을 인정하고 정당 설립의 자유를 보장하는 제도
기본권 구제 제도	헌법 재판소의 헌법 소원 심판과 위헌 법률 심판 제도

✖ 시민 참여와 시민 불복종

시민 참여	시민이 참여 의식을 가지고 정치과정이나 사회문제 해결에 적극적으로 개입하는 것
(❹)	• 의미: 부당한 법이나 정책을 바로잡기 위해 의도적으로 법에 대한 복종을 거부하는 행위 • 정당화 조건: 행위 목적의 정당성, 최후 수단성, 비폭력성, 위법 행위에 대한 처벌 감수

✦ 이 단원의 핵심 문장 완성하기

헌법은 국민의 인권을 (❺   )의 형태로 규정하여 국가 기관이 국민의 권리를 부당하게 침해할 수 없도록 한다. 우리나라는 (❻   )의 원리에 따라 통치 및 공동체의 모든 생활이 헌법에 근거하여 이루어진다.

미리 보는 학교 시험

01 ⊙에 들어갈 기본권에 대한 설명으로 옳은 것은?

> (⊙)은/는 일차적으로 국가에 대한 방어권으로서 국가의 부당한 개입과 침해를 배제한다. 따라서 국가가 개인의 자기 결정의 영역을 단지 존중하고 침해하지 않음으로써 보장되는 소극적 성격을 가지고 있다.

① 다른 기본권 보장을 위한 수단적 권리이다.
② 국민이 국가 기관 구성에 참여할 수 있는 권리이다.
③ 최소한의 인간다운 생활을 보장받기 위한 권리이다.
④ 기본권의 본질적 내용으로 법률로써 제한할 수 없는 권리이다.
⑤ 개인이 국가 권력의 간섭을 받지 않고 원하는 대로 생활할 수 있는 권리이다.

02 표는 기본권 A~C와 관련된 헌법 조항을 나타낸 것이다. 이에 대한 설명으로 옳은 것은?

기본권	관련 헌법 조항
A	제25조 모든 국민은 법률이 정하는 바에 의하여 공무 담임권을 가진다.
B	제26조 ① 모든 국민은 법률이 정하는 바에 의하여 국가 기관에 문서로 청원할 권리를 가진다.
C	제31조 ① 모든 국민은 능력에 따라 균등하게 교육을 받을 권리를 가진다.

① A는 자본주의의 문제점을 해결하는 과정에서 등장한 권리이다.
② B는 기본권 침해를 구제받기 위한 수단적 성격의 권리이다.
③ C는 국가 권력에 의한 부당한 침해를 배제하는 방어적 권리이다.
④ A, C는 B와 달리 국가에 일정한 행위를 요구할 수 있는 권리이다.
⑤ B, C는 A와 달리 다른 기본권을 보장하기 위한 전제 조건이 되는 권리이다.

03 다음 헌법 조항에 나타난 인권 보장을 위한 제도적 장치로 가장 적절한 것은?

> • 제40조 입법권은 국회에 속한다.
> • 제66조 ① 대통령은 국가의 원수이며, 외국에 대하여 국가를 대표한다.
>   ④ 행정권은 대통령을 수반으로 하는 정부에 속한다.
> • 제101조 ① 사법권은 법관으로 구성된 법원에 속한다.

① 법치주의
② 권력 분립 제도
③ 복수 정당 제도
④ 기본권 구제 제도
⑤ 민주적 선거 제도

04 사례에 대한 옳은 설명만을 〈보기〉에서 고른 것은?

> 변호사 갑은 정당에 가입하였으나 탈당하였다. 이후 경력직 법관 임용 평가에 응시하였고 평가를 통과하였으나 과거 3년 이내에 정당의 당원이었던 사람은 법관이 될 수 없다는 법률 조항으로 인해 판사로 임용되지 못하였다. 이에 갑은 A에 ㉠ 헌법 소원 심판을 청구하였다. A는 해당 법률 조항이 갑의 ㉡ 공무 담임권을 침해한다고 판단하여 위헌 결정을 내렸다.

| 보기 |
> ㄱ. A는 위헌 법률 심판을 통해 국회를 견제할 수 있다.
> ㄴ. ㉠은 재판 중인 사건에서 다루는 법률이 헌법에 위배될 경우 구제받을 수 있는 제도이다.
> ㄷ. ㉡은 소극적 성격의 권리이다.
> ㄹ. ㉡은 참정권에 해당하는 권리이다.

① ㄱ, ㄴ   ② ㄱ, ㄷ   ③ ㄱ, ㄹ
④ ㄴ, ㄷ   ⑤ ㄷ, ㄹ

05 밑줄 친 '이것'이 정당화되기 위한 조건으로 옳지 않은 것은?

> 시민이 정치과정에 관심을 두지 않으면 시민의 권익에 부합하지 않는 정책이나 법이 만들어져 인권을 침해받을 수 있다. 따라서 시민은 정치과정에 적극적으로 참여해야 한다. 시민 참여는 합법적인 방법으로 이루어지는 것이 바람직하지만, 국가의 정책이나 법이 시민의 권익을 심각하게 침해하고 정의에 부합하지 못하는 경우에 시민은 이것을 행할 수 있다. 이것은 부당한 법이나 정책에 대항하여 양심적으로 행하는 의도적인 위법 행위이다.

① 행위 목적이 정당해야 한다.
② 비폭력적으로 시행되어야 한다.
③ 최후의 수단으로 이루어져야 한다.
④ 특정 집단의 이익을 전제해야 한다.
⑤ 위법 행위에 대한 처벌을 감수해야 한다.

서술형 문제

06 다음은 시민의 정치 참여에 관한 어느 학자의 주장이다. 시민 참여의 의미와 필요성을 포함하여 이에 대한 반론을 서술하시오.

> 무지한 시민들이 정치에 참여하게 되면 혼란만 가중될 뿐이다. 또한, 정책 결정자들이 서로 다른 시민들의 의견을 들어주다 보면 정책 집행의 효율성이 떨어질 수 있다. 따라서 국가 운영의 효율성을 위해서 선출된 대표자들이 국가를 운영하고 시민들은 정치에 관심을 가지지 않는 것이 좋다.

I. 인권 보장과 헌법

03 인권 문제 해결을 위한 노력

핵심 한끝

✖ 사회적 소수자 차별의 양상과 해결 방안

(❶)의 의미	신체적·문화적 특징을 이유로 다른 집단과 구별되어 차별받으며, 스스로 차별받는 집단에 속해 있다고 인식하는 사람들
사회적 소수자 차별의 양상	다른 집단으로부터 차별 및 부당한 대우를 받음 → 인간의 존엄성 훼손, 사회적 갈등 유발 및 사회 통합 저해
사회적 소수자 차별의 해결 방안	• 사회적 차원: 부당한 차별을 금지하는 법적·제도적 장치 마련, 지속적 인권 교육 및 의식 개선 활동 • 개인적 차원: 사회적 소수자에 대한 편견을 버리고 (❷) 존중, 사회적 소수자의 고통에 대한 공감과 배려

✖ 청소년 노동권 침해의 양상과 해결 방안

양상	(❸)을/를 작성하지 않거나 최저 임금을 보장받지 못하는 등 고용주에게 부당한 대우를 받음
해결 방안	• 사회적 차원: 청소년 노동 관련 법률 및 제도 보완, 노동 인권 교육을 통한 사회적 인식 개선 등 • 개인적 차원: 청소년은 노동권에 관한 내용을 숙지, 사용자는 청소년 노동권의 보장을 위한 관련 법률 준수 등

✖ 세계 인권 문제의 양상과 해결 방안

양상	난민 문제, 빈곤 및 기아 문제, 아동 인권 침해 문제, 성차별 문제, 특정 인종·민족 차별 문제 등
해결 방안	• 사회적 차원: (❹)은/는 인권 보장 관련 안건 논의 및 인권 문제 발생 국가에 권고안 제시, 비정부 기구는 인권 문제 공론화 및 빈곤 국가에 대한 경제적 지원, 난민 구호 • 개인적 차원: 세계시민 의식을 바탕으로 세계 인권 문제 해결을 위해 노력

✦ 이 단원의 핵심 문장 완성하기

인권 보장의 범위가 확대되었지만 아직도 난민, 식량 부족으로 굶주리는 (❺   ), 아동 인권 침해, 성차별, 특정 인종·민족 차별 등 세계 인권 문제가 발생하고 있다. 이러한 인권 문제를 해결하려면 사회적 차원에서는 국제 연합(UN)과 비정부 기구 등이 인권 보장과 관련한 문제를 알리고 논의해야 하며, 개인적 차원에서는 (❻   ) 의식을 바탕으로 세계 인권 문제의 해결을 위해 노력해야 한다.

미리 보는 학교 시험

01 (가), (나)를 통해 공통으로 추론할 수 있는 내용으로 가장 적절한 것은?

> (가) A국 국민 갑은 A국 국민의 90%가 믿는 ○○교를 믿지 않는다는 이유로 사회적 활동에서 차별을 받고 있다. 또한, 갑은 직원의 70%가 여성인 직장에 다니고 있지만, 여성이라는 이유로 승진 등에서 차별을 받고 있다.
>
> (나) B국 국민 을은 B국 내에서 소수 민족 출신이라는 이유로 교육에서 차별을 받아 대학교를 진학하지 못하였다. 또한, 을은 직장에서 대학교를 졸업한 사람들과 같은 일을 하고 있지만, 고등학교만 졸업하였다는 이유로 임금을 적게 받는 등 차별을 받고 있다.

① 수적으로 열세인 집단만 사회적 소수자에 해당한다.
② 사회적 소수자는 선천적 요인에 의해서만 발생한다.
③ 한 개인이 여러 사회적 소수자 집단에 중첩되어 속할 수 있다.
④ 사회적 소수자에 대한 우대 정책으로 역차별 문제가 발생할 수 있다.
⑤ 주류 집단이 문제가 있는 집단을 사회적 소수자로 규정하기 때문에 사회적 소수자가 발생한다.

02 다음 글을 통해 알 수 있는 사회적 소수자 문제의 해결 방안으로 가장 적절한 것은?

> 많은 사람이 사회적 소수자 집단에 속하는 사람을 비정상적인 사람으로 인식하고 있다. 사회적 소수자 문제는 사회적 소수자에 대한 배타적인 태도 때문에 발생하므로 이러한 태도를 바꾸기 위해 노력해야 한다.

① 사회적 소수자를 차별하는 법과 제도를 개선해야 한다.
② 사회적 소수자 스스로 문제를 해결하기 위해 노력해야 한다.
③ 사회적 소수자에 대한 편견을 버리고 상호 존중하는 태도를 지녀야 한다.
④ 사회적 소수자가 주류 집단에 동화될 수 있도록 의식 개선이 이루어져야 한다.
⑤ 적극적 평등 실현 조치와 같이 사회적 소수자를 지원하는 정책을 강화해야 한다.

03 인터넷 게시판의 질문에 옳지 <u>않은</u> 답변을 한 학생은?

지식 Q&A

저는 편의점을 운영하고 있습니다. 방학 기간 동안 청소년 근로자를 채용하려고 하는데, 근로 계약서를 쓰기 전에 제가 알아 두어야 할 청소년 노동권에는 무엇이 있을까요?

답변하기

└ 갑: 15세 미만인 사람은 원칙적으로 근로자로 고용할 수 없습니다.

└ 을: 친권자나 후견인은 미성년자의 근로 계약을 대리할 수 있습니다.

└ 병: 근로자가 미성년자일 경우에도 임금은 본인에게 직접 지급해야 합니다.

└ 정: 연소 근로자가 사용자와 합의하면 1일 1시간, 1주 5시간 한도로 연장 근로를 할 수 있습니다.

└ 무: 사용자는 근로 시간이 4시간인 경우 30분 이상의 휴게 시간을 근로 시간 도중에 주어야 합니다.

① 갑　② 을　③ 병　④ 정　⑤ 무

04 밑줄 친 ㉠~㉣에 대한 옳은 설명만을 〈보기〉에서 고른 것은?

㉠ 16세 고등학생 갑은 방학 동안 대형 마트에서 일하기로 ㉡ 근로 계약을 체결하였다. 근무일은 수요일부터 일요일까지이고, 월요일과 화요일은 쉬기로 하였다. 근로 시간은 오전 9시부터 오후 4시까지이며, ㉢ 휴게 시간은 오후 12시부터 30분이다. ㉣ 임금은 2025년 최저임금보다 적은 시간당 10,000원이고, 갑 명의의 통장으로 입금하기로 하였다.

┤ 보기 ├

ㄱ. 18세 미만인 자는 원칙적으로 근로자로 사용할 수 없으므로 ㉠은 근로 계약을 체결할 수 없다.

ㄴ. ㉡을 위해서는 갑의 친권자 또는 후견인의 동의가 있어야 한다.

ㄷ. ㉢은 「근로 기준법」에서 정한 휴게 시간을 위반하지 않았다.

ㄹ. ㉣은 최저 임금보다 적기 때문에 근로 계약 전체가 무효가 된다.

① ㄱ, ㄴ　② ㄱ, ㄷ　③ ㄴ, ㄷ
④ ㄴ, ㄹ　⑤ ㄷ, ㄹ

05 다음 글에 나타난 인권 문제를 해결하기 위한 방안으로 가장 적절한 것은?

A국에서 아내에 대한 체벌을 허용하는 법안이 추진되고 있다. A국의 한 정당은 아내가 남편의 말을 듣지 않거나 남편이 원하는 복장을 갖추지 않으면 아내를 때릴 수 있도록 하는 법안을 의회에 제출하였다.

① A국의 국내 문제이므로 간섭하지 않는다.

② A국의 정치 지도자에게 정당 해산을 요구한다.

③ A국의 국가 원수를 국제 형사 재판소에 제소한다.

④ 국제기구를 통해 A국에 경제적·군사적 제재를 가한다.

⑤ 국제 연합(UN)에서 A국에 여성 인권 개선을 촉구하는 권고안을 제시한다.

06 사례에 나타난 인권 문제를 쓰고, 이를 해결하기 위한 개인적 차원의 방안을 서술하시오.

○○국은 원주민과 이주민이 함께 살아가는 국가로, 전체 인구의 약 3%가 원주민이다. 그런데 ○○국 국민 대부분은 인종이 다르다는 이유로 원주민에게 부정적 편견을 가지고 있으며, 실생활에서 원주민을 차별하고 있다. 이러한 편견과 차별은 원주민의 생활 수준을 저하시켰다. 그 결과 원주민은 교육 수준과 건강 수준이 평균보다 낮으며 유아 사망률은 평균보다 훨씬 높다.

핵심 한끝

✖ 정의의 의미와 실질적 기준

1. 정의의 의미와 역할

의미	개인이나 사회가 지켜야 하는 올바르고 (❶)한 도리
역할	인간다운 삶의 보장, 갈등의 해결, 사회의 통합과 발전

2. 분배적 정의의 실질적 기준

능력에 따른 분배	• 의미: 개인의 신체적·정신적 능력을 기준으로 분배 • 장점: 잠재력과 재능을 실현할 수 있는 기회 제공 • 단점: 선천적·우연적 요소가 개입되어 사회 불평등 초래 가능성, 능력을 평가하는 정확한 기준 마련 곤란
업적에 따른 분배	• 의미: 개인이 성취한 업적을 기준으로 분배 • 장점: 평가의 공정성 확보, 개인의 (❷)을/를 높여 주어 생산성과 효율성 제고 • 단점: 과열 경쟁으로 갈등 발생, 사회적 약자에 대한 배려 부족
(❸)에 따른 분배	• 의미: 사회적 약자에게 우선적으로 분배 • 장점: 최대한 많은 사람의 인간다운 삶 보장, 사회 불평등 개선 • 단점: 사회적 자원이 유한하여 모든 필요 충족 불가능, 성취동기와 생산 의욕 감소

✖ 다양한 정의관의 특징

구분	(❹)적 정의관	(❺)적 정의관
입장	개인의 자유와 권리를 최대한 보장하여 사익(개인선)을 실현하는 것이 정의로운 것	개인이 속한 공동체의 공익(공동선)을 실현하는 것이 정의로운 것
사상가	노직, 롤스 등	매킨타이어, 왈처, 샌델 등
개인과 공동체의 역할	개인은 공동체로부터 독립된 자율적 존재이고, 공동체는 개인에게 특정한 가치를 강요하면 안 됨	개인은 공동체 발전을 위해 책임을 이행해야 하고, 공동체는 개인에게 공동체를 위한 의무를 함양해야 함
비판	자신의 이익만 추구하다 보면 공익이 약화됨	공익을 지나치게 중시하면 개인의 자유와 권리가 위축됨

✧ 이 단원의 핵심 문장 완성하기

다양한 정의관을 바람직하게 적용하기 위해서는 자유주의적 정의관과 공동체주의적 정의관을 상호 보완적인 것으로 바라보고, 권리와 (❻   ), 사익과 (❼   )을/를 조화롭게 추구하려고 노력해야 한다.

01 정의에 대한 설명으로 적절한 것만을 〈보기〉에서 있는 대로 고른 것은?

┤ 보기 ├
ㄱ. 개인이나 사회가 지켜야 하는 올바르고 공정한 도리이다.
ㄴ. 동양과 서양의 차이 없이 어디서나 동일한 의미로 받아들여져 왔다.
ㄷ. 사회 구성원의 기본적 권리를 보장하여 인간다운 삶을 누릴 수 있게 한다.
ㄹ. 사회 갈등의 원인이 될 수 있으므로 공동체 내에서는 추구하지 않는 것이 좋다.

① ㄱ, ㄴ   ② ㄱ, ㄷ   ③ ㄴ, ㄷ
④ ㄱ, ㄴ, ㄹ   ⑤ ㄴ, ㄷ, ㄹ

02 다음은 수행 평가 문제에 대한 어느 학생의 답안이다. 밑줄 친 ㉠~㉤ 중 옳지 **않은** 것은?

수행 평가

1학년 ○○반 이○○

• 문제: 아리스토텔레스의 정의 구분에 대해 서술하시오.
• 답안: 아리스토텔레스는 ㉠ 정의를 일반적 정의와 특수적 정의로 구분하였고, ㉡ 특수적 정의를 다시 교정적 정의, 분배적 정의, 교환적 정의로 구분하였다. ㉢ 교정적 정의는 공동선의 실현을 위해 법을 준수하는 것을 의미하며, ㉣ 분배적 정의는 각자의 가치에 따라 공정한 몫을 주는 것을 의미한다. ㉤ 교환적 정의는 동일한 가치의 두 물건을 교환함으로써 결과를 공정하게 하는 것이다.

---

① ㉠   ② ㉡   ③ ㉢   ④ ㉣   ⑤ ㉤

03 갑, 을의 입장에 대한 설명으로 가장 적절한 것은?

> • 갑: 형벌은 위법 행위의 경중에 비례하여 부과되어야 한다. 오직 보복법만이 형벌의 질과 양을 명확하게 제시할 수 있다.
> • 을: 형벌은 범죄를 억제하기에 충분한 정도의 강도만을 지녀야 한다. 따라서 고통이 길게 유지되어 오랫동안 본보기로 기능하는 형벌이 필요하다.

① 갑은 형벌의 범죄 예방 효과를 강조한다.
② 을은 사형은 유용하지도 필요하지도 않은 형벌이라고 본다.
③ 갑은 을에 비해 공리의 관점에서 사형이 필요하다고 본다.
④ 을은 갑에 비해 형벌이 사회의 다른 선을 촉진하기 위한 수단이 되어서는 안 된다고 본다.
⑤ 갑과 을은 종신 노역형이 사형보다 범죄 예방 효과가 더 크다고 본다.

04 다음에서 설명하는 분배적 정의의 기준이 지니는 한계로 적절한 것만을 〈보기〉에서 고른 것은?

> 개인이 능력과 노력을 발휘하여 성취한 업적을 기준으로 부, 권리, 명예 등 사회적 재화와 가치를 분배하는 것이다.

┤ 보기 ├
ㄱ. 사회적 약자에 대한 배려가 부족할 수 있다.
ㄴ. 각자가 달성한 결과를 객관화·수량화할 수 있다.
ㄷ. 개인의 성취동기와 생산 효율성을 감소시킬 수 있다.
ㄹ. 과열 경쟁이 초래되어 구성원 간 갈등이 발생할 수 있다.

① ㄱ, ㄴ ② ㄱ, ㄷ ③ ㄱ, ㄹ
④ ㄴ, ㄷ ⑤ ㄷ, ㄹ

05 다음 채용 공고에 적용된 분배적 정의의 기준으로 가장 적절한 것은?

> 〈○○ 치과 채용 공고〉
> 1. 채용: 치과 의사
> 2. 자격 요건
> ① 치주·보철과 전문의 취득자
> ② 기타 이와 동등한 자격이 있다고 인정된 자

① 개인의 노력
② 결과의 평등
③ 집단에 대한 개인의 기여도
④ 개인의 신체적·정신적 능력
⑤ 사회적 약자에 대한 우선적 배분

06 다음 사례에 나타난 정의의 실질적 기준에 대한 설명으로 적절하지 <u>않은</u> 것은?

> ○○ 지역은 갑자기 내린 폭우로 재난 상태에 빠졌다. 이에 정부는 재난을 당한 사람들에게 생활 필수품으로 구성된 긴급 구호 물품 상자를 지원하고, 재난 지원금을 지급하였다.

① 실질적인 평등을 실현하고자 한다.
② 경제적 효율성을 떨어뜨릴 수 있다.
③ 선천적·우연적 요소가 개입되기 쉽다.
④ 성취동기와 생산 의욕을 감소시킬 수 있다.
⑤ 최대한 많은 사람들의 인간다운 삶을 보장할 수 있다.

07 갑이 긍정, 을이 부정의 대답을 할 질문만을 〈보기〉에서 있는 대로 고른 것은?

• 갑: 최소 국가는 정당화될 수 있는 유일한 국가이다. 소유물을 취득한 자는 그 소유물에 대해 배타적 권리를 가진다.
• 을: 모든 구성원이 평등한 자유를 누릴 수 있도록 공정성을 실현하는 것이 정의이며, 이를 위해 국가가 적극적인 역할을 해야 한다.

┃보기┃
ㄱ. 자유는 최우선으로 추구되어야 할 가치인가?
ㄴ. 국가는 치안, 국방 등 최소한의 역할만 해야 하는가?
ㄷ. 사회적 약자를 위해 국가는 적극적으로 재분배 정책을 실시해야 하는가?
ㄹ. 사회적·경제적 불평등은 최소 수혜자에게 최대 이익이 될 때 정당화될 수 있는가?

① ㄱ
② ㄴ
③ ㄱ, ㄷ
④ ㄴ, ㄹ
⑤ ㄷ, ㄹ

08 다음 사상가의 입장에 대한 설명으로 적절하지 않은 것은?

사람들은 흔히 법과 정치는 도덕적 논쟁에 휘말리지 말아야 한다고 말한다. 하지만 도덕적 중립을 지키는 것은 처음부터 불가능하다. 우리는 정의로운 사회를 만들기 위해 좋은 삶이 무엇인지 함께 고민하면서 적극적으로 정치에 참여하고 활발하게 토론함으로써 공동선을 실현하기 위해 노력해야 한다.

① 무연고적 자아로서의 개인을 강조한다.
② 개인선보다 공동선의 추구를 강조한다.
③ 개인은 공동체와 분리되는 존재가 아니라고 본다.
④ 사회는 개인들의 합 이상의 의미를 가진다고 본다.
⑤ 국가는 개인에게 특정한 가치를 제시할 수 있다고 본다.

09 밑줄 친 '이 평등'으로 옳은 것은?

사회적 가치는 각 공동체의 역사적·문화적 소산으로, 공동체 안에는 고유한 사회적 가치들이 존재한다. 어떤 영역에서 사회적 가치를 차지한 사람이 그 지위를 이용하여 다른 영역에서까지 쉽게 가치를 차지하는 것은 정의롭지 못하다. 따라서 각각의 사회적 가치들이 자신의 고유한 영역에 머무름으로써 이 평등이 실현될 때 정의로운 사회가 된다.

① 결과의 평등
② 기회의 평등
③ 다원적 평등
④ 사회적 평등
⑤ 실질적 평등

서술형 문제
10 다음 글에서 설명하고 있는 현상이 나타난 원인과 해결 방안을 서술하시오.

어떤 마을에 100마리의 소를 기를 수 있는 공유지가 있다고 가정해 보자. 모든 목동은 공유지에 자신의 소를 더 많이 방목하는 것이 이익이 된다고 생각하여 소를 더 많이 풀어 놓게 된다. 그 결과 공유지는 100마리가 넘는 소로 가득하게 되고, 소들이 풀을 모두 먹어 버려 어떤 소도 기를 수 없는 황무지가 되고 만다.

II. 사회 정의와 불평등

불평등 해결과 정의의 실현

✖ 사회 및 공간 불평등 현상

의미	사회적 자원의 불평등한 분배로 개인, 집단, 지역 등이 (❶) 되어 있는 현상
영향	개인이나 집단 간 수직적 위계질서 형성 → 사회 갈등 발생
양상	• 사회 계층의 (❷) 현상: 사회 계층 중 중층의 비중이 줄고 상층과 하층이 늘어나는 현상 • (❸) 현상: 지역 간 불평등(수도권 및 대도시에 인구와 산업, 편의 시설 등 집중), 지역 내 불평등(도시 지역 내 저소득층 거주 지역의 주택 노화, 열악한 기반 시설) • 사회적 약자에 대한 차별: 여성, 노인, 장애인, 빈곤층, 소상공인, 비정규직 등 (❹)에 대한 차별적 대우

✖ 정의로운 사회를 만들기 위한 제도와 실천

(1) 우리나라의 사회 복지 제도

(❺)	개인, 기업, 정부가 분담 → 국민에게 발생하는 사회적 위험을 보험의 방식으로 대처하는 제도
공공 부조	국가가 전액 지원 → 생활이 어려운 국민에게 최저 생활을 보장하고 자립을 지원하는 제도
사회 서비스	도움이 필요한 국민에게 상담, 재활, 돌봄, 복지 시설 이용 등 제공

(2) 지역 격차 완화 정책: 국토의 균형 발전, 지역의 자립 기반 구축, 도시 내부의 공간 불평등 개선 노력 등

(3) 적극적 평등 실현 조치

의미	사회적 약자에게 기회의 평등을 보장하기 위해 제공하는 혜택
사례	여성 할당제, 장애인 의무 고용 제도, 대입 특별 전형 등
한계	(❻)의 문제가 발생할 수 있음

✦ 이 단원의 핵심 문장 완성하기

사회 계층의 양극화, 공간 불평등, 사회적 약자에 대한 차별 등을 해소하고 정의로운 사회를 만들기 위해서는 사회 보험, 공공 부조, 사회 서비스와 같은 (❼   )를 강화하고, 다양한 지역 격차 완화 정책과 적극적 평등 실현 조치 등의 노력이 이루어져야 한다.

---

01 다음 글에 나타난 현상으로 인해 발생할 수 있는 문제점으로 적절한 것만을 〈보기〉에서 고른 것은?

> 영화 「기생충」에는 두 가족이 등장한다. 부유한 동네의 큰 저택에 사는 한 가족과 그 동네에서 아래로 이어진 계단을 한참 내려간 곳에 있는 동네의 반지하 집에 사는 다른 가족. 집이 위치한 동네의 차이만큼 두 가족의 상황은 여러 가지 면에서 차이를 보인다.

┤보기├
ㄱ. 계층 간 위화감이 심화될 수 있다.
ㄴ. 사회 계층 이동이 빈번해질 수 있다.
ㄷ. 사회 계층의 양극화 현상이 완화될 수 있다.
ㄹ. 사회의 발전을 이끄는 힘이 약화될 수 있다.

① ㄱ, ㄴ　　　② ㄱ, ㄷ　　　③ ㄱ, ㄹ
④ ㄴ, ㄷ　　　⑤ ㄴ, ㄹ

02 다음 글에 나타난 현상에 대한 설명으로 옳지 않은 것은?

> 일하는 여성의 환경을 평가하는 유리 천장 지수는 남녀 고등 교육 격차, 소득 격차, 고위직 여성 비율 등 세부 지표를 종합하여 산출한다. 유리 천장 지수는 순위가 낮을수록 직장 내 여성 차별이 심함을 의미하는데, 2023년에 우리나라는 조사 대상국 중 최하위에 머물렀다.

① 사회적 약자의 기본적 권리를 침해할 수 있다.
② 사회적 약자에 대한 편견과 선입견에서 비롯된다.
③ 성별, 신체적·정신적 능력 등 합리적 이유에 따른 차별이다.
④ 여성의 고위직 승진 과정에서 보이지 않는 장벽이 존재하고 있다.
⑤ 여성의 사회적 진출의 기회를 제약하는 사회 구조가 원인이 될 수 있다.

03 ⊙, ⓒ에 들어갈 용어를 옳게 연결한 것은?

(⊙) 개발은 투자 효과가 크고 경제활동의 기반이 잘 구축된 지역을 선정하여 집중적으로 육성하고, 이에 따른 개발 효과가 주변 지역으로 파급되도록 하는 개발 방식이다. 반면, (ⓒ) 개발은 정체 지역이나 낙후 지역에 우선 투자하여 지역 간 발전의 격차를 줄이고자 하는 방식이다.

	⊙	ⓒ
①	균형	성장 거점
②	자유	평등
③	성장 거점	균형
④	경쟁력 중심	보호
⑤	수도권 중심	보호

04 (가)~(다)에 해당하는 사회 보장 제도에 대한 설명으로 적절하지 않은 것은?

(가) 소득이 있는 개인, 기업, 정부가 분담하여 만든 공적 보험으로 국민에게 발생하는 사회적 위험에 대처하는 제도
(나) 생활 유지 능력이 없거나 생활이 어려운 국민에게 최저 생활을 보장하고 자립을 지원하는 제도
(다) 도움과 보호가 필요한 국민에게 상담, 재활, 돌봄 등 각종 서비스를 제공하는 제도

① (가)는 (나)와 달리 납부자와 수혜자가 일치한다.
② (나)는 (가)와 달리 금전적인 방법으로 지원이 이루어진다.
③ 국민연금, 국민 건강 보험은 (가)에 해당한다.
④ 국민 기초 생활 보장 제도, 의료 급여는 (나)에 해당한다.
⑤ (다)는 (가)와 달리 납부자와 수혜자가 일치하지 않는다.

05 다음 글에서 설명하는 제도의 목적으로 적절한 것만을 〈보기〉에서 있는 대로 고른 것은?

정부, 지방 자치 단체와 50명 이상의 근로자가 있는 공공 기관 및 민간 기업 사업주에게 장애인을 일정 비율 이상 고용하도록 의무를 부과한다.

┤ 보기 ├
ㄱ. 실질적인 기회의 평등을 실현한다.
ㄴ. 복지 제도의 비효율성을 극복한다.
ㄷ. 사회적 약자에 대한 차별 문제를 해결한다.
ㄹ. 고용 문제에 있어 국가의 역할을 최소화한다.

① ㄱ, ㄴ   ② ㄱ, ㄷ   ③ ㄴ, ㄹ
④ ㄱ, ㄷ, ㄹ   ⑤ ㄴ, ㄷ, ㄹ

서술형 문제

06 다음과 같은 제도가 가져올 수 있는 긍정적인 효과를 두 가지 서술하시오.

우리나라는 「공직 선거법」에서 국회·지방 의회 의원 선거 후보자 추천 시 비례 대표 의석에 한해 여성을 50% 이상 추천할 것을 의무화하고 있으며, 지역구 의석의 경우 30% 이상을 여성으로 추천하도록 노력해야 한다는 권고 규정을 두고 있다.

자본주의의 전개 과정과 경제 체제

핵심 한끝

✖ 자본주의의 의미와 특징

의미	사유 재산 제도를 바탕으로 (❶)을/를 통해 경제의 기본 문제를 해결하는 경제 체제
특징	• (❷)의 법적 보장 • 시장경제 체제와 결합하여 경제활동의 자유 보장 • 사적 이익 추구 인정

✖ 자본주의의 전개 과정

구분	배경	특징
상업 자본주의 (16~18세기)	신항로 개척 → 중상주의 정책 추진	상품의 유통 과정에서 이윤 추구
산업 자본주의 (18~19세기)	산업 혁명 → 상품의 소품종 대량 생산 체제	(❸) 이론이 토대, 생산 과정에서 이윤 추구
(❹) (20세기 중반)	대공황으로 경기 침체 발생 → 시장 실패	공공사업 및 사회 보장 제도를 통한 정부의 개입 주장
신자유주의 (20세기 후반)	석유 파동으로 스태그플레이션 발생 → 정부 실패	정부 개입 비판 및 자유로운 경제활동 강조

✖ 경제 체제의 유형

(❺)	• 의미: 민간 경제 주체의 자유로운 선택과 경쟁을 통해 경제 문제를 해결하는 경제 체제 • 특징: 시장 가격 작동에 따라 자원의 효율적 배분, 사익 추구의 자유 보장
(❻)	• 의미: 정부의 계획과 통제에 따라 경제 문제를 해결하는 경제 체제 • 특징: 사유 재산권 부정, 경제활동의 자유 제한
혼합 경제 체제	• 의미: 시장경제적 요소와 계획경제적 요소가 혼합된 체제 • 특징: 오늘날 우리나라를 포함한 대부분의 국가에서 채택하고 있음

✦ 이 단원의 핵심 문장 완성하기

두 차례의 석유 파동으로 스태그플레이션이 발생하자 1980년대 영국, 미국 등에서는 (❼   )에 입각하여 정부 규제 완화, 대규모 감세, 복지 축소, 공기업 민영화, 자유 무역 확대, 노동 시장의 유연화 등을 추진하여 시장의 자율성을 대폭 강화하였다.

01 다음은 어느 학생이 작성한 형성 평가 답안지이다. 밑줄 친 ㉠~㉣ 중 옳은 답변만을 고른 것은?

형성 평가

다음은 자본주의의 특징에 대한 문항이다. 그 내용이 맞으면 ○표, 틀리면 ×표를 하시오.

번호	문항	답변
(1)	사유 재산권을 법적으로 보장한다.	㉠ ○
(2)	자유로운 경제활동이 보장되지 않는다.	㉡ ○
(3)	시장 가격에 따라 상품 거래가 이루어진다.	㉢ ×
(4)	생산 수단의 국유 또는 공유를 기본으로 한다.	㉣ ×

---

① ㉠, ㉡   ② ㉠, ㉣   ③ ㉡, ㉢

④ ㉡, ㉣   ⑤ ㉢, ㉣

02 그림은 자본주의의 전개 과정을 나타낸 것이다. 이에 대한 설명으로 옳지 <u>않은</u> 것은?

16세기	18세기	1930년대	1970년대	현재
(가)	(나)	(다)	(라)	

① (가) 시기의 자본주의는 신항로 개척, 중상주의 정책 등을 배경으로 발달하였다.

② (나) 시기에는 개별 경제 주체의 자율성이 최대한 보장되었다.

③ (다) 시기에는 정부의 경제 개입이 강조되었다.

④ (라) 시기에는 사기업의 공기업화가 성행하였다.

⑤ (나) 시기와 (다) 시기 사이에 대공황이 발생하였다.

03 다음 글에 나타난 경제관에 부합하는 진술만을 〈보기〉에서 고른 것은?

> 우리가 저녁을 먹을 수 있는 것은 푸줏간 주인, 양조장 주인, 빵집 주인이 베푸는 친절이나 자비심 때문이 아니라 그들의 이기심 때문이다. …… 이때 많은 경우에 서처럼 개인은 '보이지 않는 손'에 이끌려 자신이 전혀 의도하지 않았던 목적을 달성하게 된다.
>
> — 애덤 스미스, 「국부론」

┤ 보기 ├
ㄱ. 경제적 자유를 보장하는 경제 체제가 바람직하다.
ㄴ. 시장 실패를 해결하기 위해서는 정부가 개입해야 한다.
ㄷ. 시장 가격에 의해 사회의 자원이 효율적으로 배분된다.
ㄹ. 경제 성장보다 분배의 형평을 실현하는 것이 중요하다.

① ㄱ, ㄴ   ② ㄱ, ㄷ   ③ ㄴ, ㄷ
④ ㄴ, ㄹ   ⑤ ㄷ, ㄹ

04 밑줄 친 ㉠~㉢에 대한 설명으로 옳지 않은 것은?

> 1933년 미국 정부는 대공황 극복을 위해 뉴딜 정책을 시행하였다. 그는 자유방임주의에 기초한 ㉠ 이전의 경제 체제와는 다른 ㉡ 새로운 경제 체제를 채택하였다. 이에 따라 테네시강 유역에 댐과 발전소를 건설하는 대규모 공공사업을 벌여 실업자들에게 일자리를 제공하였다. 그러나 20세기 후반에 들어서면서 발생한 석유 파동으로 또 다시 경기가 침체되었다. 이를 계기로 자본주의는 민간의 자유로운 경제활동을 옹호하는 ㉢ 새로운 방향으로 전환되었다.

① ㉠에서는 가격 기구의 자동 조절 기능을 신뢰하였다.
② ㉡에서는 정부의 적극적인 개입을 주장하였다.
③ 스태그플레이션 현상은 ㉢으로 이행하는 배경이 되었다.
④ ㉢에서는 ㉡에 비해 정부의 경제 개입이 증가하였다.
⑤ ㉢에서는 ㉡에 비해 노동 시장의 유연성이 강화되었다.

05 (가), (나)는 서로 다른 경제 체제이다. (가)에 비해 (나)가 가지는 특징으로 적절하지 않은 것은?

> (가) 정부의 계획과 통제에 따라 경제 문제를 해결하는 체제
> (나) 시장의 자동 조절 기능에 따라 경제 문제를 해결하는 체제

① 자유로운 경제활동을 보장한다.
② 경쟁을 통해 효율성을 추구한다.
③ 사유 재산 제도를 바탕으로 한다.
④ 개인의 창의성과 능력을 중시한다.
⑤ 희소한 자원을 균등하게 분배한다.

서술형 문제
06 다음 글을 읽고 물음에 답하시오.

> (㉠)은/는 시장경제적 요소와 계획경제적 요소가 혼합된 체제로, 오늘날 대부분의 나라에서 채택하고 있다. 우리나라도 시장경제 체제를 바탕으로 필요한 경우 정부가 개입하는 (㉠)을/를 운용하고 있다.

(1) ㉠에 공통으로 들어갈 경제 체제를 쓰시오.

_____

(2) (1) 밑줄 친 부분의 이유를 서술하시오.

_____

III. 시장경제와 지속가능발전

합리적 선택과 경제 주체의 역할

✖ 합리적 선택의 방법

고려 사항	• 편익: 어떤 선택을 함으로써 얻게 되는 이익 • 기회비용: 어떤 것을 선택할 때 실제로 지출하는 비용인 명시적 비용과 그 선택으로 인해 포기한 대안의 가치 중 가장 큰 가치인 (❶)의 합
방법	선택에 따른 편익에서 (❷)을/를 뺀 순편익이 가장 큰 대안을 선택함 → 이미 지출하여 회수할 수 없는 (❸)은/는 고려하지 않음

✖ 합리적 선택의 한계로 나타나는 시장 실패

(❹) (불완전 경쟁)	시장 지배력을 가진 하나의 기업이 임의로 또는 소수의 기업이 담합하여 재화나 서비스의 가격과 생산량을 조절하는 문제 발생 → 자원의 비효율적 배분, 소비자의 비용 부담 증가
공공재 부족	공공재의 (❺)(으)로 무임승차자 문제 발생 → 공공재 공급을 시장에 맡기면 기업은 이윤을 얻기 어려워 사회가 필요로 하는 만큼 충분히 공급하지 못함
외부 효과 발생	어떤 경제 주체의 경제활동이 다른 경제 주체에게 의도하지 않은 이익이나 피해를 주는데도 이에 대한 경제적 대가를 받거나 치르지 않는 문제 발생

✖ 지속가능발전을 위한 경제 주체의 역할

정부	불공정 거래 행위를 제한하여 공정한 경쟁 촉진, 공공재 생산, 보조금 지급 및 세금 부과 등을 통한 외부 효과 개선 등
기업	재화·서비스 공급 및 고용 창출을 통한 경제 활성화, 기업가 정신 발휘, 사회적 책임 실천 등
노동자	노동 3권 등 노동자의 권리 인식, 근로 계약의 성실한 이행 등
소비자	합리적 소비 실천, 소비자 주권 확립, (❻) 소비 추구

✦ 이 단원의 핵심 문장 완성하기

정부는 어떤 경제 주체의 경제활동이 다른 경제 주체에게 이익이나 피해를 주는데도 이에 대한 경제적 대가를 받거나 치르지 않아 자원의 비효율적 배분을 초래하는 (❼   )을/를 개선해야 한다. 이를 위해 긍정적 외부 효과의 경우에는 세금 감면, (❽   ) 지급 등을 통해 생산·소비를 장려하고, 부정적 외부 효과의 경우에는 세금·과징금 부과 등을 통해 생산·소비를 줄이도록 유도할 수 있다.

미리 보는 학교 시험

01 밑줄 친 ㉠, ㉡과 관련된 경제 개념에 대한 설명으로 옳지 않은 것은?

> • 예산이 한정되어 ㉠ 공원 대신에 학교를 신축하였다.
> • 대학 졸업 후 ㉡ 취업을 포기하고 대학원 진학을 선택하였다.

① 희소성에서 비롯된 것이다.
② 모든 선택의 상황에서 발생한다.
③ 합리적 선택을 할 때 고려해서는 안 된다.
④ 포기한 대안 가치 중에서 가장 큰 가치를 포함한 비용이다.
⑤ 어떤 것을 선택할 때 실제로 지출하는 비용을 포함한 비용이다.

02 다음 글에 나타난 갑의 의사 결정에 대한 분석으로 옳은 것은? (단, 제시된 내용 이외의 다른 조건은 고려하지 않음.)

> 연봉 4,000만 원을 받으며 근무하던 회사원 갑은 어느 날 회사를 그만두고 컴퓨터 학원을 개업하였다. 개업 후 1년간 학원의 수입액은 9,000만 원이었으며, 학원을 개업하면서 총 7,000만 원을 지출하였다.

① 갑은 합리적 선택을 하였다.
② 연봉 4,000만 원은 매몰 비용에 해당한다.
③ 학원 개업에 따른 편익은 기회비용보다 크다.
④ 학원 수입액 9,000만 원은 학원 개업에 따른 편익이다.
⑤ 학원 개업의 기회비용 중 암묵적 비용은 7,000만 원이다.

02. 합리적 선택과 경제 주체의 역할 **015**

03 다음 두 사례에서 비합리적 선택이 이루어지는 공통적인 이유로 가장 적절한 것은?

> • 기업은 마케팅 활동에서 예상했던 성과가 나오지 않을 경우 과감하게 물러서는 것이 좋다. 그런데 지금까지 마케팅에 투자한 비용이 아까워 비용이나 인력을 더 투입함으로써 손실 규모를 키우는 경우가 있다.
> • 뷔페식당에서는 자기가 먹고 싶은 음식을 양의 제한 없이 먹을 수 있지만, 몇 그릇을 먹고 나면 배가 부르기 마련이다. 그런데 지불해야만 하는 이용 요금이 아까워 배가 부른 상태에서 음식을 계속 먹다가 결국 배탈이 나는 경우가 많다.

① 선택에 따른 편익을 과장했다.
② 암묵적 비용을 고려하지 않았다.
③ 편익과 기회비용을 구분하지 못하였다.
④ 의사 결정에서 매몰 비용에 집착하였다.
⑤ 명시적 비용과 암묵적 비용을 혼동하였다.

04 (가)~(다)에 대한 옳은 설명만을 〈보기〉에서 고른 것은?

> (가) 국방이나 치안 서비스는 큰 수입을 기대하기 어렵기 때문에 민간 기업에서는 생산하려 하지 않는다.
> (나) 어떤 사람의 경제활동이 다른 경제 주체에게 의도하지 않은 손해를 끼치지만, 그에 대한 보상을 하지 않는다.
> (다) 특정 상품을 하나 또는 소수의 기업만이 생산하는 경우 해당 상품의 가격이 높게 책정되어 소비자들이 피해를 볼 수 있다.

┤ 보기 ├

ㄱ. (가)는 외부 효과의 사례이다.
ㄴ. (가)는 (나)와 달리 자원의 비효율적인 배분을 초래한다.
ㄷ. (나)는 (가)와 달리 시장에 맡기면 재화나 서비스가 사회의 최적 수준보다 많이 생산된다.
ㄹ. (가)~(다) 사례는 모두 정부가 시장에 개입하는 근거가 된다.

① ㄱ, ㄴ ② ㄱ, ㄷ ③ ㄴ, ㄷ
④ ㄴ, ㄹ ⑤ ㄷ, ㄹ

05 갑의 소비 행위에 대한 평가로 가장 적절한 것은?

> ○○ 제과점은 고객·가맹점·가맹 본부가 동참하는 기부 연계형 나눔 캠페인인 '착한 빵' 캠페인을 진행하고 있다. 착한 빵은 ○○ 제과점이 위치한 지역에서 생산된 쌀로 만든 빵으로, ○○ 제과점은 착한 빵이 2개 팔릴 때마다 빵을 1개씩 적립하여 아동 복지 시설에 기부하고 있다. 관련 기사를 보고 착한 빵의 취지에 공감한 회사원 갑은 퇴근길에 ○○ 제과점에 들러 해당 제품을 구매하였다.

① 자신의 소득을 초과하는 소비를 하였다.
② 환경과 공동체를 고려하는 소비를 하였다.
③ 상품의 비용과 편익을 고려하는 소비를 하였다.
④ 다른 사람과의 차별성을 중시한 소비를 하였다.
⑤ 다른 사람의 소비를 보고 충동적으로 구매하였다.

서술형 문제

06 사례를 통해 알 수 있는 지속가능발전을 위한 기업의 역할에 대해 서술하시오.

> 경기 침체가 지속되는 가운데도 A사는 추석을 앞두고 협력사 대금 약 1,750억 원을 현금으로 조기 지급하고, 수익의 일부를 노인 복지 시설에 기부할 예정이다. A사는 매년 설과 추석 등 명절을 맞아 협력사의 자금 부담을 덜어 주려는 조치의 일환으로 거래 대금을 조기에 지급해 왔다. 올해도 대금이 조기 지급됨에 따라 협력사들은 직원 급여, 원자재 구입비 등 운영 자금 수요가 일시적으로 늘어나는 시기에 부담을 덜 수 있게 되었다.

03

Ⅲ. 시장경제와 지속가능발전

자산 관리와 금융 생활

핵심 한끝

✖ 금융 자산의 종류

(❶)	• 의미: 금융 기관에 돈을 맡기고 원금과 일정한 이자를 받는 금융 자산 • 특징: 예금자 보호 제도로 원금 손실의 위험이 적지만, 큰 수익을 기대하기는 어려움
채권	• 의미: 정부, 공공 기관, 기업 등이 만기 시 일정한 이자와 원금을 지급할 것을 약속하고 투자자로부터 돈을 빌린 뒤 발행하는 증서 • 특징: 이자 수익과 (❷)을/를 얻을 수 있음
주식	• 의미: 주식회사가 사업 자금을 조달하기 위해 투자자에게 돈을 받고 발행하는 증서 • 특징: (❸)과/와 시세 차익을 얻을 수 있음

✖ 자산 관리의 기본 원칙

(❹)	투자한 자산의 가치 상승이나 이자 수익 등을 기대할 수 있는 정도
(❺)	투자한 자산의 가치가 보전될 수 있는 정도
(❻)	보유하고 있는 자산을 현금으로 쉽게 바꿀 수 있는 정도

✖ 금융 생활 설계 과정

재무 목표 설정 → 재무 상태 분석 및 활용 가능 자산 파악 → 구체적인 자금 마련 계획 수립 → 계획 실행 → 목표 달성 정도 검토 및 계획 수정·보완

✖ 경제적·정치적·사회적 상황 변화와 금융 의사 결정

상황 변화	• 경제적 상황: 물가, 실업률, 금리, 환율 변동 등 • 정치적·사회적 상황: 정부 정책, 전쟁, 테러 등
영향	상황이 안정적인 시기에는 수익성 위주의 적극적인 투자를 할 수 있고, 반대의 경우 안전성과 유동성에 초점을 두고 금융 관련 의사 결정을 할 가능성이 높음

✦ 이 단원의 핵심 문장 완성하기

예금은 예금자 보호 제도의 적용을 받아 (❼   )이/가 높은 금융 자산이다. 그런데 수익성과 안전성은 상충 관계에 있으므로 예금은 채권, 주식에 비해 (❽   )이/가 낮다. 한편, 채권, 주식은 예금에 비해 유동성이 높다.

미리 보는 학교 시험

01 다음은 인터넷에서 금융 자산 ㉠을 검색한 화면이다. 이에 대한 설명으로 옳은 것은?

> (㉠)은/는 크게 A와 B로 구분된다. A는 자유롭게 입금과 출금을 할 수 있어 금융 기관에 돈을 맡겨 놓고 필요할 때마다 돈을 찾거나 입금하는 용도에 적합하다. B는 일정 금액의 돈을 계약 기간 맡겨 두고 이자를 받는 자산으로, 주로 목돈을 운용하기 위한 목적으로 쓰인다.

① ㉠은 주식에 비해 안전성이 낮다.
② ㉠은 은퇴 후에 매달 일정액을 받는 금융 자산이다.
③ A는 B에 비해 유동성이 크다.
④ B는 A와 달리 예금자 보호 제도의 적용을 받는다.
⑤ A의 예로 정기 예금, B의 예로 정기 적금이 있다.

02 갑~병의 주장에 대한 옳은 설명만을 〈보기〉에서 있는 대로 고른 것은?

> • 갑: 이익이 많이 날 수 있는 금융 자산에 투자해야 해.
> • 을: 안전한 금융 자산에 투자하는 것이 최고라고 생각해.
> • 병: 언제든지 현금화할 수 있는 금융 자산에 투자하는 것이 좋아.

┤보기├

ㄱ. 갑은 요구불 예금을 가장 선호할 것이다.
ㄴ. 을은 예금보다 주식을 선호할 것이다.
ㄷ. 병은 유동성을 가장 중시하고 있다.
ㄹ. 채권은 을과 병이 중시하는 원칙을 모두 갖춘 금융 자산이다.

① ㄱ   ② ㄷ   ③ ㄴ, ㄷ
④ ㄴ, ㄹ   ⑤ ㄱ, ㄷ, ㄹ

03 표는 갑~병이 보유한 금융 자산의 비중을 나타낸다. 이에 대한 설명으로 옳은 것은?

(단위: %)

구분	갑	을	병
요구불 예금	60	10	20
저축성 예금	20	20	35
주식	10	60	35
채권	10	10	10

① 갑은 금융 자산의 유동성보다는 수익성을 중시한다.
② 을은 위험을 감수하더라도 수익성을 추구하는 성향이 강하다.
③ 갑은 을보다 배당 수익을 기대할 수 있는 금융 상품의 비중이 크다.
④ 병은 갑보다 이자 수익을 기대할 수 있는 금융 상품의 비중이 크다.
⑤ 시세 차익을 기대할 수 있는 금융 상품의 비중은 갑, 을, 병이 모두 같다.

05 다음은 갑국의 경제 전망에 대한 신문 기사이다. 이에 따른 갑국 경제 주체의 금융 의사 결정에 대한 추론으로 옳은 것은?

○○ 신문
• 경제 성장률은 −2%대 초반으로 나타날 전망
• 반도체 경기 위축 등으로 수출이 악화될 것으로 예상
• 세계 최대 산유국인 △△국의 정세 불안으로 원유 수입에 차질이 있을 것으로 예상

① 개인은 소비를 늘릴 것이다.
② 기업은 고용을 늘릴 것이다.
③ 중앙은행은 금리를 인상할 것이다.
④ 기업은 새로운 사업에 투자할 것이다.
⑤ 개인은 수익성보다 안전성과 유동성에 초점을 두고 금융 의사 결정을 할 것이다.

04 그림은 생애 주기별 수입과 지출의 변화를 나타낸 것이다. 이에 대한 옳은 설명만을 〈보기〉에서 고른 것은?

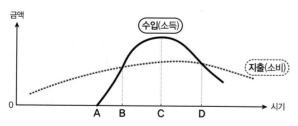

┤보기├
ㄱ. 지출의 크기는 현재의 수입에 비례한다.
ㄴ. 일반적으로 누적 저축액은 C 시기에 가장 많다.
ㄷ. A~B 시기에는 결혼 및 주택 자금 마련 등으로 적자가 심한 편이다.
ㄹ. B~D 시기의 저축이 많을수록 D 시기 이후를 안정적으로 보낼 수 있다.

① ㄱ, ㄴ   ② ㄱ, ㄷ   ③ ㄴ, ㄷ
④ ㄴ, ㄹ   ⑤ ㄷ, ㄹ

서술형 문제

06 밑줄 친 '100−나이' 법칙에 따라 65세 퇴직자에게 할 수 있는 금융 자산 투자에 관한 조언을 근거와 함께 서술하시오.

'100−나이' 법칙은 100에서 자신의 나이를 뺀 만큼의 비율을 수익성이 높은 자산에 투자하고, 나머지를 안전성이 높은 자산에 투자하는 것을 말한다. 예를 들어 자신의 나이가 30세라면 재산 중 70%는 수익성이 높은 자산에 투자하고, 나머지 30%는 안전성이 높은 자산에 투자하라는 것이다.

04

국제 무역과 지속가능발전

핵심 한끝

✖ 무역과 국제 분업의 의미

무역	각 나라가 생산한 상품, 서비스, 생산 요소 등을 다른 나라와 사고파는 국제 거래
(❶　　)	각 나라가 무역에 유리한 상품을 특화하여 생산하는 것

✖ 무역과 국제 분업의 필요성

(1) 무역과 국제 분업이 발생하는 이유

국가 간 생산비 차이	각국은 자연환경과 사회적 상황의 차이로 노동, 자본 등 (❷　　)의 분포가 다름 → 같은 상품을 생산하더라도 (❸　　)에 차이가 있어 생산하기에 적합한 상품이 다름
비교 우위	한 나라가 상품 생산의 기회비용이 다른 나라보다 상대적으로 작은 것 → (❹　　)에 따라 생산에 유리한 상품에 특화하여 무역을 하면 당사국 모두에게 이익이 됨

(2) 무역과 국제 분업의 이익

소비자	다양한 재화와 서비스를 저렴하게 소비할 수 있음
기업	세계 시장을 상대로 대량 생산 → 규모의 경제를 실현하고 많은 이윤을 얻을 수 있음
국가	자원 및 기술력 부족 등의 문제를 해결할 수 있음

✖ 지속가능발전을 위한 국제 무역 방안

국제 무역 확대에 따른 문제점	• 경제적 불평등 심화: (❺　　)한 무역 구조로 무역 이익이 선진국이나 소수 기업에 돌아감 • 자원 남용 및 환경 오염: 상품의 대량 생산에 따른 자원 고갈 및 생태계 파괴, 상품 유통 과정에서 배출되는 온실가스로 인한 기후변화 발생
국제 무역의 방향	• 국제 무역 이익의 공정한 분배: 공정 무역 활성화 등 • 개발 도상국 지원: 기술 지원 및 경제적 자립 지원 등 • 환경 보호: (❻　　)한 소비 및 생산 촉진, 대체 에너지 사용, 자원 재활용, 기후 협약 이행 노력 등

✦ 이 단원의 핵심 문장 완성하기

국제 무역이 지속가능발전에 이바지하기 위해서는 불공정한 무역 구조에 따른 경제적 불평등 문제를 완화하도록 노력해야 한다. 이를 위해 (❼　　)을/를 활성화하여 무역의 이익이 생산자와 노동자에게 돌아가도록 해야 한다.

미리 보는 **학교 시험**

01 ㉠, ㉡에 들어갈 내용을 옳게 연결한 것은?

> 세계 각국은 노동, 자본, 토지 등 (　㉠　)의 분포가 다르다. 따라서 같은 상품을 생산하더라도 (　㉡　)에 차이가 있어 국가별로 생산하기에 적합한 상품이 다르기 때문에 무역과 국제 분업이 발생한다.

	㉠	㉡
①	자연환경	환율
②	자연환경	생산비
③	생산 요소	환율
④	생산 요소	생산비
⑤	생산 요소	생산 규모

02 사례에 대한 설명으로 옳은 것은?

> 회사를 운영하는 갑은 직원 을보다 경영 능력이 훨씬 뛰어날 뿐만 아니라 문서 작업도 더 잘할 수 있지만 문서 작업은 을에게 맡기는 것이 좋다. 왜냐하면 갑은 문서 작업보다 경영 업무를 더 잘하고, 을은 경영 업무보다 문서 작업을 더 잘할 수 있으므로, 갑이 을에게 문서 작업을 맡기고 경영 업무에 집중하면 훨씬 더 효율적이기 때문이다.

① 갑은 문서 작업에 대해 비교 우위를 가진다.
② 을은 문서 작업에 대해 절대 우위를 가진다.
③ 갑과 을은 분업을 통해 이익을 얻기 어렵다.
④ 갑은 경영을, 을은 문서 작업을 하면 더 큰 이익을 얻을 수 있다.
⑤ 갑과 을의 분업은 생산 비용의 절대적 차이 때문에 가능하다.

03 표는 갑국과 을국이 각각 X재와 Y재 1단위를 생산하는 데 필요한 노동자의 수이다. 이에 대한 분석으로 옳지 <u>않은</u> 것은? (단, 갑국과 을국은 X재와 Y재만을 생산하며, 노동만을 생산 요소로 사용함.)

구분	갑국	을국
X재	15명	30명
Y재	20명	25명

① 갑국은 X재와 Y재 생산에 대해 모두 절대 우위를 가진다.
② 갑국은 X재 1단위 생산을 위해 Y재 3/4단위를 포기해야 한다.
③ 을국은 X재 생산에 대해 비교 우위를 가진다.
④ 을국은 X재 1단위 생산의 기회비용이 Y재 1단위 생산의 기회비용보다 크다.
⑤ 을국은 갑국보다 Y재 1단위 생산의 기회비용이 작다.

04 다음 글을 통해 추론할 수 있는 국제 무역이 나아가야 할 방향으로 적절하지 <u>않은</u> 것은?

> 오늘날 국제 무역이 활발해지면서 우리의 삶은 더욱 풍요로워졌지만 많은 문제가 나타났다. 먼저 제품의 생산과 운송 과정에서 자원이 고갈되고, 환경이 오염되었다. 또한, 국제 무역의 확대로 국제적 경쟁력을 갖추지 못한 기업이나 산업의 기반이 흔들리고 빈부 격차가 커지는 등 경제적 불평등의 문제가 나타났다. 일부 국가에서는 불공정한 무역으로 현지 노동자가 열악한 노동 환경에서 낮은 임금을 받으며 일하는 등의 문제도 나타났다.

① 유통 질서 및 환경과 관련된 국제 협약을 철저히 이행해야 한다.
② 선진국은 기술 이전 및 협력을 통해 개발 도상국을 지원해야 한다.
③ 국제적으로 경쟁력을 높일 수 있는 국내 산업을 적극 육성해야 한다.
④ 국가 간 경제 격차 해소를 위해 국가 간 무역 규모를 줄여야 한다.
⑤ 친환경적인 생산 및 운송 방식을 도입하여 환경에 미치는 영향을 최소화해야 한다.

05 다음은 어떤 무역 원칙의 일부이다. 이에 대한 설명으로 옳지 <u>않은</u> 것은?

> • 공정한 무역 관행
> • 공정한 가격 지불
> • 아동 노동, 강제 노동 금지
> • 기후변화에 대응하는 환경 보호
> • 경제적으로 소외된 생산자를 위한 기회 제공

① 무역 과정의 투명성을 강조한다.
② 환경친화적 상품의 생산을 장려한다.
③ 국제 무역에서 자유로운 경쟁을 우선한다.
④ 현지 생산자의 빈곤 완화와 자립을 지원한다.
⑤ 노동에 대한 공정한 대가를 지급하는 데 이바지한다.

06 사례에서 파악할 수 있는 무역과 국제 분업이 발생하는 이유를 서술하시오.

> 우리나라가 원유를 가장 많이 수입하는 나라는 사우디아라비아이다. 사우디아라비아는 2021년 기준 석유 매장량과 석유 일일 생산량이 세계 2위이다. 한편, 우리나라는 사우디아라비아에 수송 기계, 석유 화학 제품, 철강 제품 등 자본 및 기술 집약 상품을 수출하고 있다.

세계화의 양상과 문제

핵심 한끝

✖ 세계화와 지역화

세계화	• 의미: 생활권의 범위가 국경을 넘어 전 지구로 확대되고, 세계가 하나로 통합되어 가는 현상 • 등장 배경: 교통·통신 발달로 교류 활발 → 국가 간·지역 간 상호 의존성 증대, (❶) 출범 및 자유 무역 확대
지역화	특정 지역의 고유한 사회·문화적 특성이 지역을 넘어 세계적으로 그 가치를 인정받는 현상
(❷)	지역의 고유한 전통에 세계적이고 보편적인 가치를 접목하여 경쟁력을 갖추는 것 예 지리적 표시제, 장소 마케팅 등

✖ 세계화의 양상

세계도시의 영향력 강화	• 국제 금융 업무 기능, 생산자 서비스 기능, 다국적 기업의 본사 등 집중 • 국제 연합(UN) 등 (❸) 본부 입지, 국제회의 개최
다국적 기업의 성장	경영의 효율성을 높이기 위해 공간적 분업을 함 → 세계 각 지역의 경제에 영향을 미침

✖ 세계화에 따른 문제점과 해결 방안

문화의 획일화와 소멸	• 양상: (❹) 중심으로 문화가 획일화되어 소수 민족이나 약소국의 고유문화가 사라질 수 있음 • 해결 방안: 외래문화의 비판적 수용, 문화의 고유성과 다양성 보존을 위한 노력
빈부 격차의 심화	• 양상: 자본과 기술력이 풍부한 선진국과 경쟁력을 갖추지 못한 개발 도상국 간 빈부 격차 확대 • 해결 방안: 선진국의 개발 도상국으로의 공적 개발 원조나 기술 이전 강화, 불공정한 무역 구조 개선
보편 윤리와 특수 윤리 간 갈등	• 양상: 인권, 자유, 평등 같은 보편 윤리와 특정 사회에서 중시되는 (❺)이/가 충돌하기도 함 • 해결 방안: 특정 사회가 중시하는 가치를 해당 사회 구성원의 입장에서 이해해야 함

✦ 이 단원의 핵심 문장 완성하기

오늘날 교통·통신의 발달로 세계화 현상이 나타났고, 세계화 시대에 지역화 전략은 그 지역이 경쟁력을 지니는 밑거름이 된다. 세계화가 촉진됨에 따라 세계도시가 형성되고, (❻   )의 성장에 따른 공간적·경제적 변화 등 다양한 측면에서 변화가 나타나고 있다. 한편, 세계화로 나타나는 문화의 (❼   )과/와 소멸, 빈부 격차 심화 등의 문제점을 해결하기 위해 노력해야 한다.

미리 보는 학교 시험

01 (가)에 들어갈 내용으로 가장 적절한 것은?

> 〈통합사회 주제 탐구 보고서〉
> 1학년 ○반 이름: □□□
>
> 주제: _____(가)_____의 사례
>
> • 프랑스의 바욘에서는 친환경적으로 사육한 돼지 뒷다리 고기만을 사용하여 햄을 만든다. 이 지역은 햄을 숙성하고 염장하는 데 적합한 기후 및 지형 조건을 갖추고 있어 상품에 실제 원산지를 나타낸다.
> • 미국 아이다호주에서는 로키산맥의 서늘한 기후와 큰 일교차, 비옥한 화산재 토양 등을 바탕으로 전분 함량이 높은 감자가 생산된다. 튀김 요리에 적합한 이 특별한 감자에는 지역의 특성을 반영한 상표를 제시하게 하고 있다.

① 공정 무역
② 공간적 분업
③ 장소 마케팅
④ 지리적 표시제
⑤ 지역 브랜드화

02 다음 질문에 옳게 답변한 학생만을 있는 대로 고른 것은?

> 지식 Q&A
>
> 세계도시의 특징은 무엇인가요? 그리고 세계도시에는 어떤 도시들이 있나요?
>
> 답변하기
> ㄴ 갑: 세계도시는 대부분 자본의 집중도가 낮은 편이에요.
> ㄴ 을: 대표적인 세계도시로는 뉴욕, 런던, 도쿄 등이 있어요.
> ㄴ 병: 세계도시들은 기능적으로 유기적인 관계를 맺고 있어요.
> ㄴ 정: 세계도시에는 주로 다국적 기업의 생산 공장이 집중되어 있어요.

① 갑, 정
② 을, 병
③ 병, 정
④ 갑, 을, 병
⑤ 을, 병, 정

03 ㉠, ㉡에 들어갈 내용을 옳게 연결한 것은?

> • 문제: 다국적 기업의 공간적 분업에 대해 서술하시오.
> • 학생 답안: 세계화로 무역이 활발해지면서 국경을 넘어 생산 및 유통, 판매 활동을 하는 다국적 기업이 등장하였다. 다국적 기업은 본사, 연구소, 생산 공장 등은 지역적으로 분리하여 각 기능을 수행하기에 가장 적합한 국가나 지역에 입지시킨다. 일반적으로 경영 및 관리 기능을 하는 본사는 본국의 대도시에 있고, 연구 및 개발 기능을 하는 연구소는 우수한 연구 인력 확보와 정보 수집에 유리한 (㉠)에 설립한다. 생산 공장은 (㉡)이/가 풍부한 지역에 두는 경우가 많은데, 무역 장벽을 극복하고 판매 시장을 확보할 수 있는 곳에 들어서기도 한다.

	㉠	㉡
①	선진국	저임금 인력
②	선진국	전문 경영인
③	선진국	고급 기술 인력
④	개발 도상국	저임금 인력
⑤	개발 도상국	고급 기술 인력

04 (가)에 들어갈 적절한 내용만을 〈보기〉에서 고른 것은?

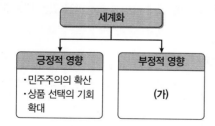

> ┤보기├
> ㄱ. 다국적 기업의 경쟁력 약화
> ㄴ. 소수 민족 중심의 문화 획일화
> ㄷ. 보편 윤리와 특수 윤리 간 갈등
> ㄹ. 선진국과 개발 도상국 간 빈부 격차

① ㄱ, ㄴ   ② ㄱ, ㄷ   ③ ㄴ, ㄷ
④ ㄴ, ㄹ   ⑤ ㄷ, ㄹ

05 사례에 공통으로 나타난 문제를 해결하기 위한 방안으로 가장 적절한 것은?

> • 대부분 국가에서 격식이 요구되는 자리에 양복을 입은 사람들의 모습을 찾아볼 수 있다.
> • 유네스코(UNESCO)에 따르면 2019년 기준으로 전 세계 언어 중 1/3이 넘는 언어가 소멸 위기에 처해 있다.

① 선진국의 문화만을 적극적으로 흡수하여 상품화해야 한다.
② 절대적 기준에 근거하여 다른 사회의 문화를 평가해야 한다.
③ 자기 지역의 문화가 지닌 고유성과 다양성을 포기해야 한다.
④ 지구촌 분배 정의를 실현하여 선진국의 영향력을 감소시켜야 한다.
⑤ 자국 문화의 정체성을 유지하면서 능동적으로 외래 문화를 수용해야 한다.

06 서술형 문제 다음 글을 읽고 물음에 답하시오.

> 국제 연합(UN)은 뉴욕에 있는 국제 연합 본부에서 긴급 특별 총회를 열어 우크라이나에서의 러시아 철군을 요구하는 결의안을 채택하였다. 뉴욕은 (㉠)(으)로, 뉴욕에 있는 국제 연합 본부에서는 세계 각국 대표들이 이곳에 모여 세계 평화 유지를 위해 다양한 문제를 논의한다.

(1) ㉠에 들어갈 용어를 쓰시오.

_____

(2) (1)의 특징을 두 가지 이상 서술하시오.

_____

_____

IV. 세계화와 평화

평화를 위한 국제 사회의 노력

✖ 평화의 의미와 중요성

평화의 의미	• (❶): 전쟁, 테러, 범죄 등의 직접적·물리적 폭력이 없는 상태 • 적극적 평화: 직접적인 폭력뿐만 아니라 구조나 문화에 의한 (❷)인 폭력도 제거된 상태
평화의 중요성	인류의 안전과 생존 보장, 국제 정의 실현 및 인류의 삶의 질 향상 등

✖ 국제 사회의 갈등과 협력

국제 사회의 갈등	영토, 자원, 민족, 인종, 종교, 문화 등이 복합적으로 작용하여 발생함
국제 사회의 협력	• 자연재해, 전염병, 전쟁 등 한 국가의 노력만으로 해결하기 어려운 문제들이 늘어나고 있음 • 갈등 당사국뿐만 아니라 국제 사회의 (❸)이/가 필요하며 비폭력적인 해결책을 찾아야 함

✖ 세계 평화를 위한 국제 사회 행위 주체의 역할

국제 사회 행위 주체의 역할	• (❹): 일정한 영토와 국민을 바탕으로 주권 을 가진 국제 사회의 가장 기본적인 행위 주체 → 외교· 구호 활동 등을 통해 국제 사회의 안정을 위해 노력함 • 국제기구: 각국의 정부를 회원으로 하는 국제 사회의 행위 주체 ⑩ 국제 연합(UN) 등 • (❺): 개인이나 민간단체를 회원으로 하는 국제 사회의 행위 주체 ⑩ 국경없는 의사회(MSF) 등 • 그 밖의 행위 주체: 국제적 영향력이 큰 개인, 다국적 기업, 개별 국가 내 지방 정부 등
(❻)의 역할	• 의미: 자신의 정체성을 세계적인 차원에서 이해하고, 지구촌 문제에 관심을 가지고 이를 해결하고자 적극 적으로 노력하는 사람 • 역할: 국가와 국제기구 활동 지지 또는 비판, 국제 활 동과 정책 수립 참여 등

✦ 이 단원의 핵심 문장 완성하기

평화에는 전쟁이나 테러, 범죄와 같은 직접적이고 물리적인 폭력이 없는
소극적 평화와 직접적인 폭력뿐만 아니라 구조나 문화에 의한 간접적인
폭력도 모두 제거된 (❼) 평화가 있다. 전 세계에서 나타나는
분쟁 및 갈등을 해결하기 위해 국가, 국제기구, 비정부 기구 등은 국제
사회의 평화를 위해 협력해야 하며, 개인적 차원에서는 세계시민으로서
다양한 지구촌 문제에 관심을 가지고 이를 해결하고자 노력해야 한다.

미리 보는 학교 시험

01 밑줄 친 ㉠~㉢에 대한 옳은 설명만을 〈보기〉에서 있는 대로
고른 것은?

> 폭력을 없애는 것도 필요하지만, 폭력을 예방하는 것
> 이 더욱 중요하다. 전자는 ㉠ 소극적 평화를 목표로 하
> 지만, 후자는 ㉡ 적극적 평화를 지향한다. ㉢ 진정한
> 평화를 이루기 위해서는 물리적인 폭력이 제거된 것뿐
> 만 아니라 구조적 폭력과 종교 및 언어 등의 문화적 폭
> 력까지 사라진 상태여야 한다.

⊣ 보기 ⊢
ㄱ. ㉠을 실현하면 구조적 폭력이 제거된다.
ㄴ. ㉡은 정치적 억압과 경제적 착취가 제거된 상태를
　　포함한다.
ㄷ. ㉢은 모든 유형의 폭력이 전부 사라진 상태를 지향
　　한다.
ㄹ. ㉢은 ㉠이나 ㉡의 달성만으로도 이루어진다.

① ㄱ ② ㄷ ③ ㄴ, ㄷ
④ ㄷ, ㄹ ⑤ ㄱ, ㄴ, ㄹ

02 밑줄 친 (가)에 들어갈 내용으로 가장 적절한 것은?

두 사례에 나타난 국제
갈등의 공통적인 발생
원인은 ___(가)___ 입니다.

> • 아프리카 나일강 주변의 국가들은
> 물을 확보하기 위한 치열한 분쟁
> 을 벌이고 있다.
> • 서남아시아 페르시아만 연안은 석
> 유를 얻기 위한 이권을 차지하기
> 위해 국제적 갈등이 끊이지 않고
> 있다.

① 영토 확장 ② 인종 차이 ③ 무역 갈등
④ 자원 확보 ⑤ 종교적 대립

03 사례에 나타난 지구촌 문제 해결의 시사점으로 가장 적절한 것은?

> 유럽 연합(EU)은 난민이 처음으로 입국하게 되는 나라에서 난민 자격 심사를 받도록 처리해 왔다. 이로 인하여 북아프리카 및 중동 지역과 지리적으로 가까운 유럽의 일부 국가들의 부담이 커졌다. 그래서 유럽 연합(EU)은 난민을 고루 나누어 수용하는 난민 할당제를 마련하여, 유럽 일부 국가들이 겪고 있었던 부담을 완화시키고 각 나라의 협력을 증대하기로 하였다.

① 국가 간에 상호 협력을 통한 해결책을 찾아야 한다.
② 비정부 기구가 주도하는 인도주의적 구호 활동이 필요하다.
③ 적극적 평화를 실현하기 위해 문화적 폭력을 제거해야 한다.
④ 세계 공동체의 일원인 시민의 적극적인 관심과 참여가 요구된다.
⑤ 직접적이고 물리적인 폭력을 없애기 위한 방안을 마련해야 한다.

04 다음은 수업 시간에 학생이 필기한 노트의 일부이다. (가)~(마)에 들어갈 내용으로 적절하지 않은 것은?

> **국제 사회의 행위 주체**
> 1. 국가 …………………………………………… (가)
> 2. 국제기구 ……………………………………… (나)
> 3. 비정부 기구 ………………………………… (다)
> 4. 다국적 기업 ………………………………… (라)
> 5. 기타 …………………………………………… (마)

① (가) - 가장 기본적인 행위 주체
② (나) - 각국의 정부를 회원으로 하는 행위 주체
③ (다) - 대표적인 사례로 국제 연합(UN)이 있음
④ (라) - 전 세계에 걸쳐 생산과 판매 활동을 하는 기업
⑤ (마) - 국제적 영향력이 큰 개인, 개별 국가 내 지방 정부 등

05 ㉠, ㉡에 들어갈 국제 사회 행위 주체로 옳은 것은?

> • (㉠)은/는 1995년에 무역 장벽을 제거하고 자유 무역을 확대하기 위해 설립되었다. 공산품뿐만 아니라 농산물, 서비스 분야에서도 자유 무역을 추구하며, 국가 사이에 발생한 경제 분쟁을 해결한다.
> • (㉡)은/는 2012년에 지역 공동체로서는 최초로 노벨 평화상을 수상하였다. 회원국 간의 노동력, 자본, 상품의 자유로운 이동이 가능한 단일 시장을 형성하고 다수 회원국이 단일 통화를 사용하고 있는 지역 경제 협력체이다.

	㉠	㉡
①	세계 무역 기구	국제 연합
②	경제 협력 개발 기구	국제 연합
③	세계 무역 기구	유럽 연합
④	경제 협력 개발 기구	유럽 연합
⑤	북대서양 조약 기구	동남아시아 국가 연합

서술형 문제

06 다음 글을 읽고 물음에 답하시오.

> 어떤 종류의 폭력이라도 또 다른 폭력을 낳는다. 직접적 폭력은 구조적 폭력을 형성하고, 문화적 폭력은 이러한 모든 폭력을 합법화시킬 수 있다. 우리는 직접적 폭력을 제거한 상태인 (㉠)만으로 진정한 평화를 이룰 수 없다는 사실을 깨닫고 (㉡)을/를 실현하기 위해 노력해야 한다.

(1) ㉠, ㉡에 들어갈 개념을 쓰시오.

_____

(1)의 의미를 각각 비교하여 서술하시오.

_____

_____

남북 분단 및 동아시아 역사 갈등과 세계 평화

핵심 한끌

✘ 남북 분단의 배경과 과정

남북 분단의 배경	• 국제적 측면: 제2차 세계 대전 이후 (❶　　　　) 체제 심화, 한반도의 지정학적 위치 등 • 국내적 측면: 민족 내부의 응집력 부족, (❷　　　　) 발발로 오늘날까지 남북 북단이 고착화됨
남북 분단의 과정	8·15 광복(1945) → 모스크바 3국 외무 장관 회의에서 (❸　　　　) 결정(1945) → 남한 단독 총선거 실시(1948) → 6·25 전쟁 발발(1950) → 정전 협정 체결(1953)

✘ 평화와 통일을 향한 노력

통일의 필요성	민족의 동질성 회복, 한반도의 평화 정착, (❹　　　　) 절감, 민족의 경제적 발전과 번영 등
통일을 위한 노력	• 남북한의 평화적 교류 및 협력 추진 • 남북 통일에 우호적인 국제 환경 조성

✘ 동아시아의 역사 갈등과 세계 평화

(1) 동아시아의 역사 갈등 양상

중국과의 역사 갈등	(❺　　　　) 진행 과정에서 중국이 고조선, 고구려, 발해 등의 역사가 중국사의 일부라는 왜곡된 주장을 내세움
일본과의 역사 갈등	(❻　　　　) 영유권 주장, 일제 강점기 징용·징병 및 일본군 '위안부' 동원의 강제성에 대한 역사 교과서 왜곡, 야스쿠니 신사 참배

(2) 동아시아 역사 갈등 문제의 해결을 위한 노력

정부 차원	주변국의 역사 왜곡에 대한 외교적 대처 및 관계 법령 정비
민간 차원	공동 역사 연구 및 공동 역사 교재 발간, 문화 교류 행사 개최

(3) 세계 평화를 위한 우리나라의 노력

국가 차원	개발 도상국에 대한 공적 개발 원조 확대 등
개인·민간 차원	반전 및 평화 운동 참여 등

✦ 이 단원의 핵심 문장 완성하기

우리나라는 1945년 8월 15일 (❼　　　　) 이후 신탁 통치, 남한 단독 총선거 실시, 6·25 전쟁 등의 역사적 흐름 속에서 남과 북이 분단되었다. 한반도의 평화 정착 및 분단 비용 절감 등을 위해 남북의 통일이 필요하며, 이를 위해 남북은 지속적으로 노력하고 있다. 한편 동아시아에 위치한 우리나라, 중국, 일본은 영토 및 역사 인식 문제 등으로 갈등을 겪으며 세 나라는 공동 역사 교재를 발간하는 등 함께 노력하고 있다.

미리 보는 학교 시험

01 다음은 우리나라의 분단 과정을 정리한 것이다. (가)에 들어갈 내용으로 옳은 것만을 〈보기〉에서 고른 것은?

8·15 광복(1945)

↓

(가)

↓

6·25 전쟁 발발(1950)

↓

휴전 협정 체결(1953)

⊣ 보기 ⊢

ㄱ. 남북 정상 회담
ㄴ. 대한민국 정부 수립
ㄷ. 7·4 남북 공동 성명 발표
ㄹ. 미국과 소련의 한반도 분할 점령

① ㄱ, ㄴ　　　② ㄱ, ㄷ　　　③ ㄴ, ㄷ
④ ㄴ, ㄹ　　　⑤ ㄷ, ㄹ

02 질문에 대한 답변으로 적절하지 않은 것은?

남북 분단이 오랜 기간 이어져 오면서 일부 사람들은 통일 과정에서 발생할 수 있는 경제적 부담과 정치적·사회적 혼란 등을 우려하고 있다. 이러한 우려에도 불구하고 통일을 해야 하는 이유는 무엇일까?

① 갑: 이산가족의 고통을 해소할 수 있어요.
② 을: 분단 비용을 경제 발전을 위해 사용할 수 있어요.
③ 병: 남북한의 자원과 국토를 효율적으로 활용할 수 있어요.
④ 정: 전쟁의 위협을 줄임으로써 세계 평화에 기여할 수 있다.
⑤ 무: 한반도 전체 문화를 남한의 문화와 북한의 문화 중 하나로 통일할 수 있어요.

03 질문들을 바탕으로 탐구할 수 있는 통일의 필요성으로 가장 적절한 것은?

> • 남북의 단일 시장이 형성되면 국내 경제에는 어떤 영향을 미칠까?
> • 남한의 기술력과 북한의 노동력 및 천연 자원이 결합되면 국가 경쟁력이 향상될 수 있을까?

① 사회 구성원의 선택의 기회 확대
② 한반도를 넘어 대륙으로 생활공간의 확장
③ 국가 경쟁력 향상을 통한 한반도의 경제 발전
④ 군사적 긴장의 해소를 통한 국제 평화에 기여
⑤ 민족의 동질성 회복으로 공동체의 역량 극대화

04 교사의 질문에 대해 옳은 대답을 한 학생만을 고른 것은?

> 중국은 2002년부터 동북 3성(헤이룽장성, 지린성, 랴오닝성)의 역사, 지리, 민족을 연구하는 동북 공정을 진행하였어요. 중국이 동북 공정을 진행한 목적은 무엇일까요?

> 갑: 한족 중심의 단일 민족 국가를 이루기 위해서입니다.
> 을: 고구려와 발해의 역사를 중국사에 편입하기 위해서입니다.
> 병: 제국주의 시대의 식민 지배를 정당화하기 위해서입니다.
> 정: 중국 내의 소수 민족이 이탈하는 것을 막기 위해서입니다.

① 갑, 을
② 갑, 병
③ 을, 병
④ 을, 정
⑤ 병, 정

05 밑줄 친 '다양한 노력'에 해당하는 내용으로 적절하지 않은 것은?

> 동아시아에 위치한 우리나라, 중국, 일본은 정치·경제·문화 등 여러 분야에서 긴밀한 관계를 맺고 있지만, 역사 인식을 둘러싼 갈등이 발생하고 있다. 각국은 서로 다른 역사 인식을 가지고 있어 조율하는 과정이 쉽지 않지만, 우리나라뿐만 아니라 중국, 일본 등은 동아시아의 역사 갈등 문제를 해결하고 세계의 안정과 평화를 실현하기 위해 다양한 노력을 하고 있다.

① 문화 교류의 장을 활성화한다.
② 민간 차원의 국제 연대를 강화한다.
③ 동아시아의 역사를 공동으로 연구한다.
④ 한·중·일이 함께 근현대사 교재를 발행한다.
⑤ 자국의 실리를 중시하는 역사 교육을 실시한다.

서술형 문제

06 기사를 읽고 밑줄 친 '경제적 발전과 번영'에 해당하는 내용을 구체적으로 두 가지만 서술하시오.

> **한반도의 평화 통일이 필요한 이유는 무엇일까?**
> 한반도 통일은 국토를 분단 이전의 상태로 되돌리는 것만을 의미하는 것이 아니라 우리 민족이 대립과 갈등을 극복하고 평화와 번영을 위해 새로운 공동체로 거듭나는 것을 말한다. 한반도의 평화 통일은 민족의 동질성을 회복하고 경제적 발전과 번영을 위해 반드시 필요하다. 또한 동아시아 지역의 안정과 평화 실현을 넘어 세계 평화를 실현하기 위해서도 남북 통일은 이루어져야 한다.

V. 미래와 지속가능한 삶

01 세계의 인구와 인구 문제

✖ 세계의 인구 변화

인구 성장	• (❶): 산업화가 일찍 시작되어 18세기 말에서 20세기 초까지 인구 성장 → 이후 인구 정체 또는 감소 • 개발 도상국: 20세기 중반 이후 빠른 인구 증가 → 높은 출생률 유지, 사망률 감소로 (❷) 인구 증가율
인구 분포	• (❸) 요인: 기후, 지형 등 → 전통적인 인구 분포에 영향 • (❹) 요인: 산업, 교통, 교육 등 → 오늘날 인구 분포에 영향
인구 구조	• 선진국: 유소년층 적고 노년층 많음 → (❺)과/와 중위 연령 높음, 노년 부양비 높음 • 개발 도상국: 유소년층 많고, 노년층 적음 → 기대 수명과 중위 연령 낮음, (❻) 높음
인구이동	정치, 경제, 종교, 환경 등 다양 → 교통·통신의 발달에 따른 세계화의 영향으로 인구이동 증가

✖ 세계의 인구 문제와 해결 방안

구분	원인 및 영향	해결 방안
인구 과잉 문제	• 경제 성장보다 인구 증가의 속도가 빨라 인구 부양력에 비해 인구가 많아짐 → 식량 및 자원 부족, 기아, 빈곤, 실업 문제 발생 • 대도시로 인구가 집중하면서 각종 도시 문제 발생	경제 발전, 식량 증산, 산아 제한 정책, 중소 도시 육성, 촌락 개선 등
(❼) 문제	결혼·출산의 가치관 변화, 초혼 연령의 증가 등, 출생률 감소에 따른 인구 정체 및 인구 감소 → 노동력 부족, 잠재 경제 성장률 하락, 경기 침체	출산·육아 비용 지원, 보육 시설 및 출산 휴가 확충 등 출산 장려 정책
(❽) 문제	의학 기술 발달과 생활 수준 향상에 따른 사망률 감소, 노년 부양비 증가, 노년층을 위한 사회적 비용 증가 → 세대 간 갈등 문제 발생	연금 제도 등 사회 보장 제도 강화, 일자리 확대와 정년 연장 등

✦ 이 단원의 핵심 문장 완성하기

인구는 자연적 요인과 사회·경제적 요인에 따라 분포하며, 전 세계 인구의 약 90% 이상이 (❾)에 거주한다. 한편, 경제가 발달한 선진국은 (❿), 고령화 문제가 개발 도상국에서는 (⓫) 문제와 도시 과밀화 문제가 나타나고 있다.

---

01 그래프는 세계 총인구 추이와 총인구의 대륙별 비율을 나타낸 것이다. (가)~(다)에 대한 설명으로 옳은 것만을 〈보기〉에서 고른 것은?

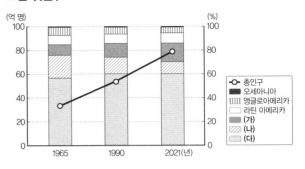

범례:
- —○— 총인구
- ■ 오세아니아
- ▥ 앵글로아메리카
- ☐ 라틴 아메리카
- ▨ (가)
- ▧ (나)
- ☐ (다)

┤보기├
ㄱ. (가)는 저출생 문제가 심각한 편이다.
ㄴ. (나)는 일찍 산업화가 이루어졌다.
ㄷ. (다)에는 인구수가 10억 명 이상인 국가가 있다.
ㄹ. (나)는 (가)와 (다)에 비해 1인당 GDP가 낮은 편이다.

① ㄱ, ㄴ ② ㄱ, ㄷ ③ ㄴ, ㄷ
④ ㄴ, ㄹ ⑤ ㄷ, ㄹ

02 다음 두 국가의 인구 피라미드에 대한 설명으로 옳은 것만을 〈보기〉에서 있는 대로 고른 것은? (단, (가), (나)는 각각 가나, 프랑스 중 하나임.)

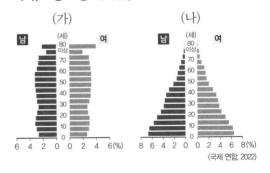

(국제 연합, 2022)

┤보기├
ㄱ. (가)는 (나)보다 기대 수명이 높다.
ㄴ. (가)는 (나)보다 중위 연령이 낮다.
ㄷ. (가)는 (나)보다 유소년 부양비가 높다.
ㄹ. (가)는 가나, (나)는 프랑스이다.

① ㄱ ② ㄷ ③ ㄴ, ㄷ
④ ㄴ, ㄹ ⑤ ㄷ, ㄹ

03 지도의 (가)에 들어갈 지표로 적절한 것은?

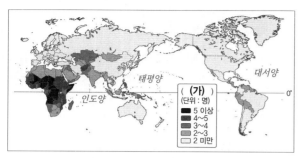

① 총인구
③ 중위 연령
⑤ 노년층 인구 비율

② 기대 수명
④ 합계 출산율

05 (가)에 들어갈 내용으로 가장 적절한 것은?

〈제4차 저출산·고령 사회 기본 계획(2021~2025)〉

1. 함께 일하고 함께 돌보는 사회 조성
   • 모두가 누리는 일과 삶의 균형
   • 성평등하게 일할 수 있는 사회
   • [(가)]
2. 건강하고 능동적인 고령 사회 구축
3. 모두의 역량이 고루 발휘되는 사회
4. 인구 구조 변화에 대한 적응

① 존엄한 삶의 마무리 지원
② 다양한 가족의 제도적 수용
③ 고령 친화적 주거 환경 조성
④ 평생 교육 및 직업 훈련 강화
⑤ 아동 돌봄의 사회적 책임 강화

04 자료는 우리나라의 연령층별 인구 구성비 변화를 나타낸 것이다. 이에 대한 설명으로 옳은 것만을 〈보기〉에서 고른 것은?

년도	유소년층	청장년층	노년층
1960	42.3	54.8	2.9
1980	34.0	62.2	3.8
2000	21.1	71.7	7.2
2020	12.2	72.1	15.7
2040	7.7	58.0	34.3
2060	6.9	48.9	44.2

* 2040년과 2060년은 예상치임.
(단위: %)

┤보기├
ㄱ. 노년 부양비는 1960년 이후 감소한다.
ㄴ. 유소년 부양비는 1960년 이후 증가한다.
ㄷ. 2020년은 2000년에 비해 합계 출산율이 감소했다.
ㄹ. 2040년에는 2020년에 비해 총부양비가 증가할 것이다.

① ㄱ, ㄴ   ② ㄱ, ㄷ   ③ ㄴ, ㄷ
④ ㄴ, ㄹ   ⑤ ㄷ, ㄹ

서술형 문제
06 다음 글을 읽고 예상되는 인구 문제를 쓰고, 그 해결 방안을 정책적 측면과 가치관 측면에서 서술하시오.

전 세계적으로 노년층 인구 증가 속도가 빨라지고 있다. 이전부터 고령화가 진행된 선진국 중 일본의 경우, 2020년대에 접어들면서 노인 인구 비율이 30%에 달하였고 유럽의 주요 국가들 또한 대부분 초고령 사회에 접어들었다. 이에 더해 중국은 물론 아프리카까지 출생률이 낮아졌다. 오늘날 중국은 이미 고령 사회에 진입하였으며, 국제 연합(UN)은 중국이 2035년에 초고령 사회가 될 것으로 예상하였다.

02 ~ 03 세계의 에너지 자원과 지속가능한 발전 ~ 미래 사회와 세계시민으로서의 삶

핵심 한끝

✖ 주요 에너지 자원의 특징

구분	특징
석탄	• 주로 (❶　　　　)에 분포 • 산업 혁명 시기부터 사용량 증가 • 석유에 비해 (❷　　　　)이 덜한 편임 • 연소 시 이산화 탄소 등 대기 오염 물질 배출량이 많음
석유	• 주로 신생대 3기 배사 구조에 매장되어 있음 → 세계 매장량의 절반 정도가 페르시아만 주변에 분포 • 19세기 내연 기관의 발명과 자동차 보급으로 수요 증가 • 주로 (❸　　　　) 연료 및 석유 화학 공업의 원료로 이용 • 국제 이동량이 가장 많음
천연가스	• 석유와 함께 매장되어 있는 경우가 많음 • (❹　　　　) 기술의 발달로 운반과 소비가 편리해짐에 따라 소비 증가 • 주로 가정용으로 이용되며 석유, 석탄에 비해 대기 오염 물질의 배출량 적음

✖ 기후변화 대응과 지속가능한 발전

기후변화	• 의미: 일정한 지역에서 나타나는 기후의 평균적인 상태가 장기간에 걸쳐 변화하는 것 • 태양 활동의 변화, 대규모 화산 활동 등 자연적 원인과 화석 에너지 사용 증가에 따른 (❺　　　　) 배출량 증가 등 인위적 원인으로 발생함 • 기상 이변, 해수면 상승에 따른 피해가 발생함
지속가능한 발전	• 의미: (❻　　　　)가 살아가는 데 필요한 자원을 낭비하거나 환경을 훼손하지 않으면서 현재 세대의 필요를 동시에 충족하는 것 • 국제·국가적인 노력: 개발 도상국의 빈곤 문제 해결, 지속가능한 기술 개발, 환경 보존 노력, 사회 계층 간 통합 및 취약 계층 지원 • 개인적 노력: 자원 및 에너지 절약, (❼　　　　) 소비, 사회 정의와 형평성을 위한 시민 의식 함양

✦ 이 단원의 핵심 문장 완성하기

석탄, 석유, 천연가스 등의 (❽　　　　)를 소비함으로써 우리의 삶이 편리해졌지만, 동시에 지구 온난화에 따른 (❾　　　　) 문제가 발생하였다. 따라서 지구의 (❿　　　　) 발전을 위해서는 국제적, 국가적 차원은 물론 개인적 차원의 노력이 필요하다.

미리 보는 학교 시험

01 다음은 화석 에너지 자원의 가채 연수를 나타낸 것이다. 이와 관련된 자원의 특성으로 옳은 것은?

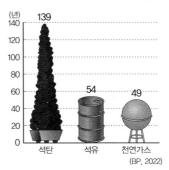

(년)
140 ─ 139
120
100
80
60 ─ 54　　49
40
20
0
석탄　석유　천연가스
(BP, 2022)

① 가변성　　② 상대성　　③ 유한성
④ 편재성　　⑤ 희소성

02 다음 밑줄 친 ㉠~㉤ 중 옳지 않은 것은?

> ㉠자원은 인간에게 유용하면서 기술적·경제적으로 개발이 가능한 것을 말한다. 그중에서도 인간이 기본적인 생활을 유지하고 생산 활동을 하는 데 필요한 ㉡에너지를 얻을 수 있는 자원을 에너지 자원이라고 한다. 에너지 자원에는 ㉢석탄, 석유, 천연가스 등의 화석 에너지와 ㉣수력, 풍력, 수소 에너지 등의 신·재생 에너지가 있다. 하지만 ㉤신·재생 에너지는 화석 에너지에 비해 발전 비용은 저렴하나 오염 물질 배출이 많다.

① ㉠　　② ㉡　　③ ㉢　　④ ㉣　　⑤ ㉤

[03~04] 그래프는 (가), (나) 에너지 자원의 생산량과 소비량을 나타낸 것이다. 이를 보고 물음에 답하시오.

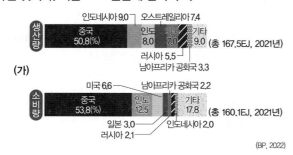

(가)

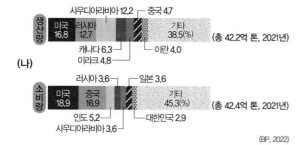

(나)

03 (가), (나)에 해당하는 에너지 자원을 옳게 연결한 것은?

	(가)	(나)		(가)	(나)
①	석탄	석유	②	석탄	천연가스
③	석유	석탄	④	석유	천연가스
⑤	천연가스	석유

04 (나) 자원에 대한 (가) 자원의 상대적 특징을 그림의 A~E 에서 고른 것은?

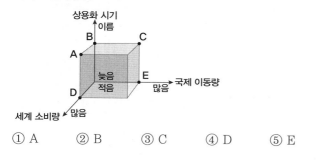

① A   ② B   ③ C   ④ D   ⑤ E

05 그래프는 세계 에너지 소비 구조의 변화를 나타낸 것이다. A~C 자원에 대한 설명으로 옳은 것은?

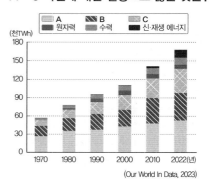

① A는 냉동 액화 기술 발달로 소비량이 증가하였다.
② B는 페르시아만 주변에 집중 매장되어 있다.
③ C는 산업 혁명 시기 주요 에너지 자원이었다.
④ A는 B보다 국제 이동량이 많다.
⑤ C는 A보다 연소 시 대기 오염 물질 배출량이 많다.

06 표는 자원으로 인한 문제와 관련된 내용이다. (가)~(라)에 들어갈 옳은 내용만을 〈보기〉에서 있는 대로 고른 것은?

자원 문제	발생 원인
자원을 둘러싼 분쟁	(가)
(나)	세계 자원 소비량의 증가
(다)	온실가스 배출량 증가
에너지 소비 격차	(라)

┤보기├
ㄱ. (가) – 자원 민족주의의 확산
ㄴ. (나) – 자원의 편재성
ㄷ. (다) – 자원 고갈 문제
ㄹ. (라) – 신·재생 에너지의 사용 및 보급 확대

① ㄱ   ② ㄷ   ③ ㄴ, ㄷ
④ ㄴ, ㄹ   ⑤ ㄷ, ㄹ

07 밑줄 친 ㉠, ㉡에 대한 옳은 설명만을 〈보기〉에서 있는 대로 고른 것은?

> 지속가능한 발전은 어느 한 나라만의 노력으로 이룰 수 없다. 따라서 국제 사회에서는 지속가능한 발전을 위해 각종 협약을 체결하고 제도를 마련하고 있다. 국제 사회는 1992년, 국제 연합 환경 개발 회의(UNCED)에서 지속가능한 발전을 실행하기 위한 행동 지침을 채택하였다. 1997년에는 기후변화에 대응하기 위한 구체적인 이행 방안을 토대로 한 ㉠ 교토 의정서를 채택하였다. 이후 2015년에는 ㉡ 파리 협정을 체결하였다.

┤ 보기 ├
ㄱ. ㉠ – 전 세계 모든 국가가 참여하였다.
ㄴ. ㉠ – 온실가스 배출 거래권 제도를 도입하였다.
ㄷ. ㉡ – 모든 국가에 온실가스 감축 의무를 부과하였다.
ㄹ. ㉡ – 17개 목표와 169개의 구체적인 세부 목표를 담고 있다.

① ㄱ   ② ㄷ   ③ ㄴ, ㄷ
④ ㄴ, ㄹ   ⑤ ㄷ, ㄹ

08 교사의 질문에 옳게 대답한 학생만을 〈보기〉에서 고른 것은?

세계시민으로서 우리가 가져야 할 자세로 무엇이 있을까요?

┤ 보기 ├
갑: 인류 전체의 보편적 이익을 우선시합니다.
을: 전 지구적 수준의 문제는 국제기구에만 맡깁니다.
병: 우리나라의 문화가 가장 뛰어나다는 것을 알려야 합니다.
정: 개인적으로 지속가능한 발전을 위해 할 수 있는 일을 실천합니다.

① 갑, 을   ② 갑, 정   ③ 을, 병
④ 을, 정   ⑤ 병, 정

09 다음 글에서 제기한 과학기술의 발전에 따른 공간과 삶의 변화에 대처하기 위한 방법으로 적절하지 <u>않은</u> 것은?

> 과학기술이 빠른 속도로 발전하면서 미래에는 우리의 생활공간 범위가 넓어지고 생활도 편리해지겠지만, 그에 따른 많은 문제점이 발생할 수 있다. 미래에는 과학기술 장치의 오작동에 따른 안전 문제, 개인 정보 유출로 인한 사생활 침해, 전자 감시, 로봇에게 빼앗긴 일자리, 유전 공학 발달에 따른 윤리적 문제 등이 발생할 수 있다.

① 개인 정보를 국가나 기업이 소유하는 것을 제한한다.
② 유전자 조작 및 복제에 관한 사회적 합의체를 운영한다.
③ 미래 사회에 유연하게 대응하기 위한 미래학 연구에 투자한다.
④ 전 지구적 차원의 협력을 강화하여 온실가스의 배출량을 줄인다.
⑤ 자율 주행 자동차와 같은 무인 운송 수단에 관한 법규를 정비한다.

서술형 문제

10 다음 글은 자원으로 인한 갈등과 관련된 것이다. (가)에 들어갈 용어를 쓰고, 자원으로 인한 갈등을 해결하기 위한 방안을 두 가지 서술하시오.

> 화석 에너지의 생산지와 소비지가 일치하지 않아 발생하는 갈등이 심각해지고 있다. 특히, [(가)]이/가 확산되면서 자원의 해외 의존도가 높은 국가들이 큰 어려움을 겪고 있다. 또한 자원의 개발과 안정적인 확보를 위한 국가 간의 분쟁이 곳곳에서 발생하고 있다.

01 다음은 인권 보장 과정에서 나타난 역사적 사건을 설명한 것이다. (가)에 들어갈 내용으로 가장 적절한 것은? [4점]

> 산업 혁명 이후 자본주의가 급속도로 발전하면서 사회 불평등이 심화되었다. 노동자 등 사회적 약자들은 열악한 노동 환경, 빈부 격차 등으로 인간다운 생활을 보장받지 못하였다. 이에 시민들 사이에서 국가가 사회적 약자를 보호해야 한다는 인식이 확산하였고, 그 결과로 _____(가)_____

① 영국에서 권리 장전이 승인되었다.
② 의회 중심의 입헌 군주제가 등장하였다.
③ 일정 연령 이상의 모든 시민들의 참정권이 보장되었다.
④ 모든 국민이 인간다운 생활을 보장받을 권리가 등장하였다.
⑤ 전 세계적인 문제에 대응하기 위해 국제적으로 연대하고 협력할 수 있는 권리가 강조되었다.

02 (가), (나)는 인권 확장의 과정에서 발표된 문서의 일부이다. 이에 대한 설명으로 옳은 것은? [3점]

(가)	(나)
• 제1조 '국왕은 의회의 동의 없이 법의 효력을 정지하거나 법의 집행을 정지할 수 있다.'는 주장은 위법이다. • 제4조 국왕의 대권을 구실로 의회의 승인 없이 …… 국왕이 쓰기 위한 금전을 징수하는 것은 위법이다.	• 제151조 ① 경제생활의 질서는 모든 사람에게 인간다운 생활을 보장할 것을 목적으로 하는 정의의 원칙에 기초하여야 한다. • 제163조 ② 모든 국민은 노동할 수 있는 기회가 주어진다.

① (가)는 인류 전체의 인권 보장을 위한 국제 사회의 협력을 강조하였다.
② (나)에서 사회권이 최초로 명시되었다.
③ (나)의 제정은 입헌 군주제가 등장하는 계기가 되었다.
④ (가)는 (나)와 달리 산업 혁명 이후 심화된 사회 불평등을 극복하기 위해 등장하였다.
⑤ (나)는 (가)와 달리 계몽사상의 영향을 받았다.

03 대화에서 병이 말하는 인권의 유형 A, B에 대한 설명으로 옳은 것은? [3점]

매달 마지막 수요일은 '문화가 있는 날'로 지정되어 있어. 그래서 나는 어제 50% 할인된 가격으로 연극 공연을 관람하였어.
갑

우리 집은 오래되어서 살기에 불편한 점이 많았는데 주거 환경 개선 사업을 통해 일정액을 지원받아 집의 일부를 수리하였어.
을

현대 사회에 새롭게 등장한 인권 중 갑은 A를, 을은 B를 보장받았구나.
병

① A는 문화 활동에 자유롭게 참여하고 문화를 누릴 권리이다.
② A를 보장하기 위해 우리나라는 「환경 정책 기본법」을 제정하였다.
③ B는 국가 권력의 간섭이 배제됨으로써 보장되는 권리이다.
④ B를 보장하기 위해 국가는 전염병이나 재해를 예방 및 관리한다.
⑤ A, B를 보장하기 위해 국가는 국민의 주거비 부담을 줄이고자 노력한다.

04 표는 기본권 유형을 구분한 것이다. A~C에 대한 설명으로 옳은 것은? (단, A~C는 각각 자유권, 사회권, 청구권 중 하나임.) [4점]

질문	A	B	C
소극적 성격의 권리인가?	아니요	아니요	예
수단적 성격의 권리인가?	예	아니요	아니요

① A는 복지 국가를 추구하는 현대 사회에서 강조되는 권리이다.
② B는 국가의 의사 결정에 참여할 수 있는 권리이다.
③ C는 국가 권력의 간섭을 받지 않을 권리이다.
④ A는 B와 달리 국가에 인간다운 생활을 요구할 수 있는 권리이다.
⑤ B는 C와 달리 다른 기본권을 실현하기 위한 전제가 되는 권리이다.

1 / 6

05 밑줄 친 ⑤의 사례로 옳지 않은 것은? [4점]

> 권력 분립 제도는 국가의 기능을 나누어 입법권은 국회가, 행정권은 정부가, 사법권은 법원이 각각 담당하게 하는 제도이다. 권력 분립 제도를 통해 ⑤ 국가 기관 상호 간의 견제와 균형을 이루도록 함으로써 국가 권력을 통제하고, 국민의 인권이 침해되는 것을 막을 수 있다.

① 대법원장은 국회의 동의를 얻어 대통령이 임명한다.
② 국회는 정부에 대한 국정 감사 및 조사권을 행사할 수 있다.
③ 법원은 명령·규칙·처분 심사권을 통해 정부를 견제할 수 있다.
④ 대통령은 국회에서 의결한 법률안에 대하여 거부권을 행사할 수 있다.
⑤ 대법원은 재판 중인 사건에서 다루는 법률이 헌법에 위반되는지 여부를 심판한다.

06 다음 행위들이 정당화될 수 있는 조건으로 적절한 것만을 〈보기〉에서 있는 대로 고른 것은? [3점]

> • 간디의 소금법 거부 운동
> • 미국 앨라배마주의 버스 승차 거부 운동

┤ 보기 ├
ㄱ. 법을 준수해야 한다.
ㄴ. 공익을 수호하려는 목적이어야 한다.
ㄷ. 폭력적인 방법을 사용하지 않아야 한다.
ㄹ. 불복종 행위에 대한 처벌을 감수해야 한다.

① ㄱ   ② ㄱ, ㄷ   ③ ㄴ, ㄹ
④ ㄱ, ㄴ, ㄷ   ⑤ ㄴ, ㄷ, ㄹ

07 다음은 16세 근로자 A의 근로 계약서 중 일부이다. 이에 대해 옳게 분석한 학생만을 고른 것은? [4점]

> 1. 근로 시간: 오전 9시 ~ 오후 4시(⑤ 휴게 시간: 없음)
> 2. 임금: ⑥ 시급 9,000원(⑥ 매월 1일, 16일 ⑥ 근로자에게 직접 현금으로 지급)
> * 2025년 기준 최저 임금: 시간급 10,030원

> 갑: 근무 시간이 4시간인 경우에는 30분 이상의 휴게 시간을 근로 시간 도중에 주어야 하므로 ⑤은 잘못되었어.
> 을: 연소 근로자의 경우 최저 임금을 적용하지 않아도 되므로 ⑥은 문제가 없어.
> 병: 임금은 매월 1회 이상 일정한 날짜에 지급해야 하므로 ⑥은 문제가 없어.
> 정: 임금은 본인 명의의 통장으로 지급해야 하므로 ⑥은 잘못되었어.

① 갑, 을   ② 갑, 병   ③ 을, 병
④ 을, 정   ⑤ 병, 정

08 밑줄 친 ⑤~⑩에 대한 설명으로 옳지 않은 것은? [3점]

> 세계 인권 선언을 비롯한 국제 사회의 다양한 노력으로 세계 인권 문제는 상당 부분 개선되었다. 그러나 국제 사회는 ⑤ 빈곤 문제, ⑥ 여성에 대한 차별 문제, ⑥ 아동 노동 문제, ⑥ 난민 문제, 인종 차별 문제, ⑩ 독재 국가의 공권력에 의한 국민의 기본권 침해 문제 등의 인권 문제가 여전히 발생하고 있다.

① ⑤으로 최소한의 인간다운 삶을 보장받지 못하고 생존의 위협을 받기도 한다.
② ⑥을 해결하기 위해서 성평등 의식을 강화해야 한다.
③ 아동 노동을 통해 만들어진 상품에 대한 불매 운동은 ⑥의 해결 방안이 될 수 있다.
④ ⑥은 기후변화로 발생하기도 한다.
⑤ ⑩은 개별 국가의 노력만으로 해결해야 한다.

09 다음 글에 나타난 기준에 따를 때 정의가 실현된 사례로 적절한 것만을 〈보기〉에서 고른 것은? [4점]

아리스토텔레스는 정의란 동등하다면 동등한 몫을, 동등하지 않다면 동등하지 않은 몫을 가지는 것이라고 하였다.

┤보기├

ㄱ. 소득이 높은 사람일수록 높은 세율을 적용한다.
ㄴ. 시각 장애인 학생에게 중간고사 시험 시간을 더 부여한다.
ㄷ. 기업 구조 조정 시 연령이 높은 사람을 우선으로 해고한다.
ㄹ. 올림픽 국가 대표 선발 시 과거의 대회 우승 경력을 기준으로 한다.

① ㄱ, ㄴ   ② ㄱ, ㄷ   ③ ㄱ, ㄹ
④ ㄴ, ㄷ   ⑤ ㄴ, ㄹ

11 갑이 을에게 제기할 수 있는 비판으로 적절한 것은? [3점]

• 갑: 나는 공동체와 분리된 존재가 아니다. 왜냐하면 내 삶의 역사는 항상 내가 나의 정체성을 도출해 내는 공동체의 역사 속에 편입되어 있기 때문이다.
• 을: 개인의 자유와 권리를 보호하고 개인선을 실현하는 것이 정의이다. 특히 개인의 소유 권리는 최대한 보장되어야 한다.

① 사회는 개인들의 총합에 불과하다는 사실을 간과하고 있다.
② 개인은 자신의 좋은 삶을 스스로 선택하는 자율적 존재임을 간과하고 있다.
③ 개인의 자유를 실현하기 위해서는 항상 타인의 권리를 침해해야 함을 간과하고 있다.
④ 개인의 정체성은 공동체의 문화와 역사 속에서 형성되는 연고적 자아임을 간과하고 있다.
⑤ 자신이 속한 집단의 가치만을 지나치게 주장하면 잘못된 집단주의에 빠질 수 있음을 간과하고 있다.

10 (가)~(다)는 서로 다른 분배적 정의의 실질적 기준이다. 이에 대한 설명으로 옳지 **않은** 것은? [4점]

(가)	개인의 신체적, 정신적 능력을 기준으로 분배하는 것
(나)	개인이 성취한 업적을 기준으로 분배하는 것
(다)	기본적 욕구 충족이 어려운 사람들에게 분배하는 것

① (가)는 능력을 평가하는 정확한 기준을 마련하기가 어렵다.
② (나)는 서로 다른 영역의 업적을 쉽게 비교하여 평가할 수 있다.
③ (다)는 개인의 성취동기를 감소시켜 경제적 효율성을 떨어뜨릴 수 있다.
④ (가)는 (나)보다 선천적·우연적 요소가 개입되기 쉽다.
⑤ (다)는 (나)와 달리 사회적 약자를 배려할 수 있고, 사회 불평등을 개선할 수 있다.

12 갑, 을의 주장에 대한 옳은 설명만을 〈보기〉에서 고른 것은? [4점]

인터넷 공간에서 익명 표현의 자유를 지나치게 강조하면 공동체의 가치를 훼손할 수 있습니다.

인터넷 게시판 실명제 도입에 대한 찬반 입장이 엇갈리고 있습니다. 이에 대한 의견을 말씀해 주십시오.

인터넷 게시판 실명제는 표현의 자유라는 헌법적 가치를 훼손할 수 있습니다.

갑   을

┤보기├

ㄱ. 갑은 공동선보다 개인선의 추구를 강조한다.
ㄴ. 갑은 개인이 공동체의 전통이나 가치로부터 독립된 존재라고 본다.
ㄷ. 을은 사회가 개인들의 총합에 불과하다고 본다.
ㄹ. 을의 입장이 지나치면 이기주의의 문제가 발생할 수 있다.

① ㄱ, ㄴ   ② ㄱ, ㄷ   ③ ㄱ, ㄹ
④ ㄴ, ㄷ   ⑤ ㄷ, ㄹ

13 다음 글에 나타난 사회 불평등 현상에 대한 설명으로 적절하지 <u>않은</u> 것은? [3점]

> 2022년에 통계청이 발표한 '2022년 가계 금융 복지 조사' 결과를 보면, 자산 상위 20% 가구와 하위 20% 가구의 차이는 약 64배로 나타났다. 2021년 대비 상위 20%의 평균 자산은 9.1% 증가하였고, 이 중 부동산 증가분이 10.7%였다. 부동산 자산을 보유한 가구 비율을 보면 상위 20% 가구의 98.6%가 부동산 자산을 보유하였지만, 하위 20% 가구 중 부동산 자산을 보유한 비율은 10.1%에 그쳤다.

① 사회 이동이 어려워지게 한다.
② 계층 간에 위화감을 조성할 수 있다.
③ 사회 발전의 원동력이 줄어들게 한다.
④ 경제적 측면에서만 한정되어 나타난다.
⑤ 사회 계층에서 중층의 비중이 줄고, 상층과 하층이 늘어나는 현상이다.

14 (가), (나) 현상의 해결 방안으로 적절하지 <u>않은</u> 것은? [3점]

(가)	• 수도권 및 대도시 지역에 인구 및 편의 시설 집중 • 비수도권 및 농촌 지역의 인구 유출 및 지역 경제 침체
(나)	도시 지역 내 저소득층 거주 지역의 주택 노후화 및 기반 시설 부족

① (가) - 수도권 중심의 지역 개발 전략을 세워야 한다.
② (가) - 지역의 자립 기반을 구축하여 지역 경제를 활성화시켜야 한다.
③ (나) - 정부가 저렴한 주택 공급을 확대해야 한다.
④ (나) - 노후 불량 주택 개량을 통한 주거 안정 정책을 마련해야 한다.
⑤ (가), (나) - 지역 격차를 완화하는 정책을 펼쳐야 한다.

15 다음 내용이 공통으로 가리키는 사회 복지 제도로 옳은 것은? [3점]

> • 생활 능력이 없거나 생활이 어려운 국민에게 최저 생활을 보장하고 자립을 지원한다.
> • 금전적인 방법으로 이루어지며, 납부자와 수혜자가 일치하지 않는다.
> • 국민 기초 생활 보장 제도, 기초 연금, 의료 급여 등이 해당된다.

① 국민연금
② 공공 부조
③ 사회 보험
④ 사회 서비스
⑤ 적극적 평등 실현 조치

16 다음 글에 나타난 제도가 사회에 미치는 영향으로 적절한 것만을 〈보기〉에서 고른 것은? [4점]

> 우리나라는 대학 입시에서 사회적 배려 대상자, 장애인, 농어촌 지역 학생 등에 대해 특별 전형을 실시하고 있다.

┤ 보기 ├
ㄱ. 실질적인 교육 기회의 평등을 실현할 수 있다.
ㄴ. 혜택의 정도가 지나칠 경우 역차별이 발생할 수 있다.
ㄷ. 수도권 지역과 농어촌 지역의 격차가 심화될 수 있다.
ㄹ. 사회 계층의 양극화가 심화되어 사회 이동이 어려워질 수 있다.

① ㄱ, ㄴ
② ㄴ, ㄹ
③ ㄷ, ㄹ
④ ㄱ, ㄴ, ㄷ
⑤ ㄱ, ㄷ, ㄹ

17 다음 게임에서 규칙에 따라 숫자를 더했을 때, 최종 합계로 옳은 것은? [4점]

〈자본주의의 특징 알아보기〉

※ 게임 규칙
• 자본주의의 특징에 관한 진술 (가)~(마)를 순서대로 읽고, 옳고 그름을 판단한다.
• 각 진술이 옳으면 2를 더하고, 틀리면 0을 더한다.

(가) 사유 재산 제도를 바탕으로 한다.
(나) 자유로운 경쟁과 사적 이익이 보장된다.
(다) 대부분의 경제활동이 시장에서 이루어진다.
(라) 경제 주체는 효율성보다는 형평성을 추구한다.
(마) 정부가 정한 가격을 기준으로 거래가 형성된다.

① 2　　　② 4　　　③ 6　　　④ 8　　　⑤ 10

18 어느 학생이 수업 시간에 필기한 내용이다. ㉠, ㉡에 대한 옳은 설명만을 〈보기〉에서 고른 것은? [3점]

〈자본주의의 유형〉

1. (㉠): '보이지 않는 손'에 의해 경제가 움직인다고 본다.
2. (㉡): 정부가 적절히 개입해야 경제가 움직인다고 본다.

┤ 보기 ├
ㄱ. ㉠은 애덤 스미스의 자유방임주의를 바탕으로 한다.
ㄴ. 케인스는 ㉡을 주장한 대표적인 경제학자이다.
ㄷ. ㉡은 ㉠과 달리 사유 재산권을 인정하지 않는다.
ㄹ. ㉠과 ㉡은 모두 정부 실패를 극복하고자 등장하였다.

① ㄱ, ㄴ　　　② ㄱ, ㄷ　　　③ ㄴ, ㄷ
④ ㄴ, ㄹ　　　⑤ ㄷ, ㄹ

19 자료에 대한 분석으로 옳은 것은? (단, 제시된 내용 이외의 다른 조건은 고려하지 않음.) [4점]

합리적 소비자 갑은 중고 노트북 A~C 중 하나를 구매하려고 한다. 표는 각각의 제품에 대한 편익과 가격을 나타낸다.

구분	A	B	C
편익	31만 원	28만 원	30만 원
가격	25만 원	26만 원	23만 원

① A를 선택하는 것이 합리적이다.
② B를 선택할 때의 편익은 기회비용보다 크다.
③ C를 선택할 때의 기회비용은 23만 원이다.
④ A를 선택할 때와 B를 선택할 때의 암묵적 비용은 같다.
⑤ A를 선택할 때의 기회비용은 C를 선택할 때의 기회비용보다 작다.

20 사례를 통해 추론할 수 있는 내용으로 가장 적절한 것은? [3점]

○○ 신문

제지업체들이 담합을 통해 원료 단가를 깎고 최종 판매가를 부당하게 올리다가 적발되었다. 공정 거래 위원회는 지난 2007년 이후 7년 동안 이러한 담합 행위를 지속해 온 제지업체 45곳에 1,039억 원의 과징금을 부과한다고 밝혔다. 공정 거래 위원회 관계자는 "제지업체들의 담합 행위로 소비자들은 높은 가격에 골판지 등을 구매할 수밖에 없었고, 폐지 등 원료를 공급하는 업자들도 소득이 줄어드는 등 부작용이 컸다."라고 말하였다.

① 기업은 이윤 극대화를 추구해서는 안 된다.
② 효율성보다는 형평성이 사회를 발전시킨다.
③ 지나친 효율성 추구는 공익을 해칠 수 있다.
④ 개인의 이익 추구는 사회 전체적으로는 항상 해롭다.
⑤ 경제 주체의 합리적 선택은 사회 통합을 증진시킨다.

21 인권은 인간이 태어나면서부터 당연히 가지는 (㉠) 권리의 성격과, 인간이라면 누구나 가지는 (㉡) 권리의 성격을 가진다. [2점]

22 ( )은/는 부당한 법이나 정책을 바로잡기 위해 의도적으로 법에 대한 복종을 거부하는 행위이다. [2점]

23 연소 근로자의 근로 시간은 원칙적으로 1일 (㉠) 시간, 1주 (㉡) 시간을 초과할 수 없다. [2점]

24 ( )적 정의는 불공정하거나 잘못된 행위를 바로잡는 것으로, 잘못에 대한 대응이 공정한지를 다룬다. [2점]

25 공익(공동선)을 실현하려는 개인들의 연대가 공동체의 목표 달성뿐만 아니라 사익(개인선)의 실현으로도 이어진다고 보는 정의관은? [2점]

26 사회 계층 중에서 중층의 비중이 점점 줄어들면서 상층과 하층의 비중이 늘어나는 현상을 사회 계층의 ( )(이)라고 한다. [2점]

27 밑줄 친 '이것'에 해당하는 자본주의의 형태가 무엇인지 쓰시오. [2점]

> 1970년대 석유 파동 이후 스태그플레이션이 발생하면서 정부의 경제 정책이 효과를 보지 못하는 상황이 나타났다. 이에 따라 정부의 지나친 시장 개입을 비판하고 시장에 의한 경제 문제 해결을 옹호하는 이것이 지지를 얻기 시작하였다.

28 어떤 경제 주체의 경제활동이 다른 경제 주체에게 의도하지 않은 이익이나 피해를 주는데도 이에 대한 경제적 대가를 받거나 치르지 않는 ( )이/가 발생하면 시장은 자원을 효율적으로 배분하지 못하게 된다. [2점]

29 다음은 우리나라 헌법 조항 중 일부이다. 이를 읽고 물음에 답하시오. [8점]

> 제12조 ① 모든 국민은 신체의 자유를 가진다. 누구든지 법률에 의하지 아니하고는 체포·구속·압수·수색 또는 심문을 받지 아니하며, 법률과 적법한 절차에 의하지 아니하고는 처벌·보안 처분 또는 강제 노역을 받지 아니한다.
> ② 모든 국민은 고문을 받지 아니하며, 형사상 자기에게 불리한 진술을 강요당하지 아니한다.
> ③ 체포·구속·압수 또는 수색을 할 때에는 적법한 절차에 따라 검사의 신청에 의하여 법관이 발부한 영장을 제시하여야 한다.

(1) 위 헌법 조항이 보장하고자 하는 기본권의 명칭을 쓰시오. [2점]

_____

(2) (1)의 의미와 성격을 서술하시오. [6점]

_____
_____

30 다음은 교실의 자리 배정 방식에 대한 학급 회의 모습이다. 을이 자유주의적 관점에서 제기할 수 있는 주장을 서술하시오. [6점]

> 키가 크거나 작은 학생, 시력이 나쁜 학생 등 우리 반 전체 구성원의 상황을 고려해서 배정해야 합니다.

갑

을

_____
_____

기본권 구제 제도 분석하기

문제 (가)는 기본권 침해의 사례이고 (나)는 (가)와 관련한 헌법 소원 심판의 결정 요지 중 일부이다. 이를 읽고 아래 〈조건〉에 맞게 400~500자로 논술하시오. **[20점]**

(가) 갑은 2015년 4월 28일 대법원 청사의 경계 지점으로부터 100m 이내에 위치한 대검찰청 정문 앞에서 6명의 참가자와 함께 플래카드와 피켓을 들고 구호를 제창하는 등 집회를 주최하였다. 갑은 「집회 및 시위에 관한 법률」에 집회 금지 장소로 명시된 법원의 경계 지점으로부터 100m 이내에서 집회를 하였다는 이유로 수사를 받은 뒤 재판을 받게 되었다. 갑은 재판 과정에서 「집회 및 시위에 관한 법률」의 해당 조항이 헌법에서 보장된 집회의 자유를 침해한다고 주장하며 위헌 법률 심판 제청 신청을 하였으나 기각되었다. 이에 갑은 헌법재판소에 ㉠ 헌법 소원 심판을 청구하였다.

(나) 「집회 및 시위에 관한 법률」은 심판 대상 조항 외에도 집회·시위의 성격과 양상에 따라 법원을 보호할 수 있는 다양한 규제 수단을 마련하고 있으므로, 각급 법원 인근에서의 옥외 집회·시위를 예외적으로 허용한다고 하더라도 이러한 수단을 통하여 심판 대상 조항의 입법 목적은 달성될 수 있다. 심판 대상 조항은 입법 목적을 달성하는 데 필요한 최소 한도의 범위를 넘어 규제가 불필요하거나 또는 예외적으로 허용 가능한 옥외 집회·시위까지도 일률적·전면적으로 금지하고 있으므로, 침해의 최소성 원칙에 위배된다. 또한, 심판 대상 조항은 각급 법원 인근의 모든 옥외 집회를 전면적으로 금지함으로써 상충하는 법익 사이의 조화를 이루려는 노력을 전혀 기울이지 않아, 법익의 균형성 원칙에도 어긋난다. 따라서 심판 대상 조항에 대하여 ㉡ 헌법 불합치 결정을 선고하며, 입법자는 2019년 12월 31일까지 ㉢ 개선 입법을 하여야 한다.
— 2018. 7. 26. 선고 2018헌바137 결정

조건

· (가)에서 갑이 침해받았다고 주장하는 기본권의 의미를 설명하시오. [6점]
· 밑줄 친 ㉡, ㉢을 통해 알 수 있는 ㉠ 제도의 목적을 서술하시오. [14점]

능력주의의 장단점 이해하기

학년　반　번

이름 |

문제 다음 자료를 읽고 아래 〈조건〉에 맞게 800~1,000자로 논술하시오. [20점]

(가) 최근 공직 사회에서 젊은 세대의 조기 퇴직이 증가하고 있다. 경직된 공직 문화와 낮은 보수 등이 주요 원인으로 지적되고 있다. 이와 관련하여 정부는 능력주의에 입각하여 승진 기회를 부여하고 공정한 성과와 보상을 추진함으로써 실력 위주의 평가와 공정한 보상, 수평적 업무 환경 등 젊은 세대가 원하는 방향으로 공직 사회의 의식과 관행을 바꿀 것이라고 강조하였다.

(나) 능력주의가 원칙인 사회에서는 성공한 사람이 자기 스스로의 재능과 노력으로 현재의 성공을 이루었다고 믿을 수 있어야 한다. 하지만 어떤 사람이 성공하는 데는 그 자신의 재능과 노력뿐만 아니라 다양한 요소가 작용한다. 부모를 포함하여 그가 성공할 수 있게 도와준 주변 사람들의 노력, 우연히 타고난 재능에 보상을 제공하는 사회의 구성원이 된 행운도 작용했을 것이다. 자신의 성공을 스스로 이루어 낸 결과라고 여기는 사람은 감사와 겸손을 배우기 어렵고, 공동선의 실현에 기여하기도 힘들다.

(다) 2018년에 이루어진 한 여론 조사에서 능력과 노력에 따른 보수 차이가 클수록 좋다는 답변이 66%로 높게 나타났다. 이러한 차등 분배에 대한 우리나라 사람들의 강한 선호는 세대, 소득, 학력, 정치 성향 등의 차이와 상관없이 거의 모든 계층 및 세대에서 고르게 나타났다.

조건

• 능력주의에 대한 (가), (나)의 입장 차이를 설명하시오. [6점]
• (가), (나)의 관점 중 자신이 동의하는 입장을 고른 후, 이를 바탕으로 (다)의 현상에 대한 자신의 생각과 근거를 논술하시오. [14점]

01 금융 자산 A~C의 일반적 특징에 대한 설명으로 옳은 것은?
[3점]

- A~C는 각각 정기 예금, 채권, 주식 중 하나이다.
- C는 예금자 보호 제도의 적용을 받는다.
- A는 B, C에 비해 안전성은 낮으나 수익성은 높다.

---

① A는 만기가 있다.
② B를 보유할 경우 주주로서의 지위를 가진다.
③ C는 B와 달리 이자 수익을 얻을 수 있다.
④ A와 B는 모두 시세 차익을 기대할 수 있다.
⑤ A와 C는 모두 간접 금융 상품의 형태로 거래된다.

02 그림은 생애 주기별 수입과 지출의 변화를 나타낸 것이다. 이에 대한 설명으로 옳은 것은? [4점]

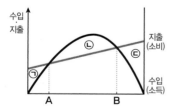

① 일반적으로 누적 저축액은 A 시기에 가장 많다.
② A 시기가 늦어지면 ㉠이 감소한다.
③ 미래를 위한 금융 생활 설계를 실천할 경우 ㉡이 커질 수 있다.
④ 국민 연금 혜택이 증가하면 ㉢이 증가한다.
⑤ 정년이 연장되면 ㉡은 감소하고, ㉢은 증가한다.

03 다음 자료에 대한 옳은 분석만을 〈보기〉에서 있는 대로 고른 것은? [4점]

갑과 을은 만둣집을 열어 고기만두와 김치만두만 만들어 팔기로 하였다. 표는 갑과 을이 각각 1시간 동안 최대한 만들 수 있는 고기만두의 수 또는 김치만두의 수를 나타낸 것이다.

구분	갑	을
고기만두	80개	60개
김치만두	60개	50개

┤ 보기 ├

ㄱ. 갑은 고기만두를 만드는 데 절대 우위를 가진다.
ㄴ. 을은 김치만두를 만드는 데 비교 우위를 가진다.
ㄷ. 갑은 김치만두 1개를 만들기 위해 고기만두 3/4개를 포기해야 한다.
ㄹ. 고기만두 생산의 기회비용은 갑국이 을국보다 작다.

① ㄱ, ㄴ　　　　② ㄴ, ㄷ　　　　③ ㄷ, ㄹ
④ ㄱ, ㄴ, ㄹ　　　⑤ ㄴ, ㄷ, ㄹ

04 ㉠에 들어갈 무역 형태에 대한 설명으로 가장 적절한 것은?
[3점]

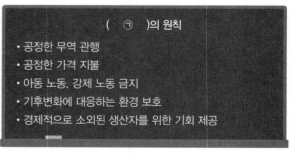

① 소비자의 합리적 소비를 촉진한다.
② 대량 소비 중심의 문화를 정착시킨다.
③ 국제 무역이 지속가능발전에 이바지하도록 한다.
④ 국제 무역 과정에서 환경 보호보다는 아동의 인권을 중시한다.
⑤ 국제 무역을 통한 교류 과정에서 지역의 고유문화를 보호한다.

05 다음은 수업 시간 모습이다. 교사의 질문에 답변한 내용으로 옳지 <u>않은</u> 것은? [3점]

기사에서 밑줄 친 '이것'의 특징은 무엇인가요?

〈세계화의 영향〉
세계화는 정치, 경제, 사회, 문화 등 여러 측면에서 공간적 통합을 이루고 있다. 특히 경제의 세계화로 자본이 자유로운 국제 이동이 가능해졌고, 세계적 금융 시장이 형성되었다. 이처럼 경제의 세계화가 확대됨에 따라 각 지역의 대도시들은 세계적 영향력을 가진 <u>이것</u>으로 성장하였다.

① 갑: 생산자 서비스업 기능이 집중되어 있어요.
② 을: 세계 자본이 집중·축적되는 경제 중심지예요.
③ 병: 국제 사회의 주요 문제에 대한 논의가 이루어져요.
④ 정: 주로 다국적 기업의 생산 공장이 밀집해 있어요.
⑤ 무: 세계의 다양한 정보와 문화가 생산되고 전달되는 핵심적인 지역이에요.

06 다음은 다국적 기업에 대한 설명을 정리한 내용이다. 밑줄 친 (가)~(마) 중 옳지 <u>않은</u> 것은? [4점]

〈다국적 기업의 의미와 공간적 분업〉
1. 의미: (가) 세계적으로 생산과 판매 활동을 하는 기업
2. 성장 배경: (나) 교통·통신 발달 및 보호 무역 확대 등
3. 공간적 분업

기능	입지 특성
경영 및 관리	(다) 자본 및 정보 유통에 유리한 본국의 대도시
연구 및 개발	(라) 고급 인력이 풍부한 선진국
상품 생산	(마) 값싼 노동력과 원료를 확보할 수 있는 지역

① (가)　　② (나)　　③ (다)　　④ (라)　　⑤ (마)

07 밑줄 친 ㉠~㉣에 대한 옳은 설명만을 〈보기〉에서 고른 것은? [3점]

세계화의 흐름 속에서 ㉠ 다국적 기업이 성장을 거듭하고, ㉡ 세계도시의 영향력이 강화되고 있다. 이로 인해 상품, 노동력, 자본뿐만 아니라 문화 교류가 더욱 활발해졌다. 하지만 ㉢ 문화의 획일화, ㉣ 국가 간 빈부 격차 심화, 보편 윤리와 특수 윤리 간의 갈등과 같은 문제가 발생하게 되었다.

┤보기├
ㄱ. ㉠의 연구소는 값싼 노동력과 원료를 확보할 수 있는 지역에 입지한다.
ㄴ. ㉡의 정치·경제·문화 등의 분야에서 세계의 중심지 역할을 한다.
ㄷ. ㉢으로 인해 각국 문화의 정체성과 지역성이 보존된다.
ㄹ. ㉣을 해결하기 위한 방안으로 공정 여행을 들 수 있다.

① ㄱ, ㄴ　　② ㄱ, ㄷ　　③ ㄴ, ㄷ
④ ㄴ, ㄹ　　⑤ ㄷ, ㄹ

08 다음을 주장한 사상가의 입장으로 가장 적절한 것은? [4점]

인류가 인간다운 삶을 살아가기 위해서는 소극적 평화뿐만 아니라 적극적 평화도 실현해야 한다. 범죄, 테러, 전쟁 등의 직접적 폭력을 제거할 때 소극적 평화가 이루어진다. 또한 빈곤, 차별 등과 같은 의도하지 않은 불합리한 사회 제도나 구조나 종교, 사상, 언어 등에 의한 간접적 폭력도 모두 사라져야 적극적 평화를 이룰 수 있다.

① 물리적 폭력이 사라진다면 인간다운 삶을 누릴 수 있다.
② 적극적 평화를 실현하기 위해서는 불공정한 사회 구조를 개선해야 한다.
③ 소극적 평화는 구조적 폭력과 문화적 폭력이 모두 사라질 때 실현된다.
④ 종교, 사상, 언어 등에 의한 폭력은 모두 물리적 힘을 가하여 발생한다.
⑤ 의도되지 않게 발생한 경제적 착취나 사회적 차별은 폭력에 해당하지 않는다.

09 밑줄 친 ㉠, ㉡에 대한 옳은 설명만을 〈보기〉에서 고른 것은?
[3점]

> 내전 중인 수단 서부 지역의 잠잠 난민 캠프에서 식량 위기의 최고 단계인 기근이 발생했다. ㉠ 국제 연합은 수단이 세계 최악의 기아 위기에 직면해 있다고 경고했다. 또한 ㉡ 국경 없는 의사회는 잠잠 캠프에 있는 어린이 약 63,000명이 영양실조에 걸렸으며 그중 10%는 매우 심각하다고 밝혔다.

┌─ 보기 ├─
ㄱ. ㉠에는 회원국 간의 분쟁을 다루기 위한 사법 기관이 포함되어 있다.
ㄴ. ㉡은 정치범의 석방, 사형제 폐지 등을 목적으로 활동하는 인권 운동 단체이다.
ㄷ. ㉡은 ㉠과 달리 개인이나 민간단체를 회원으로 한다.
ㄹ. ㉠은 비정부 기구, ㉡은 국제기구에 해당한다.

① ㄱ, ㄴ　　② ㄱ, ㄷ　　③ ㄴ, ㄷ
④ ㄴ, ㄹ　　⑤ ㄷ, ㄹ

10 (가)~(다)의 국제 갈등에 관련한 질문에 모두 옳게 답한 학생은?
[4점]

> (가) 인도 카슈미르 지역을 둘러싸고 힌두교와 이슬람교 사이에 갈등이 계속되고 있다.
> (나) 팔레스타인의 귀속을 둘러싼 이스라엘과 팔레스타인 간의 충돌이 끊이지 않고 있다.
> (다) 석유가 매장되어 있는 포클랜드 제도의 소유권을 둘러싸고 영국과 아르헨티나의 분쟁이 지속되고 있다.

질문 ＼ 학생	갑	을	병	정	무
(가)와 (나)는 모두 종교 갈등이 발생 원인인가?	○	○	○	×	×
(나)는 (다)와 달리 국제 협력을 통해 해결될 수 있는가?	×	×	○	○	○
(다)는 영토 확보를 위한 국제 갈등인가?	×	○	×	×	○

① 갑　② 을　③ 병　④ 정　⑤ 무

11 다음은 남북 분단의 과정을 인터넷으로 검색한 결과이다. 밑줄 친 ㉠~㉣에 대한 옳은 설명만을 〈보기〉에서 고른 것은?
[3점]

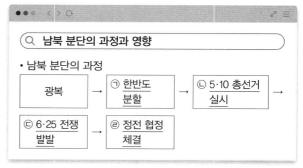

┌─ 보기 ├─
ㄱ. ㉠은 우리 민족의 자발적인 의지에 따라 이루어졌다.
ㄴ. ㉡으로 인하여 대한민국 정부가 수립되었다.
ㄷ. ㉢은 남한이 북한을 침략하면서 시작되었다.
ㄹ. ㉣으로 인해 분단이 고착화되었다.

① ㄱ, ㄴ　　② ㄱ, ㄷ　　③ ㄴ, ㄷ
④ ㄴ, ㄹ　　⑤ ㄷ, ㄹ

12 기사 내용이 역사 갈등 해결에 시사하는 바를 옳게 설명한 사람만을 〈보기〉에서 있는 대로 고른 것은?
[4점]

> 동아시아의 역사 갈등 문제는 동아시아 각국의 상호 불신, 대립, 경쟁을 심화하여 국가 간 교류와 협력에 장애가 될 뿐만 아니라 동아시아 지역 내 불안정성을 키우고 있다. 이러한 상황 속에서도 지난 2005년에는 한·중·일의 학자, 교사, 시민들이 상호 교류하여 동아시아의 근현대사 공동 교재를 발행하는 성과를 거두었다.

① 갑　　② 병　　③ 갑, 을
④ 을, 병　　⑤ 갑, 을, 병

13 그래프는 대륙별 인구 비율을 나타낸 것이다. A~D 대륙을 옳게 연결한 것은? [3점]

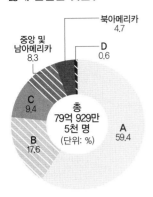

(국제 연합, 2022)

	A	B	C	D
①	유럽	아프리카	오세아니아	아시아
②	아시아	유럽	아프리카	오세아니아
③	아시아	아프리카	유럽	오세아니아
④	아프리카	아시아	오세아니아	유럽
⑤	아프리카	오세아니아	유럽	아시아

14 밑줄 친 '정치적 요인' 해당하는 사례로 가장 적절한 것은? [4점]

> 인구는 정치, 경제, 종교, 환경 등 다양한 요인에 따라 한 지역에서 다른 지역으로 이동한다. 오늘날에는 세계화의 영향으로 인구의 국제적인 이동이 활발하게 이루어지고 있다. 이러한 인구이동은 주로 경제적 요인과 정치적 요인의 영향을 받아 일어난다.

① 우크라이나 난민들이 서유럽으로 이동하였다.
② 우리나라에 온 베트남 청년이 어업에 종사하고 있다.
③ 여름철 북유럽 사람들이 남부 유럽으로 관광을 떠난다.
④ 인도의 소프트웨어 개발자들이 미국 회사에 취업하였다.
⑤ 싱가포르에는 인근 국가에서 이주해 온 외국인 가사 도우미가 있다.

15 그래프는 인구 변천 모형이다. (가)~(마) 단계에 대한 설명으로 옳지 않은 것은? [4점]

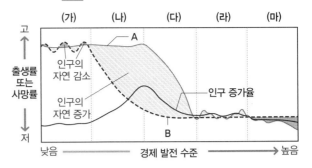

① (나) 단계에서 인구가 급증한다.
② (다) 단계에서 출생률이 감소한다.
③ (라) 단계는 현재 대부분의 선진국이 해당한다.
④ (가) 단계에서 (마) 단계로 갈수록 인구는 지속적으로 증가한다.
⑤ A는 출생률, B는 사망률이다.

16 그래프는 (가), (나) 두 국가의 인구 피라미드이다. 두 국가에서 나타날 인구 문제로 적절한 것만을 〈보기〉에서 고른 것은? (단, (가), (나)는 각각 가나와 프랑스 중 하나임.) [3점]

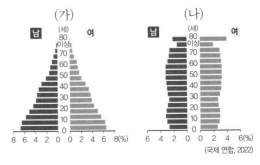

(국제 연합, 2022)

┤보기├
ㄱ. (가) - 성비 불균형 문제
ㄴ. (가) - 식량 및 자원 부족 문제
ㄷ. (나) - 높은 출생률에 따른 인구 부양비 상승 문제
ㄹ. (나) - 생산 연령 인구 감소에 따른 노동력 부족 문제

① ㄱ, ㄴ   ② ㄱ, ㄷ   ③ ㄴ, ㄷ
④ ㄴ, ㄹ   ⑤ ㄷ, ㄹ

17 ⑦~ⓒ에 들어갈 말을 옳게 연결한 것은? [3점]

> 자원은 인간에게 유용하면서 기술적·경제적으로 개발이 가능한 것을 말한다. 자원은 대부분 매장량이 한정되어 (⑦)을 가지고 있어 가채 연수에 도달하면 고갈된다. 또한, 자원은 지구상에 고르게 분포하지 않고, 특정 지역에 치우쳐 분포하는 (ⓒ)이 있어 자원의 생산지와 소비지가 일치하지 않는 경우가 많다. 그리고 자원은 그 가치가 고정되어 있지 않고 과학기술의 발달과 사회적·문화적 배경 등에 따라 변화하는 (ⓒ)이 있다.

	⑦	ⓒ	ⓒ
①	가변성	유한성	편재성
②	유한성	가변성	편재성
③	유한성	편재성	가변성
④	편재성	가변성	유한성
⑤	편재성	유한성	가변성

18 (가)~(다)에 들어갈 내용으로 옳지 <u>않은</u> 것은? [4점]

> ◆ 에너지 자원의 분포와 소비 실태에 따른 문제
>
> | 자원 문제 | 원인 |
> |---|---|
> | 환경 문제 | (가) |
> | 자원 고갈 문제 | (나) |
> | 자원을 둘러싼 갈등 | (다) |

① (가) – 신·재생 에너지 보급
② (가) – 화석 연료의 사용 증가
③ (나) – 자원의 유한성
④ (나) – 세계 자원 소비량 증가
⑤ (다) – 자원 민족주의의 확산

19 지도는 어느 에너지 자원의 국제적 이동을 나타낸 것이다. 이 에너지 자원에 대한 옳은 설명만을 〈보기〉에서 고른 것은? [4점]

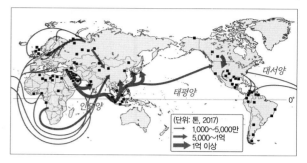

┤ 보기 ├
ㄱ. 주로 고생대 지층에 매장되어 있다.
ㄴ. 자동차, 비행기 등 수송용으로 많이 사용된다.
ㄷ. 세계에서 가장 많이 소비되는 에너지 자원이다.
ㄹ. 주요 수출국은 인도네시아와 오스트레일리아이다.

① ㄱ, ㄴ   ② ㄱ, ㄷ   ③ ㄴ, ㄷ
④ ㄴ, ㄹ   ⑤ ㄷ, ㄹ

20 교사의 질문에 옳게 대답한 학생만을 고른 것은? [3점]

① 갑, 을   ② 갑, 병   ③ 을, 병
④ 을, 정   ⑤ 병, 정

21 ( )은/는 정부, 지방 자치 단체, 공공 기관, 기업 등이 만기 시 일정한 이자와 원금을 지급할 것을 약속하고 투자 자로부터 돈을 빌린 뒤 발행하는 증서이다. [2점]

22 ㉠, ㉡에 들어갈 용어를 각각 쓰시오. [2점]

> 세계 각국은 자국이 상대적으로 더 적은 생산비로 더 잘 만들 수 있는 재화와 서비스를 (㉠)하여 상호 교환함으로써 이익을 추구한다. 이렇게 각 나라가 무역에 유리한 상품을 (㉠)하여 생산하는 것을 (㉡)(이)라고 하는데 (㉡)과/와 무역으로 거래 당사국 모두 이익을 얻을 수 있다.

23 ( )은/는 생활권의 범위가 국경을 넘어 전 지구로 확대되어 가는 현상이다. [2점]

24 ㉠, ㉡에 들어갈 국제 사회 행위 주체를 쓰시오. [2점]

> (㉠)에는 국제 연합, 세계 무역 기구 등이 있고, (㉡)에는 국경 없는 의사회, 그린피스 등이 있다.

25 ( )은/는 침략 전쟁과 식민 지배를 미화하고 전쟁 범죄를 은폐하는 내용의 역사 교과서를 만들어 우리나라를 비롯한 주변 국가와 갈등을 빚고 있다. [2점]

26 ( )은/는 노년층 인구를 청장년층 인구로 나눈 뒤 100을 곱한 값을 의미한다. [2점]

27 자원이 고르게 분포하지 않고, 특정 지역에 치우쳐 분포하는 특성을 자원의 ( )(이)라고 한다. [2점]

28 ( )은/는 상호 의존성이 높아가는 지구촌의 구성원으로, 개별 국가에 속한 국민을 넘어 세계적 시각에서 지구의 문제를 이해하고 이를 합리적으로 생각하는 사람을 뜻한다. [2점]

29 기사에 나타난 현상이 개인의 금융 의사 결정에 미치는 영향을 예금과 주식의 안전성과 관련지어 서술하시오. [8점]

> **○○ 신문**
> 한국은행의 발표에 따르면, 그동안 하락하고 있던 예금 은행의 저축성 예금 상품에 대한 금리가 오름세로 전환하였다. 대출 금리 역시 전월 대비 상승하였다. 반면, 주식 시장은 한 달 내내 내림세를 유지하고 있다.

30 다음과 같은 역사 갈등을 해결하기 위해 이루어지고 있는 노력을 정부·민간 차원에서 각각 서술하시오. [6점]

> 야스쿠니 신사는 천황을 위해 싸우다 전사한 군인을 신격화하여 제사를 지내는 곳이다. 이곳에는 도조 히데키 등 침략 전쟁을 수행한 A급 전범이 합사되어 있다. 일본 우익은 고위 정치인이 야스쿠니 신사를 참배하는 것을 신앙의 자유라고 주장하고 있다. 그러나 침략 전쟁의 피해를 본 입장에서 야스쿠니 신사 참배 행위는 그러한 전쟁을 미화하는 것이고, 언제든 전쟁을 다시 되풀이할 수 있다는 다짐으로 비칠 뿐이다.

지속가능발전을 위한 국제 무역의 방향 이해하기

학년   반   번

이름 |

문제 다음 자료를 읽고 아래 〈조건〉에 맞게 600~700자로 논술하시오.   [20점]

(가) 케냐는 세계에서 네 번째로 큰 절화* 생산국으로, 유럽 연합(EU)에서 수입하는 꽃의 약 38%를 생산한다. 특히 유럽에서 팔리는 장미의 70%는 케냐에서 수입된다. 하지만 케냐의 장미 농장에서 일하는 노동자와 인근 주민들은 큰 고통을 받고 있다. 장미 농장에서 하루 종일 일한 노동자가 받는 한 달 치 임금은 우리 돈 13만 원에 불과하고, 작업복이나 안전 장비 없이 일하며 화학 물질에 노출되어 피부병이 생기거나 면역 체계 이상 증상이 생기기도 한다. 또한, 장미를 키우기 위해서는 깨끗한 물이 많이 필요한데, 장미 농장 소유주가 깨끗한 물의 사용을 통제하면서 인근 주민들은 적은 양의 물만을 여러 사람이 나눠서 사용해야 하고, 깨끗하지 않은 물을 사용하여 전염병에 걸리기도 한다. 이러한 장미 농장이 늘어나면서 케냐의 물은 고갈되고 화학 물질로 인해 환경 오염 문제가 심각해지고 있다.

(나) 오늘날 무역과 국제 분업의 확대로 많은 국가가 경제 성장을 이루었지만 동시에 빈곤, 불평등, 환경 파괴 등 여러 문제가 발생하였다. 이러한 문제를 해결하려면 공정 무역을 통해 무역 과정에서 발생하는 경제적 불평등을 해소하고 환경을 보호하는 지속가능발전을 도모해야 한다. 다음은 공정 무역 원칙의 일부이다.
- 공정한 무역 관행
- 공정한 가격 지불
- 아동 노동, 강제 노동 금지
- 기후변화에 대응하는 환경 보호
- 경제적으로 소외된 생산자를 위한 기회 제공

* 절화: 가지째 꽃을 꺾음 또는 그렇게 꺾은 꽃

조건
- (가)에 나타난 문제를 국제 무역의 확대와 관련지어 서술하시오. [8점]
- (나)를 참고하여 (가)에 나타난 문제점을 해결하고 지속가능발전에 이바지하는 국제 무역의 방향을 서술하시오. [12점]

세계화로 인한 문화의 획일화 문제 해결하기

문제 다음 자료를 읽고 아래 〈조건〉에 맞게 600～700자로 논술하시오.   [20점]

(가) 타이에서는 매년 4월 13일까지 15일까지 정월 초하루인 송끄란(4월 13일)을 기념하는 축제가 열린다. 타이에서 송끄란(4월 13일)은 건기에서 우기로 변하는 날이자, 본격적인 농사가 시작되는 시기이다. 송끄란 축제에서는 우기에 풍부한 비를 내리기를 기원하며 나쁜 운도 씻고 무더위를 잠시 잊으라는 의미에서 서로에게 물을 뿌린다. 물을 뿌리는 것은 불교 국가인 타이에서 부처의 축복을 기원하기 위해 불상을 물청소하는 행위에서 유래되었다고 한다. 이처럼 물을 뿌리는 놀이가 유명해 송끄란 축제를 '물의 축제'라고도 부른다. 세계 10대 축제인 송끄란 축제는 해마다 수많은 외국인 관광객이 참가하고 있는 것으로도 유명하다.

(나) 세계화의 흐름 속에서 각 지역은 세계의 다른 지역과 관계를 맺는 범위를 넓히고 있으며, 지역 발전을 위해 자기 지역의 고유한 특성을 전 세계에 알리고 있다. 이 과정에서 한 지역의 고유한 사회·문화적 특성이 세계적으로 독자적인 가치를 지니게 되는 지역화가 나타나고 있다. 최근에는 지역의 경쟁력을 강화하고, 지역 경제를 활성화하기 위한 지리적 표시제, 장소 마케팅, 지역 브랜드 등과 같은 대표적인 지역화 전략을 세워 지역의 정체성을 나타내기도 한다.

(다) 세계화로 인해 문화적 측면에서도 국가와 지역 간의 교류가 증가하고 이다. 이로 인해 특정 국가나 지역의 문화가 전 세계에 미치는 영향력이 증가하고 있다. 특히, 경제 발전 수준이 높고 정치적·문화적 영향력이 큰 선진국이 자국의 문화를 상품화하여 수출하는 과정에서 세계의 보편적인 문화로 자리 잡는 현상이 나타나고 있다. 예를 들어, 대부분의 국가에서 사람들이 격식이 요구되는 자리에서 양복을 입거나, 간단하게 끼니를 해결하기 위해서 햄버거를 먹고 있다. 이처럼 선진국의 문화가 확산되는 과정에서 약소국이나 소수 민족의 고유한 문화가 사라질 위기에 처해 있다. 이러한 문제를 해결하기 위해서는 ㉠ <u>지역 문화의 정체성을 유지</u>하면서 외래문화를 비판적으로 수용하는 자세가 필요하다.

조건

• (가)의 사례가 (나)에 제시된 지역화 전략 중 어떤 것에 해당되는지를 설명하시오. [6점]
• (다)의 밑줄 친 ㉠에 해당하는 내용을 (나)에 나타난 지역화 전략을 모두 활용하는 방안을 서술하시오. [14점]

_____

_____

_____

_____

_____

MEMO